# Der

# römische Civilprozeß

von

M. A. von Bethmann-Hollweg.

Dritter Band.

Cognitiones.

Bonn,
bei Adolph Marcus.
1866.

# Vorwort.

Der vorliegende dritte Band, mit welchem der erste Theil des ganzen Werkes, die Darstellung des reinen römischen Civilprozesses, abschließt, hat das im Jahr 1834 erschienene „Handbuch I. Gerichtsverfassung und Prozeß des sinkenden römischen Reiches", zur Grundlage, welches indeß in einzelnen Theilen eine völlige Umarbeitung, in anderen viele Zusätze und Berichtigungen erfahren hat. Für die Gerichtsverfassung waren nicht nur neu entdeckte Quellen, namentlich Inschriften und die seitdem aufgefundenen Stücke des Theodosischen Codex, sondern auch neuere Bearbeitungen, vor Allem Böckings Notitia Dignitatum, zu benutzen. In dem Prozeß ist dem veränderten Plan gemäß das materielle Prozeßrecht, das ich früher dem System vorbehalten hatte, berücksichtigt, und der Darstellung des Verfahrens, die so mager ausgefallen war, die entsprechende Ergänzung gegeben worden. Dagegen ist weggeblieben was sich auf den älteren Prozeß bezog und jetzt im ersten und zweiten Bande eine vollständigere Behandlung erfahren hat. Obgleich ich von der früheren Grundlage in der Hauptauffassung abzugehen keine Veranlassung fand, erscheint also doch kein Paragraph unverändert.

Zur Erleichterung des Gebrauchs der drei ersten Bände, welche so viel Detail und vielleicht nicht immer an der Stelle, wo man es sucht, enthalten, ist ein Sachregister hinzugefügt worden.

Hohenfinow, im Juli 1866.

# Inhalt des dritten Bandes.

## Dritter Abschnitt.

### Cognitiones.

# Zusätze und Berichtigungen.

S. 2 I. B. 4. Leges Impp. Constantini, Theodosii et Leonis, ein aus den Gesetzen der genannten Kaiser gezogenes Rechtsbuch aus der Zeit K. Leo's (457—474), welches aus der syrischen Uebersetzung in I. P. N. Land, Anecdota Syriaca Tom. I. Lugd. Bat. 1862. nächstens Rudorff herausgeben wird.

„ 4 II. A. 3. Eine vollkommen befriedigende Ausgabe des Papian ist jetzt die von Bluhme in Mon. Germ. Leges Vol. III. p. 595—624.

„ 17 Note 36 st. regulis l. regalis

„ 24 Note 57. *Ex libro Authoritatum eccl. Arelatensis ed. Haenel Lips.* 1845. 4. *Corpus legum Nr.* 1171. *p.* 238.

„ 28 Z. 12 st. oströmische l. weströmische

„ 31 Z. 25 st. welches l. welche

„ 70 Z. 17 st. diesen l. diese

„ 81 Z. 10 st. erschienen l. erscheinen

„ „ Z. 16 st. traten l. treten

„ 138 Z. 10 st. der den l. der die

„ „ Z. „ st. seine l. ihre

„ 143 Note 69 st. *Nov. C. Th.* 71. l. *Nov. Val.* 27.

„ 203 Z. 8 st. von 4—6 Pfund 3 Sol. l. 2 Sol.

„ 222 Note 70 am Ende ist III. nach tom. ausgelassen worden.

„ 264 Note 7. 8. Daß die Nullität des Prozesses aus diesen Gründen noch zu jeder Zeit geltend gemacht werden kann, versteht sich von selbst.

„ 299 Note 65 unten l. zu seiner Zeit

## Dritter Abschnitt.

### Cognitiones.

Quellen.

I. Vorjustinianische.

A. Leges.

1. Codex Theodosianus. Cum perpetuis commentariis Iacobi Gothofredi ed. Io. Dan. Ritter Tom. I—VI. Lips. 1736—1743. fol. Mit den Entdeckungen von Peyron, Clossius und Baude di Vesme und vollständiger Benutzung des vorhandenen kritischen Materials hat zuerst eine vollkommen befriedigende Ausgabe geliefert Gust. Haenel Bonn. 1842. 4. im Corpus iur. anteiust. Bonn. Vol. 2. p. 81. sqq, nach welcher ich in der Regel citire.

2. Die Novellen der K. Theodosius II., Valentinian III., Maximus, Martianus, Majorianus, Severus und Anthemius. Ed. I. D. Ritter im Cod. Theod. Tom. VI. pars 2. Lips. 1745. fol. Ed. Gust. Haenel. Bonn. 1844. 4., die meinen Citaten zu Grunde liegt.

3. Die Sirmondschen Constitutionen, ed. G. Haenel. Bonn. 1844. 4. im Corpus iur. anteiust. p. 405. sqq.

4. Zur Ergänzung dieser Sammlungen dient G. Hänels Corpus legum. Lips. 1857. 4.

Die in jenen Sammlungen oder sonst erhaltenen kaiserlichen Gesetze geben natürlich keine zusammenhängende Darstellung der Gerichtsverfassung und des Civilprozesses, sondern bestimmen sie nur im Einzelnen, und zwar überwiegend die Gerichtsverfassung in Verbindung mit der Einrichtung der Behörden im Allgemeinen. So im Cod. Theod. lib. I. tit. 5—35. und Nov. Val. tit. 34. Maior. tit. 2. 11. von dem Geschäftskreis der Staats-, Kirchen- und Municipalbeamten. C. Th. II. 1. Nov. Mart. tit. 1. von der Gerichtbarkeit und dem Gerichtsstande. C. Th. II. 10. 11. Nov. Theod. tit. 10. Val. tit. 2. von den öffentlich angestellten Advocaten. C. Th. VI. 1—37. von der Rangordnung der Staats- und Hofbeamten. C. Th. VIII. 1—11. Nov. Val. tit. 13. von dem Hülfspersonal der Magistrate. Seltner betreffen sie den Civilprozeß. Cod. Theod. II. 3. de omissa actionis impetratione. 4—6. von der Litis Denuntiatio. 7. de dilationibus. 8. de feriis. 12. de cognitoribus et procuratoribus. 18. de iudiciis. IV. 16—19. vom Urtheil und dessen Folgen. 20. vom Concursprozeß. XI. 30—38. von der Appellation. 39. von Urkunden und Zeugen. Nov. Theod. tit. 33. von der Supplication.

B. Sammlungen von Jus und Leges.

1. Die Vaticanischen Fragmente ed. Mommsen. Berol. 1860. 4. Bonn. 1861. 8. Huschke Iur. anteiust. p. 591. sqq. enthalten, außer tit. de cognitoribus et procuratoribus, für unsern besondern Zweck nichts. Ebensowenig

2. Die Collatio Legum mosaicarum et romanarum ed. Fr. Blume. Bonn 1832. 8. Huschke cit. p. 528.

3. Die Consultatio veteris Jurisconsulti ed. Puggaeus Corp. iur. anteiust. Bonn. I. p. 389. sqq. Huschke Iur. anteiust. p. 701. sqq. giebt für den Prozeß einige Ausbeute.

C. Original-Inschriften auf Stein oder Erz sind aus dem vierten Jahrhundert noch in großer Zahl erhalten und in den früher angeführten Sammlungen zu suchen. Wichtig, mehr oder weniger auch für unsren Zweck, und besonders bearbeitet sind:

1. K. Diocletians Edict de pretiis rerum venalium a. 301. von Mommsen, aus den Berichten der sächs. Gesellschaft, nebst Nachtrag. Leipzig 1851. 8. Haenel Corpus legum 1054.

2. C. Caelii Saturnini titulus ed. Mommsen. Epistula ad Ed. Gerhardum. Aus Mem. dell' inst. arch. Lips. 1865. 8.

3. K. Constantins Edict de accusationibus a. 314. von Klenze in Zeitschr. für gesch. RW. IX. S. 56—90. S. 226—231. Haenel Corpus legum 1061. = L. un. C. Th. ad leg. Iul. mai. (9, 5). L. 3. C. I. eod. (9, 8).

4. K. Julians Edict de pedaneis iudicibus a. 362. Orelli-Henzen 6431. Haenel 1115. = L. 8. C. Th. de off. Rect. prov. (1, 16). L. 5. C. I. de ped. iud. (3, 3).

Mit der Alleinherrschaft des Christenthums Ende des vierten Jahrhunderts schwindet in privaten Kreisen die Sitte, das Andenken Einzelner in dankbaren oder ruhmredigen Inschriften zu erhalten; in öffentlichen gestattet der Despotismus immer weniger solche Auszeichnungen Einzelner neben dem Kaiser, und dessen Edicte scheinen in dieser haltbarsten Form seltner publicirt und aufbewahrt worden zu sein.

D. Abschriften öffentlicher Urkunden aus der Staatsverwaltung sind:

1. Notitia dignitatum et administrationum omnium tam civilium quam militarium in partibus Orientis et Occidentis, ein Auszug aus dem officiellen Verzeichniß aller Aemter und Würden beider Reichshälften aus den Jahren 400—404. Zuerst kritisch und sachlich musterhaft bearbeitet von Böcking in Notitia Tom. 1. 2. Bonn. 1839—1853. 8. Vgl. dessen Abhandlung über die Notitia Dignitatum. Bonn 1834. 8.

2. Q. Aurelius Symmachus' Berichte aus der Verwaltung der Präfectura Urbis (a. 384—386) an den Kaiser im zehnten Buch seiner Briefe, sind die einzigen auf uns gekommenen, den Prozeßgang dieser Zeit darstellenden Urkunden. S. Anhang zu diesem Bande. Symmachi Epistolae ed. Scioppius. Mogunt. 1608. 4. ed. Pareus Neap. Nemet. 1617. 8. Eine kritisch befriedigende Ausgabe läßt noch immer auf sich warten.

II. Aus Justinians Zeit.

A. Im Occident.

1. In Italien unter ostgothischer Herrschaft:

a. Edictum Theoderici Regis a. 500 ed. Rhon. Halae 1816. 4. Walter, Corpus iur. germ. I. p. 396—414.

b. Die Edicte K. Athalarichs (a. 526—534) in Cassiodori Var. lib. IX. Opera ed. Garetii Rotomag. 1679. I. p. 141 sqq.

c. Die Formulare für die Anstellungspatente aller Beamten, in Cassiodori Variar. lib. VI. und VII. Opera I. p. 96—119. Da die ganze Civilverwaltung unter den Ostgothen römisch blieb, so finden sich hier die wichtigsten Aufschlüsse über die Stellung und den Geschäftskreis der verschiedenen Behörden, welche Cassiodor in der eignen glänzenden Beamtenlaufbahn kennen gelernt hatte und in dem schwülstigen römischen Geschäftsstyl seiner Zeit beschreibt.

2. In Gallien unter den Westgothen: das sog. Breviarium Alaricianum oder Lex Romana Visigothorum a. 506. ed. Gust. Haenel. Lips. 1849. fol.

3. Unter den Burgunden:

Der sog. Papian oder Lex Romana Burgundionum a. 517. ed. Biener, Ius civ. anteiust. II. p. 1501. sqq. ed. Barkow 1846. 8.

B. Im Orient.

1. Codex Iustinianeus [a. 529.] repetitae praelectionis a. 534. im Corp. iur. civ. ed. fratr. Kriegel. Pars II. cura studioque Aemilii Hermanni. Lips. 1843. 4. Stereotyp. 1865. Eine neue Ausgabe mit gleicher Sorgfalt und noch reicherem kritischen Material wird unter Mommsens Leitung von Dr. Krüger vorbereitet.

2. Digestorum sive Pandectarum D. Iustiniani libri L. Die neuern Ausgaben von Gebauer und Spangenberg Goett. 1776. 4. von Beck Lips. 1825. 8. Vol. 1. 2. stereotyp. 1829. und den Gebr. Kriegel stereotyp. 1865. 4. (nützlich durch die Verweisung auf die Basiliken) geben weder die Cardinalhandschrift, die Florentina, vollständig und genau, noch einen aus dieser und dem ergänzenden kritischen Material nach richtigen Grundsätzen constituirten Text. Beides wird zum erstenmal die im Druck begriffene Ausgabe von Th. Mommsen leisten. So eben erscheint die erste Lieferung Lib. I—X. Vgl. dessen Aufsatz über die kritische Grundlage unseres Digestentextes in Bekker und Muther, Jahrbuch V. 18.

3. D. Iustiniani Institutionum libri IV. ed. Biener. Berol. 1812. 8. ed. Schrader. Berol. 1832. 4. Aem. Hermann. im Corp. iur. Kriegel. Pars I. Lips. 1865. 4.

4. D. Iustiniani Novellae Constitutiones. Studio Ed. Osenbrüggen. 1840. im Corp. iur. civ. Kriegel. Pars III. stereotyp. 1865. 8.

Auch diese authentischen Quellen des Justinianischen Rechts, obgleich auf eine erschöpfende Darstellung desselben in allen seinen Theilen, also auch im Civilprozeß, berechnet, lassen in dieser Hinsicht vielfach unbefriedigt. Die Constitutionen im Justinianischen Codex geben reiches Material zur Construction der Gerichtsverfassung; so I. 26. folg. bis zu Ende ausführliche Nachricht vom Geschäftskreis der verschiedenen Aemter, II. 6. folg. von den Advocaten, III. 2. von den Sporteln, 3—5. von den Judices pedanei, 13. folg. von den Gerichtsständen, XII. 1. folg. von der Rangordnung der Staats- und Hofbeamten, tit. 22. folg. von dem Hülfspersonal der Behörden. Unter den Novellen sind für die Gerichtsverfassung lehrreich Nov. 8. 13. 15. 20. 24—31. 41. 44. 50. 60. 62. 75. 79. 82. 83. 86—102. 103. 104. 123. Edict. 4. 8. 13. Die Titel, welche das Verfahren in Civilsachen berühren, sind im Justinianischen Codex etwas häufiger als im Theodosischen, ein vollständiges Bild geben auch sie nicht. Es gehören dahin II. 1. de edendo. 2. de in ius vocando. 57. de satisdando. 58. de formulis et impetrationibus actionum sublatis. 59. de iureiurando propter calumniam. III. 1. de iudiciis, ein allgemeiner Abschnitt und eine Reihe specieller, darunter tit. 9. de litis contestatione, 11. de dilationibus, 12. de feriis. IV. 19. folg. vom Beweise, VII. 42. folg. vom Urtheil und dessen Vollstreckung sehr ausführlich, tit 62. folg. von der Appellation, tit. 71. folg. vom Concursprozeß, VIII. 1. folg. von den Interdicten und tit. 36 von den Exceptionen, enthalten fast nur materielles Recht. Wichtige Aufschlüsse über das gerichtliche Verfahren der spätesten Zeit gewähren Justinians Novellen, jedoch nur über einzelne Punkte, indem auch sie keine vollständige Prozeßordnung aufstellen. Es gehören dahin Nov. 23. 49. 53. 69. 73. 90. 96. 112. 126. 135.

Die Pandekten konnten aus den Schriften der classischen Juristen nur wenig die Gerichtsverfassung und den Prozeß Betreffendes aufnehmen, weil beides die durchgreifendsten Aenderungen erfahren hatte. Nur wenige Theile derselben waren schon zu ihrer Zeit so ausgebildet, wie sie später blieben, z. B. die Appellation, daher hier zahlreiche Excerpte XLIX. 1—12; andre konnten ihrer allgemeinen Gestalt wegen unverändert oder mit geringen Modificationen in das neue Gesetzbuch übergehen, wie die Lehre vom Beweise XXII. 3. folg. und von der Wirkung des richterlichen Urtheils XLII. 1. de re iudicata, XLIV. 2. de exceptione rei iudicatae. Bei weitem das Meiste mußte durch mehr oder weniger Verstümmelung oder Verfälschung oder Umdeutung brauchbar gemacht werden. So die Abschnitte von den verschiedenen Magistraturen I. 10. folg. Die Titel von der Gerichtbarkeit II. 1. folg. und I. 21. sind jetzt von geringer Anwendung; die von der in ius vocatio II. 4—7., von den gerichtlichen Cautionen II. 8—11. und der Edition der Klage II. 13. de edendo nur in völlig veränderter Bedeutung. Mehr durch Weglassung half man sich in II. 12. de feriis et dilationibus, in III. 3. de procuratoribus. Die unveränderte Lehre von den Gerichtsständen und dem Richteramte überhaupt enthält V. 1. de iudiciis et ubi quisque agere vel conveniri debeat. Die Interrogationes in Iure XI. 1., die Lehre vom Concurs XLII. 3. folg. sind im Sinne des justinianischen Rechts zu deuten. In den Abschnitten von den Actionen XLIV. 7., von den Exceptionen XLIV. 1. folg. und den Interdicten XLIII. wird nur materielles Recht vorgetragen.

Die Institutionen enthalten in dem dritten Abschnitt ihres Systems de actionibus IV. 6—17. mit Weglassung dessen, was bei Gaius sich auf den alten Prozeß bezog, fast nur materielles Actionenrecht; jedoch einige für den Prozeß bedeutende Notizen. Zu diesen gehört die beiläufige Verweisung auf einen ergänzenden Gerichtsgebrauch § 6. I. de satisdat. (4, 4), ohne welchen in der That Justinians Gesetzbuch in diesem Rechstheil dem praktischen Bedürfniß nur wenig genügt haben würde.

5. Urkunden. a. Edicta Praefectorum praetorio ed. Zachariae Anecdota. Lips. 1843. 4. p. 266. sqq. geben für unsern Zweck nur geringe Ausbeute. b. Gerichtliche Protokolle (acta, gesta), welche jetzt fast in allen Civilprozessen aufgenommen wurden, müßten über den Gerichtsgebrauch vollständigen Aufschluß geben, und wir besitzen deren eine bedeutende Zahl, auf Papyrus geschrieben. Marini, Papiri diplomatici. Rom. 1805. fol. vgl. Spangenberg, Iuris Rom. tabulae negotiorum solemnium. Lips. 1822. 8. Allein diese beziehen sich, bis auf Ein sehr verstümmeltes Zeugenverhörprotokoll, auf die freiwillige Gerichtbarkeit.

6. Schriftsteller. a. Io. Laur. Lydus, de Magistratibus rei publicae Romanae ed. I. D. Fuss. Paris. 1812. 4. cf. eiusdem Epistola ad C. B. Hase. Leod. 1820. 8. ed. II. Fuss. 1823. und den Wiederabdruck im Corpus script. hist. Byz. Bonn. 1837. 8. p. 119—272. unverändert bis auf Worte des Uebersetzers (II. 10. ac Praefectum Orientis in posterum appellari), von denen der Text in dieser Stelle nichts weiß, sondern erst III. 40. Dieser Lydus hatte unter K. Anastasius durch Protection in der Kanzlei des ersten Reichspräfecten Aufnahme gefunden und stieg in dieser einträglichen Carriere durch Thätigkeit und Geschick im lateinischen Ausdruck bis zur höchsten Stufe, als die unter Justinian eintretenden Reductionen seine Hoffnung auf Reichthum im Alter zerstörten. In Eitelkeit und Gewinnsucht sowohl als in ungemessenem Raisonniren ist er ganz ein Kind seiner erbärmlichen Zeit; leistet uns aber einen wesentlichen Dienst, indem er die Einrichtung der Behörden und ihren Geschäftsgang mit einer Anschaulichkeit schildert wie kein anderer.

b. Theophilus' Paraphrase der Institutionen Justinians. Ed. Reitz Tom. 1. 2. Hag. 1751. 4. Da ihm die Institutionen des Gaius vorlagen, so war er mitunter veranlaßt, das abweichende Verfahren seiner Zeit anzudeuten, wovon bei der Dürftigkeit unserer Quellen Gebrauch zu machen ist.

III. Die nachjustinianischen Rechtsquellen des bis ins fünfzehnte Jahrhundert, wenngleich schon seit dem siebenten in vermindertem Umfang fortdauernden oströmischen Reiches dienen zur Ergänzung der Justinianischen, insofern sie deren Inhalt oder das zu Justinians Zeit geltende Recht unverändert wiedergeben.

1. Die Basiliken vom Ende des neunten Jahrhunderts (Basilicorum libri LX. ed. Heimbach. T. I—V. Lips. 1833—50. Supplementum ed. Zachariae 1846) sind von großer Wichtigkeit für die Ergänzung und Berichtigung des Textes der Justinianischen Rechtsbücher; materielle Ergänzungen enthalten sie natürlich nicht. Für unsern Zweck ist merkwürdig, daß Gerichtsverfassung und Prozeß hier zuerst als ein Ganzes zusammengestellt sind. Lib. VI. von den Magistraten und Lib. VII. 1. von den ordentlichen Richtern, den Beisitzern und Judices pedanei, 2. von Schiedsrichtern, 3—6. von der Gerichtbarkeit, Gerichtsstand u. A., 7—17. von der in Jus Vocatio, Cautio Judicio sisti, Gerichtszeit u. s. w., 18. von Edition der Klagen und Urkunden; 19. von der legitima persona in iudiciis. Lib. VIII. Von Advocaten und Procuratoren. Lib. IX. Von der Appellation, Res judicata und Execution. Lib. X. In integrum restitutio, beide Bücher ohne Scholien. Nur die Lehre vom Beweise Lib. XXII. und von den Exceptionen Lib. LI. bilden gesonderte Abschnitte, und die gerichtlichen Interrogationen werden beiläufig abgehandelt Lib. XLII. 4. Eine vollständige Prozeßordnung also enthalten auch die Basiliken nicht.

2. Die Scholien in den Basiliken von Juristen aus Justinians Zeit enthalten einzelnes für unseren Zweck Brauchbare. Vgl. Reitz, Theopil. Excurs. XX. p 1232. sqq. Zachariae, historiae iuris graeco-romani delineatio. Heidelb. 1839. 8. §§ 15. sqq. Puchta, Instit. § 181. Rudorff, Rechtsg. I. § 115.

3. Novellen späterer Kaiser, insbesondere des Leo Sapiens (a. 886) (Imp. Leonis A. Novellae Constitutiones 1—113. C. J. Kriegel. Vol. III. p. 749. sqq. Zachariae cit. p. 52. p. 117. VI) und des Constantinus Porphyrogeneta (a. 910) (hinter Leunclai Synopsis Basil. Basil. 1575. fol. p. 9—32) werden gleichfalls als Zeugen für fortdauernde Verhältnisse aus der Zeit Justinians angerufen werden.

## Historische Einleitung.

§ 126. In den beiden ersten Abschnitten haben wir den römischen Civilprozeß in seiner geschichtlichen Entwicklung von den ersten Anfängen Roms bis zu der Gründung eines Weltreichs und dem Untergang des Freistaats verfolgt und gesehen, daß er bis ins dritte Jahrhundert christlicher Zeitrechnung auf der alten Grundlage sich wesentlich nur vervollkommnet hatte. Indem wir uns anschicken, seinen Verfall unter dem Einfluß des sinkenden Reichs, seiner Theilung in das östliche und westliche und des Untergangs des westlichen zu schildern, ist kurz an die Ursachen und die damit zusammenhängenden Modalitäten dieser letzten Schicksale des römischen Staats zu erinnern.

Trotz des Volksglaubens an die Urbs äterna ahneten tiefere Geister schon während der höchsten Blüthe des Reichs seinen nahenden Untergang [1]), wie denn in der That die Gründe desselben schon in dieser Zeit gesucht werden müssen. — Als ein ewiges, wenigstens die gesammte gebildete Menschheit umfassendes Weltreich hatte es sich mit dem Grundgesetz alles irdischen Daseins, der Beschränkung auf Zeit und Raum in Widerspruch gesetzt und verlor durch Ausbreitung des römischen Namens über alle um das Mittelmeer gruppirten Völkerschaften je länger je mehr selbst eben das, was es diesen raubte, die Volkseigenthümlichkeit und damit die Naturbasis eines kräftigen Staatslebens. Die Einheit des ungeheuren Reiches konnte ferner nur in der Form der Despotie erhalten werden, und unter deren Druck erstarb allmälig was von Freiheit und Selbstverwaltung in kleineren Kreisen aus früherer Zeit sich erhalten hatte, also die zweite Lebensbedingung eines gesunden Gemeinwesens. Die absolute Macht des Herrschers endlich, nicht durch den Glauben der Nation an ihr Recht, sondern nur durch militärische Gewalt gegründet, hatte nach dem Sturz der ersten Dy-

1) *Tac. Germ.* 33. urgentibus imperii fatis. *cf. Liv.* V. 36.

nastien zwar durch die persönliche Würdigkeit vier tüchtiger Regenten eine verhältnißmäßig glückliche Zeit (98—180 n. Chr.) herbeigeführt [2]); aber unter den Händen ihrer verworfenen oder schwachen Nachfolger mußte sie durch dieselbe Gewalt in stets erneuerten Militärrevolutionen ihrem Untergang entgegengehen. Und während das Reich also durch die wildeste Soldatenherrschaft gespalten und verwüstet ward, nahete ihm von Außen in dem Andrang der germanischen Nationen, der s. g. Völkerwanderung, ein Weltgericht ohne Gleichen [3]). — Um die Mitte des dritten Jahrhunderts n. Chr., unter K. Gallienus, erreichte die Verwirrung durch die von allen Seiten hereinbrechenden Barbaren ihren Höhepunkt, während gleichzeitig die wilden Kriegshorden der „dreißig Tyrannen", ein weitverbreitetes Erdbeben, die Pest und eine Sonnenfinsterniß die Bevölkerung mit Schrecken erfüllten. Die erneuten Versuche zweier tüchtiger Kaiser aus dem romanisirten Illyrien, — Aurelians, der die Barbaren auf allen Seiten zurücktrieb, das Centralland Italien durch Einsetzung der Correctoren neu ordnete und Rom durch die gewaltige, noch stehende Ringmauer befestigte, und des K. Probus, der beides zugleich, die Disciplin der Legionen herstellte und den Anbau der verödeten Provinzen förderte, — diese Versuche, das Reich auf der alten Grundlage zu erneuern, waren vergeblich. Es wäre schon damals zu Grunde gegangen, wäre es nicht auf der Wende des dritten und vierten Jahrhunderts zwei großen Kaisern, auch aus illyrischem Stamme, gelungen, dasselbe auf einer neuen Grundlage zu restauriren.

§ 127. K. Diocletian können wir als den Erfinder, Constantin den Großen als den Vollender des neuen Systems be-

2) *Tac. Agricola* 3. — primo statim beatissimi saeculi ortu Nerva Caesar res olim dissociabiles miscuerit, principatum ac libertatem, augeatque quotidie felicitatem imperii Nerva Traianus. Also glücklich auch durch Gewährung persönlicher Freiheit. *Idem Hist.* I. 1. — rara felicitate temporum, ubi sentire quae velis, et quae sentis dicere licet.

3) Es ist bezeichnend für den Seherblick des angeführten großen Historikers, daß er den Untergang des Reichs von dieser Seite erwartete.

zeichnen [1]), welches freilich an Früheres anknüpfte und sich erst im Lauf des vierten und fünften Jahrhunderts zu der Gestalt entwickelte, welche das merkwürdige, zu Anfang des fünften verfaßte Verzeichniß aller Aemter und Würden des Reichs (notitia dignitatum et administrationum omnium tam civilium quam militarium in partibus Orientis et Occidentis) [2]) und die Rechtsbücher des fünften und sechsten Jahrhunderts [3]) darstellen. Das Princip dieser Reform konnte natürlich nicht die Rückkehr zur Freiheit sein, wozu alle Elemente fehlten und die nur zur Auflösung geführt hätte, sondern die Steigerung der absoluten Gewalt; das Resultat aber war eine consequent durchgeführte Despotie, in welcher militärisch-römische und asiatische Formen sich wunderbar mischen und die Institutionen der Republik nur in einzelnen Trümmern bedeutungslos fortbestehen. Die Todeskrankheit des Staats konnte freilich dadurch nicht

1) *Gibbon, hist. of the decline and fall of the Rom. Empire c.* 13. Like Augustus, Diocletian may be considered as the founder of a new empire. Das fleißige und genaue Werk von *Tillemont, histoire des empereurs Romains.* auf welches Gibbons geistreiche Darstellung bekanntlich großen Theils gebaut ist, hat auf vielen Punkten schon das Verdienst unter den beiden großen Kaisern richtig vertheilt. Wichtige neue Beiträge giebt Th. Mommsen, 1) Ueber die Zeitfolge der Verordnungen Diocletians, Abhandl. der Akademie 1860. S. 349 folg. 2) Verzeichniß der römischen Provinzen aufgesetzt um 297. Dieselben Abh. 1863. S. 498 folg. 3) *De C. Caelii Saturnini titulo ad Ed. Gerhardum epistula. Mem. dell' inst. arch.* II. 1865. — Ueber andere Inschriften s. den vortrefflichen Index von *Henzen* in *Orelli Inscr. Vol.* III.

2) S. Quellen D. 1. Pancirols verworrenem und urtheilslosem Commentar (*ed. 3. Lugd. 1608. fol.*) bleibt allerdings das Verdienst des ersten Versuchs. Böckings Ausgabe hat nicht nur zuerst in dem kritisch festgestellten Text eine sichere Grundlage geschaffen, sondern in der umfassenden Annotatio mit der ihm eigenen Gelehrsamkeit und Schärfe über die wichtigsten Punkte in diesem ausgedehnten und dunkeln Gebiet Licht verbreitet.

3) S. Quellen I. A. B. II. A. B. Das Wichtigste für deren Erläuterung haben die bewundernswürdigen Commentare des Cujacius über die drei letzten Bücher des Codex und die Novellen und der nicht minder gelehrte, fleißige und überall gescheidte Jac. Gothofredus zum Theodosischen Codex geleistet. Und doch bleibt noch viel zu thun übrig, wenn man sich nicht mit Namen begnügt, sondern die Erkenntniß der Sachen, wie sie wirklich gewesen sind, anstrebt.

geheilt, sein Untergang also, wenigstens für den vorzugsweise römischen Theil, nur verzögert, ja er mußte andererseits durch das angewandte Mittel selbst gefördert werden.

Die erste wichtige Neuerung Diocletians war die **Mittheilung der kaiserlichen Gewalt** an einen zweiten Augustus (286 n. Chr.) und zwei zur Nachfolge bestimmte Cäsaren (293), damit in jedem Viertheil des Reichs ein höchst entscheidender Wille gegenwärtig sei [4]). Dabei blieb die wesentliche Einheit des Reichs, die von seiner ewigen Dauer unzertrennlich schien, rechtlich [5]), und die oberste Leitung des Ganzen ihm als erstem Augustus faktisch vorbehalten [6]). Auch hatte er mit richtigem Blick den durch seine geographische Lage gesicherten und durch seine Hülfsmittel wichtigern Orient zu seinem Reichstheil, und Nicomedien auf der Grenze zwischen Asien und Europa zur Residenz gewählt [7]). Die alte Hauptstadt Rom wurde durch Prachtbauten [8]), und seine Plebs durch reichliche Fütterung abgefunden [9]), Italien aber als Provinzialboden behandelt [10]). — Dieß wohl ausgedachte, aber künstliche System be-

4) Etwas ganz Neues war dieß insofern nicht, als ja von Anfang an der adoptirte Nachfolger ein Cäsar wurde, ferner schon Vespasian seinen Söhnen Antheil an der Regierung gegeben, M. Aurel seinen Bruder L. Verus selbst zum Augustus und Mitregenten erhoben u. s. w., endlich Carus seinem Sohn, dem Cäsar Carinus, die Vertheidigung des Westen überlassen hatte, während er mit dem andern, Numerian, gegen die Perser zog.

5) Es ist dies das letzte Beispiel des altrömischen imperium individuum, welches von Mehreren zugleich ausgeübt wird, s. oben Bd. 1 S. 37. Bd. 2 S. 86 Note 8, und der entscheidende Beweis dafür liegt in dem Rechte der Gesetzgebung jedes Augustus für das ganze Reich. S. unten § 149.

6) *Aur. Victor de Caes.* 39. Valerius (*sc. Diocletianus*) cuius nutu omnia gerebantur. — Valerium ut parentem seu dei magni suscipiebant modo.

7) Nach den Subscriptionen seiner zahlreichen Rescripte, s. Mommsen, Zeitfolge S. 421—446, wechselte sein Aufenthalt zwischen Nicomedien und Sirmium, der Residenz seines Cäsars Galerius. *Lactant. de mort. pers. c.* 10. in Bithyniam venit hyematum. Wie wenig er Rom liebte, sagt derselbe *c.* 17.

8) Die Bäder Diocletians, theilweise von M. Angelo in eine Kirche verwandelt, gehören zu den herrlichsten Resten des Alterthums.

9) *Aur. Victor cit.* Annona urbis anxie sollicitequae habita. Schon Aurelian hatte der römischen Plebs zum Brod auch Schweinefleisch bewilligt.

10) Rücksichtlich der Grund-

ruhte indeß zu sehr auf seiner überwiegenden Persönlichkeit, um nicht nach seinem freiwilligen Rücktritt (305) [11]) neue Zerwürfnisse unter den mehreren Regenten zu veranlassen, die schließlich mit der Alleinherrschaft Constantins (324) endigten. Denn der Orient, den sein Mitregent Licinius besaß, war ihm unentbehrlich, und durch Gründung von Neurom an der Stelle, die den Schlüssel zweier Welttheile enthält, bezeichnete er diese als den wahren, dauernden Mittelpunkt des erneuerten Reiches [12]). Aber das einmal gegebene Beispiel und die innere Nothwendigkeit wirkten fort. Der Theilung unter seinen drei Söhnen (337) folgte zwar wieder die zehnjährige Alleinherrschaft des Constantius (350) und die kürzere des Julianus (360). Aber schon Valentinian mußte auf wiederholtes Verlangen der Heerführer, die ihn gewählt hatten, die Hälfte des Reichs, dießmal den Orient, einem zweiten Augustus, seinem ganz von ihm abhängigen Bruder Valens überlassen (364); dann sein liebenswürdiger, aber schwacher Sohn Gratian in einem tüchtigen General, Theodos I., sich einen Gehülfen suchen (379). Und dieser bereitete, so bald ihm das ganze Reich zugefallen war (392), noch bei seinen Lebzeiten (393) dessen bleibende Theilung unter seinen Söhnen, in das östliche und westliche vor. Bei allen diesen Wechseln wurde der Grundgedanke Diocletians, die Einheit des Reichs bei getheilter Verwaltung, festgehalten [13]).

Die zweite große Maaßregel dieses organisatorischen Kopfes betraf die Einrichtung der Reichsbehörden und verfolgte den doppelten Zweck, einerseits durch Vermehrung der Werkzeuge die absolute Gewalt auf allen Punkten zu vergegenwärtigen, an-

steuer *Aur. Victor cit.* Hinc parti Italiae invectum tributorum ingens malum, und rücksichtlich der Provinzialverwaltung.

11) Der ihn auch als einen nicht gewöhnlichen Mann charakterisirt, freilich verschieden gedeutet wurde. *Aur. Vict. cit. Lactant. cit. c.* 19.

12) Die strategische Bedeutung von Byzanz hatte ihn der letzte Kampf mit Licinius gelehrt, und sie hat sich in der Erhaltung des byzantinischen Reichs bis ins fünfzehnte Jahrhundert, des türkischen bis zu diesem Augenblick bewährt.

13) Daher die Notitia Dignitatum nur von partes Orientis und Occidentis spricht. S. die wichtige Folge für die Gesetzgebung unten § 149.

dererseits durch Theilung ihrer Macht und strenge Beaufsichtigung jeden Versuch von Widersetzlichkeit unmöglich zu machen. Deshalb zerschlug er die Provinzen in kleinere Stücke[14]) und setzte diesen zu deren bürgerlicher Verwaltung ebensoviele Statthalter verschiedenen Ranges, Proconsules, Consulares, Präsides u. s. w. vor (§ 128); den Befehl über die verschiedenen Abtheilungen des Heeres aber, der schon früher häufig besonderen Heerführern (duces) übertragen worden war, führten fortan grundsätzlich Officiere ohne bürgerliches Amt als Duces oder mit dem höheren Titel Comites (§ 135). Die höchste Oberaufsicht über die Verwaltung des ganzen Reiches hatte schon unter den Severen der Präfectus Prätorio geübt und der Befehl über die prätorischen Cohorten, seine ursprüngliche Bestimmung, war nur ein Machtmittel mehr. Nach Diocletians Verfassung stand jedem der vier Kaiser ein Präfect zur Seite, der ihn in der Regierung und Kriegführung unterstützte und vertrat[15]). Zu Beaufsichtigung der Statthalter gründete dieser Kaiser aber die Mittelinstanz der Vicarien der Präfecten[16])

14) *Lactant. cit. c.* 7. Et ut omnia terrore complerentur, provinciae quoque in frusta concisae, multi Praesides *rel.* Auch dieß bereitete sich schon früher vor als Folge der wachsenden Bevölkerung und Cultur und des überhand nehmenden Regierens im Gegensatz der Selbstverwaltung. Schon *Dio Cass.* 53, 12. bemerkt, daß von den Provinzen seiner Zeit unter Augustus zwei oder drei Einen Statthalter hatten. Gallien theilte dieser in vier Provinzen, wozu freilich noch die beiden Germanien kamen; unter Diocletian hatte es 15 oder 17. Mommsen, Verzeichniß S. 493 folg. Später ging man noch weiter, wie die Vergleichung dieses Verzeichnisses mit der Notitia Dignitatum zeigt. Ueberall legte man frühere bürgerliche oder natürliche Theilungen zum Grunde, machte z. B. aus Sardinien und Corsica zwei, aus Hispania, den drei Jurisdictiones der Hispania Tarraconensis und den balearischen Inseln, vier Provinzen. Vgl. überhaupt Becker-Marquardt, röm. Alterth. III. 1. S. 70 folg.

15) *Tillemont cit. Dioclet.* Note 12. *Mommsen de C. Cael. Sat. tit. p.* 22. — Daß die Präfecten damals noch Militärgewalt hatten und gelegentlich den Kaiser in der Kriegführung vertraten, dafür s. z. B. *Aur. Vict. de Caes. c.* 39. Constantius Asclepiodoto, qui praetorianis praefectus erat, cum parte classis ac legionum praemisso *rel. c.* 46. (Maximian) eum Volusianus Praefectus praetorio ac militares duces levi certamine confecere. Magistri Militum kommen noch nicht vor, s. Note 21.

16) Unter Diocletian *Lactant.*

und theilte zu dem Ende das ganze Reich in zwölf Diöcesen [17]). Diejenigen, in welchen der Hof des Kaisers oder Kriegsgefahr die regelmäßige Anwesenheit des Präfecten erforderte, blieben diesem immediat unterworfen und gaben ihm den Namen, als Praefectus Galliarum, Italiae, Illyrici und Orientis [18]); in den übrigen Diöcesen aber wurde er durch Vicarien vertreten [19]). — Als dann Constantin das ganze Reich wieder in seiner Hand vereinigte, behielt er die vier Präfecturen bei [20]), schwächte aber ihre Macht, nicht nur durch Bestellung von Vicarien auch in den Immediatbezirken (§ 132), sondern hauptsächlich durch Abzweigung der höchsten Militärgewalt, die er auf zwei Magistri Militum, der eine Equitum, der andere Peditum, übertrug. Später traten zu diesen höchsten Militärbeamten am Hofe des Kaisers (Magistri militum praesentales) eben solche, die mit gleicher Würde der Vertheidigung einzelner Reichstheile vorstanden; nach der Theilung des Reiches waren ihrer im Ganzen drei im Occident und fünf im Orient [21]).

*cit. c. 7.* et Vicarii Praefectorum. *Tit. C. Cael. Sat.* Mommsen *p.* 36. *sq.* Vicario Praeff. praetorio bis, in urbe Roma et per Mysias. Unter Maxentius *Aur. Vict. de Caes.* 40. apud Poenos Alexander pro Praefecto gerens — debili aetate. *Orelli Inscr.* 1049. Dagegen gehören nicht hierher *L. 1. § 4. D. de leg.* 3. (32). *Orelli* 946. *Dio Cass.* 52. *p.* 480. Vgl. oben § 71 Note 98. 99. In der Inscription von *L.* 2. *C. I. de ped. iud.* (3, 3). Impp. Diocletianus et Maximianus AA. et CC., die mein Handbuch S. 27 Note 11 dafür anführt, ist das Wort Vicariis nach *Ae. Hermann* durch keine Handschrift unterstützt.

17) S. das Veroneser Verzeichniß der Provinzen von 297. Mommsen cit. S. 491 folg.

18) S. Mommsen cit. und unten § 132.

19) *Cf. L. 7. C. Th. de off. Rect. prov.* (1, 16). *Constantin.* a. 331. apud Comites provinciarum (= *Vicarios*) aut apud Praefectum praetorio, si magis fuerit in vicino.

20) Schon als er nur den ganzen Occident beherrschte, behielt er die beiden Präfecten, Galliarum und Italiä bei. S. z. B. sein Edict *de accusationibus c.* 5. a. 314. Zeitschr. f. gesch. RW. IX. S. 85 ad Praefectos nostros und *Gothofr. Not. dign. C. Th.* VI. 2. *p.* 9.; und als er Licinius besiegt hatte a. 324, auch die beiden Präfecten des Orients. *Zosimus* II. 33. konnte in diesem Sinne sagen, daß zuerst Constantin vier Präfecturen eingerichtet habe.

21) *Zosimus* II. 33. IV. 27. Lydus de mag. II. 10. III. 40. - Nach der gewöhnlichen Annahme soll auch diese schon Diocletian eingeführt haben, wegen *Lactant. cit. c.* 7. Rationales multi et Ma-

Die principielle Trennung der Civil- und Militärverwaltung war auf diese Weise durch alle Instanzen durchgeführt (§ 135). Eximirt von der bürgerlichen Provinzial- und Reichsverwaltung waren die beiden Hauptstädte, Alt- und Neurom. Jenes hatte von Anfang der Monarchie zum Vorstande den Präfectus Urbi mit seinen Unterbeamten, und dieses ward ihm im Laufe des vierten Jahrhunderts auch darin gleichgestellt (§ 133). — Ein dritter Verwaltungszweig, die Finanzen, war theils mit der bürgerlichen Provinzial- und Reichsverwaltung der Präfecten, Vicarien und Statthalter verbunden, theils der höchsten Leitung zweier Hofbeamten, des Comes sacrarum Largitionum und Comes Rerum privatarum übergeben, welche in den einzelnen Diöcesen durch Rationales vicarii oder Magistri vertreten wurden und mancherlei Localverwaltungs- und Kassenbehörden unter sich hatten (§ 134). — Der symmetrische Bau dieser viel gegliederten Beamtenhierarchie wurde indeß im Einzelnen nicht nur durch Berücksichtigung localer und historischer Momente, sondern auch durch Willkühr des Kaisers mannichfach modificirt.

Zur Unterstützung derselben in den drei Verwaltungszweigen dienten die zahlreichen Kanzleien oder Bureaus (officia), welche ihre Entstehung, aus der frühern Militärverwaltung, gleichfalls Diocletian und Constantin verdanken [22]). Denn als der Erstgenannte den Befehl über die Legionen von den Provinzialstatthaltern auf die Duces übertrug, ließ er jenen zwar die zu ihrer Dienstleistung commandirten Soldaten (officiorum milites) [23]) und bestätigte deren Privilegien [24]), nahm diesen Cohor-

gistri. Allein diese Magistri sind Unterbeamte des Comes Rerum privatarum, s. unten § 134 Note 36. Da in *L. 1. C. Th. de annona* (11, 1). *Constantin. a.* 315. ein ex-magistro equitum et peditum vorkommt, so muß Constantin, schon ehe er Alleinherrscher wurde (a. 324), für den Westen diese Einrichtung getroffen haben. Als nicht technische Bezeichnung eines Heerführers kommt der Ausdruck vor bei *Vopisc. Aurelian.* 11. 17. 18.

22) Vgl. Bd. 2 S. 159 folg.

23) *Lactant. cit. c.* 30. Officiorum omnium milites.

24) *L. 11. C. Th. de cohortal.* (8, 4). a. 365. Solita cohortalibus Syriae privilegia, quae a divo Diocletiano porrecta sunt atque concessa.

talen aber die Waffen. Und ebenso schrumpften die von demselben Kaiser schon verminderten bewaffneten Cohorten der Prätorianer[25]), als Constantin diese meuterische Rotte ganz aufhob[26]) und dem Präfecten alle Militärgewalt entzog, zu der vornehmen civilen Kanzlei zusammen, welcher noch Justinian in Erinnerung ihres Ursprungs officiell den Ehrentitel der legio prima adiutrix nostra zu geben pflegte[27]). Die Militärbeamten scheinen ihre Officia auch ferner aus den ihnen untergebenen Truppenkörpern genommen zu haben[28]); die der Finanzbeamten waren eigenthümlich componirt[29]). Alle besorgten nicht bloß das ausgedehnte Schreib- und Rechnungswesen, sondern auch die persönlichen Aufträge der Magistrate, dienten also in den untern Instanzen dazu, das ganze Land im Gehorsam zu erhalten[30]), den Centralbehörden aber deren Befehle in die Provinzen zu tragen[31]). Die vollständige Ausbildung dieser merkwürdigen Collegien von Subalternbeamten, insbesondre ihres Sportelwesens, dem noch Constantin energisch entgegentrat[32]), gehört freilich erst dem vierten und fünften Jahrhundert an (§ 141). Von den Befehlen des Magistrats abhängig und dennoch von bedeutendem Einfluß auf die Geschäfte, bildeten sie recht eigentlich die Einrich-

25) *Aur. Victor de Caes.* 39. discordiarum metu — quasi truncatae urbis vires, imminuto praetoriarum cohortium atque in armis vulgi numero. c. 40. Interim Romae vulgus turmaeque praetoriae Maxentium imperatorem confirmant. *Lact. cit. c.* 26. Eodem fere tempore (*sc. Diocletianus*) castra praetoria sustulerat. Itaque milites pauci, qui Romae in castris relicti erant, — non invito populo, Maxentium purpuram induxerant. Daß jeder Kaiser in seiner Residenz, z. B. Diocletian in Nicomedien, Prätorianer hatte, erwähnt derselbe c. 12.

26) *Aur. Victor de Caes.* c. 40. von Constantin nach der Besiegung des Maxentius: praetoriae legiones ac subsidia factionibus aptiora quam urbi Romae sublata penitus, simul arma atque usus indumenti militaris.

27) *Lydus* III. 3 *L.* 3. *C. I. de app. Praef. Pr.* (12, 53).

28) S. § 142 Note 16.

29) S. § 142 Note 17.

30) *Lactant. cit. c.* 7. Et ut omnia terrore complerentur — multi Praesides et plura Officia singulis provinciis ac paene civitatibus incubare.

31) Z. B. die Präfectiani werden von den Präfecten, die Palatini von dem Comes sacrarum Largitionum in die Provinzen gesandt, um die Statthalter zur Erhebung der Steuern anzuhalten.

32) S. Bd. 2 S. 159 Note 21.

tung, die wir als eine französische, im Gegensatz der deutschen Justiz- und Verwaltungscollegien, Bureaukratie zu nennen pflegen. Die Vortheile der Collegialverfassung aber suchte man dadurch zu erreichen, daß man diese Subalternen verpflichtete, ihren Chef an die Gesetze zu erinnern und, wenn er nicht hören wollte, ihm zu widerstehen, widrigenfalls auch sie für deren Uebertretung namhafte Bußen zahlen mußten [33]), ein widerspruchsvolles Verhältniß, welches als Nothbehelf das in der Verwaltung eingerissene Verderben verräth.

Aehnlich wurden auch die Behörden, welche den Kaiser in der höchsten Reichsregierung unterstützten und die nach Art der Despotie schon zu seinem Hofstaat (Officia palatina) gerechnet werden, neu organisirt (§ 137); die ersten Keime derselben fanden sich schon früher [34]). Dazu gehört 1) der Geheimerath des Kaisers (Consistorium Principis), mit dessen Beirath er Beschlüsse faßt und in feierlicher Audienz sie verkünden läßt. Den Zutritt fremder Gesandten oder der Partheien zur Audienz vermittelt der Vorstand des gesammten Hofstaats, der Magister Officiorum [35]). Den Vortrag hatte in Justizsachen der erste Beisitzer, der seit Constantin den Titel Quästor sacri Palatii führt [36]). Die Comites sacrarum Largitionum und Rerum privatarum sind ordentliche Beisitzer für ihre Finanzpartie; regelmäßig auch der am Hof des Kaisers weilende Präfectus Prätorio (in comitatu) für das Innere und die Magistri Militum präsentales für Militärangelegenheiten; für alle vorkommenden Sachen die Mitglieder zweiten Ranges (Comites con-

33) S. § 142 Note 52.

34) Vgl. Bd. 2 S. 48 folg.

35) Als Magister admissionum kommt er schon unter Valerian vor. *Vopisc. Aurelian.* 12. Die Hofdienerschaft stand früher unter dem Präfectus Prätorio, und wurde nach *Lydus* II. 10. 25. III. 41. erst durch Constantin dem Magister Officiorum untergeben.

36) *Symmachi Ep.* I. 17. nennt ihn schlechthin concilii regulis particeps. *Procop. de bello Pers.* I 24. *βασιλεῖ πάρεδρος*. Daß er erst seit Constantin diesen Namen führt, sagt *Zosimus* V. 32. *ὃν Κοαιστῶρα καλεῖν οἱ ἀπὸ Κωνσταντίνου δεδώκασι χρόνοι.* Gewöhnlich setzt man ihn mit den früheren Quaestores candidati Principis in Verbindung; vielleicht richtiger *Mommsen de C. Cael. Sat. tit. p.* 49. mit dem Praepositus consistorii.

sistoriani spectabiles). 2) Die höchste allgemeine Reichskanzlei (Tribuni et Notarii) und 3) die vier aus früherer Zeit stammenden kaiserlichen Bureaus (scrinium memoriae, epistolarum, libellorum und dispositionum oder epistolarum graecarum)[37].

Aber dieser ganze Apparat von Behörden von der untersten Stufe bis zum Kaiser hinauf, ja die Vervielfältigung der kaiserlichen Gewalt selbst konnte neuen Revolutionen nicht vorbeugen, wenn es nicht zugleich gelang, die Person des Kaisers selbst gegen jeden Angriff zu schützen und ihr in den Augen des Volkes und des Heeres ein höheres, unantastbares Ansehen zu verleihen. Schon Diocletian, der es erlebt hatte, daß die tüchtigsten Kaiser durch Meuterei oder Verrath ihrer eignen Waffengefährten gefallen waren, entlehnte zu dem Ende Einrichtungen und Sitten vom Hofe des Perserkönigs, mit dem man längst durch Krieg und Friedensschlüsse in Berührung gekommen war, und seine Nachfolger bildeten sie weiter aus[38].

Zum Schutz der Person des Kaisers dienten schon vor Diocletian die kaiserlichen Haustruppen (domestici et protectores) zu Fuß und zu Pferde unter ihren beiden Befehlshabern (Comites domesticorum)[39]. Zu diesen kam jetzt noch die Leibgarde der Schildträger in mehreren Regimentern

37) Näheres über alles dieß unten § 137.

38) *Lactant. cit. c.* 21. von Galerius: post devictos Persas, quorum hic ritus, hic mos est, ut regibus suis in servitutem se addicant, et reges populo suo tanquam familia utantur, hunc morem nefarius homo in Romanam terram voluit inducere. *Amm. Marc.* XV. 5. (von Diocletian?) omnium primus extero ritu *rel.* S. Note 45. Vgl. mein Handbuch S. 24. „Der römisch-griechischen Welt waren ächt monarchische Formen fremd; es war einer späteren Zeit und den germanischen Stämmen vorbehalten, jene milde und schöne Gestalt des Monarchischen hervorzubringen, in welcher der Niedere durch freie Hingabe an einen Höheren Freiheit und Ehre findet. Das Alterthum kannte nur die Usurpation republikanischer Tyrannen und die Despotie der östlichen Barbaren. Wie natürlich, daß jene nur durch die Persönlichkeit getragene Einzelherrschaft, als sie sich unzureichend erwies, mit dem glänzenden Apparate der letztern umgeben und gestützt wurde."

39) *Not. dign. Or. c.* XIV. *p.* 45. *Occid. c.* XII. *p.* 55. *Cod. Theod.* 6, 21. *Cod. Iust.* 12, 17. de domesticis et protectoribus.

(scholae scutariorum)[40]. Die persönliche Bedienung des Kaisers hatten im Allgemeinen die beiden Wächter der kaiserlichen Schlafgemächer (Praepositi sacri cubiculi), Eunuchen, welche, charakteristisch genug, den ersten Rang unmittelbar hinter den ersten Staats- und vor allen anderen Hofbeamten einnahmen und häufig bedeutenden Einfluß ausübten[41]; im Einzelnen zahlreiche Kammerdiener (cubicularii), Stall- (stratores) und Tafelbediente (castrensiani) u. A.[42]. Die kaiserlichen Geschäftsträger (agentes in rebus), mehr als Tausend an der Zahl, wurden besonders als Kundschafter und mit anderen Aufträgen in die Provinzen gesandt[43].

Hinter diesem Schwarm von Hofbeamten war der Souverän regelmäßig für Volk und Heer unsichtbar; nur bei feierlichen Gelegenheiten erschien er öffentlich und zwar mit dem königlichen

40) *Not. dign. Or. c.* X. *p.* 38. *Occid. c.* VIII. *p.* 42. *Nov. Theod.* 21. de scholaribus, Comitibus scholar. *rel. Cod. Iust.* 12, 30. de privilegiis scholarum. *L.* 35. *C. I. de locato* (4, 65). milites — qui in undecim devotissimis scholis taxati sunt. *cf. Amm. Marc.* XIV. 7. palatinarum primos scholarum.

41) *Not. dign. Or. c.* IX. *p.* 36. *Cod. Theod.* 6, 8. *Cod. Iust.* 12, 5. de Praepositis sacri cubiculi, besonders *L.* 5. *Anastas.* — duobus viris illustribus Praepositis utriusque sacri cubiculi tam nostrae pietatis quam serenissimae nostrae coniugis. Ueber den Einfluß der Eunuchen am Hofe Diocletians s. *Lactant. c.* 15. potentissimi eunuchi, Constantins *Lamprid. Alex.* 66. 67., unter Constantius *Amm. Marc.* XVI. 7. 8 — Die byzantinische Rangordnung wird von der gewisser deutscher Höfe noch übertroffen, wo der Oberstkämmerer den höchsten Staatsbeamten vorgeht.

42) *Not. dign. Occid. c.* XIII. *p.* 56. Primicerius sacri cubiculi. *C. Th.* 6, 8. *C. I.* 12, 5. *citt.* — et de omnibus cubiculariis et privilegiis eorum. *C. Th.* 6, 31. *C. I.* 12, 25. de stratoribus. *Not. dign. Or. c.* XV. *Occid. c.* XIV. Castrensis sacri palatii. *C. Th.* 6, 32. *C. I.* 12, 26. de castrensianis et ministerianis. Kaiserliche Herolde und Executoren *C. Th.* 6, 33. *C. I.* 12, 27. de decanis. Quartiermacher *C. Th.* 6, 34. *C. I.* 12, 28. de mensoribus u. s. w.

43) *Not. dign. Or. c.* X. § I. 8). *Occid. c.* VIII. § I. 6). Schola agentum in rebus. *C. Th.* 6, 27. *C. I.* 12, 20. de agentibus in rebus. Sie theilten sich in verschiedene Grade: Principes, Ducenarii, Centenarii u. s. w. S. *L.* 3. *C. I. cit. C. Th.* 6, 28. *Nov. Val.* 27. *C. I.* 12, 22. de Principibus agentium in rebus. 21. de Praepositis agentium in rebus. Unter Theodos II. waren ihrer 1174, s. *L.* 23. *C. Th. h. t.*, unter K. Leo 1248, s. *L.* 3. *C. I. h. t.* Als Kundschafter traten sie an die Stelle der frumentarii, welche Diocletian abschaffte. *Aur. Victor de Caes.* 39. *Lydus* II. 10.

Diadem geschmückt, in seidene, mit Gold und Perlen gestickte Kleider gehüllt [44]). Einzelne, die Zutritt im Heiligthum erlangten, näherten sich ihm wie einem göttlichen Wesen mit den Zeichen der Anbetung [45]). So wurde die altrömische Deisidämonie, die sich früh der Person des Alleinherrschers zugewendet hatte, schon durch Diocletian, der sich Jovius, seinen Mitregenten Maximian Herculius nannte, heidnisch gesteigert, seit Constantin nur in christliche Formen gekleidet [46]).

Inmitten dieser durchgebildeten Despotie sind die noch übrigen republikanischen Behörden, der Senat in Rom und ein zweiter in Neurom, die Consuln, die sich zwischen beide Hauptstädte theilen, und die Prätoren, denen nur noch die Last der öffentlichen Spiele obliegt, für die Staatsverwaltung selbst ohne Bedeutung [47]) und deshalb in der Notitia Dignitatum gar nicht verzeichnet.

Ging also der Staat ganz in dem Kaiser, seinem Hof und Beamtenthum auf, d. h. waren diese allein die activen Factoren des Staatslebens, so fragen wir billig, welchen Einfluß dieß auf den passiven Theil des Volks, überhaupt die bürgerliche Ge-

44) Nach *Eutrop.* IX. 16. hatten die Kaiser bis auf Diocletian sich mit dem Soldatenmantel in Purpur (purpurea chlamys) begnügt. So auch *Lydus* I. 4. *Zonaras* XII. 31. Nach dem jüngeren *Aur. Victor Epit.* 35. soll schon Aurelian das Diadem angenommen haben, dem aber *Vopisc. Aurelian.* 48. widerspricht.

45) *Amm. Marc.* XV. 5. [*Diocletianus*?] omnium primus extero ritu et regio more instituit adorari, cum semper antea ad similitudinem iudicum salutatos principes legerimus. *Aur. Victor de Caes.* 39. (von Diocletian) Nam se primus omnium post Caligulam Domitianumque dominum palam dici passus et adorari se appellarique uti deum. *Eutrop.* IX. 16. *Mamertini pan. Max.* 2. te praesentem intuemur deum. Ueber den früheren Gebrauch des Wortes dominus im gemeinen Leben s. *Seneca Ep.* 3. *Sueton. Tiber.* 29. Für den Kaiser *Sueton. Oct.* 53. *Tib.* 27. *Plin. Ep.* X. *passim.* Jetzt wurde es dessen officieller Titel in Staatsacten, auf Münzen u. s. w.

46) Noch übler war es, daß byzantinisches Hofkostüm und Ceremoniell auf die christlichen Kirchenfürsten überging. In der katholischen Kirche hat es sich bis auf den heutigen Tag erhalten, was ein so strenger Katholik wie mein Lehrer des Kirchenrechts (1816), der außerordentliche Professor an der Berliner Universität und Geheimerath Schmedding, mit Recht bedauerte.

47) Näheres s. bei Walter, Rechtsgesch. §§ 367. 370—374.

sellschaft, deren ständische Gliederung, ihr materielles Wohlsein und die Moralität übte. Denn nicht nur bildete dieß den Reflex jenes öffentlichen Zustandes, sondern mußte auch entscheidend auf denselben zurückwirken.

Zunächst ist an die nicht genug beachtete merkwürdige Thatsache zu erinnern, daß durch den Druck des absoluten Staats, der alle Unterthanen (subiecti) in gesetzlich verpflichtenden Dienst (functio) nimmt [48]), um der Willkühr der Einzelnen, die sich diesem Dienst zu entziehen sucht, zu steuern, fast alle Berufsklassen (Stände) gesetzlich in erbliche Kasten verwandelt werden [49]). In den Städten, deren gesammte Municipalverfassung, ursprünglich auf Freiheit und Selbstverwaltung berechnet, jetzt zum Werkzeug der Despotie geworden, ist es besonders der erste Stand, der Decurionen oder Curialen, der durch die Pflicht zur Uebernahme der verantwortlichen städtischen Magistraturen und zur Erhebung der Grundsteuer, deren Ausfälle er decken muß, in die schmachvollste erbliche Knechtschaft geräth. Aber auch die Zünfte (corpora) der Rheder (navicularii), Kaufleute (negotiatores) und Handwerker (opifices) sind dem Staate nicht nur durch die Gewerbsteuer (lustralis collatio), sondern auch zu Betreibung ihres gemeinnützigen Gewerbes verpflichtet und deshalb erblich. Auf dem platten Lande werden die Colonen, hervorgegangen

48) Die reine Umkehr des früher geschilderten Verhältnisses im Freistaat s. Bd. 2 S. 140. — Für subiecti s. z. B. *Nov. Theod.* 17, 1. *pr.* *L. 4. C. I. de commerciis* (4, 63). *L. 34. C. I. de inoff. test.* (3, 28). *L. un. pr. C. I. de caduc. toll.* (6, 51) vgl. mit *Gai.* I. § 48. alieno iuri subiecti. Sie sind theils Steuerpflichtige (collatores nostri), theils Soldaten (milites nostri), z. B. *L. 2. § 11. C. I. de off. Pr. Pr. Afr.* (1, 27), wie schon *Lactant.* c. 7. accipientes und dantes unterscheidet. Functio heißt nicht bloß jede Steuer, s. *Dirksen Man. h. v.*, sondern auch der persönliche Dienst, z. B. der Decurionen *L. 116. L. 119. L. 180. L. 183. C. Th. de decur.* (12, 1), der Navicularii *L. 4. L. 14. § 3. L. 18. C. Th. de navicul.* (13, 5). *L. 4. L. 7. L. 9. L. 10. C. Th. de praediis navicul.* (13, 6), provinciales functiones *L. 3. C. I. de advocat. div. ind.* (2, 7) u. s. w

49) Dieser Gedanke, den ich in meinem Handbuch S. 23 angedeutet, ist mit Beweisen durchgeführt von Hegel, Städteverfassung von Italien I S. 79 folg., der auch über den Verfall der Städte S. 64 folg. zu vergleichen ist.

aus freien Zeitpächtern, in manchen Provinzen aus alten Leibeigenen und andern bäuerlichen Abhängigkeitsverhältnissen, im Interesse der Landescultur, der Steuerverwaltung und Rekrutenaushebung durch eine umfassende Gesetzgebung für sich und ihre Nachkommenschaft an die Scholle gebunden [50]). Selbst der eigentliche Staatsdienst in seinen untersten Stufen, im Heere, in den Kanzleien der Provinzialstatthalter, in den kaiserlichen Bergwerken und Industrieanstalten, ist erblich. Und in allen diesen Verhältnissen kann Jeder, der sich seinem Stand und Dienst entzieht, von der Corporation, der er angehört, oder von seinem Dienstherrn vindicirt und von der Obrigkeit ihm wieder zugewiesen werden. Nur der höhere Hof und Staatsdienst, ferner Wissenschaft und Kunst als Lebensberuf, und seit Constantin der geistliche Stand giebt als Privileg Befreiung (immunitas) von diesen Staatslasten.

Uebereinstimmend damit ist die Standesehre nicht mehr durch Freiheit und Rechtsfähigkeit, sondern danach abgestuft, was man dem Staat zu leisten und was von ihm zu erdulden hat. Den ersten Stand bilden die Hof- und Staatsbeamten, nicht nur die activen (in actu positi), sondern auch die zur Disposition gestellten (vacantes), und die nach Constantins Erfindung mit Titularwürden bekleideten (honorarii) [51]), welche den durch mancherlei Privilegien und Immunitäten ausgezeichneten Stand der Honorati bilden [52]) und sich nach der gesetzlichen Rangordnung in fünf Classen (illustres, spectabiles, clarissimi, perfectissimi, egregii) abstufen [53]). Auch der alt-

50) So war ja auch in Rußland nach Hanssens vortrefflicher Darstellung die Leibeigenschaft ein Product verhältnißmäßig neuer kaiserlicher Gesetzgebung.

51) *L. 2. C. I. ut dign. ordo* (12, 8). *Nov. Theod.* 25. § 4. — 15, 2. § 3. *Nov. Iust.* 70. *Cod. Theod.* 6, 22. de honorariis codicillis. Besonders *L. 1. Constantin. a.* 321 und *L. 8. § 1. Theod.* II. et *Val.* III. *a.* 425.

52) Für den Begriff s. *Iac. Gothofred. ad L. 1. C. Th. de off. iud. cir.* (1, 8). Für die Immunitäten z. B. *Nov. C. Th.* 7. § 4. — 22. § 3. *Nov. Iust.* 70. Für ihre Privilegien s. § 130 Note 27. § 147 Note 13.

53) *Cod. Theod.* 6, 5. *Cod. Iust.* 12, 8. ut dignitatum ordo servetur. Die folgenden Titel beschäftigen sich mit dem Rang der einzelnen Würden, und diese sind

römische, längst untergegangene Geschlechtsadel, ist von Constantin in der höchsten Titularwürde des Patricius erneuert [54]). — Den untersten Stand bilden in den Städten das gemeine Volk (plebs, personae viles), auf dem Lande die Colonen, beide, gleich den Sklaven, der Kopfsteuer, entehrenden Strafen und der Tortur unterworfen [55]). Den Standesunterschieden entspricht auch eine genau bestimmte, wenigstens in den beiden Hauptstädten zu beobachtende Kleiderordnung [56]).

Was den materiellen Wohlstand betrifft, so war die natürliche Folge der immer wiederkehrenden äußern Kriege, insbesondere der Einfälle der Barbaren und der innern Revolutionen, sowie der socialen Auflösung und des sich stets steigernden Steuerdrucks die Verarmung der Massen und die Anhäufung großen Besitzes und Reichthums Einzelner. Von der Verarmung auf dem platten Lande giebt schon unter Diocletian der Aufstand der Bauern in Gallien, der sich im vierten Jahrhundert wiederholte, Zeugniß; für die spätere Zeit die drückende Lage der Colonen überhaupt und die Verzweiflung der Grundbesitzer (possessores), die, um der unerschwinglichen Grundsteuer zu entgehen, ihre Aecker wüste liegen lassen. Den ausschweifenden Luxus der Reichen schildern gleichzeitige Schriftsteller. Wie die Kaiser bemüht waren, den

in der *Notitia* danach geordnet Wie streng darauf gehalten wurde, s. in *L. 2. C. Th. = L. 1. C. I. h. t. Grat. Val. et Theod. a.* 384. Si quis indebitum sibi locum usurpaverit, nulla se ignoratione defendat, sitque planè sacrilegii reus, qui divina praecepta neglexerit. - Successiv wurde die Würde der einzelnen Aemter gesteigert, s. z. B. *Amm. Marc.* XXI. 16. (*Constantius*) Nec sub eo dux quisquam cum clarissimatu provectus est: erant enim, ut nos quoque meminimus Perfectissimi. Wir beschränken uns auf die Rangordnung der Notitia. Ueber den allgemeineren Gebrauch der Beiworte clarissimus und perfectissimus s. *Böcking. Annot.* II. *p.* 176. *sqq.*

54) *Zosimus* II. 40. *Cassiodor.* VI. 2. *Cod. Theod.* 6, 6. *Cod. Iust.* 12, 3. de Consulibus, Praefectis praetorio, Magistris militum et Patriciis. *Nov.* 62. *a.* 537.

55) Die Curialen waren nicht ganz befreit, s. *L. 2. C. Th. de quaest.* (9, 35), und die Befreiung der höheren Stände von der Tortur wurde häufig nicht geachtet. S. *Lactant. cit. c.* 21. *Amm. Marc.* XXVIII. 1

56) *Cod. Theod.* 14, 10. de habitu, quo uti oportet intra urbem. 12. de honoratorum vehiculis. *Cod. Iust.* 11, 19.

Geringen gegen die Mächtigen Beschützer (defensores) zu schaffen, wird später (§ 138) gezeigt werden. Die Städte pflegten ihre Noth dem Kaiser durch Gesandtschaften (legati) zu klagen. Ganze Provinzen und Diöcesen vereinigten sich dazu auf Landtagen (concilia)[57]), worin also ein Keim verfassungsmäßiger Vertretung durchaus nicht zu suchen ist.

Welchen Einfluß alles dieß auf die herrschende Gesinnung und Moralität üben mußte, ist klar. Mißbehagen und allgemeine Unzufriedenheit sind die traurigen Begleiter solcher faulen Zustände. Was unvermeidliches Unglück ist und selbst was zur Abhülfe geschieht, wird je nach dem Partheistandpunkt bald dem einen, bald dem andern Machthaber[58]) und noch häufiger in geheuchelter Loyalität ihren Werkzeugen Schuld gegeben[59]). An die Stelle der Opferwilligkeit für das gemeine Beste tritt eine unersättliche Begierde nach Besitz und Genuß, an die Stelle des edlen Ehrgeizes für sein Vaterland zu wirken der allgemeine Drang nach dem Staatsdienst, der noch allein Freiheit und Ehre gewährt, der Ehrgeiz der Carriere, die durch Glück und Intrigue von der untersten Stufe bis an, ja auf den Thron führen kann, und die Eigensucht des herrschenden Beamtenthums, das sich mit dem Staate identificirt.

Auch durch das Christenthum, das durch Diocletian zum letztenmal verfolgt, durch Constantin, der es als die Macht der Zu-

57) *Cod. Theod.* 12, 12. de legatis et decretis legationum. *Cod. Iust.* 10, 63. *Dig.* 50, 7. de legationibus. Die Landtage waren ordentliche und außerordentliche. Für die Diöcesis Viennensis oder Septem-Provinciarum erneuerte den jährlichen Landtag zu Arles die berühmte Constitution des K. Honorius a. 418, abgedr. und erläutert in *Wenck, Cod. Theod. Libri V.* Lips. 1828. *Appendix* III.

58) So leitet Lactanz die Zerrüttung des Reiches von den Reformen des Christenverfolgers Diocletian, Zosimus, der insgeheim fortbestehenden philosophisch-heidnischen Parthei angehörig, von denen Constantins ab.

59) Selbst *Aur. Vict. de Caes.* 42. *in f.* sagt von Constantius: ut imperatore ipso clarius, ita apparitorum plerisque magis atrox nihil. Gegen solche Beschuldigungen schützte sich das Beamtenthum durch kaiserliche Erlasse wie *L.* 9. *C. Th. de off. Pr. Urb.* (1, 6). *Val. Theod. et Arcad. a.* 385. Sacrilegii instar est dubitare, an is dignus sit, quem elegerit imperator.

kunft erkannte, zur begünstigten, durch Theodos I. zur herrschenden und allein geduldeten Religion erhoben wurde, das um dieselbe Zeit durch Charaktere und Geister wie Ambrosius, Augustin, Chrysostomus und die cappadocischen Väter eine innere Neubelebung erfuhr, ist eine Erneuerung des Staats und der bürgerlichen Gesellschaft nicht bewirkt worden. Haben doch diese großen, die gesunde Entwicklung der Menschheit vermittelnden Organismen ihre eigenthümlichen Bedingungen, welche durch Religion und Kirche nicht ersetzt werden. Ja, umgekehrt liefert diese Zeit ein lehrreiches Beispiel dafür, daß diese letztern von der Krankheit des Staats, damals dem Despotismus, angesteckt, also ihres Lebenselements, der Freiheit beraubt, um so weniger ihren heilenden und wiedergebärenden Einfluß auf ihn üben können.

§ 128. Ging also das römische Reich auch in seiner erneuerten Gestalt, nach dem nothwendigen Selbstvernichtungsprozeß der Despotie, dennoch seiner Auflösung entgegen, so bleibt die Frage, warum und wie dieselbe für die westliche Hälfte im fünften Jahrhundert eintrat, das östliche Reich dagegen nicht nur fortbestand, sondern zu Anfang des sechsten eine neue Glanzperiode erlebte, die für unsere Aufgabe von besonderer Bedeutung ist.

Der Hauptgrund lag darin, daß der Strom der Völkerwanderung, verstärkt durch den gewaltigen Stoß der Hunnen, nach der natürlichen Configuration Europas von Nordost nach den südwestlichen Ländern bis in die äußersten Spitzen ihrer Halbinseln verlief, während er vom Orient durch den Kaukasus und das schwarze Meer, von Thracien und Constantinopel durch das Hämusgebirge abgeleitet wurde[1]). Gegen diesen Andrang germanischer, sarmatischer und tatarischer Völker hatte noch Diocletian die Grenzlinien (limites) des Rheins und der

1) Vgl. den schwierigen Durchbruch der Gothen durch den Hämus und den vergeblichen Angriff gegen Constantinopel a. 377. *Amm. Marc.* XXXI. 8. 15. *sq.* Auch den einmaligen Raubzug der Hunnen durch die Pässe des caspischen Meeres nach Syrien und Kleinasien a. 395. *Claudian.* in *Rufin.* II. v. 26. *sqq.*

Donau neu befestigt [2]), Constantin sie mit den neu organisirten Heeren siegreich behauptet [3]). Im Lauf des vierten Jahrhunderts wurden sie durch Raubzüge und durch friedliche Ansiedlung einzelner Völkerschaften immer häufiger durchbrochen [4]). Längst hatte man auch, um die aus Provinzialen rekrutirten Legionen zu verstärken, die Reiterei (alae, vexillationes) und die leichten Truppen (auxilia, cohortes) großen Theils aus barbarischen Corps unter Führung ihrer eigenen Fürsten gebildet. [5]). Seit Theodos I., als die entnervte römische Bevölkerung immer weniger tüchtige Soldaten lieferte [6]), fing man an, ganze Völker mit ihren Königen als Verbündete (foederati, *ξύμμαχοι*) sowohl in innern Kriegen als zur Vertheidigung der Grenzen zu gebrauchen und zu dem Ende innerhalb derselben

2) *Eumen. panegyr. pro rest. schol. c.* 18. Quid ego alarum et cohortium castra recenseam toto Rheni et Istri et Euphratis limite restituta?

3) *Aur. Victor de Caes.* 41. nennt als die drei Hauptwerke Constantins die Gründung von Constantinopel, die Einführung der Religionsfreiheit und die Reorganisation des Heeres. Condenda urbe formidandisque religionibus ingentem animum avocavit, simul novando militiae ordine. Seine Siege über die Franken und Alemannen am Rhein, über Gothen und Sarmaten an der Donau sind bekannt. Wie also *Zosimus* II. 34. sagen kann, Constantin habe den größten Theil der Truppen von den durch Diocletian neu befestigten Grenzlinien ins Innere verlegt, jene den Barbaren dadurch Preis gegeben, die Provinzialen aber belästigt und das Heer verweichlicht, ist unerklärlich.

4) Vgl. meine Gelegenheitsschrift Ueber die Germanen vor der Völkerwanderung Abschn. IV., die im Einzelnen zu berichtigen und zu ergänzen hier der Ort nicht ist.

5) Die Notitia Dignitatum in ihrem Kataloge der Heerestheile führt solche mit barbarischen Volksnamen nur unter den leichten Truppen und der Reiterei auf, nicht unter den Legionen, welche deshalb in *L. 10. C. Th. de veteranis* (7, 20). *Val. Val. et Grat. a.* 369. Romanae legiones im Gegensatz der cohortes = auxilia genannt werden. *cf. Amm. Marc.* XX. 8. tirocinia legionum und auxilia Scytharum. *Iac. Gothofr.* ad *L. 18. C. Th. de re mil.* (7, 1). *Böcking, Not. Or. p.* 192. Daß man übrigens einzelne Barbaren auch in die römischen Legionen und einzelne Provinzialen in die barbarischen Cohorten aufnahm, so daß wesentlich nur der Name blieb, wie heutzutage in der französischen Armee den Zuaven, ist nicht zu bezweifeln. *Böcking cit. p.* 188. Für die Zeit vor Constantin vgl. Becker-Marquardt III. 2. S. 306. 335 folg. 365. 370 folg.

6) Mußte ihnen doch Theodos I. auch leichtere Schutz- und Trutzwaffen gestatten.

ihnen Wohnplätze anzuweisen, was sie nicht abhielt, gelegentlich den Vertrag zu brechen und räuberisch über die Provinzialen herzufallen [7]). Da nun auch einzelne Männer barbarischen Ursprungs im römischen Kriegsdienst häufig bis zu den höchsten Ehrenstellen am Hofe aufstiegen [8]) und die Könige jener verbündeten Völker durch gleiche Titel ausgezeichnet wurden [9]), so konnte Procopius von dieser Zeit mit Recht sagen: unter dem scheinbaren Namen der Bundesgenossenschaft (*ξυμμαχία*) seien die Römer von den Barbaren beherrscht nnd vergewaltigt worden [10]).

So führt, als nach Theodosius' I. frühem Tod das Reich seinen unmündigen Söhnen, Arcadius im Osten und Honorius im Westen geblieben war, hier der Vandale Stilicho als Magister utriusque Militiae in Wahrheit die Regierung, während dort der Präfectus Prätorio Orientis Rufinus und der Eunuch Eutropius um die Macht streiten. Die schon von Theodosius in Illyricum angesiedelten Westgothen plündern erst die griechische Halbinsel und rüsten sich dann unter ihrem Könige Alarich als Magister Militum per Illyricum aus den kaiserlichen Waffenfabriken zu einem ersten Eroberungszug nach Italien (a. 400). Zu dessen Vertheidigung ist Stilicho genöthigt die römischen Heere aus Brittanien, Gallien und Rhätien an sich zu ziehen und also diese Länder den Barbaren Preis zu geben [11]).

7) *Zosimus* IV. 56. In dem Kampfe zwischen Theodos I. und dem von dem Franken Arbogast zum Gegenkaiser eingesetzten Notar Eugenius stritten auf dieser Seite die Franken, Alemannen u. s. w., auf jener die Gothen. Noch Justinian unterscheidet als verschiedene Arten der Milites, das eigentliche unter den Magistri Militum stehende Heer, die kaiserliche Leibgarde und die Föderati. *L. 35. C. I. de locato* (4, 66).

8) Schon unter Valerian *Vopisc. Aurelian.* 11. Unter Constantin und Constantius *Amm. Marc.* XV. 5. Gratian *Idem* XXXI. 10. *Zosimus* IV. 33. 35.

9) Die Könige der West- und Ostgothen, der Burgunden und Franken mit dem Titel eines Magister Militum, Patricius u. s. w.

10) *Procop. de bello Goth.* I. 1. *τῷ εὐπρεπεῖ τῆς ξυμμαχίας ὀνόματι πρὸς τῶν ἐπηλύδων τυραννούμενοι ἐβιάζοντο.*

11) Diese wichtige Thatsache berichtet *Claudian. de bello Getico v. 432. sqq.* und rühmt die wunderbare Ruhe der benachbarten Barbaren in der ersten Zeit als Verdienst seines Helden Stilicho.

Auch dauerte es nicht lange, daß die den Römern von jeher verbündeten Burgunden über den Rhein gehen und sich friedlich neben den römischen Provinzialen niederlassen (a. 406), die Franken im Norden immer weiter um sich greifen, Vandalen, Sueven und Alanen in wildem Raubzug durch Gallien bis nach Hispanien vordringen und dieß unter sich theilen (a. 411). Nach Stilicho's Fall (a. 408) erscheinen die Westgothen unter Alarich zum drittenmal in Italien, erobern und plündern Rom (a. 410), ziehen aber nach dem Tode ihres Heldenkönigs, weil das ausgesogene Land sie nicht ernährt, unter K. Ataulf nach Gallien (a. 412), wo sie ihre Herrschaft dauernd begründen und dann selbst über Hispanien ausdehnen. Aber das oströmische Reich dauert nicht nur in der Person seines elenden Kaisers Honorius, der vor diesen Stürmen in Ravenna einen sichern Zufluchtsort findet, sondern auch in einzelnen den Barbaren noch nicht unterworfenen, bald von römischen Feldherrn, bald von Gegenkaisern oder von den Provinzialen selbst vertheidigten Theilen fort [12]). Unter dem unmündigen Valentinian III. (seit 423) schlägt sein Magister utriusque Militiae Aëtius mit Hülfe der Westgothen selbst den Einfall der Hunnen in Gallien zurück (a. 551). Auch gegen die Vandalen, welche durch Verrath des Comes Africae Bonifacius (a. 428) dahin übergesetzt hatten, behaupten sich die festen Städte noch längere Zeit, Carthago bis 439. Das Merkwürdigste aber ist, daß die Barbaren selbst das römische Reich in den unter ihrer Herrschaft lebenden römischen Unterthanen insofern fortdauern lassen, als sie diesen einen Theil ihrer Verfassung und ihr bürgerliches Recht gönnen. Im Mittelpunkt des Reichs ging, nachdem mit Valentinian III. das Geschlecht des Theodosius ausgestorben war (a. 454), der Thron durch Willkühr barbarischer Machthaber von einem Schattenkaiser zum andern über [13]), bis endlich der He-

12) Letzteres z. B. in Armoricum, bis die Franken sich auch dieß unterwarfen (a. 502), und in Brittanien, das dann eine Beute der gegen Picten und Scoten zu Hülfe gerufenen Angelsachsen (a. 449) wurde.

13) Zum Schein noch immer

rulerfürst Odoaker, nachdem er den Magister Militum Orestes besiegt und dessen Sohn Romulus Augustulus abgesetzt, es nicht nöthig fand, die leere Würde eines weströmischen Kaisers zu erneuern (a. 467). Wir sind gewohnt, dieß als den Untergang des weströmischen Reichs zu bezeichnen. Als Macht hatte es längst aufgehört zu existiren, und als Zustand der römischen Bevölkerung dauerte es noch länger fort. Behauptete sich doch der römische Dux Syagrius in Gallien zwischen den Westgothen und Franken noch bis zum Jahr 487, und römische Statthalter in den Rhätischen Alpen unter ostgothischer und fränkischer Hoheit noch Jahrhunderte später. Und als der König der Ostgothen, der große Theoderich, der als Patricius und Magister Militum präsentalis des oströmischen Kaisers Zeno bis dahin mit seinem Volk in Moesien gehaust, im Auftrag dieses Kaisers Odoaker besiegt hatte (a. 490), brach er zwar alsbald mit dem byzantinischen Hof und beherrschte Italien selbständig, conservirte aber die gesammte römische Civilverwaltung und behandelte seine Gothen nur als das von ihm befehligte Heer. Hieran war zu erinnern, zur Erklärung warum wir für die späteste römische Gerichtsverfassung und den Civilprozeß Rechtsquellen aus diesen germanischen Staaten mehrfach gebrauchen werden [14]).

Mittlerweile genoß das oströmische Reich, durch die genannten Schutzwälle gegen die Stürme der Völkerwanderung gesichert, einer verhältnißmäßigen Ruhe. Der Anlauf der West- und Ostgothen und selbst der Hunnen prallt an den Mauern von Constantinopel ab oder wird durch Ehrenbezeugungen und Zahlung eines hohen Tributs abgekauft, auch mit griechischer List nach dem westlichen Bruderreich hingeleitet. Innerlich aber bildet sich das byzantinische Reich, dem Boden auf dem es wurzelt analog, immer mehr zu einem orientalischen aus und führt als solches sein zähes Leben noch ein Jahrtausend fort. In der Zeit, die uns allein interessirt, folgt, nachdem mit Theodos II.

durch Wahl des Senats und des Heeres, wie die Proclamation des K. Majorian bei seinem Regierungsantritt *Nov. Maior.* 1. bezeugt.

14) S. Quellen II. A.

(a. 450) auch hier das Geschlecht des großen Theodosius ausgestorben, durch Hofintriguen ein Wahlkaiser dem anderen, unter denen kaum Eine hervorragende Persönlichkeit auftritt [15]). Die Kämpfe der höchsten Würdenträger um den entscheidenden Einfluß oder um den Thron selbst, der dogmatischen Partheien in der Kirche und der Factionen in der Rennbahn um die Gunst des Hofes, wobei Weiber und Eunuchen die Hauptrolle spielen, Aufstände und Niedermetzelung des hauptstädtischen Pöbels füllen, außer zufälligen Calamitäten, Erdbeben, Pest, Feuersbrünsten u. s. w. [16]) die Blätter der Geschichte. Aber die unerschöpflichen Hülfsquellen des Orients lassen trotz der hohen Steuern und der Kosten der Verwaltung und des Hofgepränges das materielle Wohlsein der Bevölkerungen und mit diesem den Bildungsstand der griechisch-orientalischen Welt nicht so tief wie im Occident sinken. So wurde es möglich, daß mit gut bezahlten barbarischen Hülfstruppen im Ganzen glückliche Kriege gegen die Perser geführt, ja unter Justinian (527—565) die von den Vandalen in Africa, von den Ostgothen in Italien gegründeten, aber bald verfallenen Staaten über den Haufen geworfen und diese Länder als Provinzen mit dem östlichen Reich wieder vereinigt werden konnten. Eben daraus erklärt sich, daß während im Westen die wenigen auf uns gekommenen Rechtsquellen den traurigen Noth- und Bildungsstand der Römer verrathen, aus den blühenden Rechtsschulen zu Berytus und Constantinopel Männer hervorgehen konnten, mit deren Hülfe zwei große legislative Unternehmungen, der Theodosische Codex und Justinians Compilation, glücklich durchgeführt wurden, ja daß jene Männer diese letztere mit subtilem griechischen Verstand im Sinne der altrömischen Jurisprudenz auszulegen wissen (§ 147).

15) Ueber die Scheinwahl des Senats und des Heeres s. *Constantinus Porphyrogen. de cerimoniis aulae Byz.* I. 91. (K. Leo) 92. (K. Anastasius); über die Krönung durch den Patriarchen, die zuerst bei K. Leo stattfand, *c.* 38.

16) Die immer wiederkehrenden großen Feuersbrünste in Constantinopel beweisen, daß schon damals die Privathäuser meist aus Holz gebaut waren, was mit dem Mangel an Bausteinen oder mit klimatischen Verhältnissen zusammenhängen mag.

§ 129. Welche Veränderungen erfuhr nun das Gerichtswesen, d. h. die Verfassung der Gerichte, der Civilprozeß und die Rechtspflege selbst, im Allgemeinen unter dem Einfluß dieser öffentlichen Zustände?

Vor Allem ist es merkwürdig, daß bei der principiellen Tendenz der neuen durch Diocletian und Constantin bewirkten Organisation des Reichs die verschiedenen Zweige der Verwaltung zu trennen, man dennoch nicht daran dachte, dieß Princip auf die Justiz anzuwenden; sie blieb nach wie vor mit der dispositiven Gewalt aller Instanzen in Polizei-, Finanz-, Militär- und Hofsachen verbunden, gewährte also gegen die fiscalischen Tendenzen der Beamten keinen Schutz. Ferner war die Rechtspflege nun, wie die Verwaltung überhaupt, in der Hierarchie der Behörden künstlich gegliedert und centralisirt. Das eigentliche Centrum aber bildete auch in dieser Beziehung der Kaiser, der häufig die Competenz der Behörden änderte, oder im einzelnen Fall außerordentliche Justizcommissionen an ihre Stelle setzte, oder auch die Sache vor sein eigenes höchstes Tribunal zog. Auch ging man von dem altrömischen Grundsatz, das richterliche Urtheil regelmäßig in die Hand eines Einzelnen zu legen, nicht ab [1]).

Dagegen war die wichtigste Neuerung die, daß schon Diocletian durch Beseitigung der Judicis Datio als Regel den Partheien die in dem Geschwornenamt liegende Garantie gerechter Entscheidung entzog [2]). Die Hülfe, welches dieses den Magistraten in Bewältigung ihrer Geschäftslast gewährt hatte, wurde denselben jetzt theils durch die Möglichkeit, ausnahmsweise im Fall ihrer Ueberlastung oder in geringfügigen Sachen Judices pedanei zu bestellen (§ 139), theils durch die Verkleinerung der Gerichtssprengel (§ 131), die grundsätzliche Anstellung eines Beisitzers (§ 140) und das zahlreiche Kanzleipersonal (§ 141) verschafft.

Bei der Vernichtung aller wahren Municipalfreiheiten durch

1) Vgl. unten § 138 Note 31. 2) S. Bd. 2 S. 782.

die Beamtendespotie könnte man auch die Aufhebung der Municipalgerichtbarkeit und die Uebertragung derselben auf kaiserliche Beamte erwarten. Allein da die Städte sich längst aus freien Gemeinwesen in Werkzeuge des kaiserlichen Despotismus verwandelt hatten, so wurde auch die niedere Rechtspflege nicht nur denjenigen, die sich von Alters her in ihrem Besitz befanden, belassen, sondern allen anderen Orten in der Jurisdiction der städtischen Defensoren eine Last mehr auferlegt, also auch in dieser Beziehung das Reich in allen seinen Theilen despotisch nivellirt (§ 138).

Was den Civilprozeß betrifft, so wurde dem alten Ordo Judiciorum privatorum durch Aufhebung der regelmäßigen Judicis Datio seine wesentliche Grundlage entzogen, das Verfahren ist fortan allgemein extra ordinem [3]). Damit fiel die Formula und was sonst den Ausdruck der Partheirechte gebildet hatte, weg [4]), und es blieben nur diese Rechte selbst, wie sie die classische Jurisprudenz in Verbindung mit jenen Prozeßformen bestimmt hatte, also das s. g. materielle Actionenrecht übrig [5]). Zwar fehlte es nicht an neuen gesetzlichen Vorschriften für das Verfahren, die aber keine Beziehung auf den verschiedenartigen Inhalt desselben hatten. Die Rechte der Partheien entbehrten also fortan jeden in solchen Formen liegenden Schutz gegen die Willkühr des Richters. Daß in seinem arbiträren Thun jetzt der Schwerpunkt des Prozesses liegt, wird auch sehr bestimmt durch den Ausdruck Cognitio, im Gegensatz der Actio bezeichnet [6]). Und nicht bloß in der Leitung des Ver-

3) *pr. I. de success. subl.* (3, 12). *§ 8. I. de interdictis* (4, 15).

4) *Cod. Iust.* 2, 58. de formulis et impetrationibus actionum sublatis. *L. 47. § 1. D. de neg. gestis* (3, 5). *L. 3. C. I. de interdictis* (8, 1). *§ 8. I. cit.*

5) *Inst.* 4, 6—16. vgl. mit *Gai. Inst.* IV

6) So wurden im vorigen Jahrhundert, wo man alles Heil von einer aufgeklärten und humanen Despotie erwartete, wie das öffentliche Recht der Stände, so auch das persönliche Recht der Partheien vor Gericht verkannt, und deshalb in der preußischen Gerichtsordnung von 1793 unter Beseitigung der Sachwalter die Untersuchungsmaxime in Civilsachen eingeführt. So weit gingen selbst die byzantinischen Kaiser nicht.

fahrens, in der Untersuchung und Entscheidung des Rechtsstreits schaltet die Gerichtsobrigkeit nach freiestem Ermessen, sondern wo es gilt, dem Rechte thatsächliche Anerkennung zu verschaffen, bei der Execution, begnügt sie sich nicht wie früher mit der Ermächtigung der Partheien zur Ausübung ihres Rechts, sie greift selbst zwingend ein, gewährt also allerdings dem Einen vollständigeren Rechtsschutz, gefährdet aber zugleich die persönliche Freiheit des Andern. Andererseits zeigt sich die moralische Erschlaffung der Zeit in übertriebener Milde gegen den zahlungsunfähigen Schuldner.

Daß überhaupt auch die Rechtspflege von dem allgemeinen sittlichen Verderben nicht unberührt geblieben, wird vielfach sichtbar. Zwar berichten gleichzeitige Schriftsteller hauptsächlich von scheußlichen Criminalproceduren; aber es ist daraus zu schließen, wie häufig auch in den für die Zeitgeschichte weniger interessanten Civilprozessen Gunst oder Ungunst und Bestechlichkeit das Urtheil des Richters bestimmten [7]). Daher die häufigen Anklagen der Provinzialbeamten bei dem Kaiser, der selbst in allgemeinen Edicten dazu auffordert [8]), daher die Schaaren der Querulanten, die mit Recht oder Unrecht, in diesem Fall also aus Ungeduld und Schwäche, in der Hauptstadt zusammenströmen [9]). Doch sind die Bemühungen kräftiger Regenten zur Verbesserung des Justizwesens in einer traurigen Zeit anzuerkennen. Dahin ge-

7) Was in Hoffnung darauf die Vornehmen und Mächtigen sich erlaubten, zeigen die Rechtsfälle im Anhang.

8) Constantin der Große in *L. 4. C. Th. de accus.* (9, 1), Theodos I. in *L. 6. C. Th. ad leg. Iul. repetund.* (9, 27). Aus demselben Grunde erlaubt Constantin die öffentlichen Acclamationen für und gegen den Statthalter und befiehlt den Aufsichtsbehörden darüber zu berichten. *L. 6. C. Th. de off. rect. prov.* (1, 16) = *L. 3. C. I. eod.* (1, 40).

9) *Nov. Martian.* 1. *pr. a.* 450 — Videtis enim agmina, videtis catervas adeuntium infinitas non solum a finitimis provinciis, verum extremo orbis Romani limite confluentes et adversum suos adversarios conquerentes. Quod profecto nullatenus accidisset, si in locis integritas vel severitas iudicum floruisset. Aus dem Eingang eines Justizedicts, welches dieser bessere Kaiser nach seinem Regierungsantritt erließ. Vgl. *Nov. Iust.* 26. *c.* 3. § 1. — 69. *c.* 1. § 1.

hören mehrere Edicte Diocletians [10]) und eine ganze Reihe solcher von Constantin [11]), deren heftigem Tone man es anfühlt, daß ihnen eine lange Zeit der Unordnung und der gröbsten Mißbräuche vorhergegangen war [12]). Die Härte der hinzugefügten Drohungen läßt freilich vermuthen, daß sie nicht häufig vollstreckt wurden und verräth, gleich den in extremis angewandten starken Heilmitteln, den rettungslosen Krankheitszustand der Gesellschaft. Nicht mehr werden Justinians Versuche, durch Vergegenwärtigung religiöser Vorstellungen der Ungerechtigkeit der Richter wie der Partheien und ihrer Beistände zu steuern, in einer so tief gesunkenen Zeit gefruchtet haben [13]).

Fast könnte es hiernach zweifelhaft erscheinen, ob es die Mühe lohnt, die Gerichtsverfassung und den Prozeß dieser Zeit im Einzelnen zu erforschen. Allein in doppelter Hinsicht ist dennoch ein bedeutender Gewinn davon zu erwarten. Einmal lehrt nur eine genauere Betrachtung derselben, was von dem Prozeßrecht der classischen Jurisprudenz unter den völlig veränderten äußern Verhältnissen sich erhalten hatte und also, als ein Rechtsstoff von bleibendem Werth „aus den Stürmen der Völkerwanderung wunderbar gerettet", auf uns übergehen konnte. Sodann kann diese Zeit für alle Zeiten zur Warnung dienen, indem sie beweist, daß auch das vollkommenste bürgerliche Recht die Gebrechen des öffentlichen Zustandes nicht überträgt, und daß, was diesen

10) Bruchstücke derselben sind *L. 2. C. I. de pedan. iud.* (3, 3) und *L. 6. C. I. de appellat.* (7, 6).

11) Ein allgemeines Edict über die Appellation, das wenigstens als solches nicht auf uns gekommen ist, erwähnt *L. 3. C. Th. de appell.* (11, 30) a. 315. und ein zweites, gemischten Inhalts, besitzen wir in einzelnen Stücken, die *Iac. Gothofr. ad L. 16. C. Th. eod.* aufzählt.

12) Z. B. *L. 7. C. Th. de off. rect. prov.* (1, 16). oben § 78 Note 21. *L. 8. C. Th. de appell.* (11, 30). — Cui capitale supplicium imminebit, si rigorem legis quocunque modo mollire tentaverit. *L. 9. eod.* — perennibus inuretur iudex notis. — *L. 3. C. Th. de off. Pr. Pr.* (1, 5). a. 331. straft den abgewiesenen Appellanten mit zwei Jahren Relegation und Confiscation seines halben Vermögens, oder mit zweijähriger Bergwerksarbeit.

13) Dahin gehört, daß die Gerichtssitzungen sacrosanctis evangeliis propositis gehalten werden sollen, s. unten § 147 Note 16, und die Vorschrift der von dem Richter, den Partheien und den Advocaten zu Anfang jedes Prozesses zu leistenden Eide, s. § 150 Note 27.

letztern betrifft, auch der bewunderungswürdigste Verstand in Durchführung der Despotie und Büreaukratie den Mangel gesunder freiheitlicher Entwicklung nicht ersetzen kann.

# I. Gerichtsverfassung.

## A. Einzelne Gerichtsbehörden.

### 1. Kaiserliche Beamte.

#### a. Gemeinsames.

§ 130. Wenngleich nur ein Theil ihrer Amtsthätigkeit, die Verwaltung der Justiz, uns eigentlich beschäftigt, so ist doch eine kurze Angabe ihrer Amtsverhältnisse im Allgemeinen unentbehrlich, wenn wir ein lebendiges Bild gewinnen und alles Einzelne verstehen wollen.

Die Ernennung aller Reichsbeamten geschieht jetzt vom Kaiser [1]), gewöhnlich auf den Vorschlag des Chefs des Departements, dem der Beamte angehört, also des Präfectus Prätorio beim Provinzialstatthalter [2]), des Magister Militum beim Dux oder Comes u. s. w. Der Geschäftsgang ist dabei der, daß der Kaiser aus dem Cabinet (sacrum cubiculum) ein Schreiben an die Reichskanzlei (Tribuni et Notarii) erläßt, wo die Ernennung in den Staatskalender (laterculum) eingetragen [3]) und

1) Daher die § 127 Note 58 citirte *L. 9. C. Th. de off. Praef. urb.* (1, 6) sagt: sacrilegii instar est dubitare, an is dignus sit, quem elegerit Imperator. — Eine Ausnahme machten auch in dieser Beziehung die noch übrigen republikanischen Magistrate, namentlich die Prätoren, die noch immer der Senat wählte.

2) *L. 6. C. I. ad leg. Iul. repet.* (9, 27). *Theod. et Val. a.* 439. — qui ad honoris insignia — amplitudinis tuae solent testimonio promoveri; — quibus hi honores per sedis tuae vel per nostram fuerint electionem commissi. *L. 9. C. I. de advoc. div. iud.* (2, 7). *a.* 542.

3) Und zwar entweder in das dem Primicerius Notariorum befohlene maius laterculum, oder in das minus laterculum unter dem Quästor sacri Palatii. *Not. dign. Or.* c. 16. *Occid.* c. 15. *Cod. Theod.* 1, 8. *Iust.* 1, 30. *de officio Quaestoris. Böcking* in *Not. Or. p.* 268.

das Patent (codicilli dignitatis), mit den Insignien des Amtes geschmückt [4]), nebst der Amtsinstruction (mandata Principis) [5]) ausgefertigt wird. In feierlicher Rathssitzung wird es dann vom Kaiser selbst dem Neuernannten eingehändigt [6]) und von diesem der Kanzlei des Präfectus Prätorio oder Magister Militum insinuirt, damit ihnen die Ernennung officiell bekannt werde, und von Ersterm die Anweisung des Unterhaltes (annona) für den Beamten und sein ganzes Hülfspersonal erfolge. Für diese verschiedenen Ausfertigungen hat derselbe an die kaiserlichen Geheimschreiber (Chartularii cubicularii), an die Reichskanzlei und die Kanzlei des Präfecten oder Magister Militum gesetzlich bestimmte Sporteln zu zahlen [7]). Daß er sonst für Empfehlungen zum Amte (suffragium) nichts gezahlt habe, darüber mußte er einen Eid leisten, der später bis zu einem allgemeinen Amtseide ausgedehnt wurde [8]).

Rücksichtlich der Amtszeit hatte man Augusts Einrichtung, den kaiserlichen Beamten die Verwaltung auf eine unbestimmte Reihe von Jahren zu übertragen [9]), wieder verlassen, und war zum Grundsatz der Republik zurückgekehrt, nach welchem alle Aemter einjährig sind [10]), eine Einrichtung, bei welcher die

4) Diese Insignien sind es, die auch in der Notitia Dignitatum abgebildet sind. *Panc irol. Comm. in Not. Or. c.* 22. Besser Böcking, Ueber die Notitia S. 91—105 und *Annotatio* I. *p.* 171. *sq.*

5) *Nov.* 17. *pr. Nov.* 24. *c.* 6. *Nov.* 25. *c.* 6. Der liber Mandatorum ist in der Notitia unter den Insignien der meisten Beamten zu sehen; die Inschriften darauf sind noch nicht befriedigend erklärt. *Böcking Annot.* I. *p.* 259. 519. II. *p.* 1156. *C. Th.* 1, 3. *C. I.* 1, 15. *de mandatis Principum* handeln nicht hiervon, sondern von außerordentlichen kaiserlichen Vollmachten.

6) Die Ceremonie beschreibt *Constant. Porphyrog. de cerim. aul. Byzant.* I. 85. II. 4. oder eigentlich *Magister Petrus*, aus dem es genommen ist.

7) Dieser Geschäftsgang ergiebt sich sehr deutlich aus *L. 1. L. 2. C. I. de off. Praef. pr. Afr.* (1, 27). *Nov.* 8. *Nov.* 24—31.

8) *L. 6. C. I. ad leg. Iul. rep.* (9, 27). *Theod. et Val. Nov.* 8. insbesondre die der Notitia angehängte Eidesformel. *Nov.* 24—31. *Nov.* 69. *c.* 3. § 1. Für das suffragium bei andern Gesuchen etwas zu geben, war nicht verboten. *Cod. Iust.* 4, 3. *de suffragio.*

9) *Dio Cass. lib.* 53. *p.* 505. *Capitolin. Pius* 5. Fuitque ea constantia ut septenis et novenis annis in provinciis bonos Praesides detineret. *Spartian. Pesc. Niger* 7.

10) Dieß ergeben am bestimm-

Verwaltung selbst wohl nicht gewann, die jedoch dazu diente die Macht der Provinzialbeamten zu brechen. Die Verlängerung der Amtszeit hing von der Gnade des Kaisers ab [11]). Nur die Präfecti Prätorio wurden auf unbestimmte Zeit ernannt [12]), behaupteten sich jedoch selten länger als ein Jahr [13]).

Besoldung der Provinzialstatthalter hatte zuerst August eingeführt an der Stelle der früher von der Republik gestellten Ausrüstung [14]), und dazu kamen die Naturallieferungen der Provinzialen zum Unterhalt des Beamten und seines Gefolges (annona und capitum, Fourage) [15]). Durch ein Gesetz K. Theodos' II. und Valentinians III. vom Jahr 439 wurden diese Naturalien allgemein zu Gelde angeschlagen [16]), und diese gesetzlich bestimmten Summen bilden im Justinianischen Recht ausschließlich den Gehalt aller Reichsbeamten. So erhielt der Präfect von Afrika 100 Pfund Gold, die Consularen 20 Pfund u. s. w. [17]).

Auch in ihrer äußern Erscheinung weichen sie sehr ab von der antiken Einfalt der Republik oder der ersten Kaiserzeit. Auch die Civilbeamten tragen eine genau und nach ihrem Rang verschieden bestimmte militärische Amtskleidung [18]), zu welcher der

testen Cassiodors Formulare zu den Ernennungspatenten, die fast alle die Zeitbestimmung per illam indictionem (für dieß Steuerjahr, beginnend mit dem 1. September) enthalten. *Var.* VI. 4—8. 18. 20. 21. VII. 4.

11) *Cassiodor. Var.* VII. 2. Nostrum est merentibus tempus augere: quia non facile removere cupimus, quos iustos esse sentimus.

12) In der Formel bei *Cassiodor. Var.* VI. 3. heißt es ab illa indictione, wie auch bei andern dauernden Würden. *c.* 10. 12.

13) Vgl. das Verzeichniß der Praef. praet. im *Ius civ. anteiust.* II. *p.* 1404. *sqq.*

14) S. oben § 67 Note 22.

15) Früher fiel dieß zusammen mit den Naturallieferungen der Provinzen zum Unterhalt des Heeres (militaris annona), welche Annona unter der Leitung des Praef. praetorio stand; und sie blieb den Statthaltern auch als sie die Militärgewalt verloren.

16) *L. un. C. I. de annonis et capitatione administrantium et eorum adsessorum aliorumve* (1, 52).

17) *L. 1. §§ 4. 8. L. 2. § 19. C. I. de off. Praef. pr. Africae* (1, 27). *Nov.* 24—31. Das Pfund Gold nach Mommsen, röm. Münzwesen S. 900 zum heutigen Metallwerth von 286 Thlrn. Pr. berechnet, betrug also der Jahrgehalt des Präfecten die enorme Summe von 28,600 Thlrn., der der Consulares 5720 Thlr. u. s. w.

18) *Laur. Lydus de mag.* II. 13. 14. beschreibt die des Praef.

Soldatenmantel (chlamys und paenula)[19]) und der Soldatengürtel (cingulum)[20]) gehört. Nur der Präfectus Urbi als Vorstand des Senats trägt die civile Toga[21]). Oeffentlich erscheinen sie auf einem glänzenden Staatswagen[22]), umgeben von ihren zahlreichen Amtsbedienten (officium)[23]), unter Vortragung der Fasces, des einzigen altrömischen Symbols, oder der vexilla[24]) und der imagines Principum[25]), begrüßt durch die Acclamationen des Volks[26]). Ihre Amtswohnung ist in dem Prätorium der Metropole ihres Districtes, und nur zu bestimmten Stunden geben sie Audienz[27]), halten in einer geschlossenen Halle (secretarium) auf dem tribunal und der sella argentea[28]) Gericht, oder nehmen Ehrenbesuche (salutationes) an[29]). Lydus[30])

praetorio sehr genau. Das Schwert hatte er damals schon abgelegt.

19) *Cassiodor. Var.* VI. 15. 20. 21. Honorati sollen nur in der chlamys öffentlich erscheinen. *L. 16. C. Th. de off. Vicarii* (1, 15).

20) Dieses beschreibt Lydus a. a. O. als einen Gürtel von rothem Leder mit goldener Spange. Als allgemeines Zeichen des activen Staatsdienstes kommt es oft in den Quellen vor. S. besonders *Nov. Theod.* 25. §4. *L. 2. C. I. ut dign. ordo* (12, 8). *L. 2. C. I. de metatis* (12, 41). *Gothofred.* in *C. Th.* I. *p.* 163.

21) *Cassiodor. Var.* VI. 4. Auch die Senatoren sollten, in der Hauptstadt wenigstens, nicht in der chlamys erscheinen. *L. 1. C. Th. de habitu quo uti oportet intra urbem* (14, 10).

22) *Cassidor. Var.* VI. 3. 4. 15. 20. *Nov.* 24. *c.* 4. *Nov.* 25. *c.* 5. *Nov.* 29. *c.* 6. *Nov.* 70. *c.* 1. *Vopisc. Aurel.* 1. *Symmach. Ep.* X. 24. 40. Vgl. die Abbildung des Wagens mit dem Viergespann in der *Not. dign. Or. c.* 3. *Occid. c.* 2. 4. Ueber den Anfang dieser Sitte s. *Spartian. Sever.* 2.

23) Darunter auch ein praeco, der den Magistrat ankündigte. *Cassiodor. Var.* VI. 3. *Nov.* 70. *c.* 1.

24) *L. 4. C. Th. ad leg. Iul. de amb.* (9, 26). — consularitatis fasces aut vexilla praesidalia beweist die Fortdauer des früheren Unterschiedes, wonach nur die Consularen, nicht die kaiserlichen Procuratoren Lictoren und Fasces hatten. S. Bd. 2 S. 72 folg. Ebenso *Laur. Lydus de mag.* II. 19. *Cassiodor. Var.* III. 5. VI. 20. *Nov. citt.* Vgl. *Gothofr.* in *L. cit.*

25) *Cassiodor. Var.* VI. 20. *Panzirol.* in *Not. Or. c.* 24.

26) Ueber diese Acclamationen in früherer Zeit s. *Capitol. Pius* 3. In der spätern wurden sie vom Kaiser nicht nur gern gesehen, sondern gewissermaßen befohlen. *L. 6. C. Th. de off. Rect prov.* (1, 16). *L. 3. C. I. eod.* (1, 40). *L. 2. C. Th. de Quaestoribus* (6, 9). *L. un. C. I. eod.* (12, 6).

27) *L. 13. C. Th. de off. Rect. prov.* (1, 16).

28) Die alte sella curulis. *Nov. citt. cf. Not dign. Occid. c.* 41.

29) An diesen salutationes nahmen nur Honorati in ihrer Amtskleidung Theil. *L. 16. C. Th. de*

beschreibt das Ceremoniell, mit welchem der Präfectus Prätorio zur kaiserlichen Gerichtssitzung eingeladen und empfangen wurde, wobei man sich in die Türkei versetzt glaubt. In dem Grade war dem ganzen Staatsleben die Form des asiatischen Despotismus aufgedrückt.

---

## b. Provinzialstatthalter.

§ 131. Vier Arten der Provinzialstatthalter werden genannt, in folgender Rangordnung: Proconsules, Consulares, Correctores, Präsides [1]), Benennungen, deren Ursprung in der frühern Reichsverfassung zu suchen ist [2]).

Proconsules [3]) hießen nach Augusts Einrichtung alle Statthalter der senatorischen Provinzen, und sie hatten eine höhere Würde als die der kaiserlichen, bei geringerer Gewalt [4]), insofern nur diese Legionen befehligten. Im Lauf der ersten Jahrhunderte hatten die Kaiser immer mehr senatorische Provinzen in ihre Verwaltung genommen, und als letzter Rest derselben erscheinen in der durch Diocletian und Constantin restaurirten Reichsverfassung die drei proconsularischen Provinzen Asia, Achaia und Africa [5]), deren Eigenthümlichkeit also nun zu bestimmen ist.

*off. Vicar.* (1. 15). *L. 1. C. Th. de Praef. praet.* (6, 7). *L. un. C. Th. de praep. s. cub.* (6, 8). *L. 1. C. Th. de domesticis* (6, 24) u. s. w.

30) *De mag.* II. 9. 17.

1) *L. 8. C. Th. de cohortal.* (8, 4). *a.* 364. — Proconsulum, Consularium, Correctorum vel Praesidum. *L. 13. C. Th. de accusas.* (4, 1). *L. 10. C. Th. de paganis* (16, 10). *Not. dign. passim.* Die Größe der Provinz entschied so wenig über den Rang, daß z. B. die beiden proconsularischen, Asia und Africa, zu den kleinsten gehören.

2) S. oben § 67 Bd. 2 S. 71 folg.

3) *Cod. Theod.* 1, 12. *Cod. Iust.* 1, 35. *Dig.* 1, 16. *de officio Proconsulis et Legati. Not. dign. Or. c.* 18. 19. *Occid. c.* 17. *Böcking Annot.* I. *p.* 123. *sq.* 167. *sq.* II. *p.* 418.

4) Vgl. § 70 Note 106.

5) Früher durch consularische Proconsuln ausgezeichnet, s. *Orelli-Henzen Index p.* 104. Alle prätorischen Proconsuln sind also

Diese besteht nicht mehr darin, daß ihr Statthalter, der Proconsul, vom Senat ernannt würde; seine Ernennung erfolgt wie die aller andern Reichsbeamten jetzt durch den Kaiser [6]). Aber vermöge seiner höhern Würde gehört er in die zweite Classe der Judices spectabiles und nimmt selbst unter allen Reichs- und Provinzialbeamten dieses Ranges die erste Stelle ein [7]). Aus demselben Grunde ist er von der Aufsichtsgewalt der Präfecten und ihrer Vicarien eximirt und erkennt nur den Kaiser über sich [8]). Nur der Proconsul Achaiä ist zwar nicht dem Vicarius der Dioeces Macedonien, zu welcher Achaia gehört, wohl aber dem Präfectus per Illyricum untergeordnet [9]).

Seine Amtsgewalt ist wie die anderer Statthalter auf den Umfang seiner Provinz beschränkt [10]), und nur seine Legaten, deren der Proconsul Africae regelmäßig zwei hat, sind seine Untergebenen [11]). Es war eine willkührliche Aenderung der allgemeinen Verwaltungsordnung, daß an Stelle des Vicarius der

verschwunden. — Vorübergehend wurde auch andern Statthaltern die Würde der Proconsules ertheilt, z. B. dem Consularis Campaniae *Orelli* 105. *Mommsen Inscr. Neap.* 1418. 1419. *cf. Mommsen, de C. Cael. Sat. tit. p.* 35. *sq.*, dem Consularis Palaestinae *Böcking Annot.* I. *p.* 511.

6) S. z. B. *L.* 8. *C. Th. a.* 400. — ingratus beneficio nostro. Vgl. oben § 67 Note 21.

7) *Not. dign. Or. c.* 1. *Occid. c.* 1. und die Reihenfolge in der Notitia selbst und den Titeln der Codices.

8) *Not. dign. Or. c.* 1. *Occid. c.* 2. § 1. führen unter den Provinzen sub dispositione virorum illustrium Praefectorum praetorio die proconsularischen Asia und Africa nicht auf; ebensowenig erscheinen sie unter denen sub dispositione viri spectabilis Vicarii dioeceseos Asianae und Africae. *Or. c.* 22. § 1. *Occid. c.* 19. § 1.

9) *Not. dign. Or. c.* 3. § 1. sub dispositione virorum illustrium Praefectorum praetorio per Illyricum sunt: — provinciae Macedoniae sex: Achaia *rel.* In dem restituirten *c.* 24ª. beim Vicar der Dioecese Macedonien hat Böcking Achaia mit Recht weggelassen.

10) *Not. dign. Or. c.* 19. § 1. Sub dispositione viri spectabilis Proconsulis Achaiae: Provincia infra scripta: Achaia. *L.* 1. *L.* 2. *pr. D. h. l.*

11) *Not. dign. Occ. c.* 17. § 1. Sub dispositione viri spectabilis Proconsulis Africae: Provincia proconsularis, Legati eius duo. Vgl. oben § 67 Note 44. Die fünf übrigen Provinzen der Dioeces Africa und ihre Statthalter stehen unter Aufsicht des Vicarius Africae. *Not. dign. Occ.* c. 19. — Für den Legatus Proconsulis s. noch *titt. citt.* in Note 3.

asianischen Diöces dem Proconsul Asiae die Aufsicht über die Statthalter zweier benachbarten Provinzen, den Consularis Hellesponti und den Präses Insularum, so wie über ihr Officium übertragen wurde [12]).

Alle andern Provinzialstatthalter werden jetzt unter dem allgemeinen Namen Rectores provinciarum und ähnlichen zusammengefaßt [13]), und gehören sämmtlich der dritten Rangklasse der Clarissimi an, rangiren aber unter sich als Consulares, Correctores und Präsides, mit Rücksicht auf die Bedeutung dieser Namen in der frühern Kaiserzeit. Der Consularis (legatus Augusti pro Praetore consularis) nahm früher unter den kaiserlichen Statthaltern und nimmt auch jetzt noch den ersten Rang ein [14]). Correctores hießen die zuerst von Aurelian den Regionen von Italien an Stelle der Juridici vorgesetzten Beamten, die gleich diesen den Rang der Consularen nicht hatten [15]). Sie erhielten sich hier bis in die zweite Hälfte des vierten Jahrhunderts, von wo an Consulares und Präsides an ihre Stelle traten [16]). Nur noch zwei Correctoren verzeichnet

12) *Not. dign. Or. c.* 18. § 1. Sub dispositione viri spectabilis Proconsulis Asiae: Provinciae infra scriptae: Asia, Insulae, Hellespontus. Unter den dem Vicarius dioeceseos Asianae untergebenen Provinzen fehlen alle drei. *c.* 22. § 1. Dagegen stehen die beiden letzten sub dispositione Praefecti praetorio per Orientem *c.* 2. § 1., dessen Oberaufsicht also in dieser Beziehung auch der Proconsul unterworfen ist. Es scheinen auf diesem Punkt mancherlei willkührliche Aenderungen stattgefunden zu haben. Das Veron. Provinzenverzeichniß von 297 (Diocletian) nennt Hellespontus und Insulae als besondere Provinzen neben Asia. *Orelli Inscr.* 1082. erwähnt einen Proconsul Asiae et Hellesponti. Ebenso *Gruter* 1090, 19. in Note 25, beide vor 334. Nach *L.* 5. *C. Th. h. t.* = *L.* 1. *C. I. eod. Arcad. et Hon. a.* 396. stand das Officium des Consularis Hellesponti bis auf Theodos I. unter dem Vicarius der Diöces und wurde erst durch diesen Kaiser dem Proconsul Asiae unterworfen. *Böcking Annot.* I. *p.* 131. 167. und *Mommsen de C. Cael. Sat. tit. p.* 33. nehmen nur die im Text erwähnte Anomalie an.

13) *Cod. Theod.* 1, 16. *Cod. Iust.* 1, 40. *de officio Rectoris provinciae. Böcking Not. dign.* II. *p.* 1146. *sqq.*

14) Den Namen Legatus Augusti pro Praetore führt er noch nach Diocletian und Constantin. *Orelli* 1045. 3672. Die Notitia nennt ihn nur Consularis; seine Würde heißt Consularitas. *Böcking Annot.* I. *p.* 136.

15) S. § 66 Note 16.

16) *Böcking Annot.* II. *p.* 431.

die Notitia in Italien, von Apulien und Calabrien und von Lucanien und Bruttium. Außerdem im Occident noch den Corrector der illyrischen Provinz Savia; im Orient einen Corrector der ägyptischen Provinz Augustamnica und der pontischen Provinz Paflagonia. Sie stellt sie dort zwischen die Consularen und Präsides, hier hinter beide [17]). Ein Grund hierfür ist so wenig ersichtlich, als warum man überhaupt diese Classe von Statthaltern in Italien beibehielt, ja sie auf andere Provinzen übertrug [18]). Aus ihrer geringen Zahl erklärt es sich, daß sie zuweilen ganz übergangen werden [19]). Die Präsides bilden, wie früher die kaiserlichen Procuratoren, aus denen sie hervorgegangen zu sein scheinen [20]), die unterste Stufe. — Die amtliche Stellung aller drei Arten ist durchaus dieselbe; sie haben dieselbe ausschließliche Amtsgewalt innerhalb ihrer Provinz [21]), sind aber den ordentlichen oder außerordentlichen Aufsichtsbehörden der Diöcese, zu der diese gehört, unterworfen.

Einen wesentlichen Bestandtheil der Amtsgewalt aller Provinzialstatthalter bildet neben Polizei- und Finanzsachen die Gerichtbarkeit, rücksichtlich deren die Stellung der Proconsuln gleichfalls eine eigenthümliche ist. Ihren Ursprung scheint diese bei dem Proconsul Africae genommen zu haben, welchem schon früh (antiquitus), um den Appellanten die Reise übers Meer zu ersparen, die kaiserliche Appellationsgerichtbarkeit (vice sacra)

Mommsen, Schriften der Feldmesser II. S. 203 folg.

17) *Not. dign. Occid.* c. 1. *p.* 6. *Or.* c. 1. *p.* 8.

18) Böcking erklärt jenes für einen Irrthum (*Annot.* I. *p.* 517. II. *p.* 434), dieß aus der eigenthümlichen Stellung der Correctoren (*Annot.* II. *p.* 1182.), nehmlich daß sie nur Einen Vorgesetzten gehabt hätten, was mich beides nicht überzeugt. Die beiden italischen Correctoren standen unter dem Vicarius Urbis und, wie dieser selbst, unter dem Präf. Pr. Italiae. *Not. dign. Occid.* c. 2. 18. Die Auslassung von Augustamnica und Paflagonia in *Not. dign. Or.* c. 2. weiß ich freilich nicht zu erklären. *cf.* *Böcking Annot.* I. *p.* 166. 168. und Mommsen, Pol. Sylvii laterculus S. 262 Note 20.

19) *Rubr. Cod. Theod.* 6, 19. de Consularibus et Praesidibus. *L.* 4. *C. Th. ad leg. Iul. de amb.* (9, 26). Auch die Notitia der *Nov.* 8. mischt sie unter die Präsides.

20) S. § 67 Note 18.

21) Executivmandate anderer Magistrate und selbst des Kaisers innerhalb der Provinz mußten dem Statthalter zur Prüfung ihrer Aechtheit und Gesetzlichkeit vorgelegt, selbst Gesetze ihm zur Publi-

in den benachbarten Provinzen dieses Erdtheils delegirt wurde[22]). In der constantinischen Verfassung ist auch sein ordentliches Gericht erster Instanz (ex ordine) innerhalb der proconsularischen Provinz ein kaiserliches (vice sacra iudicat), und die Appellationen aus dieser sowohl als aus den fünf andern Provinzen der Diöcese Africa sind vermöge jener außerordentlichen Delegation an ihn gewiesen[23]). Erst Valentinian III., nachdem das Amt des Proconsuls mit der Eroberung von Karthago durch die Vandalen eingegangen war (a. 439), delegirte diese Appella-

cation übergeben werden. *L. 7. rest. C. I. de excusat.* (12, 61).

22) *Nov. Val.* 18. § 12. nennt ihn antiquitus decretus cognitor. *cf. L. 62. C. Th. de appell. a.* 405. veterem consuetudinem. Ich deute diesen unbestimmten Ausdruck auf die Zeit vor Diocletian, weil es sich so am natürlichsten erklärt, warum bei Einsetzung des Vicarius Africae durch diesen Kaiser die Appellationen aus seiner Diöces nicht an ihn gewiesen wurden.

23) Sehr bestimmt wird diese zwiefache kaiserliche Gerichtbarkeit unterschieden in *Orelli* 3672. L. Aradio Val. Proculo v. c. — Proconsuli provinciae Africae vice sacra iudicanti eidemque iudicio sacro per provincias proconsularem et Numidiam, Byzacium ac Tripolim, itemque Mauretaniam Sitifensem et Caesariensem perfuncto officio Praefecturae praetorio — Praefec o urbi vice sacra iterum iudicanti, Consuli ordinario (a. 340). Wenn man auch mit *Mommsen Epist. de C. Cael. Sat. tit. p.* 33. Note 1 die Worte: perfuncto *rel.* auf eine Vertretung des Präfectus Prätorio deutet, wie es *Gruter* 361, 3. wahrscheinlich macht, so liegt darin doch, daß er, so gut wie der Vicarius, sacra vice über alle Appellationen aus Africa entschieden habe. Von demselben Proculus nehmlich sagt die angeführte Inschrift in Versen *Gruter* 361. 3. Hic bis Praefectus patriae (*sc. Urbis*) Praefectus et idem || hic Libyae (*sc. vicem gerens Pr. Pr.*), idem Libyae Proconsul et ante || ter vice qui sacra discinxit iurgia iudex. Nur in eigentlichen Fiscalsachen geht die Appellation an den Comes sacr. Larg. *L. 21. C. Th. de app.* (11, 30). *Constantius et Constans AA.* ad Proculum Procons. Africae a. 340. Dagegen in causis rei privatae in der Regel, wie in Privatsachen, an den Proconsul. *L. 68. eod. Theod. et Val. a.* 429. Desgleichen von dem Präfectus Gentilium an den Proconsul. *L. 62. eod. a.* 405. Für die Delegation der Appellationen überhaupt s. *L. 3. eod. Constantinus A. ad Probianum Procons. Afric.* (*a.* 315). Appellationum causas, quae per vos in auditorio vestro, quibus vicem nostri mandamus examinis, diiudicantur. Für die Vertretung des Kaisers überhaupt *Orelli* 3188. — Praefecto urbi (*a.* 353) et iterum Praefecto urbi, Proconsuli Africae ac tertio sacrarum cognitionum iudici. 6480. — Procos. P(rovinciae) A(fricae) et vice sacra iudicanti.

tionsgerichtbarkeit dem Präfectus Urbi in Rom[24]). Diese Auszeichnung, das kaiserliche Gericht (sacra vice) zu halten, wurde aber auch auf die beiden andern Proconsuln für den Umfang ihrer proconsularischen Provinzen Achaia und Asia übertragen[25]), zu welcher letztern vorübergehend auch Hellespontus gehört zu haben scheint[26]). Denn daß aus den der Aufsicht des Proconsul Asiae untergebenen Provinzen Hellespontus und Insulae an ihn appellirt worden sei, wird nirgends gesagt. Die Appellationen aus ihnen wie aus andern Provinzen der Diöcesis Asiana müssen an den Vicarius derselben oder den Präfectus Orientis gegangen sein, bis sie nach Errichtung der Präfectura Urbis von Constantinopel (a. 359) dieser überwiesen wurden[27]).

Die Gerichtbarkeit aller übrigen Provinzialstatthalter ist die altherkömmliche, daher sie iudices ordinarii heißen, im Gegensatz sowohl der höhern kaiserlichen (iudices sacri, illustres, spectabiles)[28]), als der Richter in Militär-[29]) und Fiscalsachen[30]). Sie haben daher innerhalb ihrer Provinz nicht

24) *Nov. Val.* 18. § 12. *a.* 445. in Note 22.

25) Für den Proconsul Asiae s. *Gruter* 407, 8. Fabio Titiano v. c. — Proconsuli provinciae Asiae iudici sacrarum cognitionum — Consuli ordinario (*a.* 337). Daß alle Proconsuln auch in erster Instanz (ex ordine) vice sacra cognosciren, dafür s. *L. 16. C. Th. de appell.* (11, 30). *a.* 331. *cf. L. 15. C. Th. de poenis* (19, 40).

26) *Gruter* 1090, 19. Anicio Paulino V. C. Cons. ordinario (*a.* 334) Praef. urbi iud. sacrar. cognition. Consul. [*l.* Proconsuli] prov. Asiae et Hellesponti vice sacra iudicanti. Vgl. Note 12.

27) *L. 1. C. Th. de off. Pr. urbis* (1, 6) = *L. 23. C. I. de appell.* (7, 62). *a.* 361.

28) *L. 12. L. 13. C. Th. de off. Pr. Pr.* (1, 5). *L. 1. C. Th. de off. Praef. Aug.* (1, 14). *L. 1. C. Th. si quacunque praeditus pot.* (3, 11). *L. 7. § 1. C. Th. de hon. codic.* (6, 22). *L. 8. C. Th. de censu* (13, 10). *L. 15. C. Th. de poenis* (9, 40). *L. 3. C. Th. de suariis* (14, 4). *Gothofr. Not. dign. C. Th.* VI. 2. *p.* 30. Vgl. unten § 145 Note 21.

29) *Amm. Marc.* XXI. 16. castrenses et ordinariae potestates. *cf.* XIV. 10. XVI. 8. *L. 21. C. Th. de off. Mag. mil.* (1, 7). — Duci - de ordinario iudice. *L. 2. L. 9. C. Th. de iurisd.* (2, 1). Doch werden im Gegensatz der höhern Reichsbeamten auch die Duces dahin gerechnet. *Nov. Val.* 18. § 7. Ducem vel Consularem et Praesidem, qui vetustatis privilegio ordinariorum iudicum nomen obtinent.

30) *L. 1. L. 2. C. Th. de dom. ad rem priv.* (10, 2). Rationales vel ordinarii iudices. *cf. L. 2. eod. L. 5. C. Th. de iurisdict.* (2, 1).

nur die volle iurisdictio, sondern auch imperium mixtum und merum, d. i. gladii potestas[31]), und erkennen ohne Einschränkung 1) in allen Civilsachen. Nur mit Sachen geringen Betrages und die das Imperium nicht erfordern, sollen sie nicht behelligt werden[32]); diese sind zur Entscheidung in erster Instanz den Stadtgerichten der Magistrate oder Defensoren überwiesen (§ 138) und gelangen erst durch Appellation an den Statthalter[33]). 2) In eigentlichen Criminalsachen[34]); geringere Vergehen werden gleichfalls von den städtischen Richtern gestraft (§ 138). 3) In Rechtssachen der Eximirten. Zu diesen gehören auch jetzt noch die Stadtgemeinden selbst[35]); sodann vermöge persönlichen Privilegs die in der Provinz ansässigen Senatoren[36]); in Criminalsachen hat jedoch der Statthalter nur die Untersuchung[37]); endlich seine eigenen Officialen (§ 141).

Was die Verwaltung dieser Gerichtbarkeit betrifft, so macht der Statthalter zwar noch Inspectionsreisen durch die Provinz (discurrere per provinciam)[38]); die alten Conventus aber sind außer Gebrauch[39]), die Gerichtssitzungen werden regelmäßig

31) *L. 6. § 8. D. de off. Praes.* (1, 18). *L. 3. D. de iurisdict.* (2, 1).

32) Auch nicht unter dem Vorwand eines beigemischten Delicts. *L. 8. C. Th. de iurisdict.* (2, 1).

33) *L. 1. L. 3. C. Th. de repar. app.* (11, 31). *Nov.* 15. § 5.

34) Nur Deportation und Confiscation des ganzen Vermögens können sie nicht erkennen. *L. 6. § 1. D. de interdictis et rel.* (48, 22). *L. un. C. Th. ne sine iussu Princ.* (9, 41) = *L. un. C. I. eod.* (9, 48).

35) S. § 67 Note 57. 58. *L. 15. L. 110. L. 175. C. Th. de decur.* (21, 1). *L. 1. L. 2. C. Th. de curator. kal.* (12, 11). *L. 3. C. Th. de his qui condit.* (12, 19) u. s. w.

36) Ihr domicilium dignitatis in der Hauptstadt *L. 8. C. I. de incolis* (10, 39) hebt das Domicil in der Provinz nicht auf. *L. 11. D. de Senator.* (1, 9). Sie können daher an dem einen oder dem anderen Ort belangt werden. *L. 2. C. I. ubi Senatores* (3, 24). *a.* 390. *cf. L. 4. C. Th. de iurisdict.* (2, 1),

37) *L. 13. C. Th. de accus.* (9, 1). *a.* 376. *Cassiodor.* VI. 21. Ueber Illustres ist selbst die Untersuchung dem Kaiser vorbehalten. *L. 3. C. I. ubi Senator.* (3, 24).

38) *L. 11. L. 12. C. Th. de off. Rect. prov.* (1, 46). *Nov. Maior.* 2. § 4. — *tit.* 7. § 17. *Nov. Iust.* 28. *c.* 4. — 29. *c.* 2.

39) *Theophil. paraphr. Inst.* I. 6. § 4. III. 12. *pr.* Dem Präses Insularum befiehlt *L. 6. C. I. de off. Rect. prov.* (1, 40), daß er im Winter, wo die Seefahrt für die Rechtsuchenden schwierig ist, in den fünf Hauptorten abwechselnd sich aufhalten soll.

in dem Prätorium der Metropolis, der Residenz des Statthalters, gehalten [40]). Möglich war diese neue Einrichtung geworden durch die Verkleinerung der Provinzen und die Anordnung richterlicher Behörden in allen Provinzialstädten für die große Zahl der geringen Civil- und Strafsachen (§ 138).

---

### c. Höhere Reichsbeamte.

§ 132. Die höhern Reichsbeamten, welche die Aufsicht über die Provinzialstatthalter führten, sind die Präfecten und Vicarien, deren Ursprung früher (§ 127) kurz angegeben wurde.

Der Präfectus Prätorio (ὕπαρχος) war schon in der frühern Kaiserzeit aus dem Befehlshaber der Leibwache zum Premierminister des Reichs geworden, welchem an der Seite des Kaisers die höchste Leitung der Civil- und Militärangelegenheiten und die Sorge für den kaiserlichen Hof oblag [1]). Diocletians Reform änderte darin nichts, nur daß von den vier Kaisern, welche sich in die Verwaltung des Reichs theilten, jeder seinen Präfecten hatte. Constantin behielt dann, als er Alleinherrscher geworden, diese vier Präfecten bei, zweigte aber die beiden zuletzt genannten Geschäfte ab und übergab die höhere Leitung der Militärangelegenheiten dem Magister Militum, den kaiserlichen Hofstaat aber dem Magister Officiorum, so daß dem Präfecten nur die Aufsicht über die Civilverwaltung in dem ihm angewiesenen Theil des Reichs blieb [2]). So entstanden die vier Präfecturen, zwei für den Orient, Praef. per Orien-

40) Daher heißen sie Richter der Metropole. *Nov.* 1. *epileg.* Die praetoria und die kaiserlichen palatia, die sich freilich auch in andern Städten fanden, werden häufig als Amtswohnungen der Statthalter und als Gerichtshäuser erwähnt. *L. 3. L. 35. C. Th. de op. publ.* (15, 1). *L. 6. C. Th. de metallis* (7, 8). *L. 2. C. Th. ne quis in pal.* (7, 10). *L. 33. pr. C. I. de ep. et cler.* (1, 3). *L. 14. C. I. de off. Rect. prov.* (1, 40). *Nov.* 24. *praef.*

1) *Dig.* 1, 11. *de officio Praefecti praetorio.* Vgl. Bd. 2 S. 47.

2) *Zosimus* II. 32. *sq.* Vgl. oben § 127 Note 19.

tem oder Orientis, d. i. der ganze Orient und Thracien bis zum Hämus, Praef. per Illyricum oder Illyrici, Griechenland, Epirus, Macedonien und Dacien umfassend, Praef. per Italias oder Italiae, Italien, das occidentalische Illyrien [3]) und Africa, und endlich Praef. Galliarum, Gallien, Brittanien und Spanien mit Mauretania Tingitana begreifend [4]); eine Einrichtung, welche die Theilung des Reichs in das morgen- und abendländische vorbereitete und, auch nachdem diese bleibend eingetreten war, beibehalten wurde. Vorübergehend wurden jedoch die beiden Präfecturen von Italien und Illyricum Einem Präfecten übertragen [5]), und Valentinian III. hat durch Abtretung des occidentalischen Illyriens an seinen Schwiegervater, den Kaiser des östlichen Reichs, Theodos II.,

3) Welches nicht erst bei der Theilung unter die Söhne Theodos I. zum Occident kam, wie *Berter. Pith.* I. 2. *Gibbon cit. ch.* 29. *Böcking Annot.* II. *p.* 141. annehmen, sondern nach Diocletians Einrichtung als dioecesis Pannoniarum unter dem Praefectus praetorio per Italias stand. *Mommsen Pol. Sylvii laterculus p.* 260. Note 14. Verzeichniß S. 497 folg.

4) Praefectura ist nicht, wie alle Neueren es gebrauchen, ein geographischer Begriff, das Viertheil des Reiches, sondern das Amt; daher der strengere Ausdruck per Orientem u. s. w., woraus dann der Kürze halber Orientis geworden. Vgl. *Not. dign. Or. c.* 2. *p.* 9. Pr. Pr. per Orientem (*cf. Orelli* 1139.). *c.* 3. *p.* 12. Pr. Pr. per Illyricum mit *c.* 1. *p.* 3. Pr. Pr. Orientis, Illyrici. Ferner *Not. dign. Occid. c* 2. *p.* 8. Pr. Pr. per Italias mit *p.* 9. 11. Pr. Pr. Italiae. Der Amtsbezirk wird collectiv durch Oriens, Illyricum und durch den Plural Italiae, Galliae als ein Complex mehrerer Diöcesen und Provinzen bezeichnet.

5) Unter Constantius a. 361 waren es noch zwei Präfecten. *Amm. Marc.* XXI. 6. Julian übergab beide Präfecturen dem Mamertinus. *Idem* XXI. 12. *L.* 12. (accepta Syracusis). *L.* 16. (In provincia Sardinia). *C. Th. de cursu publ.* (8, 5). *a.* 362. Derselbe vereinigte beide unter Valentinian und Valens a. 365, *Amm. Marc.* XXVI. 5., und diese Vereinigung unter Einem Präfecten dauerte unter ihren Nachfolgern (*Orelli* 3063. *a.* 378. — 2354. *a.* 387.) bis zum Jahr 393. *cf. Gothofr. ad leg.* 2. *C. Th. de const. Princ.* (1, 1) und *ad L.* 7. *C. Th. de metallis* (10, 19). *Böcking Annot.* II. *p.* 141. *Mommsen Polemii Sylvii laterculus p.* 261. Note 16. Bei der definitiven Theilung zwischen Arcadius und Honorius a. 395. hörte sie natürlich auf. Wenn noch a. 431 *Orelli-Henzen* 5593. ein Praef. praetorio Italiae Illyrici et Africae vorkommt, so kann unter Illyricum allerdings nur das occidentalische verstanden werden. Ob dieß aber der officielle Titel war, wie *Mommsen cit.* Note 20 annimmt, ist mir zweifelhaft, weil die Notitia und die Gesetze ihn nicht kennen.

diese Diöces damit zugleich dem Präfectus Italiä entzogen und dem Sprengel des Präfectus Illyrici hinzugefügt [6]).

Auch nach jener Schwächung des Amtes war der Präfect an Macht und Ehre der erste nach dem Kaiser [7]), und obgleich auf einen bestimmten Theil des Reichs beschränkt, nicht Provinzialbeamter, sondern unsern Ministern zu vergleichen. Auf die allgemeinen Reichsangelegenheiten mußte überdieß derjenige der Präfecten einen überwiegenden Einfluß üben, der seinen Sitz am Hofe des Kaisers hatte [8]), im östlichen Reich also der Präfectus Orientis, der auch durch die Ausdehnung und Wichtigkeit dieses Reichstheils den ersten Rang einnahm [9]).

Die allgemeine höchste Regierungsgewalt des Präfecten [10]) erstreckte sich auf folgende einzelne Gegenstände: 1) Gesetzgebung. Die kaiserlichen Gesetze promulgirt er [11]) und erläßt Edicte, die wenn sie den bestehenden Gesetzen nicht zuwiderlaufen und nicht durch spätere Gesetze aufgehoben sind, selbst Gesetzeskraft haben [12]). 2) Provinzialverwaltung. Der Prä-

6) *Gibbon cit. ch.* 33. Ueber das Schicksal von Illyricum unter Theoderich s. Manso, Geschichte des ostgoth. Reichs. Beil. 5.

7) *Lydus* II. 5. *sqq. Cassiodor.* VI. 3. Potestate igitur nulla dignitas est aequalis. In der *Notitiä dign. Or. c.* 2. 3. *Occid. c.* 2. 3. und im *Cod. Theod.* 1, 5. *de officio Praefectorum praetorio. Cod. Iust.* 1, 26. *de officio Praefectorum praetorio Orientis et Illyrici*, wird er allen andern Beamten vom Rang der Illustres vorgesetzt. Nur der Consul hatte den Rang vor ihm. Der Kaiser selbst nennt den Präfecten parens carissime, s. z. B. *Fr. Vat.* § 35., und geht ihm im Consistorium bis an die Thüre entgegen. *Lydus* II. 9.

8) Der Präfectus Orientis residirte in Constantinopel und heißt deshalb Praef. praetorio praesens, *Amm. Marc.* XIV. 1, unter Justinian in comitatu. *L.* 54. *C. I. de ep. et* cler. (1, 3). *L.* 32. *C. I. de appell.* (7, 62), der Präfectus Illyrici in Sirmium, der Präfectus Italiae in Mailand, der Präfectus Galliarum in Trier, später in Arles. *Gothofr. topographia Cod. Theod.* VI. 2.

9) *Amm. Marc.* XVI. 8. unter Constantius nennt ihn primus Praef. pr. Sein überwiegender Einfluß im Guten und im Schlechten tritt in der Geschichte oft hervor.

10) *Cassiodor. l. c.* licet aliae dignitates habeant titulos praefinitos, ab ista totum pene geritur quidquid in imperio nostro aequabili moderatione geritur. Lydus cit. nennt sein Amt einen ὠκεανὸς der Regierungsgewalt, zu welchem die anderen Behörden sich wie die kleineren Meere und Flüsse verhalten, und *ἀρχὴ τῶν ἀρχῶν*.

11) S. unten § 149 Note 40.

12) Schon Alexander Sever ver-

fect schlägt den Provinzialstatthalter in seinem Reichstheil vor [13]), reicht ihnen die Besoldung [14]), beaufsichtigt sie [15]), rescribirt auf ihre Berichte [16]) und kann als ihr ordentlicher Richter Strafen [17]), selbst die der Absetzung über sie verhängen [18]), und ihnen provisorisch Substituten bestellen [19]). 3) Finanzwesen (§ 134). 4) Rechtspflege, wovon nachher. 5) Die Verfügung über die Staatspost (cursus publicus), jedoch unter Theilnahme des Magister Officiorum [20]).

Die unmittelbare Ausübung so ausgedehnter Befugnisse, zu denen unter Diocletian und seinen nächsten Nachfolgern auch noch die Militärangelegenheiten gehörten, schien durch den Präfecten allein in einem Viertheil des Reichs nicht möglich. Deshalb theilte schon dieser Kaiser das Reich in zwölf Diöcesen und traf die Einrichtung, daß zwar diejenigen Diöcesen, in welchen der Hof des Kaisers oder die Vertheidigung der Grenzen

fügte in *L. 2. C. I. h. t. a.* 266. Formam a Praefecto praetorio datam, etsi generalis sit, minime legibus vel constitutionibus contraria, si nihil postea ex auctoritate mea innovatum est, servari aequum est. Für die Geltung dieser formae (*τύποι*) oder edicta (*ὑπαρχικά* oder *ἐπαρχικά*) in der spätesten Zeit s. *L. 16. C. I. de iudiciis* (3, 1). *L. 27. C. I. de fideiuss.* (8, 41). *Cassiodor. l. c.* pene est ut leges possit condere. — Gratanter implemus quae ille constituit. *cf. Incertus auctor de Mag. ed. Huschke p.* 3. qui legum condendarum potestatem habebant, dummodo generalibus legibus non contrariae essent. *Zachariae Ἀνέκδοτα. Lips.* 1842. *p.* 227. *sqq.* weist die unter den Novellen Justinians begriffenen Edicte der Präfecten nach und hat eine ganze Reihe solcher zum erstenmal abgedruckt. Für den Occident enthält solche *Cassiodor. Var. lib.* XI. XII. S. Quellen II. B. 5.

13) S. § 130 Note 2.

14) *L. 5. L. 6. L. 7. C. Th. h. t. L. 1. C. I. de annon. et cap.* (1, 52). *Cassiodor. l. c. Lydus cit. c.* 7. 11. Ebenso freilich allen andern, auch den Militärbeamten.

15) *Gothofr. in Paratitl. h. t.* Dazu gehört, daß nach Constantins Vorschrift die Statthalter ihm halbjährliche Prozeßtabellen einschicken sollen. *L. 3. C. Th. de off. Rect. prov.* (1, 16). *a.* 319.

16) *L. 4. C. Th. de off. Rect. prov.* (1, 16). = *L. 2. C. I. eod.* (1, 40). *L. 4. C. Th. de off. Vicarii* (1, 15).

17) *L. 10. C. Th. h. t.* = *L. 4. C. I. eod. L. 2. C. Th. de off. mag. mil.* (1, 7).

18) *L. 9. C. Th. h. t.* = *L. 3. C. I. eod.*

19) *L. 9. C. Th. cit.* amotis vicarios subroget. *L. 2. C. I. de off. eius qui vicem* (1, 50).

20) *Cod. Theod.* 8, 5. *Cod. Iust.* 12, 51. *de cursu publico. Lydus* II. 10. III. 61. *Gothofr. h. t. Böcking, Not. dign.* I. p. XIV.

die persönliche Gegenwart und Thätigkeit des Präfecten erforderte, ihm ausschließlich unterworfen blieben, in der bürgerlichen Verwaltung der übrigen aber Vicarien ihn vertraten. Diese Einrichtung wurde indeß nicht für alle Präfecturen in gleicher Weise durchgeführt und hat durch Constantin verschiedene Modificationen erfahren, weshalb jede Präfectur besonders zu betrachten ist [21]).

Am reinsten fand das Princip dieser Einrichtung unter Diocletian auf die Präfectura Galliarum Anwendung. Zu dieser gehörten Gallien, Brittanien und Hispanien. Die beiden letzteren bildeten jedes eine Diöcese und hatten einen Vicarius. Gallien aber war in zwei Diöcesen getheilt, Viennensis, die fünf oder sieben südlichen Provinzen befassend unter dem Vicarius Septemprovinciarum und die Diöcesis Galliarum im engern Sinne, aus den zehn nördlichen bestehend [22]), welcher noch in späterer Zeit kein eigner Vicarius vorstand. Es erklärt sich dieß nur daraus, daß diese Diöcese, welche durch den kaiserlichen Hof in Trier und die beständigen Einfälle der Germanen die stete Gegenwart des Präfecten verlangte, ihm ausschließlich untergeben war. Auch trug er von ihr den Namen. Später, vielleicht schon durch Constantin, wurde die Mittelinstanz des Vicarius der sieben südlichen Provinzen auf die zehn nördlichen ausgedehnt und ganz Gallien als Eine Dioecesis Septem-provinciarum bezeichnet, obgleich sie deren siebzehn hatte [23]), die

21) Die vermeintliche absolute Symmetrie der Diocletianisch-Constantinischen Verfassung hat Pancirol auf diesem Punkt zu Irrthümern verführt, von denen auch mein Handbuch § 6 sich nicht ganz frei gehalten. Böcking zur Notitia hat sie berichtigt und Mommsen, *Pol. Sylvii laterculus* S. 260, Provinzenverzeichniß S. 495 und *Epistula cit. p.* 26. 36. hat die Untersuchung weiter geführt. Ob ich sie auch noch um etwas gefördert, mag der Leser entscheiden.

22) Provinzenverzeichniß von 297, Mommsen S. 491 folg. (VII.) Dioecesis Brittaniarum, (VIII.) D. Galliarum habet provincias numero octo, (IX.) D. Viennensis habet provincias numero septem, (XI.) D. Hispaniarum. Ueber die acht oder zehn Provinzen der D. Galliarum und die fünf oder sieben der D. Viennensis s. *Böcking Annot.* II. *p.* 163. 471. *sqq.* Mommsen, Provinzenverzeichniß S. 511 folg.

23) *Not. dign. Occid. c.* 1. *p.* 4. (19). Vicarii sex: — [e] Septemprovinciarum. *c.* 3.

Thätigkeit des Präfectus Prätorio per Gallias also überwiegend allgemeinen Reichsangelegenheiten vorbehalten [24]).

Zu der Präfectura Italiä gehörten nach Diocletians Eintheilung drei Diöcesen: Africa, Italia und Illyricum (occidentale) [25]), welchen aber ohne Zweifel schon zu seiner Zeit sowenig als später, insbesondere nach der Notitia Dignitatum, drei Vicarien vorstanden. Zwar Africa hatte gleich Anfangs wie später seinen Vicarius, von dem jedoch die Provincia proconsularis eximirt ist [26]). Die Diöcese Italia aber steht nach der Notitia unter zwei Vicarien, nehmlich die zehn südlichen Provinzen unter dem Vicarius, der in Rom residirt und deshalb Vicarius in urbe oder urbis Romae heißt [27]), und dem Vicarius Italiae, dem nur die sieben nördlichen Provinzen untergeben sind [28]). Die Diöcese Illyricum (occidentale) hat keinen Vicarius, steht also unmittelbar unter dem Präfectus Prätorio Italiä [29]). Ich vermuthe, daß dieß unter Diocletian auch für die sieben nördlichen Provinzen von Italien, Italia im engern Sinne, der Fall war

§ 1. Sub dispositione Praefecti praetorio Galliarum [A] Dioeceses infra scriptae: Hispaniae, Septem provinciae, Brittaniae. [B] Provinciae: — [b] Septem provinciarum. XVII. *c.* 21. Vicarius septem provinciarum. § 1. Sub dispositione. V. S. Vicarii septem provinciarum, werden alle 17 Provinzen aufgeführt. Dagegen heißt es *c.* 1. *p.* 5. (22). Consulares — [e] per Gallias sex. *p.* 6. *sq.* (24). Praesides — [e] per Gallias undecim.

24) Vgl. *Böcking Annot.* II. *p.* 470. *sqq.*

25) Das Provinzenverzeichniß von 297 nennt sie (XII.) D. Africae. (X.) Italiciana. (VI) D. Pannoniarum. Mommsen cit. S. 491. 495.

26) S. oben § 131 Note 8.

27) *Tit. C. Cael. Saturn. post a.* 320. *ed. Mommsen p.* 36. Vicario Praefectorum praetorio bis in urbe et per Mysias. *Orelli* 1186. a. 377. Pro praefectis praetorio in urbe Roma finitimisque provinciis. In Gesetzen derselben Zeit wird er weniger richtig Vicarius urbis oder urbi genannt. *L. 1. C. Th. de actor. procur.* (10, 4). *a.* 313. *L. un. § 2. C. Th. de his qui ven. aet.* (3, 17). *a.* 321. *L.* 3. *C. Th. de sponsalibus* (3, 5). *a.* 330. Ebenso in Inschriften *Orelli-Henzen* 3171. 6471. 6473. 6904. 6916. und in der *Not. dign. Occid. c.* 18. Auch von *Cassiod.* VI. 15.

28) *Not. dign. Occid. c.* 18ª. *ed. Böcking* I. *p.* 68. *Annot.* p. 439.

29) *Not. dign. Occid. c.* 2. Sub dispositione Praefecti praetorio Italiae (A) Dioeceses infra scriptae: Italia, Illyricum, Africa. (B) Provinciae: — (b) Illyrici sex.

und daß der Präfect, der von diesem Immediatbezirk den Namen hatte, erst später auch hier zu seiner Erleichterung einen Vicar erhielt [30]). Da der kaiserliche Hof in Mailand und die Vertheidigung der Nordgrenze seine Gegenwart verlangte, so schien ursprünglich hier wie in Gallien ein Vicarius nicht Bedürfniß.

Das orientalische Illyricum bildete unter Diocletian Eine Diöcese (dioecesis Mysiarum) [31]) und hatte den Präfectus Prätorio per Illyricum zur höchsten Obrigkeit. Unter ihm bildete für den südlichsten Theil, Achaia, der ihm untergeordnete Proconsul eine Mittelinstanz [32]). Für das ganze übrige Illyricum war ihm zur Vertretung in bürgerlichen Angelegenheiten ein Vicarius beigegeben [33]), weil der kaiserliche Hof in Sirmium und die Vertheidigung der Donau häufig seine Aufmerksamkeit ausschließlich in Anspruch nahmen. Constantin sonderte die Diöcese Macedonia aus und untergab sie einem Vertreter des Präfecten [34]), während der Rest als Diöcesis Daciä diesem unmittelbar unterworfen blieb [35]).

Wieder anders war die ursprüngliche Einrichtung der Präfectura Orientis und noch eigenthümlicher die spätere Aenderung derselben. Der Oriens als Viertheil des Reichs zerfiel nach Diocletians Organisation in vier Diöcesen, Thracia, Asiana, Pontica und Oriens im engern Sinne, worunter Ae-

30) Ein Vicarius Italiae kommt zuerst vor in *L. 4. C. Th. de priv. eor.* (6, 35). *a.* 321. *L. 1. C. Th. si quis eam* (9, 8). a. 326. und später.

31) Provinzenverzeichniß von 297. (V.) D. Mysiarum. Mommsen cit. S. 491. 497.

32) S. § 131 Note 9.

33) *Tit. C. Cael. Saturn. cit.* Note 27. Vicariorum Praefectorum praetorio — per Mysias vgl. mit Provinzenverzeichniß von 297 in Note 30. Dioecesis Mysiarum.

34) *L. 2. C. Th. sine censu* (11, 3). a. 327. Constantinus A. Acacio Comiti Macedoniae, vgl. Note 41. *Not. dign. Or. c.* 1. *p.* 4. [18]. Vicarii quatuor: — [d] Macedoniae. *c.* 3. § 1. *p.* 13. Sub disp. virorum illustrium Praefectorum praetorio per Illyricum sunt: [A] Dioeceses infra scriptae: [a] Macedonia [b] Dacia. *cf.* § 24a. *p.* 65.

35) *Not. dign. Or. c.* 1. *cit.* Note 33 nennt keinen Vicarius Daciae, stellt aber *c.* 3. *cit.* die Diöces Dacia unter den Präfectus per Illyricum.

gypten begriffen war [36]). Nicht nur jede jener ersten drei Diöcesen, sondern auch die letzte hatte ihren Vicarius [37]). Denn wenngleich der Präfectus Orientis sein Prätorium in Antiochia hatte [38]), so bedurfte er doch häufig der Vertretung, wenn er an den Hof nach Nicomedien oder durch den Krieg mit den Persern nach Mesopotamien gerufen wurde. Ob auch der Präfectus Aegypti schon damals eine den Präfecten vertretende Mittelbehörde bildete, steht dahin [39]). — Constantin ergriff schon früh [40]) die Maßregel, vom Hofe außerordentliche kaiserliche Commissare in einzelne Diöcesen zu senden [41]), welche mit den Befugnissen der Vicarien den höhern Rang von Comites Provinciarum verbanden [42]). So insbesondere in die Diöcesis Orientis [43])

36) Provinzenverzeichniß von 297, Mommsen cit. S. 491. (IV.) D. Thraciae. (III.) D. Asiana. (II.) D. Pontica. (I.) D. Orientis, welche die fünf Provinzen von Aegypten in sich begreift.

37) Ein Vicarius Orientis Maximus kommt vor in *L. 12. C. Th. de decur.* (12, 1). *a.* 325. = *L. 5. C. I. de municip.* (10, 38), wo er fälschlich Vic. Urbis genannt wird. Ferner derselbe in *L. 1. C. I. in quib. caus. col.* (11, 49). *Constantin.* und darnach ist zu ergänzen die Inscription von *L. 10. C. Th. de decur.* (12, 1). *a.* 325. Einen iudex sacrarum cognitionum totius Orientis erwähnt schon vor 301, also unter Diocletian, *Orelli* 60. Vgl. *Gothofr. ad L. 12. cit.* Mommsen, Provinzenverzeichniß S. 495 Note 11. *Epist. de C. Cael. Sat. tit. p.* 26. Note 1. S. dagegen *Böcking Annot.* I. *p.* 125.

38) Er hatte noch später ein Prätorium in Antiochia, verschieden von dem kaiserlichen Palast. *Amm. Marc.* XIII. 7.

39) Ich möchte dieß annehmen, weil er Statthalter unter sich hatte. Mommsen cit. nimmt an, der Präfectus Aegypti sei dem Vicarius Orientis untergeordnet gewesen, wie später dem Comes Orientis. S. Note 45.

40) Der älteste Fall ist a. 317 der Comes Hispaniarum in *L. 4. C. Th. de decur.* (12, 1) und *L. 1. C. Th. de accus.* (9, 1). Und warum sollte Constantin nicht schon als Beherrscher des Westens diese Maßregel genommen haben, die er später als Alleinherrscher allgemeiner anwandte? wie ja auch die Bestellung zweier Präfecten (oben § 127 Note 19), eines Vicarius Italiä (Note 30) und eines Magister Militum, s. § 127 Note 21. Vgl. jedoch *Mommsen, Epist. cit. p.* 28. Note 1.

41) Comes per Africam a. 326. *L. 1. C. Th. quemad. mun.* (12, 5). *cf. L. 15. C. Th. de decur.* (12, 1). Comes Macedoniae a. 327. *L. 2. C. Th. sine censu* (11, 3). Comes Asianae dioeceseos a. 330. *L. 1. C. Th. fin. reg.* (2, 26). Comes Hispaniarum a. 332. *L. 6. C. I. de serv. export.* (6, 1). a. 333. *L. 5. C. Th. de donat.* (8, 12). *L. 2. C. Th. de fid. test.* (11, 39). a. 334. *L. 3. C. Th. de maternis bonis* (8, 18). a. 336. *L. 8. C. Th. de navic.* (13, 5). (?) *cf. L. 6. C. Th. de sponsal.* (3, 5).

42) a. 331. *L. 6. L. 7. C. Th. de off. Rect. prov.* (1, 16). *L. 3.*

zur Vertretung des jetzt regelmäßig am Hof in Constantinopel weilenden Präfecten [44]) und zwar mit so hoher Vollmacht, daß selbst der Präfectus Aegypti mit seinen Statthaltern ihm untergeben ist [45]). Nach Constantin kommen solche Comites in andern Diöcesen nicht mehr vor; nur in der Diöcesis Orientis hat sich der Comes Orientis bis in die späteste Zeit erhalten, jedoch mit dem gewöhnlichen Rechte eines Vicarius dieser Diöcese [46]). Aegypten bildet eine Diöcese für sich; der Präfect von Aegypten steht unmittelbar unter dem Präfectus Orientis und hat mit dem höhern Titel des Präfectus Augustalis dieselben Rechte wie der Comes und den Rang unmittelbar hinter ihm und vor allen Vicarien [47]).

Das praktische Verhältniß der Vicarien und der so eben genannten ähnlichen Judices spectabiles ist folgendes [48]). Sie

*C. I. eod.* (1, 40). *L. 16. C. Th. de appellat.* (11, 30). *L. 1. C. Th. de his qui per metum* (11, 34). Vgl. überhaupt *Mommsen Epist. cit. p.* 26. *sqq.*

43) *L. 4. C. I. de iurisd.* (3, 13). a. 331. hält *Mommsen cit. p.* 27. Note 1 für interpolirt. Die früheste Erwähnung des Comes Orientis wäre also vor a. 342. *Orelli-Henzen* 6481. *L. 33. C. Th. de decur.* (12, 1). a. 342.

44) Unter Constantius a. 353. übt der Comes Orientis Honoratus in Antiochia die hohe Criminaljurisdiction, während der Präfectus prätorio Thalassius am Hofe des Kaisers weilt; nach dessen Tode wird sein Nachfolger Domitianus mit Aufträgen an den Cäsar Gallus nach Antiochia gesandt. *Amm. Marc.* XIV. 1. 7.

45) *Orelli* 3191. (vor 443). — Comiti Orientis, Aegypti et Mesopotamiae iudici sacrarum cognitionum. Der Criminalfall bei *Amm. Marc. c.* XIV. 1. a. 353 betraf einen Alexandriner und nach *L. 63. C. Th. de decur.* (12, 1) war der Comes Orientis noch *a.* 365. in Aegypten thätig. Den Vicarius Mesopotamiae in *L. 4. C. Th. de cohortal.* (8, 4). *a.* 349. halte ich mit *Böcking Annot.* I. *p.* 125. um so mehr für einen vices agens Praesidis Mesopotamiae, als der Inhalt der Constitution sich auf die Officia praesidalia bezieht und Mesopotamia überall nur die Provinz, nie eine Diöcese bezeichnet. Vgl. jedoch Mommsen cit. S. 496 Note 13.

46) *Zosimus* V. 2. unter Theodos I. und Arcadius, s. folg. Note.

47) *Not. dign. Or. c.* 2. *p.* 9. Sub dispositione virorum illustrium Praefectorum praetorio per Orientem sunt: Dioeceses infra scriptae: Oriens, Aegyptus *rel. c.* 1. *p.* 4. [16]. Comes Orientis. [17]. Praefectus augustalis. [18]. Vicarii quatuor. *cf. c.* 21—23. Den Titel Praefectus augustalis führt er erst von 382 an. Mommsen cit. S. 496 Note 14.

48) *Cod. Theod.* 1, 15. *Cod. Iust.* 1, 38. *de officio Vicarii. Cassiodor.* VI. 15. Formula Vicarii urbis Romae. — *C. Th.* 1, 13. *C. I.* 1, 36. *de officio Co-*

vertreten die Stelle des entfernten Präfecten, in seiner Gegenwart sind sie Privati [49]). Aber von andern selbsterwählten Stellvertretern eines Magistrats (vices agentes) sind sie doch wesentlich verschieden; denn sie empfangen ihre Vollmacht unmittelbar vom Kaiser, haben also eine selbständige Würde und nehmen einen auf ihre Diöcese beschränkten Antheil an der Gewalt des Präfecten [50]). In dieser Weise participiren sie an der Aufsicht über die Statthalter [51]), deren Berichte sie, wie auch die eigenen [52]), dem Kaiser unmittelbar einsenden [53]), an der Erhebung der Steuern (§ 134) und vorzüglich an der Rechtspflege.

Was nun diese betrifft; so ist nicht nur mit dem Amte des Präfectus Prätorio [54]), sondern auch seines Stellvertreters, des Judex spectabilis, regelmäßig die Verwaltung der höchsten Ge-

*mitis orientis. C. Th.* 1, 14. *C. I.* 1, 37. *de officio Praefecti augustalis.*

49) *Ambros. Comm. ad Ep. ad Coloss. c.* 2. Nunquid aliquis vicem domini agens ipso praesente dominatur? Si Praefectorum Vicarii praesentibus eis privati sunt, quanto magis servi praesente Domino etiam ipsi in obsequio debent videri.

50) *Cassiodor. cit.* Vices agentium mos est sic Iudicum voluntatibus obedire, ut suas non habeant dignitates: splendent mutuato lumine, nituntur viribus alienis, et quaedam imago in illis videtur veritatis, qui proprii non habent iura fulgoris. Tu autem Vicarius diceris, et tua privilegia non relinquis, quando propria est iurisdictio quae a Principe datur: habes enim cum Praefectis (*sc. praetorio*) aliquam portionem. — Sed haec omnia ad Praefecturae gloriam iudicamus esse concessa, ut qui tantae sedis Vicarium diceret, umbratile nil videret. *L.* 7. *C. Th. h. t.* siquidem, cum praefecturae meritum ceteris dignitatibus antestet, vicaria dignitas ipso nomine eius se trahere indicet portionem. Hierauf beruht es auch, daß der Vicar nicht als Vertreter Eines Präfecten, z. B. Vicarius Praefecti praetorio per Illyricum, sondern Praefectorum oder Praefecturae oder Pro Praefectis praetorio bezeichnet wird. *Mommsen Epist. cit. p.* 36.

51) *L.* 6. *L.* 15. *L.* 17. *C. Th. h. t. L.* 6. *C. Th. de off. Rect. prov.* (1, 16). *L.* 33. *C. Th. de appell.* (11, 30). Das Recht einen Statthalter abzusetzen hat der Judex spectabilis nicht, sondern nur der Präfect. *L.* 2. *C. Th. de off. Praef. aug.* (1, 14) = *L.* 2. *C. I. eod.* (1, 37).

52) *L.* 8. *C. Th. h. t.* = *L.* 2. *C. I. eod.*

53) *L.* 2. *L.* 3. *L.* 4. *C. Th. h. t.*

54) *L.* 4. *C. I. de iurisdict.* (3, 13). *L.* 16. *C. Th. de appell.* (11, 30). *Constantin. a.* 331. S. unten Note 67. *L.* 4. *C. Th. de off. Pr. pr.* (1, 5). *a.* 342. *Cassiodor.* VI. 3.

richtbarkeit des Kaisers an seiner Statt (sacra vice) verbunden[55]), und beide concurriren darin mit einander also, daß die Parteien den Einen oder Andern je nach seiner größern Nähe angehen sollen[56]), der Präfect aber, wenn er gegenwärtig ist und die Sache annehmen will, jedenfalls den Vorrang hat[57]). Auch das ist beiden gemein, daß sie, wie der Kaiser selbst, nur außerordentlicher Weise (extra ordinem) Rechtssachen in erster Instanz annehmen[58]), z. B. wegen Justizverweigerung des ordentlichen Richters erster Instanz[59]), wegen Verdachts gegen denselben[60]), wegen Uebermacht des Gegners[61]) u. s. w.[62]). Nur der Präfectus Prätorio hat nach spätern Gesetzen, wie der Kaiser selbst, das Recht, mit Beseitigung der Präscriptio Fori Jeden vor sein Tribunal zu laden[63]). Regelmäßig aber erkennen diese höhern Reichsbeamten an Stelle des Kaisers (vice sacra)

55) *L. 7. C. Th. h. t. cit.* Note 50. et sacrae cognitionis habeat potestatem et iudicationis nostrae soleat repraesentare reverentiam = *L. 1. C. I. eod. Edict. Iustin.* 8. c. 1. § 1. *Cassiodor.* VI. 15. vice sacra sententiam dicis. *L. 4. C. I. de iurisdict.* (3, 13). *L. 16. C. Th. cit. Orelli* 2352. *a.* 376. Vicarius Praefectorum per Hispanias vice sacra iudicans.

56) *L. 7. C. Th. de off. Rect. prov.* (1, 10). *a.* 331. — apud cunctos Comites provinciarum, aut apud Praefectum, si magis fuerit in vicino. *Nov. Martian.* 1. § 2. — spectabilis iudicis, qui iis locis vel in proximo deget, vel amplissimae potestatis (*sc. Praef. pr.*) — auxilium postuletur.

57) S. oben Note 49. Es ist ein ähnliches Verhältniß wie in der Republik zwischen dem Consul und Prätor, welche auch concurrirende Gewalt hatten, der Prätor aber ein minus imperium. S. oben § 69 Note 9.

58) *L. 1. C. Th. de off. Rect. prov.* (1, 16). *a.* 315. Selbst wenn der Kläger das extraordinarium iudicium Praefectorum vel Vicariorum bereits erbeten hat, soll der Gegner in der Regel nicht genöthigt sein vor diesem zu erscheinen, sondern der Statthalter selbst untersuchen und erkennen. *L. 6. C. Th. de iurisd.* (2, 1). a. 385. Exceptis his, quibus extra ordinem subvenitur, omnes iacturam litis incurrant, qui non ante in proprio foro iurgaverint *rel.*

59) *L. 6. cit.* si quis litigator se vel fastidio vel gratia cognitoris aut non auditum aut dilatum docuerit. *L. 7. C. Th. de off. Rect. prov.* (1, 16). — Qui (*sc. Praesides*) si dissimulaverint, super eodem conquerendi vocem omnibus aperimus apud Comites cunctos provinciarum, aut apud Praefectum praetorio *rel. Nov. Martian.* 1. § 3. a Iudice non auditus.

60) *Amm. Marc.* XXVII. 7. Praefectus Florentius — si quis eum adisset iudicium potentis inimici declinans.

auf Appellation von den Statthaltern in zweiter Instanz und zwar nicht nur die Vicarien und andern Judices spectabiles [64]), sondern auch unmittelbar der Präfectus Prätorio, nach der vorhin angegebenen Unterscheidung [65]). Justinian aber hat die Competenz derselben nach dem Werthe der Sachen getheilt [66]).

Von den Entscheidungen der Präfecten selbst in erster oder zweiter Instanz soll gar nicht appellirt werden, weil er den Kaiser vollständig repräsentirt [67]). Nur Supplication ist gestattet, wodurch die Sache zur nochmaligen Verhandlung vor dem Präfecten kommt (§ 169), und auch die Restitution gegen seine Urtheile muß, wie schon früher, bei ihm selbst gesucht werden [68]).

61) Der Präfect *L. 4. C. Th. de off. Pr. pr.* (1, 5). Der Vicar *L. 1. C. Th. de off. Vicarii* (1. 15). Einer oder der Andere *Nov. Val.* 22. §§ 6. 8. *Martian.* 1. § 2.

62) *Nov. Martian.* 1. § 2. *cit.* propter rei difficultatem. *Val.* 31. § 8. defensionis inopia. *Symmach. Ep.* IV. 68.

63) *Nov. Theod.* 7, 2. § 1. *Th. et Val.* AA. Cyro Pr. Pr. (a. 440.) — excelsae tuae quoque sedis iudicio praescribere non horrerent, cui quis dubitet nullam personam in quocunque negotio posse praescribere? *Cassiodor.* VI. 3. Nullus ei (*sc. Pr. Pr.*) miles de fori sui auctoritate praescribit, excepto Officiali Magistri militum; credo ut vel illi[s] aliquid cederet, qui videba[n]tur pro republica bella tractare. *cf. Nov. Theod.* 7, 4. Alle Soldaten waren früher und sind nach Justinianischem Recht ausgenommen. *L. 1. C. I. de off. Mag. mil.* (1. 29). *Valent. Grat. et Theodos.*

64) *L. 16. C. Th. de appell.* (11, 30). *Constantin. a.* 331. A Proconsulibus et Comitibus et his qui vice Praefectorum cognoscunt sive ex appellatione *rel. L. 67. eod.* appellatio — in qua inferiorum iudicum sacra desideratur auditio. S. § 131 Note 22.

65) *L. 27. C. Th. de appell.* (4, 30). *a.* 347. Aus Provinzen im Sprengel des Vicarius Urbis und des Vicarius Italiä sollen die Appellationen nicht an den Präfectus Urbi, sondern an den Pr. Pr. Italiä gehen; dessen Vicarien auszuschließen war die Absicht nicht. *cf. L. 67. eod. cit. L. 4. C. Th. de off. Pr. Pr.* (1, 5). Aus den Immediatbezirken des Präfecten konnte natürlich nur an ihn appellirt werden; Cassation und Restitution scheint man vorzugsweise beim Präfecten gesucht zu haben.

66) *Nov.* 23. c. 3. *Nov.* 24—31. *Edict. Iust.* 8. c. 1.

67) *L. 16. C. Th. de appell.* (11, 30). *Constantin. a.* 331. — a Praefectis autem praetorio, qui soli vice sacra cognoscere vere dicendi sunt, provocari non sinimus, ne iam nostra contingi veneratio videatur. *L. un. § 1. D. de off. Pr. Pr.* (1, 11). *L. un. C. I. de sententiis Pr. Pr.* (7, 42). *Nov.* 82. c. 12. *Nov.* 119. c. 5. *Cassiodor.* VI. 3. potest negotia sine appellatione finire.

68) *L. un. § 2. D. de off. Pr. Pr.* (1, 11). *L. 17. D. de minoribus* (4, 4).

Die Vicarien und andere Judices spectabiles dagegen sind nicht inappellabel[69]). Die Appellation geht aber von ihnen, sie mögen selbst in zweiter Instanz auf Appellation, oder in erster vermöge eines kaiserlichen Commissoriums, oder aus eigener Gewalt erkannt haben, nicht an den Präfecten, welchem ihre Diöcese untergeordnet (sub dispositione) ist, sondern an den Kaiser, den auch sie als Richter stets repräsentiren[70]). Später haben die Kaiser auch diese Appellationen von Judices spectabiles an verschiedene hohe Reichsbeamte delegirt[71]); und endlich hat im östlichen Reich Theodos II. dafür bleibend eine Commission niedergesetzt, bestehend aus dem Präfectus Orientis und dem Quästor sacri Palatii[72]).

---

### d. Hauptstädtische Gerichte.

§ 133. Diocletian erkannte, daß Rom mit seiner auf die Verdienste der Vorfahren citlen Aristokratie und seiner geschwätzigen Plebs, in dem ausgesogenen Italien, nicht mehr der wahre Mittelpunkt des Reichs sei; er nahm seine Residenz in Nicomedien; sein College Maximian die seinige in Mailand, und Rom blieb neben dem leeren Ehrenvorzug der Urbs äterna, dem Senat und den machtlosen republikanischen Würden, im Wesentlichen nur die eximirte kaiserliche Verwaltung unter seinem Präfecten. Con-

69) *L. 16. C. Th. de appell.* (11, 30). Justinian hat sie in Sachen unter 10 Pfund Gold für inappellabel erklärt. *Nov.* 23. *c.* 3.

70) *L. 16. cit.*

71) Im Occident delegirte K. Valentinian 364 alle Appellationen vom Vicarius Urbis dem Präfectus Urbi, *L. 2. C. Th. de off. Pr. urbi* (1, 6); ebenso im Orient K. Valens von allen Vicarien dem Präfectus Urbi von Constantinopel. *L. 3. eod.* Arcadius delegirt a. 398 die Appellation von Criminalurtheilen der Judices spectabiles dem Präfectus Orientis und Illyrici *L. 57. C. Th. de app.* (11, 30) = *L. 16. C. Th. de poenis* (9, 40); Honorius a. 400 nimmt die Delegation der Appellation von Criminalurtheilen des Vicarius Urbis wieder zurück. *L. 61. eod.*

72) *L. 32. C. I. de appell.* (7, 62). *Nov.* 23. *c.* 3. 4. *Nov.* 24—31. *Nov.* 20. 50.

stantin übertrug jene Scheinprivilegien auf sein Neu-Rom und bald nach ihm erhielt dieses auch den letztern reellen Vorzug.

Im alten Rom hatten die **Prätoren**[1]) die gesammte Civiljurisdiction verwaltet. In der Diocletianisch-Constantinischen Verfassung finden wir sie selbst zwar unter den alten Namen wieder[2]); allein ihr Amt wird fast nur als Grund der Verpflichtung zum Geben öffentlicher Spiele und deshalb als eine drückende Last des senatorischen Standes genannt[3]); ihre Gewalt ist fast ganz auf die kaiserlichen Beamten, insbesondere den Präfectus Urbi übergegangen, welcher jetzt Judex ordinarius von Rom ist. Ihr Antheil an der Rechtspflege war daher jedenfalls ein sehr unbedeutender, vielleicht, wie in Constantinopel seit Einführung der Stadtpräfectur, auf Vormundschaftssachen[4]), Freiheits- und Restitutionsprocesse und die Handlungen der freiwilligen Gerichtbarkeit beschränkt[5]).

Der **Präfectus Urbi**[6]), ursprünglich nur im Besitz der Polizei- und Criminalgewalt über die Hauptstadt, Civilrichter nur in connexen Sachen und in Folge besonderer Delegation

1) *Cod. Theod.* 6, 4. *de Praetoribus et Quaestoribus. cf.* 6, 1. *de Senatoria dignitate. tit.* 5. *ut dignitatum ordo servetur. Dig.* 1, 14. *Cod. Iust.* 1, 39. *de officio Praetorum.* In der Notitia Dignitatum fehlen sie ganz.

2) Praetor urbanus. *Orelli-Henzen* 2354. 3159. 3162. 6481. 6904. Die Worte des *Symm. Ep.* X. 25. Cuprasio tribunalibus urbanis praesidente können auch die Praef. urb. bezeichnen. *cf. Ep.* 69. Note 17. *L.* 2. *C. I. de suariis* (11, 16). Praetor tutelaris. *L.* 3. *L.* 4. *C. Th. de tut. et cur.* (3, 17). *Symm. Ep.* IV. 59. Praet. qui tutelaribus cognitionibus praesidet.

3) Hierauf geht fast ausschließend *tit. C. Th. cit. Zosim.* II. 38. *Boëth. de consol.* III. 4. Praetura magna olim potestas, nunc inane nomen et senatorii ordinis gravis sarcina. Der Senat wählte die Prätoren aus seiner Mitte 10 Jahre vorher, wegen der Vorbereitung zu den Spielen. Die Uebernahme und Verwendung einer gesetzlich bestimmten Summe war Pflicht, von der nur gewisse Excusationen befreiten. Um ihr zu entgehen verbargen sich viele in den Provinzen, wurden aufgesucht und mit Gewalt zu ihrer Erfüllung genöthigt. Vgl. *Ritter C. Th.* VI. *p.* 27.

4) S. Note 2. Auch in Gemeinschaft mit dem Präfecten. *L.* 3. *L.* 4. *C. Th. de tut. et cur.* (3, 16). *L.* 2. *C. I. quando mulier* (5, 35).

5) S. unten Note 63.

6) *Cod. Theod.* 1, 6. *Dig.* 1, 12. *Cod. Iust.* 1, 28. *de officio Praef. urbi. Not. dign. Occid. c.* 4. Insignia Praefecti urbis Romae. *Cassiodor.* VI. 4.

Verwalter der kaiserlichen Appellationsgerichtbarkeit [7]), hat jetzt die höchste Civilgewalt in der Stadt [8]), steht als Judex illustris [9]) unmittelbar unter dem Kaiser und dem Präfectus Prätorio, dem ersten Reichsbeamten, zur Seite [10]), alle andern kaiserlichen Beamten der Hauptstadt stehen unter seiner Aufsicht [11]). Eigenthümlich ist ihm im Gegensatz aller andern kaiserlichen Beamten der rein bürgerliche Charakter seiner Würde, den, statt der militärischen Chlamys und des Cingulum, die senatorische Toga bezeichnet.

Vermöge seiner Polizeigewalt sorgt er für die Ruhe der Hauptstadt [12]), für ihren Unterhalt (annona urbis) [13]), für alle öffentlichen Gebäude und Anstalten [14]), hat die Aufsicht über alle städtischen Corporationen und Zünfte [15]), die höheren Schulen [16]) u. A. Seine Gerichtbarkeit ist eine doppelte, theils eine ordentliche in erster Instanz, theils eine höhere an des Kaisers Statt.

Der ersten sind vorzüglich alle Senatoren unterworfen, deren Vorstand und Richter er ist [17]), in Civilsachen, wenn sie

7) S. oben § 62 Note 25, § 63 S. 52.

8) *L. 7. C. Th.* = *L. 3. C. I. h. t. a.* 376. — Praefectura urbis cunctis, quae intra urbem sunt, antecellat potestatibus. *Symm. Ep.* X. 43. Praefecturam, quae Romae superior est ceteris. 37. Cum ad Praefecturam urbanam rerum summa pertineat, minoribus officiis certa quaedam membra creduntur.

9) Daß er in *Fr. Vat.* §§ 273. 274. *Orelli* 2. und sonst auch clarissimus titulirt wird, beruht auf dem allgemeineren Sprachgebrauch dieses Wortes, s. *Böcking Annot.* II. p. 176.

10) *L. 1. C. Th. de Praef. praetorio sive urbis et Magistris militum* (6, 7). *L. 1. C. I. eod.* (12, 4).

11) *L. 6. C. Th. h. t. Not. dign. Occid. cit.*

12) Z. B. bei den Unruhen über die Wahl des römischen Bischofs. *Symm. Ep.* X. 71. *sqq. Cassiodor.* I. 32. nennt ihn deshalb pacis custodem.

13) Mit dem Praef. annonae. *L. 7. C. Th. h. t.*

14) *Symm. Ep.* X. 45. 46. *Not. dign. Occid.* c. 4. § 1. Sub disp. viri illustris Pr. urbis Romae —: — Comes formarum, Comes riparum et alvei Tiberis et cloacarum, Comes portus.

15) *Symm. Ep.* X. 33. *cf. L. 4. C. I. h. t.*

16) *Symm. Ep.* X. 25. 47. *Cod. Theod.* 14, 9. *de studiis liberalibus urbis Romae.*

17) *Cassiodor. l. c.* Grande quidem est procerem esse, sed multo grandius de proceribus iudicare. Senatus ille mirabili opinione gloriosus probatur habere praesulem, quem mundus

Beklagte sind [18]), und in Criminalsachen; in letztern muß er aber fünf Senatoren als Beisitzer zuziehen [19]) und in wichtigern an den Kaiser berichten [20]). Ferner sind alle Zunftgenossen der Stadt (corporati) nur seiner Gerichtbarkeit unterworfen, so daß sie selbst als Kläger Dritte vor sein Gericht ziehen können [21]), und überhaupt alle Einwohner von Rom [22]). Kein auswärtiger Beamter soll ohne Bewilligung des Präfecten seine Gewalt gegen sie ausüben [23]). Daß er indeß alle Civil- und Criminalprozesse der ungeheuern Hauptstadt allein entschieden habe, ist nicht denkbar; gewiß wurde er hierin durch die Judices minores unterstützt, von denen gleich die Rede sein wird. — Außerhalb der Stadt war der Polizeigewalt des Präfecten schon früher ein Umkreis in der Entfernung von hundert Meilen (intra cen-

suscipit iura condentem. *Symm. Ep.* X. 69. Praefecturae urbanae proprium negotium est Senatorum iura tutari — Sanctiones, quae Senatorum controversias transferre ab urbano foro ad peregrina vetuerunt. *L. 11. C. Th. h. t.*

18) *L. 4. C. Th. de iurisdict.* (2, 1). *a.* 364. Actor rei forum sequatur, ita ut si Senatores aliquid a provincialibus poscunt, eo, qui provinciam regit, cognitore confligant. Si vero provincialis non suscipiat, sed inferat actiones, Praefecto urbis disceptante decertet. Die Rechtsfälle in *Fr. Vat.* §§ 273. 274. betrafen ohne Zweifel Personen senatorischen Ranges. *cf. L. 22. §§ 5. 6. L. 23. D. ad mun.* (50, 1). *L. 8. C. I. de incolis* (10, 39). domicilium dignitatis.

19) *L. 13. C. Th. de accus.* (9, 1). *a.* 376. *L. 12. C. Th. de iurisdict.* (2, 1). *a.* 423. Ein ähnliches Consilium bei tutoris datio. *L. 3. C. Th. de tut. et cur.* (3, 17). = *L. 1. C. I. eod.* (5, 33). *a.* 389.

20) *L. 10. C. Th. de maleficis* (9, 16). *L. 10. C. Th. de poenis* (9, 40). *Symm. Ep.* X. 70. *cf. Cassiodor. cit.* Quae res pro parte Nobis (*Principi*) absolute communis est. S. unten § 137 Note 33.

21) *L. 2. C. I. de suariis* (11, 16). *L. 11. C. Th. h. t.*

22) *L. 11. C. Th. h. t. a.* 423. seu in urbe larem locaverit. Note 23. *cf. L. 4. C. Th. de off. Com. sacr. larg.* (1, 10). = *L. 4. C. I. h. t.* für Constantinopel: Omnia corporatorum genera, quae in Constantinopolitana civitate versantur, universos quoque cives ac populares Praefecturae urbanae regi moderamine cognoscas.

23) *L. 11. C. Th. h. t.* Nihil sibi intra urbem agendum praesumat executio militaris: ac si quid forte erit praeceptum, in notitiam prius urbanae veniat Praefecturae, quae aut compleat congrua iuri mandata, aut contra ius imposita depellat. Itaque decernimus, ut si quis in privato negotio adversus Senatorem aut aliquem sacratissimae urbis corporatum, seu qui in urbe larem locaverit, sive trans urbem sive

tesimum miliarium) unmittelbar untergeben worden [24]), und diese Einrichtung hat sich erhalten [25]). In demselben Umfang übt er seine Gerichtbarkeit in Civil- und Criminalsachen, so daß also die Rom zunächst liegenden Provinzen innerhalb dieses Kreises seiner Jurisdiction und der seiner Unterbeamten unterworfen sind, außerhalb desselben der Jurisdiction ihrer Provinzialstatthalter [26]).

Als kaiserlicher Appellationsrichter (Iudex sacrarum cognitionum, sacra vice, sacrum auditorium) [27]) nimmt er aus seinem eigenen Jurisdictionsbezirk die Appellationen der Judices minores an [28]). Außerhalb desselben hat der Umfang

per provincias executionem poposcerit militarem, l i t i s, etiam si bona sit, careat eventu *rel. cf. L.* 2. *C. I. eod.*

24) S. oben § 64 Note 19.

25) *Cassiodor. l. c.* Ditioni tuae non solum Roma commissa est (quamvis in illa contineantur universa), verum etiam intra centesimum miliarium potestatem te protendere antiqua iura voluerunt: ne tantae civitatis iudicem muralis agger includeret, cum Roma omnia possideret. Daher auch jetzt noch die Verbannung aus diesem Rayon. *L.* 65. *C. Th. de haeret.* (16, 5). *cf. Gai.* I. § 27. *Herodian.* II. 13.

26) *L. 2. pr. C. Th. de in integr. rest.* (2, 16). *Constantin. a.* 329. in urbe Roma — et i n t r a c e n t e s i m u m u r b i s R o m a e m i l i a r i u m, si tamen ab his iudicibus, qui Romae sunt, fuerit iudicandum: per omnem vero Italiam —: in omnibus ceteris provinciis *rel.* Für Criminalsachen s. *L. 13. C. Th. de accus.* (9, 1). *Val. Gratian. et Valentinian a.* 376. Provincialis iudex vel intra Italiam, cum in eius disceptationem criminalis causae dictio adversum Senatorem inciderit, — referat ad scientiam nostram, vel ad inclytas potestates. Referant autem de s u b u r b a n i s p r o v i n c i i s iudices ad Praefecturam sedis urbanae, de ceteris ad Praefecturam praetorio. *L. 12. C. Th. de poenis* (9, 40). *Val. et Val. a.* 378. Campaniae Consularibus formam iudicationis adscribimus n e i n l o c o c e r t a c o n d i t i o n e f i n i t o modum iudicationis excedant, neque extra provinciam suam ius relegationis exerceant. *cf. Gothofr. h. l.* — Die Frage der provinciae urbicariae und annonariae, welche durch M o m m s e n, Schriften der Feldmesser II. S. 200 folg. in ein neues Stadium getreten, lasse ich unerörtert, weil sie die Gerichtsverfassung nicht betrifft.

27) *Orelli Inscr.* 1046. 1077. 1082. 28. *Grut. Inscr.* 361, 1. *Symm. Ep.* X. 59. S. die folg. Note.

28) *L. 13. C. Th. de appell.* (11, 30). Vom Prätor *L. 38. D. de minor.* (4, 4). *L. 17. C. I. de appell.* (7, 62). Vom Rationalis *L. 18. C. Th. de appell.* (11, 30). *Symm. Ep.* X. 62. Vom Praef. annonae, vom Praef vigilum, selbst vom Vicar. urbis *L. 2. L. 3. C. Th. h. t.*

seiner Appellationsbefugniß sehr gewechselt, indem ihm bald die Berufung aus ganz Italien [29]), ja selbst aus überseeischen Provinzen [30]) zugewiesen, bald wieder entzogen, und andern Judices sacri zugewendet wurde [31]). Von ihm selbst wird an den Kaiser appellirt. Nur vorübergehend ist er für inappellabel erklärt worden [32]).

Die Gewalt des Präfectus Urbi in Rom ist aber keine ausschließende. Wie der Präfectus Prätorio Italiä die seinige auch innerhalb der Stadt und ihrem Polizeirayon zu üben berechtigt wäre, so ist es auch dessen Vicarius, der daselbst seinen Sitz hatte und deshalb Vicarius in Urbe oder auch Urbis heißt [33]), nicht zu verwechseln mit dem zufällig und interimistisch dem Präfectus Urbi selbst gesetzten Vicarius [34]). Abweichend von dem Verhältniß anderer Vicarien der Präfecti Prätorio ist nur, daß dieser Vicarius Urbis seine kaiserliche Gerichtbarkeit (vice sacra) [35]) auch in erster Instanz innerhalb der Stadt und eines Stadtbezirks [36]) ausübt und hierin mit dem Präfectus Urbi concurrirt, dem er jedoch, als geringerer Würde (Iudex

29) So vor *L. 27. C. Th. de appell.* (11, 30). *a.* 357. und zur Zeit von *Symm. Ep.* X. 58. 60.

30) *Vopisc. Flor.* 5. 6. *Gothofr. ad L. 11. L. 13. L. 27. C. Th. de appell.* (11, 30), *Nov. Val.* 18. § 12.

31) *Cassiodor. l. c.* sagt allgemein: ex designatis lege provinciis ab appellatione cognoscis.

32) *L. 23. C. Th. de app.* (11, 30). *Gothofr. ad L. 11. cod.* Eine summa appellabilis von 100 solidi bestimmt *Nov. Val.* 34. § 17.

33) S. oben § 132 Note 27.

34) Dieser Verwechselung haben sich ältere Schriftsteller schuldig gemacht, z. B. *Guther. de off. dom. Aug.* II. I. und *Noodt, de iurisdict.* II. 6. Die richtige Ansicht über den Vicarius Urbis hatte schon *Cujac. ad L. 1. C. I. de prox. sacr. scrin.* (12, 19). Der Vicarius Praefecturae urbi kommt vor in dem neuerdings entdeckten *Tit. C. Cael. Saturn. Mommsen, Ep. p.* 20. 31.

35) *Cassiodor.* VI. 15. Vice sacra sententiam dicis.

36) *Cassiodor. l. c.* Intra quadragesimum sanctissimae urbis iura custodis. Dieser engere Stadtbezirk ist sonst nicht bekannt und allerdings räthselhaft. *Böcking Annot.* II. *p.* 429 Note 1 will intra centesimum emendiren. Mommsen, Schriften der Feldmesser II. S. 203 Note 102 nimmt eine völlig veränderte Stellung dieses Vicarius unter den Ostgothen an, eine Ansicht, der ich nicht beitreten kann, weil Cassiodor gerade an ihm die Stellung der Vicarien überhaupt beschreibt. S. § 132 Note 50.

spectabilis), weicht [37]). Wo der Präfectus Urbi verhindert ist, schreitet er ein [38]), häufig wirken sie zusammen [39]) und haben zu dem Ende ein gemeinschaftliches Gerichtslocal [40]). Einzelne Geschäfte sind dem Vicarius ausschließlich übertragen [41]). Appellation geht von ihm, wie von allen Vicarien, an den Kaiser oder an den Präfectus Urbi [42]). Ohne Zweifel hat die Erwägung, daß der Präfectus Urbi als einziger Richter der ungeheuern Stadt den Geschäften nicht gewachsen sein würde, vielleicht auch die Absicht, ihn in der Verwaltung seines wichtigen Amtes durch einen zweiten Beamten zu controlliren, die Anordnung dieses eigenthümlichen Verhältnisses veranlaßt.

Als Unterbeamte des Praefectus urbi nennt die Notitia den Präfectus Annonae [43]) und Präf. Vigilum. Jener sorgte gemeinschaftlich mit dem Präf. Urbi [44]) für die Lebensbedürfnisse der Hauptstadt, die Getreideaustheilungen u. dergl. Gerichtbarkeit hatte er in allen damit in Verbindung stehenden Civil- [45]) und Criminalsachen [46]); und die Innungen, deren Ge-

37) *Symm. Ep.* X. 43. secunda iudicia.

38) *L. 36. C. Th. de app.* (11, 30). *Val. Val. et Grat. ad Rupraxium P.U. a.* 374. — vel sublimitas tua, vel Vicarius. prout quisque proximus erit, adhibeat examen. *Ambros. sermo* 90. *de passione beatae Agnetis virginis* bei *Noodt cit.* *Amm. Marc.* XVII. 1. XXVIII. 1. Der Praef. urbi Olybrius, durch Krankheit verhindert, delegirt den Praef. annonae und beleidigt dadurch den Vicarius Aginatius.

39) Bei Revision der Verwaltung eines frühern Stadtpräfecten, *Symm. Ep.* X 43. 53.; bei dem Aufruhr wegen der Bischofswahl, *Symm. Ep.* X. 78. 81; bei Cognitionen, *Amm. Marc.* XXVIII. 1.

40) *Symm. Ep.* X. 43. secretarium commune.

41) Die Untersuchung zur Würdigkeit der venia aetatis hat bei clarissimis der Praef. urbi, bei perfectissimis der Vicarius urbis. *L. un. § 2. C. Th. de his qui ven. aet.* (2, 17).

42) *L. 2. L. 3. C. Th. de off. Praef. urb.* (1, 6). *L. 61. C. Th. de appell.* (11, 30).

43) *Cod. Theod. tit.* fehlt, s. *Haenel p.* 167. *Cod. Iust.* 1, 44. *de officio Praefecti annonae. Not. dign. Occid. c.* 4. § 1. Sub dispositione viri illustris Praefecti urbis Romae habentur administrationes infra scriptae: Praefectus annonae *rel. Cassiodor.* VI. 18. Vgl. *Böcking Annot.* II. *p.* 177. *sqq.* *Mommsen Epistula cit. p.* 39.

44) *L. 1. L. 5. L. 7. C. Th. de off. Praef. urb.* (1, 6).

45) *L. 8. D. quod cum eo qui in al. pot.* (14, 5). *Paul. L. 1. § 18. D. de exerc. act.* (14, 1). *Ulp.*

46) *L. 3. § 2. D. ad leg. Iul. de ann.* (48, 12). *Papir. Iustus. L. 13. D. de accus. Marcian.* (48, 2). Deshalb heißt er öfters Praef.

werbe sich auf die Annona Urbis bezieht, als Pistores, Suarii, Portuenses, Navicularii u. A., haben vor ihm ihren persönlichen Gerichtsstand [47]). Auch dieß Recht theilt er jedoch mit dem Präfectus Urbi [48]).

Der Präfectus Vigilum [49]) hat noch immer die schon von August ihm gegebene Bestimmung, die nächtliche Ruhe der Hauptstadt gegen Raub und Brand zu schützen [50]), und Jurisdiction zunächst nur in damit zusammenhängenden Rechtssachen. In dahin einschlagenden Civil- [51]) und in solchen Criminalfällen leichterer Art erkennt er selbst [52]), in schwereren berichtet er an den Präf. Urbi [53]). Für seinen Antheil an der gewöhnlichen Civiljurisdiction haben wir nur Ein Zeugniß: die Qualification zur Venia Aetatis sollen Senatoren (clarissimi) vor dem Präf. Urbi, Perfectissimi vor dem Vicarius Urbis, Equites Romani und Andere vor dem Präf. Vigilum, Navicularii vor dem Präf. Annonae beweisen [54]). Auch werden eigne Advocaten seines Gerichts erwähnt [55]).

Constantinopel ist bekanntlich als Neu-Rom auch in seiner Verfassung dem alten nachgebildet worden. Allein diese Gleichstellung ist nicht mit Einem Mal erfolgt, und kann nicht in allen Stücken genau verfolgt werden.

ann. urbis Romae cum iure gladii. *Orelli Inscr.* 3191. 3169. 1091.

47) *Cassiodor. Var.* VI. 18. *L. 9. C. Th. de suariis* (14, 4). *L. un. § 2. C. Th. de his qui ven. aet.* (2, 17). *L. 38. C. Th. de naviculariis* (13, 5).

48) *L. 2. C. I. de suariis* (11, 16). *L. 38. C. Th. de navicular.* (13, 5).

49) *Cod. Theod.* 1, 18. fehlt, s. *Haenel ibid. Dig.* 1, 15. *Cod. Iust.* 1, 43. *de officio Praefecti vigilum. Not. dign. Occid.* c. 4. § 1. *cit.* — Praef. vigilum vgl. *Böcking Annot.* II. *p.* 180. *sqq.*

50) S. oben § 63. Bd. 2 S. 53.

51) *L. 56. § 1. D. de furtis* (47, 2). Ob die Stellen aus den Büchern des Ulpian und Paulus de officio Pr. Vigilum *L. 56. D. locati* (19, 2). *L. 9. D. in quibus causis* (20, 2) Beweise für die Gerichtbarkeit dieses Präfecten „in Miethssachen" sind, ist mir doch sehr zweifelhaft. Vgl. *Böcking cit. p.* 183.

52) *L. 3. §§ 1. 2. 5. L. 4. D. tit. cit. L. 15. D. de condict. causa data* (12, 4).

53) *L. un. C. I. h. t. Cassiodor. cit.*

54) *L. un. § 2. C. Th. de his qui ven. aet.* (2, 17). *Constantin. a.* 321.

55) *L. 2. C. Th. de postulando* (2, 10). *a.* 319.

Prätoren gab Constantin der neuen Hauptstadt zwei, den Prätor Constantinianus, welcher Vormundschaftsrichter sein sollte, und einen andern, der als Magister Census die Beglaubigung förmlicher Rechtsgeschäfte, vielleicht überhaupt die freiwillige Gerichtbarkeit besorgte[56]). Die ordentliche Civiljurisdiction hatten sie also nicht; vielleicht stand sie den Magistraten zu, die unter dem räthselhaften Namen Proconsules (ἀνϑύπατοι) vorkommen, und wohl nur die Duumviri der italischen Colonie Byzanz gewesen sein können[57]). Die Zahl der Prätoren wurde später bis auf acht vermehrt, dann wieder herabgesetzt[58]). Ihr Hauptgeschäft war, wie in Rom, die Besorgung der Spiele, und einen bedeutenden Antheil an der Jurisdiction konnten sie seit Einführung der Präfectur noch weniger gewinnen; er wird jetzt beschränkt auf Prozesse über Freiheit und Sklaverei, in Integrum Restitutio, Vormundschaftssachen, und die Handlungen der freiwilligen Gerichtbarkeit[59]).

Einen eigenen Präfectus Urbi erhielt Constantinopel erst im Jahr 359[60]), und dieser hatte dieselbe Gewalt wie der in Rom; nehmlich innerhalb der Stadt die Polizei[61]) und die

56) *Lydus de Magistr.* II. 30. Der Name des zweiten ist nicht lesbar, vgl. *Schol. in Theoph. paraphr.* I. 20. § 4. Als Vormundschaftsrichter wird der Praetor Constantinianus auch erwähnt in *L. 2. C. Th. de praed. min.* (3, 21). = *L. 18. C. I. eod.* (5, 71). *cf. L. 17. C. I. de app.* (7, 62) und *Wenck ad L. 2. cit.* Hiernach scheinen übrigens beide Prätoren streitige Gerichtbarkeit gehabt zu haben. — Das Amt des Magister census ist in Rom und später auch in Constantinopel von der Prätur getrennt. Er ist eigentlich Vorsteher der Censuales, des Kanzleipersonals des Senates, und dem Praef. urb. untergeordnet. *Cuiac. in Cod. Iust.* 10, 70. *de tabulariis. Gothofred. C. Th. t.* VI. *p.* 11. et *ad L.* 5. *C. Th. de Senatorib.* (6, 2). *Böcking Annot.* II. *p.* 192. *sqq.*

57) *Gothofr. ad LL. 8. 9. 16. C. Th. de Praetoribus* (6, 4). *Otto de Aed. col. c.* 2. § 6.

58) Nach *L. 5. C. Th. de Praet.* (6, 4). *a.* 340. drei, Praet. Constantinianus, Flavialis und Triumphalis; nach *L. 13. eod. a.* 361. fünf; nach *L. 20. eod.* wieder vier; nach *L 25. eod. a.* 384. acht; nach *L. 2. C. I. de off. Praet.* (1, 39). *a.* 450. wieder nur drei.

59) *L. 16. C. Th. de Praet.* (6, 4). = *L. 1. C. I. de off. Praet.* (1, 29).

60) *Gothofr. ad L. 16. cit.* In der Notitia Dignitatum Orientis fehlt der betr. Titel. S. *Böcking Not. Or. c.* 3ª. *p.* 15. *Annot.* I. *p.* 174. *sqq.*

61) Aufsicht über die Zünfte

Jurisdictio ordinaria über die Senatoren[62]), die Corporati und übrigen Einwohner[63]); auch in allen mit der Polizei in Verbindung stehenden Rechtssachen, z. B. Baustreitigkeiten, selbst über sonst eximirte Personen[64]). Als kaiserlicher Richter (sacra vice) nimmt er Appellation an, nicht nur von den niedern Richtern der Stadt, insbesondere den Prätoren[65]), sondern vermöge besonderer Delegation auch aus gewissen Provinzen des Orients[66]). Ein dem Centesimus Lapis ähnlicher Sprengel außerhalb der Stadt wird nirgends erwähnt.

Die Geschäfte des Präfectus Annonae scheint in Constantinopel der Präf. Urbi allein versehen zu haben[67]). Die Würde des Präfectus Vigilum (νυκτέπαρχος), die im Lauf der Zeit sehr herabgekommen war, erneuerte Justinian unter dem Namen des Prätor Plebis[68]), welcher aber nur Criminalgerichtbarkeit hatte.

---

### e. Finanzbeamte.

§ 134. Die principielle Vereinigung der Justiz mit der Verwaltung in ihren verschiedenen Zweigen zeigt sich im Allge-

*L. 4. C. Th. de off. Com. ss. larg.* (1, 10). = *L. 4. C. I. h. t.* Sorge für die annona *Lydus de Magistr.* III. 38.

62) *L. 2. L. 3. C. I. ubi Senatores* (3, 24). *L. 2. § 2. C. I. de his qui ven. aet.* (2, 45).

63) *L. 4. C. Th. de off. Com. ss. larg.* (1, 10) = *L. 4. C. I. h. t. L. 2. C. I. de suariis* (11, 16).

64) *L. 12. C. I. de palat. ss. larg.* (12, 24). *L. 12. § 1. C. I. de prox. sacr. scrin.* (12, 19). *L. 12. § 7. C. I. de aed. priv.* (8, 10).

65) *L. 38. D. de minor.* (4, 4). *L. 17. C. I. de app.* (7, 62). *Constantin. a.* 326. jedenfalls gefälscht, weil damals Constantinopel noch keinen Präfecten hatte. In *L. 2. C. Th. de praed. min.* (3, 21) kann eben deshalb der sublimis disceptator der Präfect nicht sein. Vgl. *Wenck h. l.*

66) *L. 1. L. 10. C. Th. de off. Pr. U.* (1, 6). *L. 23. C. I. de app.* (7, 62).

67) *Lydus de Magistr.* III. 38. In *L. 2. § 2. C. I. de his qui ven. aet.* (2, 45). = *L. 2. § 2. C. Th. eod.* (2, 17) ist ihm der Prätor substituirt. Auch die Prozesse, die sich darauf beziehen, entscheidet er. *L. 12. C. I. de pal. sacr. larg.* (12, 24).

68) *Nov.* 13. *Lydus de Magistr.* II. 29. 30 nennt ihn Praetor urbanus.

meinen auch in den fiscalischen Prozessen. Um die dafür competenten Behörden klar zu stellen, ist der Finanzverwaltung dieser Zeit und der damit befaßten Beamten kurz zu gedenken [1]).

Die Finanzen des Reichs gewannen in demselben Maße an Wichtigkeit, als die Bedürfnisse der Heere, des Beamtenthums und der Hofhaltung sich steigerten [2]). Auch ließen es Diocletian und seine Nachfolger nicht an energischen Maßregeln dafür fehlen, zu deren Durchführung die neu organisirte Verwaltungsmaschine ganz geeignet war. Diese Maßregeln wurden aber für die wahren Hülfsquellen des Reichs um so verderblicher, als die Finanzwissenschaft und Nationalökonomie dem Alterthum überhaupt unbekannte Dinge waren [3]). — So bildete nach der Steuerverfassung, zu welcher schon August den Grund gelegt hatte und die in der Zeit der classischen Juristen vollendet erscheint, die Grundsteuer, welcher die Naturallieferungen für das Heer u. s. w. (annona) sich anschlossen, und die für die Nichtbesitzenden durch die Kopfsteuer ergänzt wurde, die Haupteinnahme des Staats [4]). Die Versuchung, welche in der Leich-

1) Dieser wichtige, noch sehr im Dunkeln liegende Theil der Diocletianisch-Constantinischen Verfassung verdient eine eigene Bearbeitung, wofür das zehnte und eilfte Buch des Theodosischen und Justinianischen Codex und die Commentare von Gothofred und Cujacius reiches Material enthalten. Aus neuerer Zeit liefert für das Abgabewesen den wichtigsten Beitrag Savigny, Ueber die römische Steuerverfassung unter den Kaisern (Vermischte Schriften II. S. 67 folg.) und für die fiscalischen Behörden sowohl Böcking in der *Annotatio*, als die bereits angeführte inhaltreiche kleine Schrift von Mommsen, *de C. Cael. Sat. tit. Epistula p.* 28. 39—48.

2) *Lactant. de mort. pers.* 7. sagt übertreibend von der Vermehrung der Heere unter Diocletian: Adeo maior esse coeperat numerus accipientium quam dantium.

3) Den merkwürdigsten Beweis für letztere liefert Diocletians Edict vom J. 301, wodurch für alle käuflichen Gegenstände der höchste Preis, der gefordert und gegeben werden dürfe, bei Todesstrafe bestimmt und wer Lebensbedürfnisse gar nicht verkaufen will, mit gleicher Strafe bedroht wird, veranlaßt durch Uebervortheilung der Soldaten auf den Heereszügen. S. Mommsen, Das Edict Diocletians de pretiis rerum venalium. Nachtrag dazu. Leipzig 1851. 8., abgedr. aus den Berichten der sächs. Gesellsch. 1851. *Haenel Corpus legum* 1054. Nach vielem Blutvergießen nöthigte die durch das Gesetz herbeigeführte Theurung und Hungersnoth zur Aufhebung desselben. *Lactant. cit. c.* 7.

4) S. Savigny cit. Den Zu-

tigkeit ihrer Handhabung liegt, und die Verderblichkeit ihres Mißbrauchs ist wohl nie in so erschreckender Weise hervorgetreten, als in dem sinkenden Kaiserreich. Schon Diocletian ordnete eine neue strengere Katastrirung an, welche allgemeine Klagen hervorrief [5]). Und wie später der zu entrichtende Kanon bis zu unerschwinglicher Höhe gesteigert, ja durch abwechselnde Erhöhung [6]) und Remission der nicht exigiblen Steuerreste [7]) zu einer wahren Erpressung gestaltet, wie in Folge dessen die blühendsten Fluren von ihren Besitzern verlassen und in Wüsteneien verwandelt wurden [8]), ist hinreichend bekannt. Nicht minder zweckwidrig nach den Grundsätzen gesunder Finanzpolitik waren die zahlreichen Binnenzölle, ferner die ausgedehnten, wenigstens von allen außerordentlichen Lasten befreiten kaiserlichen Domänen [9]) und die monopolisirten Gewerbszweige [10]), der aus früherer Zeit überlieferten Fiscalität der gesammten Gesetzgebung nicht zu gedenken [11]). — Gleichen Tadel verdienen die formellen

sammenhang der Grundsteuer und der Annona bezeugt *Cod. Theod.* 11, 1. *Cod. Iust.* 10, 16. *de annona et tributis.* Daß sie nach demselben Maßstab erhoben wurden *L. 15. C. Th. h. t. cf. L. 2. C. Th. de immunitate conc.* (11, 12).

5) *Lactant. cit. c.* 23. schreibt sie dem Galerius zu und beschreibt die Strenge ihrer Durchführung. Aber so durchgreifende Maßregeln gingen von Diocletian aus, dem auch *c.* 7. die Folgen Schuld gegeben worden. Besonders hart traf dieß das bis dahin nur der Annona unterworfene Italien. *Aur. Victor de Caes.* 39. Selbst auf die römische Plebs wurde der Census (Kopfsteuer?) ausgedehnt. *Lactant. cit. c.* 26. Ordinabantur iam censitores qui Romam missi describerent plebem. Früher und später war in allen Städten die plebs urbana von der Kopfsteuer befreit. *L. 2. C. Th. de censu* (13, 10).

6) *Cod. Theod.* 11, 6. *Cod. Iust.* 11, 18. *de superindicto.*

7) *Cod. Theod.* (11, 28). *de indulgentiis debitorum. Nov. Val. tit.* 1. *Martian.* 2. *Maior.* 2.

8) Nach *L. 2. C. Th. de indulg. deb.* (11, 28). *a.* 395. lagen in der fruchtbaren Provinz Campanien 528,042 Jugera (zu 178 Quadratruthen, also ungefähr ebensoviele Morgen) wüste; Alarichs erster Einfall fand erst fünf Jahre später statt. Der Fall, daß Aecker wüste liegen blieben, kam bis in die späteste Zeit vor; daher das Edict des Präfecten *Nov. Iust.* 166. dafür Regeln aufstellt.

9) *L. 1. C. Th. de ann. et trib.* (11, 1). *LL. 1. 2. 8. 9. 13. 17. C. Th. de extr. sive sord. mun.* (11, 16). *cf. tit.* 19. 20. Außerordentliche Steuerzuschläge müssen auch sie tragen. *L. 1. C. I. de indict.* (10, 17).

10) S. Note 26.

11) Wonach caduca, bona vacantia, proscriptorum, deporta-

Verwaltungsgrundsätze. Daß man der früher gewöhnlichen Verpachtung der öffentlichen Einkünfte die Selbstverwaltung vorzog [12]), würde zur Erleichterung der Verpflichteten gedient haben, hätte nicht die Unzahl der zu ernährenden Beamten und ihre Bestechlichkeit diesen Gewinn wieder aufgehoben.

Hauptsächlich fehlerhaft, weil eine nach den Bedürfnissen geregelte Finanzverwaltung unmöglich machend, war aber die Theilung derselben in mehrere Kassen und der Mangel eines gesetzlichen Etats für alle Einnahmen und Ausgaben. Von Diocletian bis auf Justinian werden hauptsächlich drei von einander getrennte Staatskassen genannt [13]). 1) Die **Besoldungskasse der Präfecti Prätorio** (arca Praefecturae praetorianae). Die den Grundbesitzern auferlegten Naturallieferungen (annona) für den Unterhalt der beiden Hauptstädte, des Heeres, der Staatsbeamten und des Hofes [14]), wurden für jenen beschränkteren Zweck von dem Präfectus Urbi und Annonä [15]) aus gewissen Provinzen, für diesen allgemeineren von den Präfecti Prätorio aus dem ganzen Reich bezogen [16]). Die letztern wurden erst theilweise und allmälig immer mehr [17]), endlich all-

torum u. s. w. dem Fiscus zufallen, womit das gehässige Treiben der Delationen und Petitionen zusammenhängt. *Cod. Theod.* 10, 8—11. *Cod. Iust.* 10, 10—13.

12) S. Bd. 2 S. 182. Die Publicani, die früher eine so große Rolle spielen, kommen im Theodosischen Codex nur in zwei Stellen vor. *L. 3. C. Th. de indulg. deb.* (11, 28). *L. 2. pr. C. Th. de veteranis* (7, 20).

13) Sie werden als arca Praefecturae praetorianae, sacrum aerarium und privatum aerarium in Gesetzen des fünften Jahrhunderts unterschieden. *Nov. Theod.* 17, 2. § 4. *Val.* 1, 3. – 10. § 2. *Martian.* 2. § 1. *Maior.* 2. *tit.* 7. § 16.

14) *Gothofr. Paratitl. C. Th.* 11, 1.

15) S. § 133 Note 13. 44. Auch in Africa, das die Hauptstädte mit Getreide versah, war ein Präfectus Annonä. *L. 12. L. 36. L. 38. C. Th. de navicul.* (13, 5). *L. 2. C. Th. de naufragiis* (13, 9).

16) *Zosimus* II. 33. *L. 5. L. 6. L. 7. C. Th. de off. Pr. Pr.* (1, 5). *Cassiodor.* VI. 3. — palatium sua provisione sustentat, servientibus nobis procurat annonas. *Lydus* II. 7. 11. III. 41. 43. Deshalb hat er auch bei der Translocation der Truppen mitzusprechen. *L. 1. C. Th. de off. Mag. mil.* (1, 7). *L. 4. C. I. eod.* (1, 29).

17) S. die Reihe der Gesetze in *Cod. Theod.* 7, 4. *Cod. Iust.* 12, 38. *de erogatione militaris annonae.* 6. *de militari veste.* Nach *L. 3.* soll der Geldwerth durch

gemein in Geldzahlungen verwandelt [18]), und bildeten also die Staatskasse der Präfecten [19]), aus welcher die Besoldungen der Armee und aller Hof- und Staatsbeamten bestritten wurden [20]). Die fortschreitende Steigerung dieses Staatsbedürfnisses veranlaßte später, daß ein Antheil der Grundsteuer und anderer fiscalischer Einnahmen, die eigentlich den folgenden Staatskassen zukamen [21]), dieser überwiesen wurden. — 2) Der eigentliche Staatsschatz (sacrum aerarium), in welchem seit Septimius Severus das republikanische und das kaiserliche Staatsvermögen (aerarium und fiscus) vereinigt waren [22]), und welchem jetzt hauptsächlich alle Staatssteuern, der Ertrag der Zölle, der Bergwerke, der Münzen und anderer monopolisirter Gewerbe zufließen, steht unter einem kaiserlichen Hofbeamten, der ursprünglich Procurator a rationibus hieß, in Diocletians Zeit den Namen Rationalis summae rei [23]), unter Constantius (a. 340) bereits den höhern Titel Comes sacrarum Largitionum führt [24]), in jeder Diöcese durch einen Rationalis

die Kasse des Comes sacrarum Largitionum den Soldaten zufließen, weil ein Theil desselben an die unter diesem Beamten stehenden kaiserlichen Wollenwebereien, welche die Lieferungen hatten, zu zahlen ist.

18) *L. 35. C. Th. de erog. mil. ann.* (7, 4). = *L. 15. C. I. eod.* (12, 38). *a.* 423. *L. un. C. I. de annona* (1, 52). *a.* 439. *cf. Nov.* 128. *c.* 1.

19) *L. 17. C. Th. de indulg. deb.* (11, 28). *a.* 436. — Isidoro P. P. Debita a susceptoribus ante decimam indictionem congregata, quae sedes excelsa pretiis humanioribus adaeravit, ex parte dimidia condonamus; arcae cetera inferri praecipimus.

20) *L. un. cit.* Vgl. Note 16 und oben § 132 Note 14.

21) Von der Grundsteuer, die eigentlich der Kasse des Comes sacrarum Largitionum zukam, *L. 6. C. Th. de coll. don.* (11, 20). *a.* 320. *Nov. Maior.* 7. § 16. *a.* 458. Von den Zöllen *Nov. Val.* 18. §§ 1—3. *a.* 445. Ein Drittheil der Caduca, die der Comes Rei privatae sonst erhielt, *Nov. Theod.* 17, 2. § 4. *a.* 444.

22) Dieß ist die gewöhnliche Annahme, deren näherer geschichtlicher Nachweis auch noch zu erwarten ist. — Das Wort fiscus bezeichnet übrigens in dieser Periode ebensowohl das Krongut als den Staatsschatz. S. *Tit. Cod. Theod.* 10, 1. *Cod. Iust.* 10, 1. *de iure fisci, et sqq.*

23) *Mommsen Epistula cit. p.* 43. *sq.* Daß auch er außerordentlicherweise durch einen Vicarius vertreten werden konnte, hat erst die hier erläuterte Inschrift gelehrt.

24) *Inscr. L. 30. C. Th. de decur.* (12, 1). *a.* 340. *Inscr. L.* 5. *C. Th. de exact.* (11, 7). *a.* 345. *Cod. Theod.* 1, 10. *Cod. Iust.* 1, 32. *de officio Comitis sacra-*

Vicarius, auch Rationalis schlechthin oder mit dem höhern Titel eines Comes Largitionum vertreten wird [25]), und außerdem eine große Zahl von localen Verwaltungs- und Kassenbehörden unter sich hat [26]). Eine gesetzlich feststehende Verwendung dieser beträchtlichsten Staatseinnahmen für einzelne Staatsbedürfnisse wird nirgends ausgesprochen. Dieß und der Name sacrae largitiones oder remunerationes [27]) deutet darauf hin, daß es ein ganz von der Willkühr des Kaisers abhängiger Dispositionsfonds war, aus welchem er die verschiedensten Staatsbedürfnisse befriedigte, oder auch durch Geschenke an Gemeinheiten, Heeresabtheilungen und Einzelne den Gehorsam gegen seine Befehle belohnte [28]), der also ein Mittel despotischer Machtentfaltung mehr war. — 3) Das **Krongut** (res privata, privatum aerarium), welches hauptsächlich aus Domänen (fundi patrimoniales) und Forsten (saltus) besteht, [29]), dem aber auch erblose Güter und Anderes zufällt [30]), verdankt seinen Ur-

*rum largitionum*. *Notitia dign. Or.* c. 12. *Occid.* c. 10. *Cassiodor.* VI. 7.

25) *Tit. C. Cael. Sat. Mommsen Ep. p.* 20. 46. *sq.* Rationali vicario per Gallias. *Not. dign. Or. cit.* § 2. Sub dispositione viri illustris Comitis sacrarum largitionum: Comites largitionum per omnes dioeceses. — Comes et rationalis summarum Aegypti. *Occid. c.* 10. § 1. [A]. Comes largitionum per Illyricum, — Italicianarum, — per Africam. [B] Rationales: die für einzelne Diöcesen oder andere Complexe von Provinzen aufgezählt werden.

26) Ein Vorsteher des Handelsamtes (Comes commerciorum), Vorstände der an verschiedenen Orten befindlichen Staatskassen und Magazine (Praepositi thesaurorum), der Münzstätten (Procuratores monetae), der kaiserlichen Wollen- und Leinenwebereien (Proc. gynaeciarum und linyfiorum) u. A. S. *Not. dign. cit.* und **Böckings** *Annotatio.*

27) *Böcking Annot.* II. *p.* 330.

28) *Cassiodor. cit.* nennt die sacrae largitiones ausdrücklich dona regalia und erwähnt die Neujahrsgeschenke. — Daß natürlich eine Berechnung und Feststellung der einzelnen Staatsbedürfnisse (Etat) in den kaiserlichen Büreaus aufgestellt wurde, wird damit nicht geleugnet.

29) *Cod. Theod.* 10, 2—6. *Cod. Iust.* 11, 61—67. *cf. L. 1. L. 2. C. Th. de off. Com. rer. priv.* (1, 11). *L. 1. C. I. de off. Com. s. pal.* (1, 34). Auch die kaiserlichen Paläste, *C. Th.* 10, 2. *de domibus ad rem priv. pertinentibus*, und die kaiserlichen Gestüte und Marställe gehören dazu. *Cod. Theod.* 10, 6. *Cod. Iust.* 11, 75. de grege dominico.

30) *Cod. Theod.* 10, 8—14. *Cod. Iust.* 10, 10—14. *Cassiodor.* VI. 8. Caduca bona non sinis esse vacantia.

sprung dem auch für absolute Regenten verlockenden Gedanken, neben dem nach selbst erwählten Formen verwalteten Staatsvermögen sich ein Sondergut zu freiester persönlicher Verfügung und Vererbung zu schaffen, das aber dann doch dem Zuge der Macht folgend auf den Thronfolger übergeht [31]) und also die Zwitternatur eines Krongutes annimmt. Ein solches kommt schon in der ersten Kaiserzeit als patrimonium Principis unter Procuratores patrimonii vor [32]). Septimius Severus untergab die ausgedehnten, durch die Proscription seiner Gegner ihm zugefallenen Güter einem besondern Beamten unter dem Namen Procurator rerum privatarum [33]). Vor und nach Diocletian wird ein Magister oder Rationalis summae rei privatae genannt [34]), und seit der Mitte des vierten Jahrhunderts führt auch er den höheren Titel eines Comes Rerum privatarum [35]), der in den einzelnen Diöcesen und Provinzen Magistri oder Rationales Rei privatä und andere Verwaltungsbeamte unter sich hat [36]). Da aber auch in der Verwaltung

31) Wie in unsern Tagen Napoleon III. das von der königlichen Familie Orleans erworbene Vermögen zum Staatsschatz eingezogen hat.

32) Becker-Marquardt cit. III. 3. S. 198. 216—225. *Mommsen Ep. cit. p.* 39. *sqq.*

33) *Spartian. Sept. Sever.* 12. Filiis etiam suis (Caracalla und Geta) ex hac proscriptione tantum reliquit, quantum nullus imperatorum, cum magnam partem auri per Gallias, per Hispanias imperator confecisset: tuncque primum privatarum rerum procuratio constituta est. Bei Ulpian in *L. 39. § 10. D. de leg.* 1. (30) und sonst wird der procurator patrimonii von ihm unterschieden, s. *Mommsen cit.*

34) Magister summae rei privatae in der Inschrift bei *Mommsen cit. p.* 41 nicht lange vor Diocletian, und Rationalis privatae (*sc. rei*) in der von ihm erläuterten Inschrift des Claudius Saturninus. S. auch Constantins Edict de accusationibus *c.* 5. Zeitschr. für gesch. RW. IX. S. 85 ad Magistrum privatae rei. Auf denselben geht auch die Inscription in *L. 7. C. I. ubi causae fiscales* (3, 26). *a.* 349. ad Bulephorum Rationalem summae rei (*sc. privatae*), da der Inhalt des Rescripts die coloni dominici et patrimoniales betrifft.

35) *Not. dign. Or. c.* 13. *Occid. c.* 11. *Cod. Theod.* 1, 11. *Cod. Iust.* 1, 33. *de officio Comitis rerum privatarum. Lydus* II. 27. Note 42. *Cassiodor.* VI. 8., der den Ursprung des Krongutes so angibt: Comitiva privatarum, sicut nominis ipsius sentitur insonare vocabulum, per Rationalium curam quondam Principum privatam fertur gubernasse substantiam.

36) Magistri rei privatae wer-

dieses Krongutes Alles von kaiserlicher Willkühr abhängt, so ist die Grenze zwischen demselben und dem Staatsschatz eine durchaus schwankende; Einnahmen werden hinüber und herüber gelegt [37]), und die Verwendungen der Res privata sind persönliche Geschenke des Kaisers (privatae largitiones oder remunerationes) [38]), durch welche er häufig auch Staatszwecke fördert [39]). Aus derselben Willkühr ist es zu erklären, daß unter Anastasius eine besondere Verwaltung unter dem Namen des Patrimonium Principis [40]), und unter Justinian abermals eine Divina Domus davon abgezweigt wurde [41]).

den von *Lactant. cit.* 7. Rationales multi et Magistri und in Gesetzen dieselben Verwalter des Kronguts in einzelnen Diöcesen im Gegensatz der Schatzbeamten (Rationales) genannt, die später auch Rationales heißen. S. *Mommsen cit. p.* 42. *sq.* So auch in der Notitia, wo außerdem Procuratores und Praepositi genannt werden.— Wenn *L.1. C.Th. de incorp.* (10, 9). Rationales in singulis quibusque provinciis commorantes erwähnt, so ist daraus nicht zu folgern, daß jede Provinz einen solchen hatte.

37) S. Note 21. Ein Gesetz K. Theodos' II. vom Jahr 444, *Nov. Theod.* 17, 2. § 4. überweist ein Drittheil der Caduca dem sacrum aerarium und ein zweites Drittheil der Kasse des Präfecten; zwei andere Gesetze *Nov. Val.* 18. §§ 1—3. *a.* 445 und *Nov. Maior.* 7. § 16. *a.* 458 umgekehrt der res privata einen Antheil an den Zöllen und der Grundsteuer. Besonders dieses letzte ist merkwürdig durch die Willkühr, mit welcher ein Zuschlag zur Grundsteuer als Präcipuum der beiden Comites angeordnet wird. Schon die *Not. dign. Or. cit.* § 2. erwähnt ein scrinium canonum des Com. R. Pr. und *Cassiod. cit.* sagt von ihnen canonicarios dirigis, possessores admones, et cum aliis iudicibus non modica iura partiris. Die von demselben erwähnten tributa perpetuario iure, die Savigny cit. S. 180 hierherzieht, bezeichnen den Erbpachtscanon.

38) *Nov. Martian.* 3. § 2. *Böcking Annotat.* II. *p.* 330. *sq.* Die Notitia cit. erwähnt ein scrinium largitionum. In *Nov. Maior.* 7. § 16. werden unter remunerationes die sacrae und privatae zusammengefaßt. Savigny cit. S. 181 verstand dieß von einer Besoldungskasse, welche aber die daselbst genannte arca Praefecturae ist.

39) *L. 36. C. Th. de annona* (11, 1). *a.* 431. patrimonio pietatis nostrae, cuius quidem reditus necessitatibus publicis frequentissime deputamus.

40) *Lydus* II. 27. Note 42. *Cod. Iust.* 1, 34. *de officio Comitis sacri patrimonii. Cassiodor.* VI. 9. *Böcking Annot.* I. *p.* 259. II. *p.* 375. *sq.*

41) Die Inscription von *L. 3. C. I. de quadr. praescr.* (7, 37) nennt einen Comes rerum privatarum et Curator divinae domus. Dagegen *Edict. Iust.* 4. *c.* 2.—8. *c.* 2. unterscheiden τὸ θεῖον πατριμώνιον, τὰ θεῖα πρίβατα

Allem diesem entsprach auch die Stellung der beiden Comites, welche nicht zu den Magistratus, sondern zum kaiserlichen Hofstaate gerechnet werden [42]).

Was nun die Vertheilung der Geschäfte unter diese verschiedenen an der Finanzverwaltung betheiligten Central- und Provinzialbeamten betrifft, so sind vorzüglich die administrativen und richterlichen Functionen zu unterscheiden, wobei jedoch vorauszuschicken ist, daß die Gesetzgebung hierüber oft gewechselt hat, ein sicheres allgemeines Resultat also schwer zu gewinnen ist.

1) Die administrativen Functionen. a) Die Ausschreibung der ordentlichen Staatssteuern (indictio, delegatio) erfolgt durch den Präfectus Prätorio in seinem Reichstheil [43]) für jedes Jahr [44]) nach dem ursprünglich von dem Kaiser festgestellten, herkömmlichen Steuerfuß (canon); nur außerordentliche Steuerzuschläge (superindictiones) oder Erleichterungen (relevationes) bedürfen einer besonderen kaiserlichen Genehmigung [45]). — b) Die Erhebung der Steuern aber erfolgt auf

und ὁ θεῖος οἶκος, was auf die selbständige Verwaltung des letztern durch einen besondern Beamten deutet.

42) *Lydus* II. 27. *κόμητα γὰρ λαργιτιώνων (Ἰταλοὶ λέγουσιν ἀντὶ τοῦ προεστῶτα τῶν τῆς βασιλείας θησαυρῶν) καὶ κόμητα πριβάτων (ἀντὶ τοῦ τῶν ἰδίᾳ πως τοῖς βασιλεῦσι προσηκόντων) οὐκ ἄν τις ἐν ἀρχόντων ἀριθμήσειέ ποτε καταλόγῳ, θεραπόντων δε· οὐδὲ γὰρ προαγωγῆς ἄρχουσι πρεπούσης ἀξιοῦνται, κατὰ δὲ τὸ δοκοῦν τῇ βασιλείᾳ πρόσφατον ἔχουσι καὶ λανθάνουσαν τὴν γένεσιν, ὥσπερ ὁ λεγόμενος πατριμώνιος, ἀντὶ τοῦ φύλαξ τῆς ἰδίᾳ πως ἀνηκούσης τῷ βασιλεῖ, καὶ τυχὸν ἐκ προγόνων περιουσίας, ὃν καὶ αὐτὸν οὐ πρὶν ἀριθμούμενον Ἀναστάσιος — ἀνεστήσατο rel.* Zugleich die Hauptstelle für das Wesen der verschiedenen Fonds.

43) ***Eumenius** Gratiar. actio Constantino* c. 5. Gallicani census communi formula. Daß die verschiedenen Reichstheile nach einem verschiedenen Fuß besteuert wurden, scheint auch anzudeuten *L. 4. C. Th. de indict.* (11, 5). = *L. 2. C. I. eod.* (10, 16). Particulari delegationum notitia ante indictionis exordium singulis transmissa provinciis. *cf. L. 3. C. Th. eod.*

44) *L. 8. C. Th. de extr. s. sord. mun.* (11, 16). — indictione anniversariis vicibus emissa. *L. 3. C. Th. de indict.* (11, 5). — ad anni prioris exemplum. *L. 18. C. Th. de ann. et trib.* (11, 1). — eius anni atque indictionis exordio. *L. 4. C. I. de can. larg. tit.* (10, 20). — delegatio, quae ab amplissima Praefectura in diversas provincias ex more quotannis emittitur.

45) *L. un. C. Th. de superindicto* (11, 6). = *L. 2. C. I. eod.* (10, 17). *cf. L. 36. C. Th. de*

Betrieb der von den fiscalischen Centralbehörden des Reichs, dem Comes sacrarum Largitionum und dem Präfectus Prätorio oder seinem Vicarius, in die Provinzen gesandten Unterbeamten (Palatini sacr. largitionum und Praefectiani) von dem Provinzialstatthalter, vermittelst seiner Officialen und der städtischen Behörden [46]. Jenen Abgesandten der höheren Reichsbehörden, die den Statthalter nur an seine Pflicht erinnern sollten, gelang es jedoch häufig die Erhebung selbst an sich zu reißen und zu Bedrückungen zu mißbrauchen, und im Kampf mit diesem Mißbrauch sehen wir die Gesetzgebung mehrmals ihnen nachgeben, um dann wieder zu der alten Strenge zurückzukehren [47]. Die Rationales sacrarum Largitionum nehmen daran keinen Theil, ohne Zweifel weil ihre höhere Stellung an der Spitze einer ganzen Diöcese sie dazu nicht eignet, auch nur der Statthalter mit der nöthigen Executivmacht ausgerüstet ist. Die gezahlte Steuer wird an die Provinzialkasse abgeliefert und von deren Vorstand (praepositus thesauri) an die betreffende Centralkasse eingesandt [48].

*ann. et trib.* (11, 1). canonici et superindicticii tituli. *L. 1. C. Th. eod.* (*a.* 315). — quae manu nostra delegationibus a d s c r i b u n t u r. *L. 1. C. Th. de defens. Senatus* (1, 28). *a.* 361. — quae vel in delegatione manu nostrae mansuetudinis annotantur, vel a Praefectura pro rerum necessitatibus postulantur. *LL. 7. 8. 10. 11. C. Th. de extr. s. sord. mun.* (11, 16). Nach *L. 13. C. I. de indict.* (10, 16) soll selbst die vom Präfecten unbestimmt erlassene Indictio durch den Statthalter aus dem Herkömmlichen ergänzt werden. *L. 4. C. I. de can. larg. tit.* (10, 23).

46) Nach *L. 12. C. Th. de exact.* (11, 7) von größern Grundbesitzern durch das Officium Präsidis, von Curialen durch einen Decurio, von geringeren Grundbesitzern durch den Defensor Civitatis. *L. 26. eod.* verweist auf den Landesgebrauch. Die Sporteln der verschiedenen Steuerempfänger bestimmt *Edictum Pr. Pr.* XIII. *Zach. p* 271.

47) *Gothofr. ad LL. 17. 18. C. Th. de exact.* (11, 7). In Justinians Compilation finden sich nur die strengen Bestimmungen. *L. 10. C. I. de off. Rect.* (1, 40). *L. 6. L. 7. L. 9. C. I. de exactor.* (10, 19). *L. 26. C. I. de can. larg. tit.* (10, 23). *L. 1. C. I. de execut.* (12, 61). Den Geschäftsgang, insbesondere zur Feststellung des Steuerbetrags im Fall einer Differenz zwischen der Steuerforderung des Palatinus und der Berechnung des Tabularius Provinciä, beschreibt *L. 8. C. Th. de off. commiss. larg.* (1, 10). *cf. L. 3. § 1. C. I. de can. larg. tit.* (10, 23). Die Repartition auf die einzelnen Grundbesitzer erfolgte nach den Angaben des Tabularius Civitatis. *L. 1. C. Th. de exact.* (11, 7).

48) *L. 1. C. I. de can. larg. tit.* (10, 23). Die Uebertragung auf

— c) Alles dieß galt ursprünglich auch für die Erhebung der Pacht und Erbpachtgelder von den unter dem Comes Rei privatae und seinen Rationalen stehenden Domänen (fundi patrimoniales et emphyteuticarii s. perpetuarii iuris); die Gesetzgebung hat aber hier noch häufiger gewechselt, so daß diese Gelder bald von dem Statthalter, bald von dem Rationalis beigetrieben wurden, bis man schließlich zum ersten Verfahren zurückkehrte [49]). Dagegen liegt die Aufsicht und Fürsorge für die kaiserlichen Grundstücke selbst dem Rationalis und den unter ihm stehenden Procuratoren ob [50]). Die Verleihung der Erbpacht [51]) und fiscalische Verkäufe [52]) sind bald dem Rationalis, bald dem Judex ordinarius der Provinz übertragen worden. d) Die zufällig vorkommende Einziehung erbloser [53]) und confiscirter Güter [54]) und des fiscalischen Antheils an Schätzen [55]) gehört zu den Geschäften des Rationalis.

2) Die richterlichen Functionen in fiscalischen Prozessen waren um so wichtiger, als jede zwischen dem Fiscus und einer Privatperson streitige und in facto zweifelhafte Rechtsfrage einen solchen veranlassen konnte (§ 150). Die Rationales sacrarum Largitionum und Rei privatä wie die kaiserlichen Pro-

einen andern Titel ist nicht erlaubt. *L. 3. § 1. C. I. eod.*

49) *Wenck ad L. 1. C. Th. de off. Com. rei priv.* (1, 11) führt die Reihe der Gesetze in chronologischer Folge auf. Vgl. auch *L. 20. C. Th.* 5, 13. *a.* 366. Der Justinianische Codex hat nur die ursprüngliche Bestimmung. *L. 5. C. I. de coll. fund. patr.* (11, 64). *L. 2. C. I. de can. larg. tit.* (10, 23). *L. 1. C. I. de executor.* (12, 62).

50) *L. 1. C. Th. de dom. ad rem priv.* (10, 2). *L. un. C. Th. comm. div.* (2, 25). *L. 4. C. I. de fundis rei priv.* (11, 65).

51) *L. 10. C. Th. de infirm. his quae sub tyr.* (15, 14). Gothofred versteht die Stelle von Veräußerungen der Erbpachtsgüter; aber dazu war der Judex ordinarius so wenig befugt als der Rationalis.

52) *L. 4. C. I. de fide et iure hastae fisc.* (10, 3). *L. 1. L. 2. C. Th. de dom. ad rem priv.* (10, 2).

53) *L. 2. C. Th. de bon. vacant.* (10, 8). *L. 1. C. Th. de incorp.* (10, 9). = *L. 3. C. I. de bon. vacant.* (10, 10). *L. 1. C. Th. de his qui se defer.* (10, 11). = *L. 1. C. I. eod.* (10, 13). *Symm. Ep.* X. 62.

54) *L. 7. C. Th. de bon. proscr.* (9, 42).

55) *L. 1. C. Th. de thesauris* (10, 18).

curatoren, an deren Stelle sie getreten sind, waren dafür die ordentlichen Richter erster Instanz [56]), wobei der Advocatus Fisci das Interesse des Fiscus vertrat [57]), so daß sie also eine Rechnungs- und Controlbehörde für die gesammte fiscalische Verwaltung innerhalb ihrer Diöcese bildeten. Doch ist dieß nicht ohne Unterschied wahr, und auch hierüber ist es nicht leicht, aus den verschiedenen Bestimmungen der Gesetze eine feste Regel zu abstrahiren. a) Wegen Ueberbürdung bei den Steuern konnte nach deren Beitreibung durch den Provinzialstatthalter Reclamation erhoben werden [58]), und wahrscheinlich nicht bei diesem, der die Erhebung angeordnet hatte, sondern bei dem Rationalis. b) Bei den dem Fiscus verfallenen Gütern, Bona caduca, vacantia, Proscriptorum u. s. w., deren administrative Beschlagnahme durch den Rationalis verfügt wird, hatte, wenn Widerspruch erhoben wurde, der Judex ordinarius in Gegenwart des Advocatus Fisci die Untersuchung und das Urtheil [59]). c) Ebenso wurden auch Rechtssachen nicht eigentlich fiscalischer Natur, also aus gewöhnlichen Contracten, vom Fiscus übernommene Privatschulden u. s. w. vor dem Judex ordinarius unter Vertretung

56) *L. 5. C. I. ubi causae fiscales* (3, 26). *Constantin. a.* 327. Ad fiscum pertinentes causas Rationalis decidat, omnibus concussionibus prohibendis. S. auch folgende Note 57. — In *L. 18. C. Th. de appell.* (11, 30). Quotiens Rationalis, vel officii necessitate poscente, vel ex praerogativa rescripti inter privatos, iudicaverit *rel.* geht nur das Erste auf fiscalische Prozesse; denn unter Privatpersonen kann er nur vermöge besonderer kaiserlicher Delegation Richter sein.

57) *L. 41. C. Th. de appell.* (11, 30). = *L. 4. C. I. de adv. fisci* (2, 9). *Grat. Val. et Theodos. a.* 383. Rationales privatae rei causis vel sacri aerarii praesidentes examen praesente fisci advocatione suscipiant.

58) *L. 1. C. Th. de exact.* (11, 7). *cf. L. 2. C. I. de iure fisci* (10, 1). *L. 2. C. Th. de defensor.* (1, 29). = *L. 1. C. I. eod.* (1, 55). *Cod. Theod.* 11, 8. *de superexactionibus.*

59) *L. 3. L. 5. C. Th. de bon. vacant.* (10, 8). *L. 7. L. 32. § 1. C. Th. de petitionib.* (10, 10). In dem Fall bei *Symmach. Ep.* X 62. hatte der Comes Rei privatä die Untersuchung dem Rationalis aufgetragen. Ueber den Advocatus Fisci s. *L. 3. L. 27. L. 32. cit. C. Th. de petit.* (10, 10). Die Berichterstattung an den Comes Rei privatä und den Kaiser bezieht sich auf das Gesuch um Schenkung dieser Güter oder eines Theils, die Petitio, bei welcher zugleich der Delator angegeben werden mußte, damit ihn eventuell die gesetzliche Strafe treffe.

des Fiscus durch den Rationalis oder an dessen Statt durch Advocaten des Tribunals verhandelt [60]). d) Die Domänenpächter und Kronbauern (coloni dominici) hatten in Civilsachen einen privilegirten Gerichtsstand vor dem Rationalis Rei privatä [61]); in Criminalsachen mußten sie sich vor dem Judex ordinarius stellen [62]). e) Die Appellation gegen die Urtheile des Rationalis ging an den Kaiser [63]) oder an denjenigen Beamten, dem sie der Kaiser delegirt hatte (sacra vice), regelmäßig dem Comes sacrarum Largitionum oder Rei privatä [64]).

---

## f. Militärgerichte [1]).

§ 135. Als Diocletian den Provinzialstatthaltern grundsätzlich alle Militärgewalt nahm, übertrug er den Befehl über die verschiedenen Abtheilungen des Heeres, die in den Provinzen und an den Grenzstationen (limites) der Vertheidigung des

60) Von solchen Sachen verstehe ich *L. 5. C. Th. de iurisdict.* (2, 1). *Val. et Val.* ad Felicem Vicarium Macedoniae (a. 365). Si quis rem nostram coeperit lite pulsare, Rationali praesente confligat: quo defensante et controversia omnis agitetur et Iudex eam sententiam decernat, quam iuris aequitas postulaverit. *L. 4. C. Th. de adv. fisci* (10, 15). *a.* 367. Vicarios praefecturae ordinariosque Rectores praecelsa sinceritas tua (*sc. Pr. Pr.*) — commoneat, ut privatae rei nostrae, quotiescunque aliquas vel denuntiaverit vel exceperit actiones, idoneos tribuant advocatos.

61) *L. 6. L. 1. C. I. ubi causae fisc.* (3, 26). *Constantin.* Vgl. jedoch *L. 3. C. Th. de act. proc.* (8, 4).

62) Früher durch Vermittlung des Rationalis. *L. 1. C. Th. de iurisdict.* (2, 1). *L. 8. L. 9. C. I. ubi causae fisc.* (3, 26). Später ohne diese *L. 11. C. Th. de iurisdict.* (2, 1). *L. 2. C. Th. de off. Com. rei priv.* (1, 11). Noch weiter ausgedehnt ist dieser privilegirte Gerichtsstand in *L. 11. C. I. ubi causae fisc.* (3, 26). *a.* 442.

63) *L. 18. C. Th. de appell.* (11, 30). *cf. L. 47. L. 48. L. 50. D. de iure fisci* (49, 14). *L. 1. C. I. ubi et apud quem* (2, 47).

64) *L. 21. L. 28. L. 45. C. Th. de appell.* (11, 30). An andere Judices sacri in *L. 41. L. 49. L. 68. eod. Symm. Ep.* X. 62.

1) *Cod. Theod.* 1, 18. *Cod. Iust.* 1, 46. *de officio militarium iudicum.* Ueber deren verschiedene Arten vgl. *Gothofr. Paratitl. C. Th.* 7, 1. *de re militari.* II. *p.* 250. *sqq.*

Reichs dienten, Führern, welche fortan den officiellen Titel der Duces[2]), oder, seitdem Constantin den dreifachen Rang von Comites eingeführt und dieser den verschiedensten Beamten beigelegt zu werden pflegte[3]), insofern sie Comites primi Ordinis sind, den Titel Comites Rei militaris führen[4]). Nach der Notitia sind deren im Orient nur zwei, im Occident sechs, und ein Grund dieser Auszeichnung ist nicht überall ersichtlich[5]). Ursprünglich hatten die Duces nur den Rang der Perfectissimi; doch wurde ihnen ausnahmsweise der Clarissimat beigelegt[6]). Nach der Notitia gehören die Duces und Comites zu den Judices spectabiles; diese gehen aber jenen vor. Wichtiger ist, daß abweichend von dem allgemeinen Princip ausnahmsweise die bürgerliche Statthalterschaft einer Provinz dem Militärbefehlshaber in derselben nicht nur vorübergehend übertragen[7]), sondern in gewissen Provinzen wegen ihrer eigenthümlichen Zustände beide Stellen selbst bleibend verbunden wurden; so in der Provinz Isauria[8]), Arabia[9]) und Mauretania[10]).

In der höchsten Instanz, dem Amte des Präfectus Prätorio, hatte Diocletian Militär- und Civilgewalt noch vereinigt gelassen. Erst Constantin, und zwar schon als Beherrscher nur

2) *Not. dign. Or.* c. 1. zählt deren dreizehn auf. *cf.* c. 27—38. *Occid.* c. 1. zwölf. *cf.* c. 29—39.

3) Vgl. *Mommsen Epist. cit.* p. 26. *sqq.*

4) *Cod. Theod.* 6, 14. *de Comitibus rei militaris*. *Böcking Ann.* II. *p.* 509. *sqq.*

5) *Not. dign. Or.* c 1. *p.* 4. [19]. Comites rei militaris duo: Aegypti, Isauriae. *cf.* c. 25. 26. *Occid.* c. 1. *p.* 4. [20]. Comites rei militaris sex: Italiae, Africae Tingitaniae *rel.*

6) *Amm. Marc.* XXI. 16.

7) *Inscr. L.* 3. *C. Th. ad leg. Iul. rep.* (9, 27). Matroniano Duci et Praesidi Sardiniae.

8) *Not. dign. Or.* c. 26. § 1. Sub disp. Comitis rei militaris per Isauriam et Praesidis. *Amm. Marc.* XIX. 13. Lauricius adiecta Comitis dignitate missus est Rector. *cf.* XIV, 2. *Nov. Iust.* 27. *praef.* c. 1. Das räuberische Gebirgsvolk machte dieß nothwendig. Selbst K. Anastasius a. 491 führte noch sechs Jahre Krieg mit ihnen.

9) *Not. dign. Or.* c. 30. § 2. Officium Ducis Arabiae et Praesidis. *cf. Nov. Iust.* 102. *praef.* Wegen der Einfälle der Saracenen (?).

10) *Not. dign. Occid.* c. 29. Dux et Praeses provinciae Mauritaniae. *cf.* c. 1. *p.* 4. [21. a]. — Auf die verschiedenartigen Fälle der Vereinigung geht *L.* 32. *§ 1. C. I. de appell.* (7, 62). *Theod. et Val.*

des westlichen [11]), dann als Alleinherrscher des ganzen Reichs (324), führte das neue Princip auch auf diesem Punkte durch und übergab die höchste Leitung der Militärangelegenheiten zweien Comites primi Ordinis an seinem Hofe unter dem Titel der Magistri Militum, und zwar dem Einen, dem Magister Equitum, für seine Waffe, die Reiterei, und dem Andern, dem Magister Peditum, für die seinige, das Fußvolk [12]), so jedoch, daß beide Functionen auch wohl demselben übertragen wurden [13]). Schon unter seinem Sohn Constantius, als dieser das ganze Reich beherrschte, erschienen jedoch neben diesen beiden regelmäßig am Hofe des Kaisers residirenden Magistri Militum (M. mil. praesentales) drei andere auf den drei Hauptpunkten, wo die Vertheidigung des Reichs eine einheitliche höhere Leitung zu verlangen schien, nehmlich ein Magister Militum per Orientem, per Gallias und per Illyricum [14]). Unter seinem Nachfolger Julianus traten in der Geschichte hinter seiner persönlichen Kriegführung diese höchsten Militärbeamten zurück [15]); unter Jovian (a. 363 sq.) aber sehr bestimmt wieder hervor [16]). Nach der Theilung des Reichs unter Valentinian

11) *L. 1. C. Th. de annona* (11, 1). *a.* 315. clarissimae memoriae Eusebii, exconsule et exmagistro equitum et peditum.

12) *Zosimus* II. 33. *Lydus* II. 10. III. 40. Die hier angenommene Vertheilung der Geschäfte scheint aus dem Titel gefolgert werden zu müssen. Comites werden sie häufig genannt. *Gothofr. Not. C. Th.* VI. *p.* 15.

13) S. Note 11.

14) Nach *Amm. Marc.* 15, 2. 4. 5. sind a. 354. M. M. praesentales Arbetio Eq., der es bis a. 361 bleibt (*A. M.* 21, 13.) und Silvanus Ped. (*cf. A. M.* 16, 2. *Aur. Victor de Caes.* 42. *L. 2. C. Th. de re mil.* (7, 1). *L. 3. C. Th. de div. off.* (8, 7). *a.* 349. *ibique Gothofr.*), welchem *a.* 365 Barbatio (*A. M.* 17, 6. 18, 3.), a. 359 Ursicinus (*A. M.* 18, 5.), a. 360 Agilo folgt (*A. M.* 20, 2. 21, 12.). Neben ihnen sind 1) M. M. per Orientem, a. 353 Ursicinus (*A. M.* 14, 9. 18, 4,), a. 359 Sabinianus (*A. M.* 18, 5.). 2) per Gallias, nachdem Silvanus als Präsentalis diese Stelle verwaltet und gestürzt war, a. 356 Marcellus Eq. u. Ped. (*A. M.* 16, 2. 4. 7. 22, 11.), Severus Eq. (*A. M.* 16, 11. 17, 2. 10.), a. 359 Lupicinus (*A. M.* 18, 2. 20, 1. 9.), a. 360 Gumoharius (*A. M.* 20, 9.). 3) per Illyricum a. 361 Lucillianus (*A. M.* 21, 9), Jovinus (?) (*A. M.* 22, 3.).

15) *Amm. Marc.* 21, 8. *sqq.*

16) Nach seinem Regierungsantritt bestellt er zum Mag. Eq. et Ped. (praesentalis) den Lucillianus

und Valens (a. 365) hat jeder der beiden Kaiser zwei Magistri Militum an seinem Hof und wenigstens letzterer zwei andere für Illyrien und den Orient [17]). Theodos d. Gr. fügte noch einen Magister Militum per Thracias hinzu [18]). So hat sich die Einrichtung des bleibend getheilten Reiches gebildet, welche die Notitia Dignitatum darstellt, wonach in jeder Reichshälfte regelmäßig zwei Magistri Militum präsentales und außerdem im Occident Einer per Gallias, im Orient drei, nehmlich per Orientem, per Thracias und per Illyricum bestellt werden [19]). Sie sind Illustres und haben den Rang unmittelbar hinter dem Präfectus Prätorio.

Auch auf diesem Punkte darf aber die allgemeine Symmetrie der Verfassung in beiden Reichshälften die erheblichen Unterschiede nicht übersehen lassen. Im Occident hat sich Constantins ursprüngliche Einrichtung darin erhalten, daß von den beiden Mag. Mil. präsentales der eine Equitum heißt und nur Abtheilungen der Cavallerie (vexillationes) befehligt [20]); der andere als Mag. Peditum unmittelbar nur Fußvolk commandirt [21]), aber außerdem die Comites und Duces dieser Reichshälfte mit ihren Truppentheilen [22]) und die sämmtlichen Flotten

(*A. M.* 25, 8); per Gallias den Malarichus, der nicht annimmt (*A. M.* 26, 1); per Illyricum den Januarius (*A. M.* 26, 1); per Orientem den Lupicinus (*A. M.* 26, 5).

17) Nach *Amm. Marc.* 26, 5. hat K. Valentinian, der die Kriege in Gallien meist selbst führt, nur zwei Magistri Militum, Dagalaiphus und Jovinus; Ersterem folgt a. 368 Severus (*A. M.* 27, 10); Letzterem a. 369 Theodosius (*A. M.* 28, 3. 5. 29, 3. 4.). K. Valens bestellt zwei M. M. praesentales, Victor und Arinthäus, per Illyricum den Equitius (*A. M.* 29, 6.) und bestätigt den Lupicinus als M. Eq. per Orientem.

18) *Zosimus* IV. 27. sagt obenhin, er habe fünf Magistri Militum und mehr eingeführt, nämlich fünf im Orient und drei im Occident.

19) *Not. dign. Or.* c. 1. 4—8. *Occid.* c. 5—7. Vgl. *Cod. Theod.* 1, 7. *Cod. Iust.* 1, 29. de officio Magistri militum. *Böcking Annot.* II. *p.* 207. *sqq.*

20) *Not. dign. Occid.* c. 6. *p.* 31. *sqq.*

21) *Not. dign. Occid.* c. 5. *p.* 23. *sqq.* Uebrigens legiones und auxilia, jedoch natürlich nur palatini, comitatenses und pseudocomitatenses, über welche im Gegensatz der limitanei zu vergleichen ist *Gothofr.* II. *p.* 249. und *ad L. 18. C. Th. de numerar.* (8, 1). *Böcking Annot.* I. *p.* 189. 290. *sq.*

22) *Not. dign. Occid. cit. p.* 23. Sub dispositione viri illu-

und barbarischen Militärcolonien beaufsichtigt [23]). Dieß ist ohne Zweifel auch der Grund, weshalb er den Rang vor jenem hat [24]). Daß übrigens beide Stellen auch ferner häufig in Einer Person als Magister utriusque Militiä vereinigt waren, ist aus der Geschichte bekannt. Den Magister Militum per Gallias nennt die Notitia zwar nur Equitum, er commandirt aber auch Fußvolk [25]), und beiderlei Truppentheile werden ihm zum Theil von den Magistri präsentales überwiesen [26]). Im Orient dagegen heißen alle Fünfe Magistri Militum schlechthin und befehligen verschiedene Abtheilungen der Reiterei und des Fußvolks. Daß die Comites und Duces ihnen untergeordnet waren, ist nicht zu bezweifeln; aber wie? ist aus der Notitia, die, soweit sie auf uns gekommen, dieß Verhältniß unerwähnt läßt, nicht zu ersehen. — Vorübergehend ist auch einzelnen Comites die Titularwürde (codicilli honorarii) eines Magister Militum verliehen worden [27]). Justinian hat den Comes Armeniä bleibend zum Magister Militum per Armeniam et Pontum Polemoniacum erhoben und ihm alle Duces von Armenien untergeordnet [28]).

Mit dem Commando war natürlich auch die eigentliche

stris Magistri peditum praesentalis: Comites militum infra scripti (sex), Duces limitum infra scriptorum decem. Der Dux Sequanicae und Tractus Armonicani ac Nervicani fehlen; ohne Zweifel standen sie unter dem Mag. mil. per Gallias. *Böcking Annot.* II. *p.* 223.

23) *Not. dign. Occid. c.* 40. *p.* 118. *sqq.* Außer den Praefecti Classium und den Praefecti Laetorum et Gentilium werden noch andere Praefecti und Tribuni mit ihren Truppentheilen als unter diesem M. M. stehend genannt. Ueber die auffallende Stellung dieses Abschnitts vgl. *Böcking Annot.* II. *p.* 416.

24) Die Notitia in dem allgemeinen Verzeichniß *c.* 1. und in *c.* 5. und 6. stellt ihn vor diesen, obgleich sonst die Reiterei als die noblere Waffe den Vorrang hatte.

25) *Not. dign. Occid. c.* 7. *p.* 35—39. Daß die Notitia ihm keinen eigenen Abschnitt widmet, sondern ihn nur bei Aufzählung der Truppentheile erwähnt, scheint darauf zu deuten, daß er nur ein zum Magister Militum erhobener Comes militaris war.

26) *Böcking Annot.* II. *p.* 209.

27) So war a. 393 Gildo Mag. mil. per Africam. *Inscr. L.* 9. *C. Th. ad leg. Iul. de adult.* (9, 7). *Gothofr. ad L.* 3. *C. Th. ad leg. Corn. de sic.* (9, 14). *a.* 471. Nepotianus Mag. mil. Paciae. *L.* 5. *C. I. de bonis quae lib.* (6, 61).

28) *L.* 5. *C. I. h. t.*

Militärgerichtbarkeit, insofern sie mit der militärischen Disciplin nothwendig verbunden ist, also die Bestrafung militärischer Vergehungen, auf alle diese Beamten übergegangen [29]). Dieß mußte leicht dahin führen, auch jedes andere Verbrechen der Soldaten dem Militärbefehlshaber zur Untersuchung und Bestrafung zu überweisen, während es für Civilsachen ferner lag; und in der That finden wir in der zweiten Hälfte des vierten Jahrhunderts folgende Regel aufgestellt. Alle Civilsachen, auch wenn ein Soldat Kläger oder Beklagter ist, gehören vor den Provinzialstatthalter; auch Criminalsachen, wenn nur der Ankläger Soldat ist; ist es hingegen der Angeklagte, so soll sein Militärobarer Richter sein [30]). Später wurde diesem aber auch Civilgerichtbarkeit gegeben, wenn beide Partheien oder wenigstens der Beklagte Soldat war [31]), hingegen scharf verpönt auch den Nichtsoldaten vor das Militärgericht zu ziehen [32]). Obgleich das entscheidende

29) *Zosim.* II. 33. für die Magistri Militum.

30) *L. 2. C. Th. de iurisdict.* (2, 1). *Constantius a.* 355. Definitum est, provinciarum Rectores in civilibus causis litigia terminare, etsi militantes exceperint iurgia vel moverint. — In criminalibus etiam causis, si miles poposcerit reum, provinciae Rector inquirat. Si militans aliquid admisisse firmetur, is cognoscat, cui militaris rei cura mandata est. Nur die Verhaftung kann vom Statthalter geschehen. *L. 1. C. I. de exhib. vel transm. reis* (9, 3). *a.* 365. Ueber den Statthalter soll der Präf. Prätorio, nicht der Magister Militum richten, auch wenn der Beleidigte Militär ist. *L. 2. C. Th. de off. Mag. mil.* (1, 7). = *L. 10. C. Th. de off. Praef. praet.* (1, 5). = *L. 4. C. I. eod.* (1, 26). *a.* 393. *L. 9. C. Th. de iurisd.* (2, 1). *a.* 397 verbietet bei Strafe Civilsachen beim Iudex militaris anzubringen. Ebenso *L. 5. C. I. eod.* (3, 13). *a.* 397, während in Criminalsachen der Gerichtsstand des Angeklagten entscheidet. *cf. L. 2. C. I. si a non comp. iud.* (7, 48).

31) *L. 6. C. I. de iurisdict.* (3, 13). *Hon. et Theod. a.* 413. Magisteriae potestati inter militares viros vel privatum actorem et reum militarem etiam civilium quaestionum audiendi concedimus facultatem: praesertim cum id ipsum de more litigantium esse videatur, constetque militarem reum nisi a suo iudice nec exhiberi posse, nec si in culpa fuerit coërceri. Savigny, Gesch. des R. R. im MA. I. § 25 versteht die Stelle so, daß es von der Willkühr des Klägers abgehangen habe. Die Schlußworte scheinen die auch in Civilsachen nöthige Zwangsgewalt ausschließend dem Militärrichter zuzusprechen. Vgl. Note 32.

32) *L. 2. C. I. de off. mil. Iud. Hon. et Theod. a.* 416. Praecipimus ne quando curiales

Gesetz in den Theodosischen Codex nicht aufgenommen scheint, ist es doch von nun an Regel geblieben, daß nach dem Grundsatz: actor rei forum sequi debet, Soldaten in Civil- und Criminalsachen nur im Militärgericht belangt werden können [33]). Auch hat sie Justinian in seine Gesetzgebung aufgenommen, und später noch der Organisation von Italien zum Grunde gelegt [34]).

Als Militärrichter wird bald der Magister Militum [35]), bald der Dux oder Comes [36]) genannt, ohne Zweifel je nachdem der angeklagte Soldat zu der Heeresabtheilung jenes höheren oder dieses niederen Befehlshabers gehörte. Die Magistri Militum waren überdieß die ordentlichen Richter über die Duces und Comites selbst [37]); nur die Duces limitanei wurden später im Orient in jeder Beziehung dem Magister Officiorum unterworfen [38]). Daß der Magister Militum auch Appellationen von den Duces angenommen, finde ich nirgends; vielmehr wurde von diesen, wie von andern Judices spectabiles, unmittelbar an

vel privatae condicionis homines ad militare exhibeantur iudicium vel contra se agentium actiones excipiant vel litigare in eo cogantur. Interminationem autem quinquaginta librarum auri adversus Comitianum officium proponi decernimus, si quid contra hoc aliquando tentaverit. Das litigare versteht Savigny a. a. O. vom Klagen. Allein da hier eigentlich die Nöthigung vor dem Militärgericht zu erscheinen (exhibitio) verboten wird, welche beim Kläger nicht denkbar ist, so halte ich es nur für eine nähere Bestimmung des Vorhergehenden: er soll weder genöthigt werden zu erscheinen, noch die Klage anzunehmen, noch den Prozeß hier fortzusetzen.

33) *Nov. Theod.* 4. *a.* 438. *Nov. Martian.* § 5. 6. 7. *a.* 450. *L. 18. pr. C. I. de re mil.* (12, 36). *Anastas.*

34) *Sanctio pragm.: Pro petitione Vigilii c.* 23. — *L. 17. C. I. de iudiciis* (3, 1) enthält nicht eine allgemeine Bestätigung der Militärgerichtbarkeit, sondern eine Beseitigung des Zweifels, ob auch viri militares zu iudices oder arbitri gewählt werden dürfen. Dagegen kann jetzt *L. 7. D. de iudiciis* (5, 1) darauf bezogen werden, die ursprünglich nur die Aenderung des Domicils meinte. Vgl. *L. 23. § 1. D. ad munic.* (50, 1).

35) *L. 1. C. I. de exhib. et transm. reis* (9, 3). *L. 6. C. I. de iurisdict.* (3. 13).

36) *L. 2. C. I. de off. mil. Iud.* (1, 46). *L. 38. C. I. de appell.* (7, 62).

37) *L. 2. C. Th. de off. Mag. mil.* (1, 7).

38) *L. 8. C. I. de divers. off.* (12, 60). *Leo et Zeno. cf. Nov. Theod.* 25. *a.* 443.

den Kaiser appellirt, welcher jedoch später im Orient auch hierfür eine Commission niedersetzte, bestehend aus dem Magister Officiorum und dem Quästor sacri palatii [39]). Auch vom Magister Militum selbst ging die Appellation an den Kaiser [40]).

---

### g. Justinians neue Organisationen [1]).

§ 136. Wenngleich Justinian im Allgemeinen das System der Verwaltung, welches in dem östlichen Reiche mit geringen Abweichungen seit Constantins Zeit bestanden hatte, beibehielt [2]), so hat doch theils die Willkühr, die überhaupt in seinen gesetzlichen Anordnungen zu bemerken ist, theils auch das Bedürfniß, welches neue Eroberungen hervorriefen, einzelne Aenderungen veranlaßt, von denen die wichtigsten hier zusammengestellt werden sollen.

Vor Allem gehört dahin die Vereinigung der Civil- und Militärgewalt, welche er in mehreren Provinzen des Orients neu vorschrieb, und hierdurch die Verwalter derselben nicht nur im Rang erhöhte (Spectabiles), sondern zum Theil auch durch neue Namen auszeichnete [3]).

39) *L. 38. C. I. de appell.* (7, 62).

40) *L. 2. C. I. de his qui per metum* (7, 67). *cf. L. 30. C. Th. de appell.* (11, 30).

1) *Cod. Iust.* 1, 27. *de officio Praefecti praetorio Africae et de omni eiusdem dioeceseos statu.* *Nov.* 8. 24—31. 41. 102. 103. 104. *Edict.* 4. 8. 31,

2) Für die Organisation des Reichs zu Justinians Zeit ist Hauptquelle die der *Nov.* 8. angehängte Notitia.

3) Dahin gehört besonders eine Reihe von Novellen aus den Jahren 535 und 536. *Nov.* 24. *de Praetore Pisidiae.* 25. *de Praetore Lycaoniae.* 26. *de Praetore Thraciae.* 28. *de moderatore Helenoponti.* 29. *de Praetore Paphlagoniae.* 30. *de Proconsule Cappadociae.* 31. *de descriptione quatuor Praesidum Armeniae.* *Edict.* 4. *de Magistratu Phoeniciae Libanicae.* 8. *de Pontici tractus Vicario.* 13. *de Alexandrinis et Aegyptiacis provinciis.* *Nov.* 27. und 102. bestätigen für Isaurien und Arabien nur die früher schon bestehende Vereinigung. S. § 135 Note 8. 9.

Auf eben so willkührliche Weise erhob er den Statthalter von Palästina zum Proconsul [4]) und setzte vorübergehend, unter einem längst verschwundenen Namen, einen Quästor Exercitus ein, welcher in der Weise eines Präfectus Prätorio für die Annona des Heeres sorgen und außerdem über fünf Provinzen des Orients gebieten sollte [5]).

Bei der Wiedereroberung der Theile des westlichen Reichs wurden folgende Einrichtungen gemacht. Africa nebst Sardinien erhielt einen eigenen Präfectus Prätorio, welcher ohne Vicarius über sieben Statthalter, worunter ein Proconsul, gebieten sollte [6]). Die Militärgewalt wurde hier getrennt, und sechs Duces übergeben, welche von dem Magister Militum per Orientem abhängen [7]).

Sicilien erhielt einen eignen Provinzialstatthalter unter dem Namen eines Prätor, welcher dem Quästor sacri Palatii untergeordnet ist. Auch hier ist die Militärgewalt getrennt [8]).

Dasselbe Princip, insbesondere in Bezug auf die Civil- und Militärgerichtbarkeit, wurde in Italien befolgt [9]), wo die Militärgewalt in den Händen eines Magister Militum und vieler Duces war [10]), und für die Civilverwaltung ein eigner Präfectus Prätorio per Italiam ernannt wurde [11]). Unter demselben

4) *Nov.* 103. *de Proconsule Palaestinae.*

5) *Nov.* 41. 50. *Lydus de Magistr.* II. 28. 29.

6) *L. 1. C. I. de off. Praef. praet. Africae* (1, 27). Dieß und das folgende Gesetz, nebst der angehängten Notitia mit den Sportel- und Gehaltsbestimmungen, machen Vieles in der Provinzialverwaltung klar.

7) *L. 2. C. I. de off. Praef. praet. Africae et de omni eiusdem dioeceseos statu* (1, 27). *Iustinian. Belisario Magistro mil. per Orientem.*

8) *Nov.* 104. *de Praetore Siciliae.* Vollständig bei Biener, Gesch. der Nov. S. 498. *cf. Nov.* 75.

9) *Sanctio pragm. c.* 23. Vgl. Hegel, Städteverfassung von Italien I. S. 128.

10) Ueber diese Duces, die dann später eine andere Bedeutung erhalten haben, s. Savigny, R. R. im MA. I. § 105. Meine Schrift: Ursprung der lombardischen Städtefreiheit § 35.

11) Die *Sanctio pragmatica*: *Pro petitione Vigilii* ist an Narses und Antiochus gerichtet, welcher letztere V. Magnific. Praefectus per Italiam genannt wird. Hegel cit. glaubt, daß dieser Jenem als dem Patricius untergeordnet war, was mit der sonstigen Stellung der Präfecten im schroffsten Widerspruch stehen würde.

wurden, wie in andern Theilen des Reichs, für die einzelnen Provinzen Statthalter (Iudices provinciarum) bestellt, jedoch so, daß der Bischof in einer Versammlung von Notabeln der Provinz den Statthalter vorschlagen und dieser nur aus den Eingesessenen gewählt werden sollte [12]), eine Vorschrift, die später (a. 569) K. Justin auch für den Orient erlassen hat [13]).

---

2. Der Kaiser und seine Hofbeamten.

§ 137. Der Kaiser wird auch in der Constantinischen Verfassung als der höchste Richter betrachtet, und nimmt einen nicht unbedeutenden Antheil an der Verwaltung der Rechtspflege, wenngleich einen verhältnißmäßig geringeren, als in der früheren Zeit, indem ihn auch hierin seine höchsten Reichs- und Hofbeamten vertreten [1]). Die Veranlassung für ihn, unmittelbar in eine Rechtssache einzugreifen, ist dreifach: Appellation, Relation und Supplication. Auch in diesen Fällen aber verfügt er nicht allemal selbst, sondern überträgt häufig die Sache außerordentlichen Commissarien.

1) Die Appellationen an den Kaiser hatte schon August regelmäßig delegirt, und zu Anfang des dritten Jahrhunderts waren daraus in Rom die kaiserlichen Appellationsgerichtshöfe (auditoria sacra) entstanden, deren Vorstände an des Kaisers statt (vice sacra) cognoscirten und urtheilten [2]). Im Lauf des dritten Jahrhunderts wurde es gewöhnlich, auch in den Provinzen für einen bestimmten Reichstheil solche Appellationsrichter (iu-

12) *Sanctio pragm. c.* 12. *cf. c.* 9. Hegel cit. S. 143.

13) *Nov.* 149. *c.* 1—3.

1) Für die frühere Zeit s. oben § 62. Für den Geist der spätern *Amm. Marc.* XXX. 4., nach welchem K. Valens sich von seinen Hofleuten überreden ließ, es sei unter seiner Würde, sich mit Rechtssachen zu befassen, wodurch die Ungerechtigkeit überhand nahm. K. Julian ahmte auch in dieser Beziehung die „gute alte Zeit" nach und saß häufig persönlich zu Gericht. *Idem* XXII. 7. 10.

2) S. § 62 Note 27. 28.

dices sacrarum cognitionum) außerordentlich zu bestellen [3]), um den Partheien in größerer Nähe Hülfe zu schaffen und das Zusammenströmen derselben in der Hauptstadt zu verhüten [4]). In der durchgeführten Diocletianisch-Constantinischen Verfassung endlich ist diese Befugniß, an Stelle des Kaisers (vice sacra) Appellationen anzunehmen, regelmäßig mit den Aemtern der Präfecti Prätorio und ihrer Vicarien, oder anderer Judices illustres und spectabiles verknüpft [5]). Die Zahl der Fälle, wo der Kaiser selbst noch angegangen werden konnte, war also sehr vermindert. So wird von den Statthaltern, als den ordentlichen Richtern erster Instanz in den Provinzen (Iudices ordinarii, clarissimi), jetzt nicht mehr an den Kaiser, sondern, wie oben gezeigt worden ist, entweder an den Präfectus Prätorio oder an dessen Vicarius, oder einen andern höchsten kaiserlichen Richter der Diöces appellirt. Vom Präfectus Prätorio aber war alle weitere Appellation abgeschnitten. Von andern Judices illustres, z. B. dem Präfectus Urbi, desgleichen von den Vicarien und sämmtlichen Judices spectabiles, sie mochten in erster oder zweiter Instanz erkannt haben, ging die Berufung allerdings noch an den Kaiser; ferner von allen vom Kaiser delegirten Richtern, die er in der Regel aus jenen beiden ersten Ständen, den Illustres und Spectabiles, nahm. Allein auch dieß änderte sich wenigstens im östlichen Reich durch die Verfügung Theodos II.[6]), welche alle Appellationen von Judices spectabiles, ordinarii oder delegati, die früher der Kaiser selbst entschieden hatte, einer stehenden Commission, zusammengesetzt aus dem Präfectus in Co-

3) *Orelli* 3151. = 3183. Balbino Maximo Cos. ord. (a. 253) — item cognoscenti ad sacras app[ellationes]. Ob und welches Amt er sonst bekleidete, wird nicht gesagt. *Orelli* 60. L. Aelio Helvio Dionysio (*Praef. urbi a.* 301) iudici sacrarum cognitionum totius Orientis, Praesidis Syriae Coele. Ob es damals schon einen Vicarius Orientis gab? Vgl. § 132 Note 37. *Orelli* 1194. T. Flavio Postumio Titiano v. c. Cos. (a. 301). — Corr. Italiae transpadanae cognoscenti vice sacra. Einen Vicarius Italiae gab es damals noch nicht. S. oben § 132 Note 30.

4) So auch der Proconsul Africä, s. § 131 Note 21.

5) S. oben § 132 Note 54. 55, § 133 Note 28—31. 64—65.

6) *L. 32. C. I. de appell.* (7, 62).

mitatu (Orientis) und dem Quästor sacri Palatii, überwies, und nur die Berufungen von Judices illustres, ordinarii und delegati, insofern sie nicht inappellabel waren, dem Kaiser vorbehielt, eine Einrichtung, die auch unter Justinian fortbestanden hat [7]). Auf gleiche Weise war auch in fiscalischen Prozessen das Urtheil in höherer Instanz den beiden höchsten fiscalischen Hofbeamten, dem Comes sacrarum Largitionum und Rei privatä, übertragen [8]). Die Appellationen von Duces überwies Justinian dem Magister Officiorum und Quästor sacri Palatii [9]). — Und selbst in den wenigen Appellationssachen, welche noch an den Kaiser gelangten, erkannte er nicht immer selbst. Schon früher mag die einzelne Sache, wenn sie geringfügig war, einem Judex delegatus übergeben worden sein, und Justinian stellte darüber folgende Regel auf. Wenn das Object nicht über zehn Pfund Gold beträgt, so soll Ein Richter aus dem Stande der Illustres, bis zu zwanzig Pfund Gold sollen zwei Richter dieses Standes mit dem Quästor sacri Palatii als Obmann, delegirt, und nur die größeren Sachen im kaiserlichen Gericht selbst verhandelt werden [10]).

2) Die **relationes** oder **consultationes** [11]) sind Berichte und Anfragen, welche Beamte an den Kaiser richteten, und worauf dieser durch ein Rescript Antwort und Belehrung ertheilte. Wie der Briefwechsel des jüngeren **Plinius** mit dem K. Trajan für die frühere Zeit, so giebt das zehnte Buch der Briefe des **Symmachus** für die spätere ein anschauliches Bild davon. Insbesondere pflegten richterliche Behörden, wenn sie

7) *Nov.* 20. 24—31. 126. *pr.*

8) S. § 134 Note 62.

9) S. § 135 Note 39.

10) *L. 37. C. I. de appell.* (7, 62). *cf. L. 39. § 2. eod. L. 10. C. I. quando provocare* (7, 64).

11) *Cod. Theod.* 11, 29. *Cod. Iust.* 7, 61. *de relationibus. Cod. Theod.* 11, 30. *Cod. Iust.* 7. 62. *de app. et consultationibus. Dig.* 49, 1. *de app. et relationibus.* Relatio und consultatio ist hier ganz dasselbe. Nicht zu verwechseln damit sind aber die appellationes more consultationum, welche häufig schlechthin consultationes post sententiam genannt werden. Dieß sind die Appellationen an den Kaiser, deren eigenthümliche hierdurch bezeichnete Form in § 158 beschrieben werden soll.

über die Entscheidung einer Rechtssache zweifelten, sich auf diese Weise an den Kaiser zu wenden. Dieß war durchaus erlaubt; nur in völlig unzweifelhaften Fällen sollte es nicht geschehen [12]). In gewissen Fällen war der Wichtigkeit der Sache oder der Person wegen das Urtheil dem Kaiser sogar nothwendig vorbehalten, namentlich in Criminalsachen bevorzugter Stände, der Soldaten, Senatoren, Illustres [13]). Das Verfahren dabei war dann dieß, daß der Richter, nachdem er beide Partheien gehört, und die Sache zum Spruch reif war, seinen Bericht entwarf, denselben den Partheien mittheilte, und mit deren Gegenbemerkungen (preces refutatoriae) versehen nebst den Acten dem Kaiser überschickte [14]). Das hierauf ergehende Rescript wurde, wie alle kaiserlichen Verfügungen dieses Namens, von dem Quästor sacri Palatii mit Hülfe eines kaiserlichen Büreaubeamten (Magister epistolarum) abgefaßt [15]). Justinian ordnete eine vorgängige Untersuchung der Sache durch den Quästor sacri Palatii und zwei außerordentlich dazu ernannte Viri illustres an [16]). Die Partheien konnten bei dieser Untersuchung gegenwärtig sein und ihre Sache vertheidigen, während es ihnen früher erst nach Ablauf eines Jahres erlaubt war, an den Hof zu kommen, um die Entscheidung ihrer Sache zu sollicitiren [17]). Da die Entscheidung auf vollständige Verhandlung und die Einsicht der Acten gegründet war, so konnte sie für ein eigentliches Urtheil gelten, welches der Kaiser an der Stelle des Judex ordinarius fällte. War es jedoch auf unrichtige factische Voraussetzungen gebaut, so sollte früher dagegen appellirt werden können [18]). Später wurde

12) *L. 1. C. Th. de relat.* (11, 29). *Constantin. L. 55. C. Th. de app.* (11, 30). *Arcad. et Honor.*

13) *L. 2. § 3. C. Th. de fals. mon.* (9, 21). *L. 10. C. Th. de poenis* (9, 40). *L. 16. C. I. de dign.* (12, 1). *Nov. Val.* 7, 2. § 3.

14) Das Genauere s. in § 154.

15) *Not. dign. Or.* c. 17. § 2. *Occid.* c. 16. § 2. Magister epistolarum — Consultationes tractat. *Nov. Val.* 19. *L. 7. C. I. de diversis rescriptis* (1, 23). *Nov. Iust.* 114. c. 1.

16) *L. 34. C. I. de app.* (7, 62). — sive praesentibus partibus — sive absentibus.

17) *LL. 34. 47. 54. 66. C. Th. de app.* (11, 30)

18) *L. 1. § 1. D. de app.* (49, 1). *L. 2. C. I. eod.* (7, 62). *L. 3. D. quando appellandum* (49, 4).

Appellation [19]) und jedes andere Rechtsmittel [20]) verboten. Es war also die Sache gleich in erster und letzter Instanz durch die Entscheidung des Kaisers definitiv beendigt. Dieß Recht der relationes ist von Justinian in seiner Compilation und nach deren Abschluß [21]) anerkannt worden. In einer spätern Novelle aber hat er es abgeschafft, den Richtern also überlassen, die ihnen aufstoßenden Zweifel sich selbst zu lösen [22]).

3) Supplicatio (preces Imperatori oblatae, libellus Principi datus) [23]) heißt jede Bittschrift, durch welche eine Privatperson sich an den Kaiser wendet. In einer schon rechtshängigen [24]) oder rechtskräftig entschiedenen Sache [25]) war sie verboten. Es pflegten aber Partheien noch immer häufig gleich die Klage beim Kaiser anzubringen [26]), damit dieser in erster Instanz selbst erkennen oder einen außerordentlichen Commissarius für diese Sache (iudex delegatus) ernennen möchte. Geschah es ohne hinreichenden Grund, so mochte der Kaiser die Sache wohl an ihren ordentlichen Richter zurückweisen, vielleicht nur mit Belehrung über die rechtlichen Zweifel, welche die Parthei geäußert hatte. Gründe, die anerkannt wurden, waren Ver-

19) *L. 34. fin. C. I. de appell.* (7, 62).

20) Die supplicatio in *L. 6. L. 11. C. Th. de app.* (11, 30). *L. 3. C. Th. de divers. rescr.* (1, 2). *Symm.* X. 69., die retractatio, d. h. die nochmalige Untersuchung überhaupt, in *L. 9. C. Th. de app.* (11, 30). *L. 2. C. I. de legib.* (1, 14).

21) *Nov.* 82. *c.* 14. *a.* 539. *Nov.* 113. *c.* 1. *pr. fin. a.* 541.

22) *Nov.* 125. *a.* 544.

23) *Cod. Iust.* 1, 19. *de precibus Imperatori offerendis et de quibus rebus supplicare liceat vel non.* 20. *quando libellus principi datus lit. cont. faciat. cf. Brisson. v. libellus. L. 21. D. ratam rem haberi* (46, 8). Vgl. oben § 62 Note 15.

24) *LL. 1. 2. C. I. ut lite pendente — nulli liceat Imperatori supplicare* (1, 21). *L. 6. C. Th. de appell.* (11, 30). *L. 4. C. Th. de denunt.* (2, 4).

25) *L. 3. C. I. ut lite pend. vel post provocationem aut definitivam sententiam nulli liceat Imp. suppl.* (1, 21). *L. 17. C. Th. de app.* (11, 30). *Constantin. a.* 331. *cf. L. 3. C. I. sent. rescindi non posse* (7, 50). *L. 1. C. Th. de re iud.* (4, 16). *Idem a.* 319. Ueber die Ausnahmen hiervon und das ordentliche Rechtsmittel der Supplication s. unten § 159.

26) Daher der libellus Principi datus der litis contestatio gleichgalt. *Cod. Iust.* 1, 20.

weigerung des rechtlichen Gehörs vor dem Judex ordinarius[27]), Verdacht gegen dessen Unpartheilichkeit[28]), Besorgniß wegen der Uebermacht des Gegners[29]) oder der eigenen Hülflosigkeit. Dieß letztere bei den s. g. personae miserabiles[30]). Gewisse Personen hatten selbst ihren ordentlichen Gerichtsstand vor dem Kaiser, nehmlich die Illustres in Criminalsachen[31]). Nur selten wurde dann die Sache vor dem Kaiser selbst verhandelt[32]); gewöhnlich ernannte er einen Judex delegatus, worauf häufig schon der Antrag der Parthei gerichtet war[33]). Dieß geschah durch ein kaiserliches Rescript[34]), welches gleichfalls unter der Leitung des Quästor sacri Palatii in den kaiserlichen Büreaus ausgefertigt wurde. Zum Richter nahm der Kaiser meist hohe Beamte, oder die es gewesen waren, also den höheren Rang der

27) Z. B. wegen nicht angenommener Appellation. *L. 5. § 1. D. de app. recip.* Vgl. oben § 116 Note 58.

28) *Amm. Marc.* XXVII. 7. von K. Valentinian: quod si quis eum adisset iudicium potentis inimici declinans, aliumque sibi postulans dari, hoc non impetrato, ad eundem, quem metuebat, licet multa praetenderet iusta, remittebatur.

29) *L. 2. § 1. C. Th. de off. iud. om.* (1, 19). *L. 1. C. I. quando Imp. inter pupill.* (3, 14). *cf. Nov. Martian.* § 2.

30) *L. 2. C. Th. de off. iud. om.* (1, 19). *L. 1. C. I. quando Imperator inter pupillos vel viduas vel alias miserabiles personas cognoscat et ne exhibeantur* (3, 14). *Constantin. a.* 334. Wenn beim Kaiser gegen diese Personen supplicirt wird, so sollen sie nicht genöthigt werden am Hofe des Kaisers zu erscheinen, sondern ein Commissarius in ihrer Provinz ernannt werden; ihre Gegner aber sollen sie berechtigt sein vor das kaiserliche Gericht selbst zu ziehen.

31) *L. 3. C. I. ubi Senatores* (3, 24). *Zeno.* Titular-Illustres waren jedoch hiervon ausgeschlossen, und den höchsten Staatsbeamten unterworfen.

32) Ein Beispiel s. in *L. 12. C. I. de legib.* (1, 14). *Iustinian.* Si Imp. maiestas causam cognitionaliter examinaverit et utrisque partibus cominus constitutis sententiam dixerit. — Selbst die Criminalsachen der Illustres wurden häufig an Judices delegati, wenigstens zur Untersuchung, gewiesen, wenn auch das Urtheil der Kaiser selbst fällte. *L. 3. C. I. ubi Senatores* (3, 24). Vgl. noch den Prozeß des Belisar bei *Anastas. p.* 68. Interea quinta die Decembri fecit imperator silentium, adducens et patriarcham Eutychium, et iubens eorum recitari confessiones: quo audito Belisarius ingenti est moerore gravatus. et mittens imperator comprehendit omnes homines eius et ipsum domi sedere iussit custodiendum *rel.*

33) *Amm. Marc.* XXVII. 7. oben Note 27. *L. 10. C. I. de iudiciis* (3, 1).

34) *L. 1. C. Th. de dilat.* (2, 7). = *L. 2. C. I. de eod.* (3, 11).

Illustres oder Spectabiles hatten [35]), entweder in der Provinz, wo die Partheien sich befanden [36]), oder am Hofe, und im letzten Fall hatte der kaiserliche Commissarius die Kanzleibeamten aus dem Scrinium Libellorum zu seinen Gehülfen, die auch bei den Cognitionen des Kaisers selbst die Protokolle führten [37]).

Es bleibt nun noch zu untersuchen, in welcher Form und mit Hülfe welcher Beamten der Kaiser diejenigen Rechtssachen entschied, die in erster oder höherer Instanz vor ihm selbst verhandelt wurden. Aus dem Consilium von Rechtsgelehrten, welches ihn früher dabei berieth, und dem engeren Rath, welche die Verhandlungen des Senats vorbereiteten [38]), ist jetzt der kaiserliche Geheimerath entstanden [39]), der schon unter Diocletian unter dem Namen Consistorium Principis vorkommt [40]), dessen vollständige Ausbildung aber auch erst im Lauf des vierten Jahrhunderts erfolgte. In dessen Schilderung werden zuvörderst die Mitglieder, aus welchen er bestand, sodann die Gegenstände, welche ihn beschäftigten, endlich der Geschäftsgang zu bestimmen sein.

Die stehenden Mitglieder des kaiserlichen Geheimerathes heißen Comites consistoriani, und sind von doppeltem Rang, theils Illustres, theils nur Spectabiles. Die Illustres sind

Si quando quis rescriptum ad extraordinarium iudicem reportaverit. — *L. 1. C. I. de prec. Imp. off.* (1, 19). *LL. 1. 2. C. I. si contra ius* (1, 22).

35) *L. 16. C. Th. de appell.* (11, 30). *L. 9. C. Th. de iurisd.* (2, 1). *L. 32. §§ 4. 5. C. I. de app.* (7, 62). *Nov.* 23. *c.* 4. Auch die Bischöfe erhielten wohl solche Aufträge. *Nov.* 123. *c.* 21.

36) *L. 2. C. I. de temp. app.* (7, 63). — ab arbitro in provincia ex delegatione sacra disceptante. — *L. un. C. I. quando Imp. inter pup.* (3, 14).

37) *Not. dign. Or. c.* 17. § 3. *Occid. c.* 16. § 3. Magister libellorum cognitiones et preces tractat. *L. 3. pr. C. I. ubi Senatores* (3, 24). *cf. L. 32. § 4. C. I. de app.* (7, 62). *Nov.* 20. *c.* 9. — Der eigenthümliche hier eintretende Rescriptsprozeß wird in § 162 beschrieben werden.

38) S. oben § 62 Note 36 – 39.

39) Vgl. die gelehrte Abhandlung von Haubold, *de consistorio Principum spec. I. et II. in Opusc. ed. Wenck* I. *p.* 187—314.

40) *L. 12. C. I. de poenis* (9, 47). Diocl. et Max. in consistorio dixerunt. Auch der Ort wird dadurch bezeichnet. *Amm. Marc.* XIV. 7. XV. 5. consistorium solus ingressus intimum. *L. 30. fin. C. I. de iure dot.* (5, 12). *L. 5. C. I. de legit. tut.* (5, 30). — in novo consistorio palatii Iustiniani.

folgende vier Hofbeamte [41]): der Quästor sacri Palatii [42]), Magister Officiorum [43]), Comes sacrarum Largitionum und der Comes Rei privatä [44]). Die Spectabiles sind von größerer Zahl [45]), heißen gewöhnlich schlechthin Comites consistoriani [46]), auch Comites primi Ordinis in Consistorio oder intra Consistorium [47]), weil sie zur ersten der drei Classen von Comites gehören [48]), und sind unter sich nicht weiter durch eigenthümliche Functionen und Namen ausgezeichnet. Neben beiden Classen ordentlicher activer Staatsräthe (in actu positi) gab es noch, sowie in Beziehung auf andere Staatsstellen, s. g. Vacantes [49]). Dieß nehmlich sind wirkliche Staatsbeamte, welche, wie die activen, das Zeichen des Dienstes, das Cingulum tragen, darin aber von diesen sich unterscheiden, daß ihnen keine bestimmte Administration obliegt, sondern daß sie nur außerordentlich mit Staatsgeschäften beauftragt, insbesondere wenn sie am Hofe

41) Die drei ersten nennt der Auszug eines Protokolls über eine Verhandlung im Consistorium des K. Julian. *L. 5. C. Th. de fide test.* (11, 39). Pars actorum habitorum — in consistorio: adstante Iovio viro clarissimo Quaestore, Anatolio, Magistro officiorum, Felice Com. S. L. *rel. L. 1. C. Th. de quaest.* (6, 9). *L. 3. C. Th. de metatis* (7, 8). *cf. Gothofr. hh. ll.* Auf diese geht auch wohl der allgemeine Ausdruck der *L. 3. C. Th. ad L. Corn. de sic.* (9, 14). — viri illustres, qui consiliis et consistorio nostro intersunt, obgleich er auch die außerordentlichen Beisitzer vom Stande der Illustres einschließen kann.

42) *Not. dign. Or. c.* 11. *Occid. c.* 9. *Cod. Theod.* 1, 8. *Cod. Iust.* 1, 30. *de officio Quaestoris. Symm. Ep.* I. 17. — consilii regalis particeps. — *Procop. de bello Pers.* I. 24. — *βασιλεῖ πάρεδρος. Cassiodor.* VI. 5.

43) *Not. dign. Or. c.* 10. *Occid. c.* 8. *Cod. Theod.* 1, 9. *Cod. Iust.* 1, 31. *de officio Magistri officiorum.*

44) *LL. 1. 4. C. Th. de pal. ss. larg.* (6, 30).

45) Nach *Nov. Val.* 6, 3. § 1. zwanzig.

46) *Cod. Theod.* 6, 12. *Cod. Iust.* 12, 10. *de comitibus consistorianis. cf. Gothofr. ad C. Th. cit.*

47) S. die von Haubold a. a. O. *p.* 298. citirten Inschriften.

48) Daher *Nov.* 6, 3. § 1. — Comites quoque consistorianos vel primi ordinis, obgleich es noch andere Comites primi ordinis gab, z. B. die Comites rei militaris.

49) *Cuiac.* in *L. 2. C. I. ut dign. ordo* (12, 8). *Gothofr. ad L. un. C. Th. de com. vacant.* (6, 18). *Haubold l. c. p.* 293. *sqq.* Hauptstellen sind *L. 2. C. I. cit.* und *L. 8. § 1. C. Th. de honor. codicillis* (6, 22).

des Kaisers sind (praesentes), zu den Sitzungen des Staatsraths berufen werden [50]), während die Honorarii durch die Codicilli honorarii reine Titularwürden ohne das Cingulum und ohne alle Amtsgeschäfte erhalten. Außerordentliche Mitglieder des Consistorium sind daher sowohl Illustres vacantes [51]), wenn sie präsentes oder in Comitatu [52]) sind, und unter diesen auch Patricii [53]), als die Comites vacantes vom Range der Spectabiles [54]), die jedoch nur in Folge einer ausdrücklichen außerordentlichen Aufforderung den Sitzungen beiwohnen [55]). Außerdem erschienen aber regelmäßig darin der Präfectus Prätorio in Comitatu [56]) und die Magistri Militum in präsenti [57]), um als höchste Civil- und Militärbeamte des Reichs in den Angelegenheiten ihres Departements Vortrag zu thun und zu stimmen. Nur außerordentlich wurden dagegen zugezogen andere am Hofe gegenwärtige hohe Staatsbeamte, als die Consuln, der Präfectus Urbi, Präpositus sacri Cubiculi und Andere. Alle Mitglieder werden häufig Proceres sacri Palatii, Consistorii, Auditorii genannt [58]), wenngleich zuweilen nur die höchsten Hof-

50) Daß sie diese Stelle als Belohnung früher in einem andern Staatsamt geleisteter Dienste erhalten, war wohl nicht wesentlich, wenngleich gewöhnlich. *Cuiac. l. c.* sagt daher mit Recht: plerumque. *Gothofr.* und *Haubold* fordern dieß allgemein.

51) *Cassiodor. Var.* VI. 10. 11. *L. 2. C. I. ut dign. ordo* (12, 8).

52) Oder wie sie *L. 2. cit.* nennt: illustres in sacro nostro consistorio cincti.

53) Nehmlich solche, die ohne Staatsamt diese Würde erhalten hatten. Daß sie im Consistorium saßen, s. bei *Haubold l. c. p.* 275. Unter den patres in *Nov.* 23. *c.* 2. können nur sie verstanden werden, da die Senatoren erst durch die spätere *Nov.* 62. in das auditorium Principis berufen wurden.

54) *Cod. Theod.* 6, 18. *de comitibus vacantibus. cf. C. Th.* 6, 12. *de com. consistorianis.* Auf die Comitiva vacans geht *Cassiodor. Var.* VI. 12. — otiosi cinguli honore praecincta dignitas.

55) *Cassiodor. l. c.* ut consistorium nostrum sicut rogatus ingrederis, ita moribus laudatus exornes. *Al.* togatus.

56) *L. 10. C. Th. de legatis* (12, 15). *Lydus de magistr.* II. 9.

57) Oder der Magister Officiorum, der rücksichtlich der Milites limitanei ihre Stelle vertrat. *Nov. Theod.* 24. § 5. Die Mag militum werden, wie auch der Praef. praetorio, von den eigentlichen Consistorianis geschieden. *Amm. Marc.* XV. 5. 6. XXXI. 12. S. § 135 Note 12.

58) *LL. 37. 39. C. I. de app.* (7, 62). *Nov. Iust.* 23. *c.* 2. *Nov.* 62.

und Staatsbeamten vom Range der Illustres dadurch bezeichnet zu werden scheinen [59]).

Was den Geschäftskreis des Consistoriums betrifft, so ist zuvörderst zu bemerken, daß es diejenige Versammlung ist, in welcher der Kaiser alle feierlichen Audienzen gewährt [60]), und alle Verhandlungen, die sich hieran knüpfen, statt finden [61]). Auch andere Gegenstände der Verwaltung kommen darin zum Vortrag und zur Berathung [62]), und Gesetze werden, nachdem sie sowohl im Consistorium als im Senat berathen sind, in ersterem feierlich promulgirt [63]). Endlich werden auch Rechtssachen darin in Gegenwart des Kaisers verhandelt und von ihm entschieden. Nach einer, besonders von Haubold vertheidigten Ansicht [64]) soll freilich das Auditorium Principis, der höchste kaiserliche Gerichtshof, von dem Consistorium, dem Staatsrath, in der Art verschieden sein, daß alle Mitglieder dieses letztern auch dem ersten angehören, außer diesen aber noch andere Gerichtsbeisitzer zugezogen werden, die an den Verhandlungen des engeren Staatsraths keinen Theil nehmen. Allein ich gestehe, daß die dafür beigebrachten Gründe [65]) mich nicht überzeugen. Es sind keine anderen als folgende:

1) Daß von Hadrian berichtet wird, er habe außer seinen amici und comites, die seine nächste Umgebung bildeten, bei gerichtlichen Verhandlungen auch Rechtsgelehrte, deren Wahl der Senat gebilligt, in seinen Rath gezogen [66]).

2) Alexander Sever habe Staatsgeschäfte und Rechtssachen

59) So bei *Cassiodor. Var.* VI. 10. *cf.* 12.

60) Der Magister officiorum führt hierbei ein. Daher *Cassiod. Var.* VI. 6. ihn nennt: promissor collocutionis nostrae, gloriosus donator aulici consistorii. *cf. Amm. Marc.* XIV. 7. XXVIII. 1. *Lydus de magistr.* II. 26.

61) S. z. B. *L. 10. C. Th. de legatis* (12, 12).

62) *Nov. Theod.* 24. § 5.

63) *L. 8. C. I. de legibus* (1, 14). *Theod. et Val. Subscriptio. L. 30. C. I. de iure don.* (5, 12). *L. 5. C. I. de leg. tut.* (5, 30).

64) *Haubold l. c. Spec.* I. *cap.* 3. *p.* 230—240, woselbst auch die älteren Anhänger dieser und der entgegengesetzten Ansicht angeführt sind.

65) *Haubold l. c. c.* 3. §§ 1—3. *p.* 230. *sqq.*

66) *Spartian. Hadr. c.* 8. und *c.* 18.

von den Vorstehern der kaiserlichen Büreaus und den gelehrtesten Juristen zuvor berathen, und von ihnen sich berichten lassen; auch keine Constitutionen gegeben ohne den Rath von zwanzig Rechtsgelehrten und fünfzig andern weisen und beredten Männern [67]). Jene hält Haubold für das engere Consistorium, diese für das weitere Auditorium.

Allein theils ist in diesen unbestimmten Erzählungen keine bestimmt ausgebildete Verfassung zu erkennen, theils entscheiden sie durchaus nicht für die spätere Zeit nach Constantin.

3) Die Ausdrücke *σύνεδρος* oder *πάρεδρος* und *σύμβουλος* [68]) beweisen nur die Unterscheidung der beiderlei Functionen im Begriff, ihre wirkliche Trennung um so weniger, da sie gerade denselben Personen beigelegt werden.

4) Daß Staatsgeschäfte im kaiserlichen Consistorium verhandelt worden [69]), beweiset nicht, daß Rechtssachen darin nicht entschieden wurden; zumal da Haubold zugeben muß, daß auch das kaiserliche Gericht den Namen Consistorium geführt habe.

5) Endlich besagen die unbestimmten Ausdrücke sacri consistorii arcana [70]), secreta veneranda [71]), Consistoriani augusti pectoris curas participantes [72]) über die Geschäfte dieses kaiserlichen Geheimenrathes durchaus nichts.

6) *Nov.* 23. *c.* 2 sagt nur, der Kaiser werde durch andere Regierungsgeschäfte häufig abgehalten, die Rechtssachen im Consistorium zu hören.

Den größten Einfluß auf die Entstehung dieser Ansicht hat wohl die uns geläufige Trennung der Verwaltung und Justiz gehabt, welche aber der Römischen Verfassung, selbst der Constantinischen, ganz fremd ist. Wie bei den Provinzial- und

67) *Lamprid. Alex.* 15. 16.

68) Nicht sowohl bei *Zosim.* V. 30., wo sie von dem Gehülfen eines Magistrats, des Stilicho, gebraucht werden, als bei *Herodian.* VI. 1., den Haubold hier nicht anführt.

69) *Amm. Marc.* XV. 5. XXVIII. 1. *Cassiodor. Var.* VI. 6. V. 41. *L. 10. C. Th. de legat.* (12, 12).

70) *L. 28. C. Th. de Praet.* (6, 4).

71) *L. 7. C. Th. de privileg. eor. qui in s. pal.* (6, 35).

72) *L. 3. C. Th. de metatis* (7, 8).

Reichsbehörden, so war auch im kaiserlichen Geheimenrath beides vereinigt.

Hierfür entscheiden noch folgende besondere Gründe. Einmal die gemeinschaftliche Benennung Consistorium für beiderlei Versammlung [73]), während dieselbe freilich nur als Gerichtshof Auditorium Principis heißen kann [74]). Sodann kann nicht nachgewiesen werden, welche Mitglieder nur dem einen Rathe, nicht aber dem andern angehört hätten; vielmehr sind es offenbar immer dieselben, die Proceres sacri Palatii [75]), die auch Judices, d. h. kaiserliche Gerichtsbeisitzer, genannt werden [76]). Selbst der weitere Kreis der Comites consistoriani spectabiles nimmt sowohl an den Verhandlungen allgemeiner Staatsangelegenheiten, als der Rechtssachen Antheil [77]). Ja eine Stelle scheint dem gesammten Collegium beiderlei Geschäfte zuzuschreiben [78]). Nur so viel ist zuzugeben, daß von den Sitzungen des kaiserlichen Rathes gewisse den gerichtlichen Verhandlungen, andere den Staatsgeschäften gewidmet waren, wofür außer der innern Wahrschein-

73) Es bedarf hier nur noch des Beweises, daß Consistorium auch der kaiserliche Gerichtshof heißt; Haubold selbst a. a. O. § 3. *p.* 235. hat ihn geführt. S. *L.* 5. §§ 2. 3. *C. I. de temp. app.* (7, 63). *Nov.* 124. *c.* 1. S. ferner die Reihe von Stellen, welche acta, d. h. Protokolle gerichtlicher Verhandlungen im Consistorium enthalten. *LL.* 5. 8. *C. Th. de fide test.* (11, 39). *L.* 3. *C. Th. de iud. omnium* (1, 19). *L.* 2. *C. Th. qui bonis ced. poss.* (4, 20). *L.* 6. *C. I. eod.* (7, 71). *L.* 1. *C. Th. de iis quae adm.* (8, 15). *L.* 12. *C. I. de poenis* (9, 47).

74) Weil auditorium überhaupt ein Gerichtssaal ist. *L.* 37. *L.* 39. *C. I. de appell.* (7, 62). Die Identität von beidem ergiebt am bestimmtesten *Nov.* 23. *c.* 2. 3., wo beide Ausdrücke abwechselnd gebraucht werden.

75) Vgl. oben Note 58.

76) *L.* 8. *C. I. de legib.* (1, 14) nennt in Beziehung auf Gesetzgebung abwechselnd proceres und iudices; *Nov.* 62. in Beziehung auf gerichtliche Verhandlungen iudices nostri und florentissimi proceres nostri.

77) *L.* 28. *C. Th. de praet.* (6, 4). — qui sacri consistorii arcanis interesse meruerunt. *L.* 8. § 1. *C. Th. de hon. codicillis* (6, 22). — qui admitti intra consistorii arcanum meruerunt, et actibus interesse, et nostra audire responsa.

78) *L.* 5. § 3. *C. I. de temp. appell.* (7, 63). Iustinian. Si tamen in sacro nostro consistorio sic exordium ceperit, etiamsi non fuerit in eodem die completa, tamen perpetuari eam concedimus: cum iniquum sit propter occupationes florentissimi ordinis, quas circa nostrae pietatis ministeria habere noscitur, causas hominum deperire.

lichkeit der Umstand spricht, daß zu jenen verschiedenartigen Verhandlungen ein verschiedenes Kanzleipersonal gebraucht wurde.

Eben darauf deutet auch die merkwürdige erst neuerlich aufgefundene lateinische Novelle [79]), welche die Form der Zusammenberufung des kaiserlichen Gerichts und sein Verhältniß zum Senate bestimmt. Silentium nuntiare heißt eine Gerichtssitzung ansagen [80]), worauf die Proceres oder Judices des kaiserlichen Palastes sich versammelten. Conventus ist die Versammlung des Senats, und schon früher waren zuweilen beide Collegien, der Staatsrath und der Senat (silentium et conventus), berufen worden. Jetzt verfügt Justinian, daß wenn auch nur silentium, also die Gerichtssitzung, vom kaiserlichen Palast verkündet werde, die Senatores vacantes, d. h. die frei von einer bestimmten Verwaltung in der Hauptstadt leben, zum kaiserlichen Gericht über Appellationen sich einfinden, und mit urtheilen sollen [81]).

79) *Nov.* 62. Zuerst von Savigny in der Zeitschr. für gesch. RW. II. S. 122 bekannt gemacht, auch in Bieners Gesch. der Novellen S. 495 folg. und in *Corp. iur. Kriegel.* III. *p.* 310. Sie ist vom Jahr 537.

80) Ueber silentium s. *Gothofr. ad L. 4. C. Th. de decur. et sil.* (6, 23). *Lydus de magistr.* II. 17. *Anastas.* oben in Note 32.

81) Et quia magna utilitas ex iudicandi sinceritate rei publicae nostrae cedit, quaedam autem causae post appellationes iudicibus porrectas in sacrum nostr*i* numinis consistorium inferuntur et a nostris proceribus examinantur, idcirco nobis *placuit*, non solum iudices nostros, sed etiam senatores ad examinandas lites in consultationibus convenientes una cum aliis florentissimis nostris proceribus litium facta trutinare, et *quem*admodum, si quando silentium ab *aula* una cum conventu fuerit nuntiatum, omnes colleguntur et proceres et senatores, ita et nunc, quando silentium tantummodo propter alicuius causae examinationem [pro]nuntietur, etsi non addatur conventus vocabulum, tamen eos convenire et omnes cons*i*dentes, quod eis visum fuerit sub sacrosanctorum evangeliorum praesentia et statuere et ad nostram perferre scientiam et augustae maiestatis dispositionem exspectare, *non* a solis senatoribus, sed ab utroque ordine huiusmodi litibus exercendis. Melius enim et perpensius amplioribus quam paucis examinantibus ius merum et iustitiae lumen invenitur, eo certissimo constituto, quod et in ludis circensibus, et quando conventus fuerit nuntiatus, solito more et senatores colligi necesse est et suum officium exercere

Ehe der Geschäftsgang beschrieben wird, ist noch das Hülfspersonal zu bezeichnen, welches dabei thätig war. Dazu gehören vor Allem die Kanzleipersonen, welche je nach den verschiedenen Gegenständen der Verhandlung aus verschiedenen kaiserlichen Büreaus genommen wurden. Bei der Berathung über Staatsangelegenheiten führten die Beamten der höchsten Reichskanzlei, die Tribuni et Notarii, die Protokolle [82]). Bei Rechtssachen in erster Instanz (cognitiones) das Scrinium Libellorum [83]), bei Appellationen (consultationes) das Scrinium Epistolarum [84]). Die Geschäfte der Gerichtsunterbedienten in der Gerichtssitzung versahen die kaiserlichen Thürhüter (Silentiarii) und ihre Decurionen [85]).

Der Geschäftsgang war dann folgender. Die dienenden Kanzleipersonen machten den Bericht aus den ihnen übergebenen Parteischriften und Acten [86]). Doch erschienen auch die Par-

*rel.* Vgl. *Nov.* 124. *c.* 1. *a.* 545. — in s. nostro consistorio, quando consultationes intromittuntur, ut sub praesentia sacri senatus *rel. Lydus de magistr.* II. 17. Auch früher wurde ausnahmsweise der Senat zu gerichtlichen Verhandlungen zugezogen. *Nov. Martian.* 5. *pr.* § 1. *cf. Lydus de magistr.* III. 10.

82) *Cassiodor. Var.* VI. 16. *L. 7. C. Th. de privileg. eor. qui in s. pal.* (6, 35). *L. 2. C. Th. de primicerio et notariis* (6, 10). *Gothofr. ad L. 1. C. Th. h. t.* Vgl. *Not. dign. Or. c.* 16. *Occid. c.* 15.

83) Der Chef dieses Büreaus heißt daher Magister libellorum et sacrarum cognitionum. *Not. dign. Or. c.* 17. § 3. *Occid. c.* 16. § 3. *Grut. Inscr.* 28, 2. *Const. Tanta* § 9. Daß die libellenses bei den kaiserlichen Cognitionen, sie mögen im Consistorium oder durch iudices delegati, oder nach der Appellation von diesen vor dem Kaiser verhandelt werden, die Protokolle führten, sagen *L. 3. pr. C. I. ubi Senatores* (3, 24). *L. 32. § 4. C. I. de appell.* (7, 62). *Nov.* 20. *c.* 9.

84) Daher Magister epistolarum et consultationum. *Not. dign. Or. c.* 17. § 2. *Occid. c.* 16. § 2. Ueber den Dienst der Epistolares s. *L. 37. L. 32. § 2. L. 38. C. I. de app.* (7, 62). *L. 3. C. I. de temp. app.* (7, 63). *Nov.* 20. *praef.*

85) Diese heißen deshalb Decuriones s. consistorii in *L. 15. C. Th. de Senatorib.* (6, 1). Ueber die Silentiarii s. *Gothofr.* in *L. 4. C. Th. de decur.* (6, 23). *Lydus de magist.* II. 17.

86) *L. 39. § 1. C. I. de app.* (7, 62). — quod sufficiant gestorum volumina introducta, et virorum spectabilium Magistrorum scriniorum breves omnia apertissime ostendere. *cf. L. 3. C. I. de temp. app.* (7, 63).

theien und ihre Vertreter persönlich in einem genau bestimmten ganz eigenthümlichen Costüm [87]) und führten ihre Sache in mündlichen Vorträgen [88]). Die Abstimmung der Beisitzer geschah nach ihrer Rangordnung [89]), und die Entscheidung des in der Sitzung gegenwärtigen Kaisers [90]) wurde von dem Quästor sacri Palatii, als seinem Kanzler, verlesen [91]). Zuweilen scheint jedoch der Kaiser nicht gegenwärtig gewesen, und seine Entscheidung erst auf Bericht erfolgt zu sein [92]). Die Führung eines Protokolls, und dessen abschriftliche Mittheilung an die Partheien war dieser gerichtlichen Verhandlung mit allen übrigen gemein [93]).

Außer dem im Obigen erwähnten Antheil der Hofbeamten an der kaiserlichen Gerichtbarkeit, hatte der Magister Officiorum als Vorstand des Hofstaats die ordentliche Gerichtbarkeit über die gesammte kaiserliche Dienerschaft [94]), und die Comites sacrarum Largitionum und Rei privatä über die ihnen zur Hülfe in der Finanzverwaltung untergeord-

87) *Nov.* 126. *pr. c.* 1. *Scholiast. ad Iuliani Const.* XVII. 63. bei Haubold a. a. O. S. 197.

88) Orator in consistorio. *Orelli* 2252. (*Ligor.*) Bei den Cognitionen war die Hauptverhandlung mündlich; bei den Appellationen wurden den Partheien außer den libellis refutatoriis wohl keine ausführlichen mündlichen Vorträge gestattet, obgleich sie nach dem spätesten Recht die Appellation selbst introducirten. *L. 37. L. 39. § 1. C. I. de appell.* (7, 62). *L. 3. L. 5. § 2. C. I. de temp. app.* (7, 63).

89) S. z. B. *Nov.* 62. und viele Stellen in *Cod. Theod.* 6. *Cod. Iust.* 12. über den ordo dignitatum.

90) *L. 12. C. I. de legib.* (1, 14). *Iustinian.* Si imperialis maiestas causam cognitionaliter examinaverit, et utrisque partibus cominus constitutis sententiam dixerit —. *cf. Nov.* 126. *pr. c.* 1.

91) *Cassiodor. Var.* VI. 5.

92) *Nov.* 62. — et ad nostram perferre scientiam et augustae maiestatis dispositionem exspectare —.

93) Vgl. *L. 32. §§ 2. 4. C. I. de appell.* (7, 62) und die auf uns gekommenen Acta consistorii in Note 73.

94) *Symm. Ep.* X. 58. *L. 4. C. I. de silentiar.* (12, 16). *L. 12. C. I. de prox. s. scrin.* (12, 19). *L. 4. C. I. de agent. in reb.* (12, 20). *LL. 3. 4. C. I. de castrensianis* (12, 26). *L. 2. C. I. de decanis* (12, 27). *L. 2. C. I. de privilegiis scholarum* (12, 29). *L. 6. C. I. de fabricensibus* (11, 10). *Cuiac. ad L. 3. C. I. de praep. s. cub.* (12, 5) vergleicht ihn daher dem Prévost de l'hôtel.

neten Palatini [95]). Außerordentliche Delegationen erhielten auch andere Hofbeamte vom Kaiser sehr häufig.

---

### 3. Municipalgerichte.

§ 138. Der ordentlichen ersten Gerichtsinstanz, welche bei dem kaiserlichen Provinzialstatthalter ist, schließen sich als untergeordnetes Hülfsglied die Gerichtsbeamten der Städte an, und diese sind von zweierlei Art: Magistratus municipales und Defensores Civitatum [1]).

Daß der Verfall der Städte nicht nur in Italien, sondern auch in den Provinzen, der schon zu Ende der vorigen Periode sichtbar war, in dieser Periode unter den unglücklichen Verhältnissen des Reichs und dem Druck seiner despotischen Verwaltung, insbesondere dem Steuerdruck, sich bis ins Unglaubliche steigerte, ist oben (§ 127) angedeutet worden. Indessen dachte man nicht daran, bei der Verstärkung der Staatsgewalt, welche das Princip der Reichsreform bildete, den Städten ihre Verfassung, und damit ihre corporative Selbständigkeit zu nehmen. War diese doch kein Hinderniß, wenn es das Staatsinteresse zu fordern schien, ihre Güter und Einkünfte zum Fiscus einzuziehen [2]), und die städtischen Behörden, insbesondere die Curien und die Magistrate, dienten den höheren Befehlen als gefügige Werkzeuge; ja waren insbesondere bei der Steuererhebung, die großentheils in ihren Händen lag, dem Staate Bürgen für deren richtigen Ein-

95) *L. 12. C. I. de pal. ss. larg.* (12, 24). *Nov. Val.* 7, 2. §§ 2. 3.

1) Ueber die Städteverfassung überhaupt in dieser Periode vgl. *Gothofr. Paratitl. C. Th. 12, 1. de decurionibus*, und von neueren Schriftstellern *Roth de re municipali Romanorum. Stuttg.* 1801. 8. Savigny, Geschichte des röm. Rechts im MA. I. §§ 6—29. Hegel, Städteverfassung von Italien I. S. 64—98, der insbesondre die Ursachen des Verfalls der Städte nachweist.

2) S. die wiederholten Einziehungen bei Hegel cit. S. 72 folg.

gang. Der Stand der Decurionen, aus welchem die Magistrate hervorgingen, war auf diese Weise eine der schmachvollsten erblichen Kasten geworden, welcher man sich in jeder Weise zu entziehen suchte und deren Vermehrung selbst als Strafe gesetzlich erzwungen wurde [3]). Auch die städtische Gerichtbarkeit erschien in diesem Zusammenhang nicht als ein Vorrecht, sondern als eine Last, die denjenigen Communen, welche sie früher gehabt hatten, also allen Städten in Italien und den privilegirten in den Provinzen [4]), belassen wurde.

Als Träger derselben werden daher auch in dieser Periode Magistratus municipales [5]), und zwar im Gegensatz anderer, mit andern Geschäften betrauter Beamten, des Curator, Quinquennalis, der Aedilen u. s. w., die Duumviri [6]) oder Magistratus schlechthin [7]), nicht nur in Italien, sondern auch in andern Theilen des Reichs genannt [8]). Sie werden aus den Decurionen [9]) und von diesen auf Präsentation des Vorgängers (nominatio), der damit die Verantwortlichkeit für ihre Verwaltung übernimmt, gewählt (creatio) [10]). Nur in Africa hatte sich die Volkswahl erhalten [11]). Der Gewählte ist

3) Vgl. Savigny cit. § 8. Hegel cit. S. 74 folg.

4) S. oben §§ 66. 67.

5) *Cod. Iust.* 1, 56. *de Magistratibus municipalibus. L. 8. C. Th. de donat.* (8, 12). Magistratus civitatis. *L. 4. C. I. de vindicta* (7, 1). Die früher angeführten Pandektenstellen sind durchweg als Beweise für Justinians Zeit zu vergleichen.

6) *L. 16. L. 77. C. Th. de decur.* (12, 1). *L. 1. C. Th. quemadmod. munera* (12, 5). *L. 18. C. I. de iudiciis* (3, 1). *Iustinian.* Duumviri municipales.

7) *L. 5. C. Th. de exhib. reis* (9, 2). *L. 3. C. Th. de superexact.* (11, 8). Magistratus = Duumviri und der Curator wird hier unterschieden. Griechisch στρατηγός. *L. 30. C. I. de ep. aud.* (1, 4). Aedilen kommen noch vor in *Dig.* 43, 10. *de via publica* und in dem *Edict. Pr. Pr.* VIII. *Zach. p.* 269.

8) In Africa *L. 1. C. Th. cit.*, im Orient *L. 8. C. Th. de donat.* (8, 12). *L. un. C. I. de off. Iurid. Alex.* (1, 57). *L. 30. C. I. de donat.* (8, 54).

9) *L. 7. § 2. D. de decur.* (50, 2). *L. 45. C. I. eod.* (10, 31).

10) *L. 46. C. I. de decur.* (10, 31). *L. 2. C. I. de periculo nominatorum* (11, 3). *L. 3. C. I. quo quisque ordine* (11. 35).

11) *L. 1. C. Th. quemadmodum mun.* (12, 5). *a.* 326. Der Präsentirende war auch hier verantwortlich. Ob nicht doch *L. 84. a.* 381. und insbesondre *L. 142. C. Th. de decur.* (12, 1). *a.* 395. unter ordo die Curie verstehen, also

zur Uebernahme des Amts verpflichtet [12]) und führt es Ein Jahr, wenn er sich der Verpflichtung zu entziehen suchte, zur Strafe zwei Jahre lang [13]).

Auch der Umfang ihrer Gerichtbarkeit ist derselbe wie früher. Sie erstreckt sich auf das ganze Stadtgebiet [14]) und die darin belegenen Dorfschaften (vici und pagi) [15]); denn deren Vorstände (Magistri, Praefecti pagorum) haben zwar einen untergeordneten Antheil an der Polizei- und Steuerverwaltung, aber keine Jurisdiction [16]). Die Gerichtbarkeit selbst ist beschränkt auf geringere Sachen, mit denen der Statthalter nicht behelligt werden soll [17]), dient also nur zur Ergänzung seiner Jurisdiction. — In Civilsachen erkennen die Duumviri nur über einen gewissen Werth; doch können die Partheien sich in einer größeren Sache freiwillig ihrem Urtheil unterwerfen [18]). Zum Behuf der Execution haben sie das Recht der Pfändung (pignoris capio), entbehren aber alle Rechte des Imperiums [19]), Missio in Possessionem, also auch Eröffnung des Concurses, Auferlegung von Cautionen und in Integrum Restitutio [20]). Nur die Ertheilung der Bonorum Possessio oder vielmehr die Agnition derselben hat K. Constantius auch vor dem Municipalmagistrat

für einzelne Städte in Africa oder für diese spätere Zeit das gemeine Recht voraussetzen, scheint mir zweifelhaft. Vgl. Savigny cit. p. 43 Note 1.

12) *L. 16. C. Th. de decur.* (12, 1).

13) *L. 1. C. Th. quemadmod. mun.* (12, 5). *L. 16. cit.*

14) *L. 53. C. I. de decur.* (10, 31).

15) Für die Zugehörigkeit s. *L. 30. D. ad mun.* (50, 1). *L. 3. C. I. de nat. lib.* (5, 27). Für die Jurisdiction *L. 29. D. ad mun.* (50, 1). *L. 239. § 2. D. de verb. sign.* (50, 16). *cf. L. 28. § 4. C. I. de ep. et cler.* (1, 3).

16) *L. 1. C. Th. de erog. mil. ann.* (7, 4). *Gothofr. h. t. L. 1. C. Th. de pign.* (2, 30). = *L. 7. C. I. quae res pign.* (8, 17).

17) *Arg. L. 8. C. Th. de iurisdict.* (2, 1).

18) *Lex Rom. Visigoth.: Paul.* V. 5[a]. § 1. *L. 28. D. ad municipal.* (50, 1). Die Summe wird nirgends angegeben; für das Justinianische Recht möchte man dieselbe annehmen, die für die Defensoren bestimmt ist. S. unten Note 56. 60.

19) *L. 26. § 1. D. ad mun.* (15, 1). *L. 4. D. de iurisd.* (2, 1).

20) Für in integrum restitutio nimmt man gewöhnlich das Gegentheil an wegen *L. 3. C. I. ubi et apud quem* (2, 47), durch welche Justinian aber nur dem für die Restitutionssache competenten Magistrat die Bestellung eines Judex pedaneus gestattet.

gestattet [21]). Die Legis Actio haben sie auch jetzt nur in gewissen Städten [22]), dagegen allgemein die Befugniß, Rechtsgeschäfte aller Art durch Aufnahme eines Protokolls (acta, gesta) zu solennisiren [23]). Die Tutoris Datio bei geringen Vormundschaften früher im Auftrag des Statthalters, nach Justinians Vorschrift selbständig [24]). — Noch beschränkter ist ihre Strafgewalt: sie bezieht sich nur auf kleinere Vergehen; wegen größerer Verbrechen sollen sie den Angeschuldigten verhaften und dem Statthalter überliefern [25]). — Von allen ihren Erkenntnissen oder Verfügungen wird an diesen appellirt [26]).

Rücksichtlich der Art und Weise die Civilgerichtbarkeit auszuüben, gilt auch für sie der allgemeine Ausspruch, daß alle Judicia extraordinär geworden, daß die Judicis Datio als Regel aufgehoben sei [27]). Ja man könnte zweifeln, ob das Recht der Statthalter, ausnahmsweise wegen Ueberhäufung mit Geschäften und in geringfügigen Sachen Judices pedanei zu bestellen, ihnen zugestanden habe [28]); als Recht scheint jedoch die Judicis Datio ihnen zugesprochen zu werden [29]), wenngleich sie bei dem geringen Umfang ihrer Jurisdiction seltener Veranlassung zu dessen Gebrauch gehabt haben mögen. Daß der Stadtsenat, die Curie, oder einzelne Curialen als Gerichtshof an der Verwaltung der streitigen Gerichtbarkeit Theil genommen, ist eine Annahme neuerer Schriftsteller [30]), für welche es an positiven

21) *L. 9. C. I. qui admitti* (6, 9).

22) *L. 4. C. I. de vindicta* (7, 1). *Constantius.*

23) *L. 2. C. I. h. t.* Magistratus conficiendorum actorum habeant potestatem. Aus *L. 20. C. Th.* 5, 13. *a.* 366. Vgl. Savigny cit. §§ 27—29.

24) *§§ 4. 5. I. de Atil. tut.* (1, 20). *L. 1. §§ 5. 6. D. de mag. conv.* (27, 8). *L. 30. C. I. de episc. aud.* (1, 4). *L. 3. D. de tut. et cur. dat.* (26, 5).

25) *L. 8. C. Th. de iurisd.* (2, 1). *cf. L. 3. L. 10. D. de custodia reor.* (48, 3).

26) *L. 1. L. 3. C. Th. de repar. app.* (11, 31). *cf. L. 2. C. I. de decur.* (10, 31). *L. 5. C. I. de appell.* (7, 62).

27) *pr. I. de succ. subl.* (3, 12). *§ 8. I. de interdictis* (4, 15).

28) *L. 3. L. 5. C. I. de ped. iud.* (3, 3) sprechen nur von dem Statthalter.

29) *L. 3. fin. L. 13. pr. § 1. cf. § 12. D. de iurisdict.* (2, 1).

30) Savigny cit. § 96 hat diese seine Ansicht mit Rücksicht auf mein Handbuch § 11 in der zweiten Ausgabe zwar modificirt, aber nicht aufgegeben.

Zeugnissen fehlt, und die Analogie der gesammten römischen Gerichtsverfassung bis in die späteste Zeit, wonach der erkennende Richter regelmäßig ein Einzelner ist, spricht dagegen [31]). Bei der Aufnahme der Protokolle über Handlungen der freiwilligen Gerichtbarkeit ist allerdings die Zuziehung von drei Curialen und einem Stadtschreiber (exceptor) [32]), und bei der Ernennung eines Tutor specialis die des ganzen Ordo gesetzlich vorgeschrieben [33]). Ob aber der Magistrat auch in streitigen Rechtssachen, wie die kaiserlichen Beamten, Einen Beisitzer etwa aus den Curialen als Rechtsconsulenten zugezogen habe, steht dahin [34]).

Die richterlichen Municipalmagistrate sind also eine aus früherer Zeit überlieferte, jedoch herabgekommene Institution. Der Defensor Civitatis ist eine ganz neue Schöpfung dieser Periode [35]) und in mehr als Einer Hinsicht charakteristisch für dieselbe [36]). Bei der socialen Auflösung kamen Bedrückung und Vergewaltigung des niederen Volks in Stadt und Land (plebs urbana und rustica) durch Vornehme und Mächtige (potentiores) [37]) häufig vor, wogegen die Statthalter aus Gunst oder Furcht die Hülfe versagten, die Municipalmagistrate bei ihrem geschwächten Ansehn sie nicht zu leisten vermochten. Dieß kam durch den Präfectus Prätorio Probus, der seinem Namen Ehre machte, in Bezug auf die ihm untergebene Diöcese Illyricum zur Anzeige bei K. Valentinian I. und veran-

31) S. oben § 76. Bei den Germanen dagegen ist von Anfang an die Urtheilfindung collegialisch, und dieß ist unter germanischer Herrschaft auch auf die römischen Städte übergegangen.

32) *L. 151. C. Th. de decurion.* (12, 1). *Nov. Val.* 18. § 10.

33) *Marini, papiri dipl.* LXXIX. *cf. L. 1. pr. D. de mag. conv.* (27, 8). *L. 19. pr. D. de tut. et cur. datis* (26, 5). *L. 3. D. qui petant* (26, 6).

34) So auch Hegel cit. S. 93.

35) Mit dem Stadtsyndicus (defensor) der früheren Zeit (s. oben § 100 Note 84) ist er nicht, wie ich früher (Handbuch S. 127) glaubte, in Verbindung zu setzen; dieser vertrat die Commune in ihren Prozessen; der Defensor schützt und vertritt immer nur Einzelne.

36) *Cod. Theod.* 1, 29. (11). *Cod. Iust.* 1, 55. *de Defensoribus civitatum. Nov. Maioriani* 3. *Nov. Iust.* 15. Die fünf ersten Constitutionen des Theodosischen Codex, die Besme zuerst herausgegeben, haben unsere Kenntniß von der Geschichte dieses merkwürdigen Instituts wesentlich gefördert.

37) Vgl. *Cod. Theod.* 2, 13. 14. *Cod. Iust.* 2, 14. 15.

laßte diesen (a. 364) zu der menschenfreundlichen Anordnung: der Präfect solle in jeder Stadt dieser Diöcese einen sittlich bewährten Mann senatorischen Standes oder aus der Zahl der bei den höheren Gerichtshöfen immatriculirten Advocaten, nicht aber aus den Curialen der Stadt oder den Kanzleibeamten der Präfectur oder des Statthalters, zum Patron oder Beschützer der Plebs (defensor plebis) gegen die Ungerechtigkeiten jener Mächtigen bestellen und über die Ausführung an ihn, den Kaiser, berichten[38]). Schon im folgenden Jahre übertrug derselbe Kaiser diese Einrichtung auf das ganze Reich[39]), aber freilich mit einer Erweiterung, wodurch sie wesentlich verändert wurde. Ursprünglich sollte der Defensor als ein angesehener und unabhängiger Mann vermöge des empfangenen Ehrenamtes die Bedrückten außergerichtlich und etwa auch gerichtlich vertheidigen und schützen. Jetzt (a. 365) wird ihm auch die Anweisung ertheilt, die Klagen der kleinen Leute in geringen Sachen selbst anzunehmen, eine summarische gerichtliche Verhandlung darüber zu eröffnen und das Urtheil zu sprechen; nur die größeren soll er zur Anzeige bei dem Statthalter bringen[40]). Hierdurch waren die Defen-

38) *L. 1. C. Th. h. t.* Impp. Valentinianus et Valens AA. ad Probum Pf. P. (*Italiae, Africae et Illyrici. Gothofr. ad L. un. C. Th. ne damna* 11, 11.) Admodum utiliter edimus [*l.* edicimus], ut plebs omnis Illyrici officiis patronorum contra potentium defendatur iniurias. Super singulas quasque praedictae dioeceseos civitates aliquos idoneis moribus, quorumque vita ante acta laudatur, tua sinceritas ad hoc eligere curet officium, qui aut provinciis praefuerunt (*L. 3. eod.* Consulares — vel Praesides. *L. 4. eod.* inter ceteros honoratos) aut forensium stipendiorum egere militiam (*L. 3. eod.* ex scholasticis) aut inter Agentes in rebus Palatinosque meruerunt (*L. 3. eod. cf. L. 5. pr. C. Th. h. t.* Senatores.—*L. 15. C. Th. de Senator.* (6, 2). *L. 6. C. Th. de agent. in reb.* 6, 27.) Decurionibus ista non credat (*L. 2. C. I. h. t.* non ex decurionum ordine); his etiam qui officio tui culminis (außer den Principes *L. 3. L. 4. eod.*) vel ordinariis quibuscunque Rectoribus aliquando paruerint (*L. 2. C. I. h. t.* non — ex Cohortalium corpore), non committat hoc munus; referatur vero ad scientiam nostram, qui in quo oppido fuerint ordinati (a. 364).

39) *L. 2. C. Th.* = *L. 1. C. I. h. t. a.* 365. und die folgenden Constitutionen sind allgemein gefaßt, *L. 8. C. Th.* = *L. 6. C. I. h. t.* sagt ausdrücklich: per omnes regiones.

40) *L. 2. C. Th.* = *L. 1. C. I. cit.* Idem AA. Senecae [*C. I.*

soren also zugleich richterliche Obrigkeiten geworden, welche in Concurrenz mit den Municipalmagistraten, wo es solche gab, und in anderen Orten an deren Statt, eine niedere Gerichtbarkeit übten[41]). Scheinbar war dieß eine Erweiterung ihrer Befugnisse, in Wahrheit aber eine Belastung mit Geschäften, wodurch sie der Beamtenhierarchie und zwar ihrer untersten Stufe eingereiht wurden. Und sehr bald ging man auf diesem Wege weiter, gab ihnen einen Antheil an der Steuererhebung[42]), trug ihnen die Criminalpolizei[43]) und Anderes auf. Dieser Versuch, die ordentlichen Beamten, Municipalmagistrate und Statthalter, weil sie den schuldigen Dienst versagten, durch außerordentliche zu ersetzen, mußte sich schon deshalb, weil der Schaden ein moralischer war, unzureichend erweisen. Er ist aber auch ein Beweis, wie wenig die Gesetzgebung dieser Zeit es verstand, einen Gedanken, zumal wenn er auf Selbständigkeit berechnet war, rein durchzuführen. Von dem Triebe der Noth von oben abzuhelfen geleitet, hatte sie durch diese neue Institution nur die Werkzeuge der Gewalt um Eines vermehrt und durch Gründung einer untersten Gerichtsinstanz in den Städten, die sie bisher entbehrten, das ganze Reich auch in dieser Beziehung despotisch nivellirt. Kein

Defensori]. Si quis de tenuioribus ac minuscularis [*C. I.* rebus] interpellandum te esse crediderit, in minoribus causis acta conficias (§ 146 Note 17 *C. I.* acta iudicialia): scilicet ut si quando quis vel debitum iustum, vel servum qui per fugam fuerit elapsus, vel quod ultra delegationem dederit postulaverit, vel quodlibet horum, tua disceptatione restituas: ceteras vero, quae dignae forensi magnitudine videbuntur, ordinario insinuato Rectori, et cetera. Die Anordnung dieses Rescripts wird in *L. 5. C. Th.* = *L. 3. C. I. h. t. Valentinianus, Valens et Gratianus AAA. ad Senatum a.* 370. zum Gesetz erhoben, damit die innocens et quieta rusticitas nicht unter der Habsucht der Advocaten und der Kanzleibeamten des Statthalters oder unter der Verzögerung des ordentlichen Prozesses leiden möge.

41) Die angeführten Stellen führen die Defensoren in allen Städten ein und geben ihnen eben so allgemein diese Richterbefugnisse. Vgl. unten Note 61. Hegel cit. S. 91 Note 3 hat dieß mit Recht gegen meine frühere Ansicht bemerkt.

42) *L. 12. C. Th. de exact.* (11, 7). *a.* 383.

43) *L. 8. C. Th.* = *L. 6. C. I. h. t. a.* 392.

Wunder also, daß das Institut der Defensoren in Verfall gerieth und im fünften Jahrhundert von K. Majorian [44]), im sechsten von K. Justinian erneuert werden mußte [45]), ohne daß es gelungen wäre, ihm neue Lebenskraft mitzutheilen. — Das neueste Recht der Defensoren, wodurch sie theils den Municipalmagistraten gleichstehn [46]), theils vor ihnen sich auszeichnen, ist folgendes.

Der Defensor Civitatis (ἔκδικος) soll auch von der Stadt, aber nicht wie der Magistrat durch ein Decret der Curien, sondern durch alle Einwohner, Geistliche und Laien, Honorati, Possessores und Curialen, ja selbst die Plebs erwählt und von dem Kaiser oder an dessen Statt von dem Präfectus Prätorio bestätigt werden [47]). Er ist ferner nicht wie der Magistrat aus dem gedrückten Stand der Curialen zu nehmen [48]), sondern aus den angeseheneren Eingesessenen, die in bestimmter Reihenfolge zur Uebernahme des Amtes verpflichtet sind. Dieses tritt also auch in dieser Beziehung in die Reihen der öffentlichen Lasten (functiones) [49]). Bei dem Antritt desselben leistet der Defensor einen Eid und führt es fünf, nach Justinians neuester Vorschrift nur zwei Jahre lang [50]). Sein Hauptgeschäft soll noch

44) *Nov. Maioriani cit.* 2. *de defensoribus civitat. a.* 485.

45) *Nov. Iust.* 15. *περὶ τῶν ἐκδίκων. a.* 535.

46) *Nov.* 15. *praef. — γένοιτο γὰρ ἂν οὕτω τὶς ἁρμονία χρηστή, εἴπερ ἀρχόντων λάβοιεν τάξιν οἱ τῶν πόλεων ἔκδικοι, καὶ ὁ τῆς ἐπαρχίας ἡγούμενος δοκοίη τις ἄρχων εἶναι μᾶλλον ἀρχόντων. c.* 1. *pr. — ὥστε τὸν ἐν ἑκάστῃ πόλει ἔκδικον ἄρχοντα μᾶλλον ἢ ἔκδικον εἶναι δοκεῖν.*

47) *L.* 5. *C. Th. h. t. a.* 387. Hi potissimum constituantur Defensores, quos decretis elegerint civitates. *Nov. Maior.* 3. *a.* 485. iudicio universitatis electi — municipes, honoratos, plebemque; die Bestätigung behält sich der Kaiser selbst vor; — *L.* 19. *C. I. de episcop. aud.* (1, 4). *Anastas. cf. L.* 8. *pr. C. I. h. t.*, ordnet die Wahl durch den Bischof, Clerus, Honorati, Possessores und Curialen an; *Nov.* 15. *c.* 1. die Wahl aller Eingesessenen und die Bestätigung durch den Präfecten; daher die an die Kanzlei desselben zu zahlenden Sporteln *Nov.* 8. *Edict. c.* 1.

48) *L.* 2. *C. I. h. t.* non ex decurionum corpore.

49) *L.* 10. *C. I. h. t. a.* 441. *Nov.* 15. *c.* 1. *pr.*

50) *L.* 4. *C. I. h. t. a.* 385. Dieß Rescript an einen Defensor fehlt im *Cod. Theod. — Nov. c.* 15. *c.* 1. § 1.

immer, wie sein Name es besagt [51]), sein, die Einwohner der Stadt und ihres Gebiets, und zwar nicht bloß die Plebejer, sondern auch die Decurionen [52]) gegen die Ungerechtigkeiten der Mächtigen, auch der Provinzialstatthalter und ihrer Kanzleibeamten, insbesondere bei der Steuererhebung, zu schützen [53]). Die Form dafür ist, daß er jede Beschwerde zu Protokoll nimmt [54]), und, wenn sie Unterbeamte betrifft, dem Statthalter Anzeige davon macht [55]), zu jeder Zeit den Eintritt in dessen Gericht hat [56]) und, wenn ihm hier kein Recht wird, unmittelbar an den Kaiser oder an die höchsten Reichsbeamten berichten kann [57]). Zu allem diesem wurde ihm durch die kaiserliche Bestätigung im Amte ein höheres Ansehen und der Rang vor allen Municipalmagistraten verliehen [58]). — Außerdem aber hat der Defensor wie die Duumvirn die Civilgerichtbarkeit in geringen Sachen zu verwalten, nach Justinians früherer Vorschrift bis zum Werth von 50 Solidi [59]), nach der späteren bis zu 300 [60]);

51) *L. 7. C. Th.* = *L. 5. C. I. h. t.* et id tantum, quod esse dicuntur, esse non desinant.

52) *L. 4. C. l. cit.* ut imprimis parentis vicem plebi exhibeas. *L. 7. C. Th.* = *L. 5. C. I. h. t. a.* 392. Plebem — vel decuriones ab omni improborum insolentia et temeritate tueantur.

53) *L. 4. C. I. h. t. cit.* Descriptionibus rusticos urbanosque non patiaris adfligi: officialium insolentiae et Iudicum procaciae (salva reverentia pudoris) occurras; — superexigendi damna, vel spolia plus petentium ab his, quos liberorum loco tueri debes, excludas: nec patiaris quidquam ultra delegationem solitam ab his exigi *rel.*

54) *L. 9. § 1. C. I. h. t.* = *L. 3. C. Th. de superexact.* (11, 8) eröffnet dem Beschwerdeführer für den Fall, daß der Defensor es verweigert, den Weg einer öffentlichen Protestation.

55) *L. 9. pr. C. I.* = *L. 3. C. Th. cit.* *L. 59. C. Th. de cursu publ.* (8, 8).

56) *L. 4. C. I. h. t.* — ingrediendi cum voles ad Iudicem liberam habeas facultatem.

57) *L. 12. C. Th. de re mil.* (7, 1). *a.* 384. *L. 8. § 1. C. I. h. t. a.* 409. *Nov. Maior.* 3. ut — eorum ad emendandum suggestionibus instruamur. *Nov. Iust.* 15. *c.* 5. *pr.*

58) *L. 5. C. Th. de exhib. reis* (9, 2). Defensores civitatum, Curatores, Magistratus et Ordines. *L. 3. C. Th. de superexact.* (11, 8). — a Defensoribus, Ordinibus, Curatore et Magistratibus. *Edict. Theodorici* 52. 53. Defensor civitatis —, aut Duumviri, vel Quinquennalis. S. auch die Titelfolge *C. Th.* 1, 29. 30. *C. I.* 1, 55. 56.

59) *L. 1. C. I. h. t.* in mino-

von der freiwilligen Gerichtbarkeit das Recht über Rechtsgeschäfte Protokolle aufzunehmen [61]) und Vormünder zu bestellen [62]). Strafgewalt war ihm ursprünglich versagt; aber auch diese wurde ihm später wegen geringer Vergehen ertheilt [63]): schwere Verbrecher soll er verhaften und an den Provinzialstatthalter abliefern [64]), auch polizeilich über die Befolgung der Gesetze wachen [65]).

---

## Geistliche Gerichte.

§ 139. Seitdem die christliche Kirche durch Constantin zur herrschenden erhoben worden, und ihre inneren Ordnungen die Anerkennung des Staats erhalten hatten, sind unter den richterlichen Behörden des römischen Reichs auch die geistlichen Gerichte zu nennen. Insofern freilich das Richteramt der kirchlichen Gewalten sich zunächst auf eigentlich kirchliche Angelegenheiten bezog (de religione) [1]), d. h. solche, welche ganz nach

ribus causis, id est usque ad quinquaginta solidorum summam. *cf. L. 2. C. Th. eod.* in minoribus causis.

60) *Nov.* 15. *c.* 3. 4

61) *L. 9. § 1. C. I. h. t. Nov.* 15. In Concurrenz mit dem Statthalter und mit den Municipalmagistraten *L. 30. C. I. de donat.* (8, 54). *Leo a.* 459. — prout maluerit. Ebenso ist die unbestimmte Alternative zu denken in *L. 1. C. I. de off. Iurid. Alex.* (1, 57). *L. 18. C. I. de iudiciis* (3, 1). *Edict. Theod.* 52, wogegen nichts beweist *L. 8. C. Th. de donat.* (8, 12). *Hon. et Theod. a.* 415. apud Magistratus municipales, vel, si civitas ea vel oppidum non habeat Magistratus, apud Defensorem plebis. Ebenso *Nov.* 86. *c.* 7. Für die Aufbewahrung der Protokolle sollen sie Archive haben, denen ein eigner Archivar vorsteht. *Nov.* 15. *praef. c.* 5.

62) *L. 30. C. I. de ep. aud.* (1, 4), *§ 5. I. de Atil. tut.* (1, 20).

63) *L. 7. C. Th. h. t. a.* 392. — nullas infligant multas, nullas exerceant quaestiones = *L. 5. C. I. eod.* nullas infligant multas, saeviores non exerceant quaestiones. Interpret. *L. 8. C. Th. de iurisd.* (2, 1). *Nov.* 15. *c.* 6. § 1.

64) *L. 8. C. Th.* = *L. 6. C. I. h. t. L. 5. C. Th. de exhib. reis* (9, 2). = *L. 7. C. I. h. t. L. 12. § 4. C. Th. de paganis* (16, 10).

65) *L. 22. pr. L. 34. §§ 5. 6. C. I. de episc. aud.* (1, 4).

1) Hierauf beschränkt die Gerichtbarkeit der Bischöfe *L. 1. C. Th. de religione* (16, 11). *Ar-*

kirchlichen Gesetzen zu beurtheilen sind, und gar nicht in die Sphäre des bürgerlichen Rechts fallen, als Entscheidung über Lehre [2]) und kirchliches Leben [3]), Bestrafung durch Absetzung der Geistlichen [4]), Excommunication der Laien oder Auferlegung kirchlicher Bußen [5]), über Gegenstände der kirchlichen Verwaltung [6]) u. A., gehört es nicht hierher. Aber auch in bürgerlichen Rechtssachen erhielten die Bischöfe schon früh eine Art Gerichtbarkeit.

In den ersten Christengemeinden hatte unter apostolischer Anweisung [7]) sich die Sitte gebildet, Rechtsstreitigkeiten, die unter ihren Gliedern entstanden, nicht vor die öffentlichen Gerichte zu bringen, sondern durch Schiedsrichter aus der Gemeine selbst, meistens ihren Bischof oder Vorsteher, entscheiden zu lassen. Dem Verhältniß jener ersten Gemeinen, die noch einen engern durch Gesinnung innig verbundenen und gegen die feindlich gesinnte heidnische Obrigkeit abgeschlossenen Kreis bildeten, war dieß durchaus angemessen, und dem bürgerlichen Recht, welches die schiedsrichterliche Entscheidung überhaupt begünstigte, nicht zuwider. Allein auch nachdem unter Constantin der Staat sich freundlich zur christlichen Kirche gestellt, und diese einen gemischten Haufen äußerlich zu ihr sich Bekennender in sich aufgenommen hatte, blieb diese Sitte, ja erhielt unter dem Namen episcopale iudicium, episcopalis audientia [8]), ge-

*cad. et Honor. a.* 399. *Nov. Val.* 34. *pr. a.* 452. Negotia ecclesiastica nennt diese Sachen im Gegensatz der causae civiles *L.* 23. *C. Th. de episcopis* (16, 2). Vgl. *L.* 29. *§ 4. C. I. de episc. aud.* (1, 4).

2) So richtete der römische Bischof Leo der Große über manichäische Bischöfe in Gegenwart des Senats. *Nov. Val.* 17. *pr. a.* 445.

3) *L.* 23. *C. Th. de episcopis* (16, 2). *Val. Grat. Valent. a.* 376. nennt dieß levia delicta ad religionis observantiam pertinentia.

4) *L.* 35. *C. Th. de episcopis* (16, 2). Diese ging schon damals der criminellen Bestrafung eines Geistlichen vorher. *Nov.* 83. *praef.* § 2.

5) *Nov.* 83. *c.* 1. *ἐκκλησιαστικαὶ ἐπιτιμίαι*, ecclesiasticae mulctae.

6) Besonders über den Besitz geistlicher Aemter. Vgl. *Nov. Val.* 16. *a.* 445. Neander, Kirchengesch. I. 2. S. 507. Gieseler, Kircheng. I. § 92.

7) 1. *Cor.* 6, 1—6.

8) *Cod. Theod.* 1, 27. *de episcopali definitione* (*ed. Haenel p.* 134). *Cod. Iust.* 1, 4. *de episcopali audientia.*

setzliche Anerkennung [9]). Constantin ging so weit, selbst die Uebertragung einer im bürgerlichen Gericht bereits anhängig gemachten Rechtssache auf das bischöfliche, wenn beide Partheien darin willigen, zu gestatten [10]) und in einem späteren Gesetz selbst Einer Parthei gegen den Widerspruch der andern dieß Recht einzuräumen [11]). Bei dem in der Staatsverwaltung herrschenden Verderben und der Höhe der Gerichtssporteln mochte dieß den Partheien als Wohlthat erscheinen, während Bischöfe, denen ihr höherer Beruf am Herzen lag, es mit Grund als eine hemmende Last empfanden [12]). Eben dieß mag Veranlassung gewesen sein, daß K. Honorius durch ein Gesetz von 398 das bischöfliche Schiedsgericht wieder auf sein ursprüngliches Maß zurückführte [13]), was später (a. 452) Valentinian III. noch einmal einzuschärfen nöthig fand [14]).

Die gesetzlichen Bestimmungen wichen jetzt wenig von dem gemeinen Rechte der Schiedsrichter ab. Nur durch freie Uebereinkunft beider Theile kann die Sache vor den Bischof gebracht werden [15]); selbst wenn der Beklagte ein Geistlicher ist, ist der Kläger nicht dazu genöthigt [16]). Auch daß von dem Urtheil des Bischofs nicht appellirt werden kann, ist nur gemeines Recht, und die Vollstreckung desselben durch die Judices ordinarii [17]) wenigstens den spätern Grundsätzen über das Compromiß analog [18]). Abweichend hiervon machten es zuerst Concilienschlüsse

9) *Euseb. vita Const. M.* IV. 27., dessen unbestimmte Erzählung aus dem sonst Bekannten zu ergänzen ist. Ob *Sozom. hist. eccl.* I. 9. nicht einseitige Recusation des weltlichen Richters nach dem Gesetze in Note 11 meint, steht dahin.

10) *L. 1. C. Th. h. t. a.* 321.

11) *XVIII Constitutiones Sirmondi ed. Haenel. Bonn* 1844. *c.* 1. *p.* 445. Ueber deren von Gothofred bestrittene, jetzt allgemein anerkannte Aechtheit s. *Haenel ibid. p.* 34. Vgl. Richter, Kirchenrecht § 205 Note 5.

12) *Augustin. Confess.* VI. 3. 37. Neander, Kirchengesch. I. 2. S. 488.

13) *L. 7. C. l. h. t.*

14) *Nov. Val.* 34. *pr.*

15) *L. 7. C. l. cit.*

16) *Nov. Val.* 34. *pr.* §§ 1. 2. *L. 13. C. l. h. t. Martian. L. 29. § 4. Iustinian.*

17) *L. ult. C. Th.* = *L. 8. C. I. h. t. Arcad. Honor. et Theod. a.* 408.

18) Bei dem alten Compromiß konnte nur die poena gefordert werden. Bei dem durch das spätere Recht eingeführten eidlichen Compromiß und dem s. g. laudum homologatum soll der Ge-

den Geistlichen zur Pflicht, unter sich nur vor dem Bischofe Recht zu nehmen [19]), und Justinian ertheilte Welt- und Klostergeistlichen den privilegirten Gerichtsstand vor ihren geistlichen Oberen [20]), wo ohne Schrift oder summarisch verfahren werden sollte [21]). In eigentlichen Criminalsachen blieben sie den weltlichen Richtern unterworfen [22]). Allgemein waren sie darin privilegirt, daß sie nur innerhalb ihrer Provinz vor dem Statthalter, und in der Hauptstadt vor dem Präfectus Urbi zu Recht standen [23]).

Noch in anderer Weise übten die Bischöfe einen nicht unbedeutenden Einfluß auf die Rechtspflege, indem die weltlichen Richter gewissermaßen unter ihre Aufsicht gestellt waren [24]). So war es ihres Amtes, über die menschliche Behandlung der Gefangenen zu wachen [25]), und auf Beschleunigung ihrer Sache zu dringen [26]). Ferner hat Justinian verordnet [27]): 1) Wenn der Provinzialstatthalter das Recht verweigert, so soll man den Bischof des Orts angehen, der den Beamten ermahnt, und wenn dieß fruchtlos bleibt, an den Kaiser berichtet. 2) Ist der Statthalter oder Defensor einer Parthei verdächtig, so soll der Bischof mitrichten. 3) In Streitigkeiten zwischen Privatpersonen und

genstand der Condemnation selbst mit einer actio in factum gefordert werden, die ganz der actio iudicati entspricht, also zur Execution des schiedsrichterlichen Ausspruchs durch den öffentlichen Richter führt. *L. 4. L. 5. C. I. de arbitris* (2, 56).

19) *c.* 43. *C.* 11. *qu.* 1. (*Concil. Carth.* III. *c.* 9. *circa c.* 397). *c.* 46. *ibid.* (*Conc. Chalcedon. c.* 9. *a.* 451).

20) *Nov.* 79. für die Klostergeistlichen, *Nov.* 83. *Nov.* 123. *c.* 8. 21—23. für die Weltgeistlichen.

21) *Nov.* 83. *pr.*

22) *L. 12. C. Th. de episcopis* (16, 2). *Constantius a.* 355, welche das Gegentheil bestimmt, kann nicht allgemeine und bleibende Gültigkeit erlangt haben. *L. 23. eod.* unterscheidet kirchliche Vergehen der Bischöfe, über welche die Provinzialsynode, und Criminalverbrechen, über welche die kaiserlichen Behörden richten sollen. Hiernach sind *L. 41. L. 47. eod.* zu erklären. *Nov. Iust.* 83. *praef.* § 2. bestätigt die Criminalgewalt der weltlichen Richter über Geistliche ausdrücklich.

23) *L. 33. pr. § 1. C. I. de episcopis* (1, 3). *Nov.* 23. *c.* 24. Dieß ist die praescriptio fori in *L. 51. C. I. de episcopis* (1, 3). *L. 29. C. I. de pactis* (2, 3).

24) Neander a. a. O. S. 489 folg.

25) *L. 7. C. Th. de custodia reor.* (9, 3). *Honor. et Theod. a.* 409.

26) *L. 22. C. I. de episcop. aud.* (1, 4). *Iustinian. a.* 529.

27) *Nov.* 86. *c.* 1. 2. 4.

dem Statthalter soll der Bischof Richter sein. — Endlich wurden den Bischöfen auch wohl einzelne Rechtssachen vom Kaiser zur Untersuchung und Entscheidung delegirt [28]).

---

### B. Uebriges Gerichtspersonal.

#### 1. Iudices pedanei [1]).

§ 140. Unter Diocletians Reformen betraf eine der wichtigsten das verfallene Institut der Civilgeschwornen. Zu dessen Restauration im Sinne des alten Rechts fehlten alle Voraussetzungen und überdieß entsprach es der durchgeführten Despotie, wonach Alles im Staate fortan vom Kaiser und den kaiserlichen Beamten ausgehen sollte, in keiner Weise. Er schaffte sie daher in einem eigenen Gesetze ab [2]), d. h. bestimmte, daß die Provinzialstatthalter als Judices ordinarii, welche bisher regelmäßig Untersuchung und Urtheil einem Geschwornen übertragen mußten, jetzt in der Regel selbst untersuchen und erkennen sollten [3]). Wenn er ihnen ausnahmsweise gestattete, wegen Ueberhäufung mit Geschäften Judices zu bestellen, so war damit deren Bedeutung völlig verändert: sie sind nicht mehr Geschworne, welche den Partheien Bürgschaft für einen unpartheiischen Ausspruch geben [4]), sondern untergeordnete Hülfsbeamte des Magistrats, deren er sich im Nothfall bedient. Als solche kommen sie bis in die späteste Zeit vor und nur von ihnen, mit Ausschluß anderer Arten delegirter Richter, ist hier die Rede.

28) *Nov.* 123. *c.* 21.

1) *Cod. Iust.* 3, 3. *de pedaneis iudicibus. Nov.* 82. *Περὶ τῶν δικαστῶν.*

2) *L.* 2. *C. l. h. t.* Impp. Diocletianus et Maximianus AA. dicunt: Placet nobis *rel. a.* 294. So ist die richtige Lesart der Inscription, die wie auch der Eingang eine lex edictalis bezeichnet. S. oben § 122 Note 134.

3) In Diocletians Rescripten erscheint daher durchweg der Provinzialstatthalter als der untersuchende und erkennende Richter. S. z. B. *L. un. C. l. uti poss.* (8, 6) *a.* 294. *Fr. Vat.* §§ 41. 312. *Cod. Greg.* I. 11, 5. III. 2, 5. 3, 2. *Cod. Hermog.* XIII. 3. u. s. w.

4) S. Bd. 2. S. 655.

Sie erscheinen unter folgenden Namen: **iudices**, *δικασταί*[5]), im Gegensatz der magistratus, administratores, *ἄρχοντες*, eine auch jetzt noch passende Bezeichnung, da sie nur Richterfunctionen haben, die Magistrate aber auch Verwaltung. Da jedoch auch diese technisch Iudices heißen, so werden jene durch den Zusatz **iudex datus a Magistratu**, **iudex delegatus**[6]), **iudex specialis**, d. h. Richter in einer einzelnen Sache[7]), unterschieden. Ferner durch den Namen **arbitri**[8]), *διαιτηταί*[9]), welcher also nicht wie früher eine besondere Classe dieser Richter bezeichnet, mit Ausnahme des Einen Falles, wo an die Stelle des recusirten iudex datus von den Partheien **arbitri** gewählt werden, deren Verhältniß allerdings ein eigenthümliches ist[10]). Alle diese Namen sind ihnen übrigens mit den delegirten Richtern überhaupt gemein[11]). Eigenthümlich ist ihnen dagegen der Name **iudex pedaneus**, *χαμαιδικαστής*[12]). Daß die späteren Classiker damit den Geschwornen in seiner schon herabgekommenen Stellung im Gegensatz des Magistrats bezeichnen, ist früher bewiesen worden[13]).

5) Z. B. in *Nov*. 82. *Nov*. 60. c. 2. § 2.

6) Z. B. in *L. 16. C. I. de iudic.* (3, 1).

7) *L. 18. C. I. eod.* Derselbe Ausdruck kommt schon für den alten iudex vor in *L. 5. D. de off. Praes.* (1, 18). *L. 4. D. de off. Praet.* (1, 14). Hingegen iudex privatus ist jetzt der Schiedsrichter. *L. 9. C. Th. de infirm. his* (15, 14).

8) *L. 3. L. 5. C. Th. fin. reg.* (2, 26). *L. 67. C. Th. de app.* (12, 30). *L. 9. C. Th. de repar. app.* (11, 31). *L. 31. C. I. de app.* (7, 62). *L. 12. § 7. C. I. de aed. priv.* (8, 10). Von den Schiedsrichtern durch den Zusatz à Magistratibus dati, a Iudicibus flagitati unterschieden. *L. 7. C. I. de feriis* (3, 12). *L. 2. C. Th. eod.* (2, 8), *L. 63. C. Th. de app.* (11, 30). *L. 2. C. I. de temp. app.* (7, 63). *L. 8. C. I. de Iudaeis* (1, 9). *L. 10. C. Th. de iurisdict.* (2, 1). *L. un. C. I. ne lic. tertio provoc.* (7, 70). *L. 5. pr. C. I. de recept. arb.* (2, 56). *L. 2. C. I. de sentent. et interlocut.* (7, 45).

9) *Nov*. 82. *L. 36. C. I. de app.* (7, 62). *L. 27. C. I. de procur.* (2, 13). *restit. ex Basil.*

10) *L. 16. L. 18. C. I. de iudiciis* (3, 1).

11) Daher auch vom Kaiser delegirte Richter *θεῖοι δικασταί*, *θεῖοι διαιτηταί* genannt werden, wenigstens im Basilikentext der *L. 12. C. I. de iudic.* (3, 1) und der *L. 5. pr. C. I. de fruct.* (7, 51).

12) Die Identität des Griechischen und Lateinischen Ausdrucks bemerkt *Lydus de Magistr.* III. 8. *ἐπὶ τοὺς πεδανέους* (*ἀντὶ τοῦ χαμαιδικαστάς*). III. 49. gebraucht er dafür *χαμαίζηλος δικαστής*. Vgl. *Basil.* VII. 3, 29. 30.

13) S. oben § 71 Note 40 folg.

In dieser Periode sind es die delegirten Richter, welche an die Stelle jener alten iudices dati getreten sind [14]), also Personen, welche ohne selbständige öffentliche Richtergewalt [15]) den Magistraten in der Weise als Gehülfen beigeordnet sind [16]), daß ihnen regelmäßig einzelne Civilsachen zur Untersuchung überwiesen werden sollen [17]), wo die Gesetze dieß gestatten; eine Begriffsbestimmung, wodurch sie nicht nur von den Magistraten, sondern auch von andern delegirten Richtern, insbesondere denen des Kaisers, bestimmt geschieden sind [18]).

Zwar nimmt auch hier eine abweichende Meinung an [19]), K. Julian habe den Provinzialstatthaltern das Recht ertheilt, Judices pedanei zu bestellen, welche geringfügige Klagen auch ohne Delegation im einzelnen Fall anzunehmen befugt gewesen. Dieses Gesetz, dessen Text der Theodosische Codex richtiger als der Justinianische [20]) und eine neuerdings aufgefundene Inschrift

14) Dieß beweist Diocletians Gesetz, welches die Aenderung bewirkt und für diese und jene denselben Namen gebraucht.

15) *L. 3. C. I. ubi et ap. quem* (2, 47). *Iustinian.* — sive apud Iudicem, cui aliqua iurisdictio est, sive apud pedaneos iudices. *L. 2. C. I. de libertis et eor. liber.* (6, 7). *Constant.* — in iudicio vel apud pedaneos iudices.

16) *L. 6. pr. C. I. de adv. div. iudicum* (2, 8). *Anastas.* erwähnt pedanei arbitri, welche zu den Advocaten des Gerichts gehören, und als Richter Sold empfangen. *L. 4. C. Th. de excus. artif.* (13, 4) bezeichnet ihr Geschäft als munus publicum.

17) *Nov.* 60. *c.* 2. *pr.* vergleicht sie daher den Assessoren, welche einzelne Cognitionen im Auftrag des Magistrats übernehmen. Vgl. noch *L. 2. L. 3. L. 4. h. t.* und die Westgothische *Interpr.* zu *Paul.* V. 28. § 1., welche die Textesworte iudices pedanei erläutert durch: id est qui ex delegatione causas audiunt.

18) Dieß thut offenbar *L. 5. §§ 1. 2. C. I. de fruct. et lit. exp.* (7, 51). *restit. ex Basil.* Die kaiserlichen Richter konnten diesen eine Herabsetzung ausdrückenden Namen nicht führen.

19) *Ferratii Ep.* I. 3. Goldschmidt, Litiscontestation und Einreden S. 22. Mühlenbruch, Civilproz. S. 41. Zimmern a. a. O. §§ 18. 22. Hegel, Städteverfassung von Italien I. S. 91 Note 2. Der hier vertheidigten Ansicht folgen Savigny, Gesch. der R. R. im MA. § 26 Note f. Puchta, Instit. § 182. Rudorff, Rechtsg. II. § 11. Walter, Rechtsg. § 738 Note 45.

20) *L. 8. C. Th. de officio Rect. prov.* (1, 16). = *L. 5. C. I. h. t.* Imp. Iulianus Secundo Pr. Pr. Quaedam sunt negotia, in quibus superfluum est moderatorem exspectari provinciae: ideoque iudices, hoc est qui negotia humiliora disceptent, constituendi damus Praesidibus potestatem (a. 362).

vollständig giebt[21]), verleiht dieser Meinung allerdings einigen Schein, der jedoch bei richtiger Auslegung und Vergleichung mit zahlreichen andern Quellenzeugnissen verschwindet. Jener Schein beruht auf dem in diesem Gesetz für die Bestellung des Judex pedaneus gebrauchten Ausdruck constituere, welcher, wie man annimmt, die Einsetzung eines Beamten ein für allemal bezeichne, und in dem angeführten Motiv, daß in so geringfügigen Sachen der Provinzialstatthalter nicht abgewartet zu werden brauche, dessen Gegenwart und Mitwirkung bei der Delegation einer einzelnen Sache ja auch nothwendig sei. Allein dieser Sinn wird schon dadurch ausgeschlossen, daß diese Verordnung sich offenbar an Diocletians Edict anschließt und eine Erweiterung desselben enthält: nicht bloß wegen persönlicher Ueberlastung, sondern auch wegen Geringfügigkeit der Sache soll der Statthalter einen Judex pedaneus bestellen können. Wie ist es denkbar, daß Julian diesen Namen, der in jenem Edict wie in allen andern Stellen den delegirten Richter bezeichnet, für einen Richter gebraucht habe, dem er eine ganz andere Stellung anweisen wollte. Das Wort constituere drückt zwar eine Festsetzung aus, welche Rechtskraft und Bestand hat; eine solche ist aber auch die Einsetzung eines Richters für die einzelne Sache. Diese erfordert allerdings die Gegenwart des Statthalters, welche anscheinend entbehrlich gemacht werden soll; aber in der That soll, wie der Eingang des vollständigen Gesetzes ausdrücklich sagt, nur die Zeit raubende Untersuchung (notio, examen), nicht das einfache

21) *Bulletino dell' inst. di correspond. archeol.* 1852. Nr. 3. 4. *Orelli-Henzen* 6431. Vgl. Rudorff zu Puchta Instit. § 182 Note c. Oboriri solent nonnullae controversiae, quae notionem requirant et examen iudicis celsioris. Tum autem quaedam negotia sunt, in quibus superfluum sit, moderatorem exspectare provinciae. Quod nobis utrumque pendentibus rectum admodum visum est, ut pedaneos iudices, id est eos qui negotia humilia disceptent, constituendi daremus Praesidibus potestatem. Ita enim et sibi partem curarum ipsi deminuent et tamen nihilo minus quasi sibi hoc munus administrabunt, quum illi quos elegere administraverint. Cuius rei constituendae munus ad tuae eminentiae spectat curam. Ad excellentiam tuam igitur misimus per eundem *rel. desunt.*

Decret, wodurch er die angebrachte Klage sofort einem Judex überweist, entbehrlich gemacht werden. Die Erklärung von iudices pedanei, id est eos qui negotia humilia disceptent, enthält, im Gegensatz des höhern Richters (celsioris iudicis), eine Anspielung auf den Wortsinn (pedaneus) und die Bestimmung, daß diese niedern Richter die Untersuchung und Entscheidung der Sache übernehmen sollen. Von Richtern, die der Provinzialstatthalter einsetzte, um dann selbständig eine niedere Gerichtbarkeit zu verwalten, findet sich in dem ganzen Umfang der Rechtsquellen keine Spur [22]). Endlich wird unsere Ansicht auch noch dadurch bestätigt, daß die byzantinische Jurisprudenz nach Justinian iudex pedaneus durch iudex dativus wiedergiebt [23]), ein nach anderen Analogien richtig gebildeter Ausdruck für den iudex datus a magistratu [24]).

Die nächste Frage ist nun die, welche Personen, die allgemeinen Bedingungen der Fähigkeit zum Richteramte vorausgesetzt [25]), in der angegebenen Weise zu Gehülfen der Magistrate berufen waren? In der ältern Zeit bestanden zu diesem Zwecke in Rom und in den Provinzen Richtercollegien, Geschwornenli-

22) Auch *Nov.* 82. *c.* 3. enthält nichts der Art. S. unten S. 123 f. — Unbestimmte Erwähnungen der iudices pedanei in dieser spätern Zeit s. in *L.* 29. *C. I. de pactis* (2, 3). *L.* 11. *C. I. ad leg. Corn. de fals.* (9, 22). *L.* 5. § 1. *C. I. de temp. app.* (7, 63). *L.* 15. *C. I. de iudiciis* (3, 1). Doch ist keine dieser Stellen, welche sich nicht mit der aufgestellten Ansicht reimen ließe, ja ihre befriedigendste Erklärung aus derselben empfinge.

23) *Scholium Anonymi Basil.* VIII. 1, 1. *ed. Heimbach* I. p. 327. *Χαμαιδικασταί εἰσιν οἱ δατίβοι, ὧν μέμνηται ὁ γ'. τίτλ. τοῦ γ'. βιβλ. τοῦ κώδ. καὶ οἱ θεῖοι δικασταὶ τῆς βασιλίδος Κωνσταντίνου πόλεως. περὶ δικαστῶν ἑβδομηκοστὴ ἕκτη νεαρά* (*Nov.* 82.) *Schol.* VIII. 1, 43. *p.* 358. *Χαμαιδικασταί εἰσιν οἱ δατίβοι, ὧν μέμνηται ὁ γ' τίτλ. γ'. τοῦ γ'. βιβ. τοῦ κώδικος.* So kamen diese iudices pedanei oder dativi auch nach dem Exarchat und Rom, wo sie freilich im Lauf des Mittelalters eine andere Stellung erhielten. S. das Richterverzeichniß vom J. 1000. Bluhme im Rhein. Museum V. S. 128 folg. und Ursprung der lomb. Städtefreiheit §§ 35. 37.

24) Tutores dativi *Ulp.* XI. 14. *L.* 52. *pr. C. I. de episcopis* (1, 3). *L.* 5. *C. I. de legit. tut.* (5, 30).

25) Nach welchen Taube, Stumme, Wahnsinnige, Frauen, Minderjährige, Sklaven, anrüchige Personen u. A. ausgeschlossen sind. *L.* 12. § 2. *L.* 39. *pr. L.* 6. *L.* 46. *D. de iudiciis* (5, 1). *L.* 1. § 5. *D. de postulando* (3, 1). *etc.*

sten, in welche einzutreten eine gemeine Bürgerpflicht war [26]). Diese finden wir jetzt nicht mehr [27]). Welche neue Einrichtung ist nun an die Stelle getreten? Wir können freilich in dieser Beziehung die Geschichte der Judices nicht genau verfolgen; wahrscheinlich ist mir aber folgender Entwicklungsgang.

In der alten Gerichtsverfassung wurde der Geschworne durchaus nicht als ein Rechtskundiger gedacht, sondern als ein Bürger von gesundem Menschenverstand und sittlichem Takt, der über das concrete Recht des einzelnen Falles zu urtheilen befähigt ist. Das allgemeine Recht, auf das es ankommt, stellte der Prätor in der Instruction durch Ertheilung der Formula fest, und insofern diese der Auslegung oder Ergänzung bedurfte, zog der Geschworne rechtskundige Freunde zu. Mit der Formula fiel die Instruction durch den Magistrat weg; der Judex pedaneus überkommt die Sache ganz roh und bedarf zur Leitung der Verhandlung und zur Entscheidung der Sache der Rechtskunde. Diese war jetzt nur noch in dem engern Kreis juristisch gebildeter Männer zu finden, die als Advocaten eine dem Tribunal sich anschließende Corporation bildeten (§ 143) und aus denen der Magistrat auch seine Beisitzer nahm (§ 141). Da nun unter den übrigen Bürgern mit der Befähigung auch die Lust zur Uebernahme öffentlicher Functionen geschwunden war, das Geschwornenamt nicht mehr als Ehrengeschäft, sondern nur noch als eine drückende Last empfunden wurde, was zum Theil seine Abschaffung veranlaßte: was war natürlicher als die Berufung zum Judex pedaneus, der an die Stelle des Geschwornen getreten war, auf jenen Kreis von Gerichtspersonen erst factisch, dann rechtlich zu beschränken, d. h. daß der Magistrat auch diesen Gehülfen seiner Jurisdiction aus den bei dem Gericht immatriculirten Advocaten, entweder aus ihrer Gesammtheit, oder einer auserwählten Zahl nahm. Ausdrückliche Zeugnisse dafür als allgemeinen Grundsatz fehlen zwar; aber eine

26) S. oben § 65 und § 67 Note 45.

27) Sie sind zuletzt unter den Antoninen bezeugt. **Orelli-Henzen** *Index p.* 117.

Reihe einzelner Entscheidungen und Maßregeln machen es wahrscheinlich.

1) Deutet hierauf schon die Verfügung, daß gleichzeitig derselbe in einer Sache nicht Richter und Advocat sein könne[28]). 2) In einem Gesetze Valentinians III. wird bemerkt, daß in Folge der Verwüstungen, die Italien erlitten, es in vielen Gegenden an Advocaten und Richtern, überhaupt an Rechtskundigen fehle, und hierauf eine Verfügung über die Advocaten gegründet, durch welche offenbar auch für Richter gesorgt sein sollte[29]). 3) Theodos II. befreite die Advocaten der Provinzialgerichte von allen gemeinen Lasten, mit Ausnahme des Richteramtes in der Provinz, wo sie advociren[30]). 4) Der K. Zeno bestellte für die einzelnen Gerichte in Constantinopel Richtercollegien und besetzte diese aus den Advocaten[31]). Auch schrieb er vor, daß für die Verhandlung vor einem aus diesen Collegien delegirten Richter nicht bloß ihm selbst, sondern auch dem Advocatus Fisci als dem Vorstande der immatriculirten Advocaten bestimmte Sporteln gezahlt werden sollen, was nur aus dem Zusammenhang von beiderlei Corporationen zu erklären ist[32]). Endlich wies er denselben Richtern, welche auch arbitri pedanei genannt und als Lichter der Beredtsamkeit bezeichnet werden, einen bestimmten Jahrgehalt an, den der sparsame K. Anastasius strich, K. Justin aber wenigstens für die beiden Advocaten des Fiscus wieder bewilligte[33]). 5) Justinian erneuerte die Einrichtung des K.

28) *L. 6. pr. C. I. de postul.* (2, 6). *Valent. et Val. a.* 368.

29) *Nov. Val.* 31. § 5. *a.* 451.

30) *Nov. Theod.* 10, 1. § 4. *L. 6. C. I. de advocatis div. iudiciorum* (2, 7). *a.* 439. Vgl. unten Note 55.

31) Das Gesetz selbst ist verloren gegangen, das Gesagte ergiebt sich aber aus *L. 6. pr. C. I. de adv. div. iudicum* (2, 8) von Justin, und der restituirten *L. 27. C. I. de procur.* (2, 13) von Zeno, wo die von ihm eingesetzten Richter den Titel der Advocaten, λογιώτατοι, eloquentissimi, ererhalten. Auch Justinian *L. 3. C. I. de sportulis* (3, 2). *a.* 530 und *Nov.* 25. *c.* 9. *a.* 535, also vor der Erneuerung dieses Gesetzes, spricht von Advocaten (togati, συνήγοροι) als delegirten Richtern.

32) *L. 8. C. I. de princip. ag. in rebus* (12, 22). *L. 4. § 2. C. I. de Castrensianis* (12, 26). *cf. L. 12. § 1. C. I. de prox. sacr. scrin.* (12, 19).

33) *L. 6. C. I. de advoc. div.*

Zeno [34]), und folgte dabei demselben Grundsatz. Dieß Gesetz, obgleich nur von beschränkter Bedeutung, dürfen wir wohl als normal für das ganze Reich betrachten, und es verdient als das einzige in seiner Art eine nähere Betrachtung [35]).

Im Eingange wird berichtet, daß das Gesetz des K. Zeno großentheils antiquirt, und die Judices, die er ernannt, gestorben seien, daher eine neue Anordnung derselben nothwendig werde.

Kap. 1. Die Einrichtung des K. Zeno, daß jeder Gerichtshof in Constantinopel seine eigenen Judices haben soll, wird abgeschafft, und es werden nun zwei Classen der Richter für alle Tribunale der Hauptstadt ernannt. 1) Acht namentlich aufgeführte *διαιτηταί* aus den Advocaten, und vom Stande der Spectabiles, deren Einige auch früher schon Judices des Präfectus Prätorio Orientis und des Magister Officiorum waren. 2) Vier namentlich bezeichnete *μείζους δικασταί*, Viri illustres, und Patricii.

Kap. 2. Diesen sollen nicht nur alle Magistrate in Constantinopel Rechtssachen überweisen, ihnen will auch der Kaiser selbst delegiren.

Kap. 3. Die Diäteten sollen immer in der königlichen Halle (*ἐπὶ τῆς βασιλείου στοᾶς*) [36]), wie auch früher der Fall war, von Morgens früh bis Abends spät zu Gericht sitzen, und Rechtssachen hören.

*iud.* (2,8). *Iustin. a.* 521. Restituendae sunt clarissimis eloquentiae luminibus sexaginta auri librae, quas sub imperio Zenonis divae memoriae pedaneis deputatas arbitris, — tamen auferendas credidit praeparca posterioris subtilitas Principis, ut iam liberalitate nostri numinis viri clarissimi fisci patroni praefatam auri summam sine fraude annis singulis consequantur. erwähnt dasselbe als vom Präfecten Johannes herrührend, dem es auch zugeschrieben ist. Sicher hat er aber Unrecht, wenn er in seiner blinden Wuth die Einsetzung dieser Richter aus dem Wunsche desselben, sich ganz ungestört den schändlichsten Ausschweifungen hingeben zu können, herleitet. Der Grund seines Zorns ist wahrscheinlich, daß hierdurch dem Officium, dem er angehörte, Sporteln entzogen wurden.

34) *Nov.* 82. *c.* 1. *pr.*

35) *Lydus de Magistr.* III. 65.

36) Vgl. *Lydus l. c.*

Kap. 4. Wird von den Diäteten oder von den Viri illustres appellirt, und sie sind vom Kaiser delegirt, so wird die Appellation nach dem Betrag der Sache entweder in das Consistorium gebracht, oder kaiserlichen Richtern überwiesen[37]); sind sie von Magistraten bestellt, an diese.

Kap. 5. Alle sollen Sachen bis zum Werth von 300 Solidi ohne Schrift (ἐν σχήματι παρασημειώσεως)[38]) verhandeln. Niemand soll von ihnen zu appelliren verhindert sein, außer wenn es die dritte Appellation ist.

Kap. 6. Bestimmung der Appellationsfrist.

Kap. 7. Einschärfung der allgemeinen Sporteltaxe. Jedem dieser Richter sollen zwei Exceptoren, und zwei Executoren, welche die Sachen vorbereiten und einführen, beigegeben werden[39]).

Kap. 8. Wenn einer der Judices illustres oder eloquentissimi aus irgend einem Grunde aufhört Richter zu sein, so behält sich der Kaiser vor, selbst einen andern zu ernennen.

Kap. 9. Bestimmung der Emolumente für diese Richter. An Sporteln[40]) von jeder Parthei bei der Litiscontestation zwei Aurei, und eben so viel beim Endurtheil, wenn die Sache 100 Aurei übersteigt; bei geringern Sachen nichts. An jährlichem Gehalt[41]) aus der Kasse des Präfectus Prätorio Orientis zwei Pfund Goldes.

Kap. 10—14 enthalten allgemeine Vorschriften für Richter aller Art.

In diesen Anordnungen sind folgende Punkte als eigenthümlich und auf andere Gerichte des Reichs nicht anwendbar zu betrachten: 1) Daß der Kaiser selbst sich die Berufung der

37) S. oben § 137 Note 30.

38) S. unten § 162.

39) Nehmlich aus dem Officium der Magistrate. *L. 5. C. I. de fruct. et lit. exp.* (7, 51). *L. 27. C. I. de procurat.* (2, 13). *LL. 16. 18. C. I. de iudiciis* (3, 1).

40) Vgl. *L. 12. § 1. C. I. de proxim. s. scrinior.* (12, 19). *L. 8. C. I. de principib. agent. in reb.* (12, 22). *L. 3. C. I. de privileg. scholar.* (12, 30).

41) S. oben Note 33.

Judices vorbehielt. Ohne Zweifel geschah dieselbe in den Provinzialgerichten durch einen kaiserlichen Beamten, den Provinzialstatthalter selbst oder einen höheren. 2) Daß eine zweite höhere Classe der Judices illustres angeordnet wurde, weil auch der Kaiser selbst ihnen delegiren wollte. 3) Eben dieß, daß auch der Kaiser aus ihnen seine Richter nehmen will, scheint etwas Neues, obgleich es auch früher schon vorkommt, daß er sie aus den Advocaten der höchsten Tribunale der Hauptstadt gewählt habe [42]).

Zurückweisen müssen wir ein doppeltes Mißverständniß. Man hat diese hier bestellten Judices als solche ansehen wollen, welche auch ohne Delegation selbständig Klagen annehmen konnten, wahrscheinlich wegen Kap. 3 [43]), woraus dieß doch gar nicht folgt; Kap. 2 bezeichnet sie ausdrücklich als solche, denen nur Rechtssachen überwiesen werden sollen, und in der Einleitung werden sie bestimmt von den verwaltenden Magistraten unterschieden. Sodann ist Kap. 5 häufig so mißverstanden worden, als wenn nur Sachen des dort angegebenen Werthes ihnen delegirt werden könnten, während die Vorschrift nur die ist, daß sie in Sachen dieses Werthes summarisch oder ohne Schrift verfahren sollen [44]).

Die Fälle, in welchen Judices bestellt wurden, sind zunächst durch die oben erwähnten Verordnungen Diocletians und Julians bestimmt, welche es den Magistraten nur wegen Ueberhäufung mit Geschäften, oder Geringfügigkeit der Sache erlaubten. Ob ein solcher Fall vorhanden sei, war ihrer freien Beurtheilung überlassen [45]), und überdieß ihnen nicht verwehrt, auch in solchen Sachen selbst zu erkennen. Ja es konnten die Partheien,

42) *L. 3. C. I. de sportulis* (3, 2). *Nov.* 20. *c.* 9.

43) Das Mißverständniß hat schon die Glosse zu *L. 5. C. I. h. t.*

44) *Ἀκροάσονται δὲ πάντες τῆς μὲν δίκης ἄχρι τριακοσίων οὔσης νομισμάτων ἐν σχήματι παρασημειώσεως.* Selbst *Cuiac.* mißversteht diese Worte. Schon an sich ist es unwahrscheinlich, daß auch den Viri Illustres und vom Kaiser nur so geringe Sachen delegirt werden sollten.

45) Hierauf ist jetzt zu beziehen *L. 9. D. de off. Praes.* (1, 18). — — aestimare debet, utrum ipse cognoscat, an iudicem dare debeat.

wie es scheint, vor der Einlassung ausdrücklich auf ihre Cognition provociren [46]). Uebrigens war auch die Natur der einzelnen Rechtssache von Einfluß. Bei gewissen Rechtsverhältnissen, wo eine Untersuchung an Ort und Stelle oder sonst eine Verhandlung nöthig war, die der Magistrat nicht wohl selbst vornehmen konnte, scheint regelmäßig ein Judex oder Arbiter bestellt worden zu sein [47]). Eben dahin gehören die Fälle, wo der Magistrat in früherer Zeit zur Untersuchung einer rein factischen Frage, z. B. zur Prüfung der gerichtlich auferlegten Bürgschaft, einen Arbiter zu bestellen pflegte, der jetzt auch aus den Judices pedanei genommen werden soll [48]). Umgekehrt sollte, wo man früher die freiere Beurtheilung einem Judex nicht anvertrauen wollte, auch jetzt der Magistrat selbst erkennen [49]). Freilich war für die meisten Verhältnisse dieser Art jene Beschränkung im Einzelnen dennoch aufgehoben [50]).

Was die Art und Weise der Ernennung des Judex betrifft, so bezeugt nicht nur die Aufnahme einer ganzen Reihe von Stellen des ältern Rechts [51]), sondern auch Justinians eigene Gesetzge-

46) *L. un. C. I. ne liceat tertio provoc.* (7, 70). *Iustinian.* — licentia danda litigatoribus, arbitro dato, ipsius audientiam, qui eum dedit, ante litem contestatam invocare: et huiusmodi petitione minime provocationis vim obtinente.

47) Z. B. bei der act. finium regundorum. *LL. 3. 5. C. Th. regund.* (2, 26). Vgl. auch *L. 37. § 2. C. I. de episcopis* (1, 3). *L. 18. § 4. C. I. de re mil.* (12, 36).

48) *L. 6. C. I. de adv. div. iud.* (2, 8). *cit.* in Note 29. pedaneis arbitris, nec non fideiussorum vires aestimantibus. Vgl. oben Bd. 2. S. 109 folg.

49) Dieß verfügt Diocletian in *L. 2. C. I. h. t.* Quod non ita accipi convenit, ut in his etiam causis, in quibus solebant ex officio suo cognoscere, dandi iudicis licentia eis permissa credatur.

50) So für in integrum restitutio in *L. 3. C. I. ubi et ap. quem* (2, 47). *Iustinian.* Diocletian in *L. 2. C. I. h. t.* hatte die status quaestiones noch dem iudex pedaneus entzogen. Allein *L. 2. C. I. de libertis et eor. liber.* (6, 7) *Constantin. a.* 319. (?) läßt ihn in dem bedenklichsten Falle zu, da der Freigelassene wegen Undankbarkeit in die Sklaverei zurückgefordert wird. Für Fideicommisse war die Beschränkung wohl schon vor ihrer Verschmelzung mit den Legaten weggefallen. *L. 1. L. 2. C. I. communia de legatis* (6, 43).

51) *L. 80. L. 47. D. de iudiciis* (5, 1). *L. 23. pr. D. de app.* (49, 1). *L. 57. D. de re iud.* (42, 1).

bung[52]), daß die Partheien auf die Wahl des Richters einen entscheidenden Einfluß übten. Dieß geschah theils so, daß sie gemeinschaftlich um die Bestellung eines bestimmten Judex baten[53]), theils durch die Recusation des Ernannten, welche ohne Anführung oder Beweis von Gründen durch eine bloße Protestation geschah, und die Verhandlung der Sache auf frei gewählte Arbitri übertrug, die nun als vom Magistrat bestellt angesehen werden sollten[54]). Jedenfalls hatte der zum Richteramt Berufene die Pflicht es zu übernehmen, wenn ihm nicht ein gesetzlicher Excusationsgrund zur Seite stand[55]).

Wie haben wir uns endlich die Theilung der Richtergeschäfte zwischen dem Magistrat und dem Judex zu denken, und die Form des dadurch bestimmten Verfahrens? Hier ist vor Allem Justinians Bemerkung zu berücksichtigen, daß der alte ordo iudiciorum privatorum längst abgekommen, und alle iudicia extraordinaria geworden seien[56]), welche auf den ersten Blick unserer Voraussetzung, daß auch jetzt noch häufig die Judicis Datio eingetreten sei, zu widersprechen scheint, näher besehen aber zur Beantwortung der aufgeworfenen Frage führt. Als nehmlich die Judicis Datio aufhörte die Regel zu bilden, verlor sie zugleich ihre eigenthümliche Form, welche in der von dem Kläger gewählten und von dem Magistrat ertheilten Formula lag. Diese ausdrückliche und förmliche Instruction des Judex schien überflüssig, da er ohnedieß an die auf den vorliegenden Fall anwendbaren Rechtssätze gebunden war, und wurde

52) ***L. 14. pr. C. I. de iudiciis*** (3, 1). — ex auctoritate sententiarum et partium consensu electi.

53) Hierauf scheinen die Stellen in Note 51 zu gehen.

54) ***L. 16. L. 18. C. I. de iudic.*** (3, 1). ***Iustinian.***

55) ***L. 18. § 14. D. de munerib.*** (50, 4). ***L. 13. §§ 2. 3. D. de vacat.*** (50, 5). ***L. 78. D. de iudiciis*** (5, 1). Auch ***L. 4. C. Th. de excus. artif.*** (13, 4). ***a.*** 374. — neve pedaneorum iudicum sint obnoxii potestati — kann in dem Zusammenhang der Stelle nur auf diese Verpflichtung gehn, so daß potestas für officium oder munus steht. Ist dieß richtig, so war damals die Verpflichtung zur Uebernahme dieses Richteramts noch nicht auf die Advocatencollegien beschränkt.

56) ***pr. Inst. de success. subl.*** (3, 13). ***§ 8. I. de interdictis*** (4, 15).

als eine leere und captiöse Förmlichkeit von K. Constantinus ausdrücklich abgeschafft [57]). Hiermit war die gesammte Instructionsverhandlung vor dem Magistrat, die sich auf die Formula bezog, entbehrlich geworden, daher auch die Gegenwart des Beklagten, welcher zunächst weder durch in Jus Vocatio, noch durch richterliche Ladung zu erscheinen genöthigt wurde. Der Kläger allein trat vor dem Magistrat auf und brachte seine Klage an, wobei ihm natürlich auch die früher nothwendige Actionis Impetratio als ganz bedeutungslos erlassen werden konnte [58]). Der Magistrat überwies nun, wenn er es gut fand, die Sache einem Judex, und nöthigte den Beklagten durch die Ladung vor diesem zu erscheinen [59]). Der Beklagte recusirte entweder den bestellten Richter, und brachte die Sache vor Arbitri [60]), oder folgte der Ladung, und dann eröffnete die Litiscontestation vor dem Judex pedaneus [61]) die weitere Verhandlung. Der Richter entbehrte also jede andere Anweisung, als die er in den Gesetzen fand; sein Richtergeschäft war dem des Magistrats ähnlich, und das Verfahren im Sinne des alten Rechts extra ordinem. Doch beschränkt sich sein Amt, wie das des alten Judex, auf Untersuchung und Entscheidung. Daher ergeht die erste Ladung von dem Magistrat, der die Macht (imperium) hat, ihr durch Realcitation oder Missio in Possessionem Nachdruck zu geben [62]). Nach der Litiscontestation aber verschafft sich der Judex den Partheien gegenüber durch die in der Sache ihm zustehende Amtsgewalt das nöthige Ansehen [63]). Ueber Zeugen und die ihm

57) *L. 1. C. I. de formulis et impetrationibus actionum sublatis* (2, 58). *a.* 342. Iuris formulae aucupatione syllabarum insidiantes cunctorum actibus radicitus amputentur. *cf. L. 47. § 1. D. de negotiis gestis* (3, 5).

58) Dieß geschah durch *L. 2. C. I. de form. et impetr. act. subl.* (2, 58). *Theodos. et Val. a.* 428. = *L. un. C. Th. de omissa act. impetr.* (2, 3).

59) *Nov.* 53. *c.* 4. *pr. Nov.* 99. *c.* 1. § 2. Vgl. unten § 152.

60) *LL. 16. 18. C. I. de iudiciis* (3, 1). *Nov.* 53. *c.* 3.

61) *L. un. C. I. de lit. cont.* (3, 9). *L. 4. C. I. h. t.* Vgl. auch *Nov.* 82. *c.* 9. die sportulae pro litis contestatione.

62) *Nov.* 53. *c.* 4. *pr.* § 1. *Nov.* 99. *c.* 1. § 2.

63) *Nov.* 53. *c.* 4. *pr. cit.* οὔτε τοῦ δικαστοῦ πρᾶξαι τι δυναμένου, διὰ τὸ μήπω γενέσθαι παρ' αὐτῷ προκάταρξιν. Vgl. oben § 71 Note 64.

beigegebenen Subalternen kann er Geldstrafen verhängen; wegen härterer sucht er die Hülfe des Magistrats [64]). Nach gefälltem Urtheil aber endigt seine Macht [65]), und die eigentliche Execution gebührt dem Magistrat [66]), der ihn gegeben. Auch die Appellation wird an diesen gerichtet [67]).

## 2. Gerichtsbeisitzer [1]).

§ 141. Wir haben früher (§ 76) gesehen, wie die Sitte der Republik, wonach die Magistrate bei gerichtlichen Verhandlungen rechtskundige Freunde als Beisitzer zuzuziehen pflegten, schon zu Anfang des dritten Jahrhunderts zur gesetzlichen Einführung des Amtes der Adsessoren geführt. Daß mit der Umwandlung der Gerichtsverfassung durch Diocletian dieses Institut eine veränderte oder erhöhte Bedeutung erhalten habe [2]), dafür finde ich keinen hinreichenden Grund [3]). Im Wesentlichen hat es unverändert bis in die späteste Zeit fortbestanden.

Die Namen für diese Gerichtsbeisitzer sind: Adsessores [4]), *Πάρεδροι* [5]), Consiliarii [6]), *Σύμβου-*

64) *L. 15. rest. C. I. de testibus* (4, 21). *Zeno. L. 3. C. I. de sportulis* (3, 2). *Iustinian.* Auch wegen der Tortur der Zeugen *Nov.* 90. *c.* 1. § 1.

65) *L. 55. D. de re iud.* (42, 1).

66) *L. 15. pr. D. de re iud.* (42, 1).

67) Aus dem älteren Recht *L. 1. pr. L. 3. D. quis a quo* (49, 5). *L. 1. § 3. D. de app.* (49, 1). Aus dem späteren *L. 32. § 4. C. I. de app.* (7, 62) *Nov.* 82. *c.* 4.

1) *Cod. Theod.* 1, 35. *Cod. Iust.* 1, 51. *de Adsessoribus. Dig.* 1, 22. *de officio Adsessorum. Nov.* 60. *c.* 2.

2) Diocletian wird vorgeworfen, daß er die frühere Sitte nicht immer beobachtet habe. *Lactant. de mort. pers.* 22. Iudices militares humanitatis litterarum rudes sine Adsessoribus in provincias immissi.

3) Savigny, Gesch. des R. R. im MA. I. § 26 behauptet, daß in Verbindung mit dem Abkommen des Ordo Judiciorum privatorum der Adsessor den Judex ersetzt habe. S. unten Note 35.

4) Das Geschäft heißt adsidere, auch adsessura. *L. 3. D. de proxeneticis* (50, 14).

5) *Nov.* 60. *c.* 2. Auch *σύνεδροι* *Nov.* 119. *c.* 4.

6) *L. 5. D. h. t.* Das Geschäft heißt in consilio esse. *L. 6. C. Th. de iis quae adm.* (8, 15).

λοι [7]); auch die allgemeineren Ausdrücke iuris studiosi [8]) und comites [9]) sind häufig auf sie zu beziehen, weil sie Rechtskundige waren, und zu den Gefährten des Magistrats gehörten [10]).

Sie kommen bei allen Behörden [11]), Civil-, Militär- und Finanz- [12]), Provinzial- und Hofbeamten vor [13]), insofern diese Gerichtbarkeit ausüben; nur für die Duumviri und Defensoren finde ich sie nicht erwähnt [14]). Für diese niederen Gerichte waren besoldete Beisitzer zu kostspielig, deren Stelle vielleicht Glieder der Curie einnahmen. In Justinians Zeit hatte jeder Magistrat regelmäßig nur Einen Beisitzer [15]), und auch früher scheint

7) *Zosim.* V. 30. πάρεδρός τε ὁμοῦ καὶ σύμβουλος.

8) *L. 1. D. h. t. L. 4. D. de extr. cogn.* (50, 13). *cf. Van Leeuwen, de iuris studiosis,* in *Oelrichs Th. nov. diss. Belg.* II. 1. *p.* 339. *sqq.*

9) *L. 4. D. h. t. L. 1. § 8. D. de extr. cogn.* (50, 13). *L. 19. § ult. D. locati* (19, 2). *L. 32. D. ex quib. caus. mai.* (4, 6). *L. 6. § 1. D. de poenis* (48, 19). *L. 12. § 1. D. de vacat.* (50, 5).

10) Noch allgemeinere Namen, die sie erhalten, sind socii und participes. *L. 5. C. Th. de iis quae adm.* (8, 15). *L. un. C. I. si Rector prov.* (5, 2).

11) Viele derselben s. in *L. 11. C. I. h. t.*

12) Für den Magister militum s. *L. 11. cit.*, für den Dux *L. 2. § 19. C. I. de off. Praef. praet. Afr.* (1, 27), für fiscalische Beamte *Augustin. Confess.* VI. 10. unten Note 30.

13) Z. B. dem Magister officiorum. *L. 11. cit.*

14) *L. 6. D. h. t.* nennt noch den Beisitzer des Curator reipublicae.

15) *L. 2. § 19. C. I. de off. Praef. praet. Afr.* (1, 27). *Nov.* 8. *c.* 8. *Nov.* 17. *c.* 5. § 2. *Nov.* 24. *c.* 6. *Nov.* 25. *c.* 6. *Nov.* 28. *c.* 3. 7. *Nov.* 29. *c.* 2. *Nov.* 30. c. 6. *Nov.* 82. *c.* 1. § 1. Ich wäre geneigt, diese geringe Zahl aus der Finanznoth unter Justinian zu erklären, wenn ich früher die Beisitzer bestimmt in der Mehrzahl fände. Die höchsten Beamten, z. B. die Präfecten, mögen, wie ja auch der Kaiser, deren allerdings mehrere gehabt haben (*Lydus de Magistr.* III. 11. nennt sie in der Mehrzahl), wenn auch nicht 150 oder 120, wie *Guther. de off. dom. Aug.* II. 4. 9. annimmt, durch falsche Lesarten verführt in *L. 11. pr. C. de advocatis div. iudicior.* (2, 7), wo es concilium statt consilium heißen muß, und *L. 1. § 8. C. I. de off. Praef. praet. Afr.* (1, 27), wo er statt: pro annonis Consularium auri libras XX. unrichtig liest: pro annonis Consiliariorum centum viginti auri libras XX. Auch in Italien unter ostgothischer Herrschaft. *Cassiodor.* VII. 3. adhibito sibi prudente Romano. Ebenso unter burgundischer Herrschaft der Judex deputatus. *Lex Burg. praef.* absente altero iudice.

dieß die gewöhnliche Zahl gewesen zu sein [16]). Wir haben sie uns also nicht als Richtercollegien, sondern als einzelne den Verwaltungsbeamten beigegebene Rechtsconsulenten zu denken.

Der Magistrat wählt sich seine Beisitzer selbst [17]) aus den dazu fähigen Personen [18]), wobei Rechtskenntniß natürlich das Haupterforderniß war. Gewöhnlich waren es jüngere Leute, welche nach beendigten Rechtsstudien [19]) als Beisitzer und Advocaten [20]) sich in praktischen Geschäften übten, um dann zu Staatsämtern zu gelangen [21]). Solche pflegten sich einem Magistrate für die Dauer seines Amtes zu verdingen, und nach dessen Beendigung bei einem andern dieselbe Stelle zu suchen [22]). Dennoch war es ein öffentliches Amt, welches den Rang [23]) und die Privilegien der Staatsbeamten [24]) und eine öffentliche Besoldung verlieh [25]). Es ist aber kein Munus publicum, zu dessen Uebernahme man verpflichtet wäre [26]).

16) In dem Rechtsstreit, den *Augustin. Confess.* VI. 10. erzählt, scheint Alipius der einzige Beisitzer gewesen zu sein. S. unten Note 30.

17) Dieß wird überall vorausgesetzt, z. B. in *L. 1. C. Th. h. t.*

18) Einwohner dieser Provinz sind auch jetzt noch ausgeschlossen. *L. 1. C. Th. h. t. L. 10. C. I. eod.* Vgl. oben § 76 Note 20.

19) *Orbis descriptio* aus der Zeit des Constantius und Constans bei *Gothofr. ad L. 1. C. Th. h. t.* Iam Berytus civitas valde deliciosa et auditoria legum habens, per quam omnia iudicia Romanorum. Inde enim viri docti in omnem orbem terrarum adsident iudicibus, et scientes leges custodiunt provincias, quibus mittuntur legum ordinationes. Deshalb heißen sie iuris studiosi; s. oben Note 8.

20) Beides waren sie häufig zugleich. *Zosim.* V. 30. *L. 11. pr. C. I. de adv. div. iudicior.* (2, 7). *Nov.* 60. *c.* 2. § 1. *Nov.* 82. *c.* 1. § 1. Doch sollten sie sich während der Adsessur des Advocirens enthalten. *L. 14. pr. § 2. C. I. h. t.* Ueber *L. 5. D. h. t.* s. *Van Leeuwen l. c.*

21) *Cassiodor. Var.* VI. 12. Consiliarii Praefectorum — unde frequenter et nos Iudices assumimus.

22) *Augustin. Confess.* VIII. 6. Mecum erat Alipius otiosus ab opere iurisperitorum post adsessionem tertiam, exspectans, quibus iterum consilia venderet. Daß neben der öffentlichen Besoldung auch später noch vom Magistrat eine Privatbelohnung gegeben zu werden pflegte, dafür s. oben § 76 Note 15 und 17 und *L. 1. C. I. h. t.*

23) Die Beisitzer der illustres waren Comites primi ordinis. *L. un. C. Th. de comitibus, qui illustribus adsident* (6, 15). *Cassiodor. Var.* VI. 12.

24) *L. 11. C. I. h. t.*

25) Früher wird diese salarium genannt, s. oben § 76 Note 18. Später annona, welche zu Gelde

Die Geschäfte des Beisitzers lassen sich auch jetzt zurückführen auf Rechtsbelehrung in den Gerichtssitzungen und Vertretung des abwesenden Magistrats [27]). 1) Den Gerichtssitzungen wohnte der Assessor regelmäßig bei [28]) und unterstützte den Magistrat durch seine Rechtskenntniß, wofür er verantwortlich war [29]). Insbesondere berieth sich dieser mit ihm, ehe er das Urtheil sprach, ohne jedoch an seine Meinung gebunden zu sein. Wie ungern indeß der Magistrat davon abwich, weil er dadurch zum mindesten den Schein der Willkühr auf sich lud, und welchen heilsamen Einfluß ein rechtschaffener Beisitzer üben konnte, beweist die artige Geschichte des Alipius, die uns Augustin aufbehalten hat [30]). 2) Die Vertretung des Magistrats bezog sich auf Geschäfte, die dieser ihm übertrug, sowohl Abfassung schriftlicher Verfügungen [31]), als Abhaltung gerichtlicher Termine [32]). Jedoch

angeschlagen wurde. *L. 1. C. I. de ann. et cap.* (1, 52). *Theod. et Val. L. 2. § 19. C. I. de off. Praef. praet. Afr.* (1, 27). *Nov.* 24. *sqq.* Die Summe wechselt von 12 bis zu 72 Solidi. *cf. Nov.* 17. *c.* 5. § 2. Dieser Erwerb ist peculium quasi castrense. *L.* 2. *C. Th. L. 7. C. I. h. t.*

26) *L. 1. C. I. h. t.*

27) *Nov.* 82. *pr.* — *τοῖς μὲν γὰρ ἡμετέροις ἄρχουσι πάρεισι πάντως καὶ πάρεδροι, τὰ ἐκ τῶν νόμων ὑφηγούμενοι, καὶ τὰς ἀσχολίας ἀναπληροῦντες τὰς αὐτῶν.* Vgl. § 76 Note 21 folg.

28) Daher sein Name. Daß sie **hinter** dem Magistrat gesessen, folgert man aus *Amm. Marc.* XXIII. 6., wo es von den rechtskundigen Persern heißt: unde nostram consuetudinem rident, quae interdum facundos iurisque publici peritissimos post indoctorum collocat terga.

29) *L. 2. D. quod quisque iuris* (2, 2).

30) *Augustin. Confess.* VI. 10. Romae adsidebat Comiti largitionum Italicarum. Erat eo tempore quidam potentissimus senator, cuius et beneficiis obstricti multi, et terrori subditi erant. Voluit sibi licere nescio quid ex more potentiae suae, quod esset per leges illicitum. Restitit Alipius: promissum est praemium, irrisit animo. Praetentae minae: calcavit, mirantibus omnibus inusitatam animam, quae hominem tantum et innumerabilibus praestandi nocendique modis ingenti fama celebratum, vel amicum non optaret, vel non formidaret inimicum. Ipse autem Iudex, cui consiliarius erat, quamvis et ipse fieri nollet, non tamen aperte recusabat: sed in istum causam transferens, ab eo se non permitti asserebat: quia revera, si ipse faceret, iste discederet.

31) *L. 1. D. h. t.* s. § 76 Note 23. — edictis, decretis, epistolis. *Cassiodor. Var.* VI. 12. Consiliarii quoque Praefectorum, conscientia clari, **dictatione** praecipui, qui in illo actu amplissimae Praefecturae sic videntur exercere **facundiam**, ut ad utilitates publicas

sollte der Magistrat ihm niemals die Unterschrift [33]), noch die Untersuchung und Entscheidung einer ganzen Rechtssache, also das Geschäft eines Judex pedaneus, übertragen [34]).

Hieraus wird zugleich klar, in wiefern das Institut der Beisitzer als ein Surrogat der alten Judicis Datio betrachtet werden kann [35]). Allerdings lag in jener Uebertragung einzelner Geschäfte, nicht aber in dem Antheil des Beisitzers an den Gerichtssitzungen selbst, eine Erleichterung und Zeitersparniß für den Magistrat. Diese kann jedoch, wenn man nicht eine größere Zahl von Beisitzern annimmt, schon an sich nicht sehr hoch angeschlagen werden. Viel bedeutender war in dieser Beziehung auch jetzt noch die Judicis Datio in ihrer neueren Form. Und da die Assessoren auch früher in der Zeit des Ordo Judiciorum privatorum regelmäßig vorkommen, so dürfen sie wohl nicht in die bezeichnete Verbindung mit dessen Abkommen gesetzt werden.

Uebrigens hatten auch die vom Kaiser delegirten Richter ihre Beisitzer [36]); bei den Judices pedanei kommen sie wohl deshalb nicht vor, weil diese einen Beisitzer nicht zu bezahlen vermochten.

---

### 3. Officia Magistratuum [1]).

§ 142. Noch bedeutender für die Gerichtsverfassung dieser Zeit als das Amt der Adsessoren ist das zahlreiche Dienstperso-

expediendas alteram credas esse Quaesturam. Sie hatten also Secretariatsgeschäfte. Die Ausfertigung war Sache der Exceptoren. Doch wird in *L. 14. § 2. C. I. h. t.* signum chartis imponere als Geschäft des Assessors erwähnt.

32) *Nov.* 60. *c.* 2. *Nov.* 82. *c.* 2.

33) *L. 2. C. I. h. t.* Subscriptio ist eigentlich die auf die Bittschrift zu setzende schriftliche Gewährung des Gesuchs.

34) Dieß ist die Verfügung der *Nov.* 60. *c.* 2. Vgl. *Nov.* 82. *c.* 2.

35) S. oben Note 3.

36) *Nov.* 60. *c.* 2. § 2. *Nov.* 82. *c.* 1. § 1.

1) *Notitia dignitatum passim. Cod. Theod.* 8, 7. *Cod. Iust.* 12, 60. *de diversis officiis et apparitoribus Iudicum et pro-*

nal der Magistrate, welches technisch Officium heißt. Sein Ursprung in der Militärdespotie der früheren Kaiserzeit ist oben (§ 78) nachgewiesen worden. Seine vollständige Ausbildung gehört dieser Periode an, deren kunstreiches System der Büreaukratie hierdurch mehr als durch Anderes charakterisirt wird. Die republikanischen Subalternbeamten, insbesondere die Decurien der Scribae und Lictoren suchte noch Constantin im Besitz gewisser Geschäfte in der Jurisdiction der Provinzialstatthalter zu schützen [2]); später sind sie hier völlig verschwunden [3]). Bei den republikanischen Magistraten, Consuln und Prätoren, haben die Lictoren als Gehülfen ihrer Scheinjurisdiction sich bis in die späteste Zeit erhalten [4]). Eine genauere Kenntniß jener Officia ist unentbehrlich, um ein anschauliches Bild des Geschäftsganges der richterlichen Behörden zu gewinnen, jedoch bei der Mannichfaltigkeit der Aemter und der Vieldeutigkeit der Namen mit nicht geringen Schwierigkeiten verknüpft, welche auch ältere und neuere Schriftsteller nicht völlig gehoben haben [5]).

*batoriis eorum. C. Th.* 8, 1—4. 8 10. *C. I.* 10, 69. — 12, 50. 52—59. 61. 62. *Notitia Africae* in *L. 1. § 8. L. 2. § 19. C. I. de officio Praefecti praetorio Africae* (1, 27). *Cassiodor. Var.* XI. 8—32. *Lydus de Magistr.* III.

2) *L. 1. C. Th. de lucris officiorum* (8, 9). *Constantin. a.* 335. Ordines decuriarum scribarum librariorum et lictoriae consularis oblatis precibus meruerunt, ut in civilibus causis et editionibus libellorum Officiorum solennitate fungantur, ita ut vetusta aetate servatum est; hucusque praerogativa veniente, ut militares intercessiones procul usque a liberalibus causis sese contineant. Rectores itaque. quae iussimus, observabunt. Hermogenian erwähnt noch Lictoren als Gehülfen der Manumission. *L. 23. D. de man. vind.* (40, 2).

3) Fasces zwar als Insignien der höheren Würde werden den Proconsuln und Consularen noch vorangetragen, s. oben § 130 Note 24; Lictoren aber als eine besondere Art Apparitoren nirgends erwähnt.

4) Lictoren bei der Antrittsfeierlichkeit des Consulats *Claudian in IV. Cons. Honorii vers.* 5. Bei der Manumission durch den Prätor *L. 8. D. de man. vind.* (40, 2).

5) Pancirol im Commentar zur ganzen Notitia, besonders beim Praef. praet. Orientis. c. 9—20. *Gutherius de off. dom. Aug.* II. 8—15. erklärt die *Not. Afr.* in *L. 1. § 8. C. I. de off. Pr. pr. Afr.*, jedoch ohne den fehlerhaften Text, insbesondre die Zahlen zu berichtigen. Cujacius und Jac. Gothofredus zu den Titeln der beiden Codices haben Vieles ge-

Im Allgemeinen verräth ihr militärischer Charakter ihren Ursprung aus den zur Dienstleistung bei den Magistraten commandirten Soldaten [6]). So ist ihr Name nicht bloß officium, officiales, apparitores, sondern auch milites [7]), στρατιῶται [8]); ferner cohors, cohortales, cohortalini, τάξις, ταξεῶται [9]), eine Bezeichnung, die jedoch vorzugsweise für die Officialen der Statthalter im Gegensatz der höheren Beamten gebraucht wird; ihr Dienst heißt militia, cohortalis oder cohortalina militia [10]). Auch die einzelnen Aemter, von denen unten näher die Rede sein wird, entlehnen ihre Namen von militärischen Würden [11]). Auch tragen sie das Abzeichen des Militärdienstes, das cingulium [12]). Doch werden sie von der armata oder legionaria militia unterschieden [13]), genießen deren Vorrechte nur zum Theil [14]) und gehören den Abtheilungen des Heeres

sammelt, und Einzelnes glücklich erklärt; ein anschauliches Bild aber der einzelnen Aemter und des ganzen Geschäftsganges gewinnt man auch durch sie nicht. Einen musterhaften Beitrag hat Cramer geliefert in dem *Suppl. ad Brisson. de verb. sign. Kil.* 1813. 4. *voce*: *Ab actis*, vorzüglich mit Hülfe des Lydus, welcher überhaupt sehr wichtige Aufschlüsse gewährt. — Böcking's *Annotatio* zur Notitia giebt auch hier treffliche Beiträge; eine zusammenhängende Darstellung lag nicht in seinem Plan. Vgl. I. *p.* XIII. II. *p.* 1161. *sq.* Andere neuere Schriftsteller haben meine Darstellung benutzt, ohne sie zu berichtigen oder zu ergänzen. — Beispiele von der oben bemerkten Vieldeutigkeit der Namen: Adiutor, Primiscrinius, Scriniarius, Chartularius kommen im Officium in doppeltem oder dreifachem Sinn vor.

6) S. oben § 78 und § 127 Note 22 folg.

7) *Lactant. de mort. pers.* 31. Officiorum omnium milites. *Symm. Ep.* X. 43. — a militibus Vicariae potestatis abducitur. — 63. urbanarum cohortium miles.

8) *Lyd.* III. 30.

9) *Gothofr. Paratitl. C. Th.* 8, 4.

10) *L. 48. C. Th. de haeret.* (16, 5).

11) *Pseudo-Ascon. in Verr.* I. 28. Accensus nomen est ordinis et promotionis in militia, ut nunc dicitur princeps vel commentariensis aut cornicularius; haec enim nomina de legionaria militia sumta sunt. Diese Stelle bestimmt das Zeitalter des Verfassers.

12) *L. 1. § 1. C. Th. de habitu. quo uti oportet intra urb.* (14, 10).

13) S. Note 11. *L. 3. C. I. de agricol. et mancip. dom.* (11, 67). *L. 4. C. I. qui mil. poss.* (12, 34) u. a. m.

14) *L. 12. C. Th. h. t. L. 4. C. I. de cohortalibus* (8, 4). *L. 16. C. I. de test. mil.* (6, 21).

nicht an [15]), mit Ausnahme der Officialen einiger Militärbeamten [16]).

Alle kaiserlichen Behörden haben Officia, die jedoch unter sich in manchen Stücken abweichen. Bei den Civilbeamten, zu denen auch die fiscalischen gehören [17]), tritt das Normalverhältniß ein. Die Officialen der so eben erwähnten Militärbeamten sind Soldaten, und die der Hofbeamten gehören zur Hofdienerschaft (militia palatina), ja der Quästor sacri Palatii bedient sich statt ihrer der kaiserlichen Büreaus (scrinia) [18]). Die Municipalmagistrate gebrauchen die städtischen Unterbeamten (officia municipalia), von denen nachher besonders die Rede sein wird.

Für jede Behörde war je nach dem größern oder geringern Umfang ihres Geschäftskreises die Zahl des Dienstpersonals gesetzlich bestimmt [19]), jedoch allemal sehr beträchtlich, wodurch

15) *L. 3. C. I. de apparitoribus Praef. pr.* (12, 35). — cum in legione prima adiutrice nostra militant — hat nach *Lyd.* III. 3. nur historische Bedeutung und drückt kein praktisches Militärverhältniß aus. Vgl. *L. 6. C. I. de castr. pec. mil. et praef.* (12, 37).

16) Die Notitia Dignitatum Orientis sagt von dem Officium des ersten Magister Militum präsentalis und ebenso von dem Mag. Mil. per Thracias und per Illyricum *c.* 4. § 2. *c.* 7. § 2. *c.* 8. § 2. in numeris militat, et in officio deputatur, d. h. diese Officialen werden in den Armeelisten als Soldaten fortgeführt, sind aber zur Dienstleistung in der Kanzlei des Magister Militum commandirt; hier hat sich also das ursprüngliche Verhältniß erhalten. Vgl. *Böcking Annot.* I. *p.* 197. Dagegen von dem Officium des zweiten Magister Militum präsentalis und dem per Orientem *c.* 5. § 2. *c.* 6. § 2. cardinale habetur, wodurch jenes zwiefache Verhältniß ausgeschlossen zu werden scheint. *Gothofr. ad L. 7. C. Th. de suscept.* (12, 6). *Böcking Annot.* I. *p.* 205. Also auch hier keine vollständige Symmetrie! und es ist deshalb in *L. 6. C. Th. de suscept.* (12, 6). *Valentinian. a* 365. — si quidem ordinis sint militaris und in *L. 16. C. I. de test. mil.* (6, 21). *Anastas. a.* 496. — et si nomina eorum matriculis militaribus referri videantur, conditional zu verstehen. *L. 4. C. Th. h. t. Constantin. a.* 354. — nisi si sub armis militiam toleraverint, spricht von früherem Kriegsdienst. Ueber das Verhältniß der Officia der Duces und Comites im Orient und aller Militärbeamten im Occident zum Heer sagt die Notitia nichts.

17) Auch die Rationales haben Officialen. *L. 7. C. Th. de cohortalibus. L. 6. C. Th. h. t.*

18) *Not. dign. Or. c.* 11. § 2. *Occid. c.* 9. § 2.

19) Außer den statutis duldete

seine Bedeutung für die Verwaltung klar wird[20]). Unter Theodos d. Gr. und seinen Söhnen werden folgende Zahlen bemerkt: das Officium eines Präses in der Dioces Illyricum betrug 100[21]), eines Vicarius 300[22]), des Proconsul Africae 400[23]), des Comes Orientis sogar 600[24]). Hiernach ist zu ermessen, wie zahlreich das Officium der höchsten Reichsbehörden, z. B. des Präfectus Prätorio, gewesen sein muß[25]). Unter Justinians Regierung finden wir weit geringere Zahlen, ohne Zweifel eine Folge der Reductionen, die Lydus als Verfall der Officia so kläglich beweint. Der Präfectus Prätorio Africae soll nur 396 Officialen haben, jeder Statthalter dieser Dioces nur 50[26]). Auch den neu erfundenen Civil- und Militärbeamten des östlichen Reichs vom Range der Spectabiles werden nur 100 Officialen angewiesen[27]).

Auch ihr Rangverhältniß war natürlich sehr verschieden je nach dem verschiedenen Rang des Magistrats, dem sie dienen. Die Officialen der Präfecten (Praefectiani) sind sehr angesehene Beamte, während die der Statthalter (Cohortales) eine ziemlich untergeordnete Classe der Staatsbürger bilden[28]).

man supernumerarii, die jedoch die Privilegien des Officiums, ohne Zweifel auch die Annona, nicht theilten. *L. 5. C. I. de apparitoribus Mag. mil.* (8, 3). *Nov. C. Th.* 14. § 1. Vgl. jedoch *L. 16. C. Th. de palat. sacr. larg.* (6, 30).

20) Die Notitia Dignitatum zählt kein Officium vollständig auf und deutet dieß am Schluß an durch: et ceteri. Dadurch hat sich ein ausgezeichneter Historiker täuschen lassen, *Fauriel hist. de la Gaule méridionale* I. p. 352. leur petit nombre.

21) *L. 9. C. I. de cohortalibus* (12, 58).

22) *L. 5. L. 12. C. Th. de off. Vicar.* (1, 15). Beim Vicarius Asiae nur 200. *L. 13. eod.*

23) *L. 6. C. Th. de off. Procons.* (1, 12).

24) *L. 1. C. Th. de off. Com. Or.* (1, 13). *L. 1. C. I. de apparitoribus Com. Or.* (12, 57).

25) *Lydus* III. 66. versichert, daß vor Justinians Reduction in dem Officium des Präfectus Orientis jährlich mehr als Tausend Exceptoren (ταχυγράφοι) beschäftigt worden seien.

26) *L. 1. §§ 3. 8. C. I. de off. Praef. pr. Afr.* (1, 27).

27) *Nov.* 24. *sqq.*

28) S. z. B. *L. 14. C. Th. de privil. eor. qui in sacr. pal.* (8, 35). Die Cohortalini sind mit ihren Kindern an den Stand gebunden und werden in dieser Beziehung mit den Curialen zusammengestellt. *L. 28. L. 30. C. Th. de cohortal.* (8, 4). *Nov. C. Th.* 12. *Cod. Theod.* 7, 2. *Cod.*

Die Anstellung der einzelnen Officialen geschah nicht durch den vorgesetzten Magistrat, sondern durch den Kaiser [29]), die Ausfertigung der Anstellungspatente (probatoriae) erfolgte in den verschiedenen kaiserlichen Kanzleien (scrinia) gegen Zahlung von Sporteln [30]); nur ihre Vertheilung in die verschiedenen Ordnungen des Officiums stand dem Magistrat zu [31]). Die Veräußerung der cohortalis Militia durch Verkauf scheint unter Einschränkungen erlaubt gewesen zu sein [32]). Unfähig zu diesen Aemtern waren Sklaven und Colonen [33]) und wer schon durch einen andern Staatsdienst gebunden war, insbesondere schon in einem andern Officium stand [34]), oder der Curie [35]) oder sonst einer Corporation angehörte [36]). Fünf und zwanzigjähriger Dienst in der Cohorte befreit von der Curie [37]).

Der Angestellte wird in das amtliche Verzeichniß (matricula) eingetragen [38]), und leistet, wie die eigentlichen Milites, den Eid [39]), der den Cohortalen und seine ganze Nachkommenschaft [40])

*Inst.* 3, 23. ubi quis de cohortali vel curiali aliave conditione conveniatur. S. unten Note 40.

29) *L. 1. L. 7.* = *L. 2. C. I. de cohortal.* (12, 58). *L. 21.* (= *L. 6. C. I.*). *L. 22. C. Th. h. t.*

30) *L. 9. L. 10. C. I. h. t. Nov.* 25. *c.* 1. *Nov.* 26. *c.* 2. *Nov.* 27. *c.* 1. *Lyd.* III. 2. 67.

31) Wenigstens beim Praef. pr. *Lyd.* III. 4. 26.

32) *L. 10. C. Th. de cohortal.* (8, 4).

33) *L. 5. C. Th. de Tabulariis* (8, 2).

34) *L. 4. C. Th. de Numerariis* (8, 1). *L. 22. C. Th. de cohortal.* (8, 4). *Not. dign. Or. c.* 40. § 2. *c.* 42. § 2. *Occid. c.* 41. § 2. *c.* 43. § 2. *c.* 45. § 2. *fin.* — et reliquos Cohortalinos, quibus non licet ad aliam transire militiam sine annotatione clementiae principalis.

35) *L. 4. L. 6. C. Th. de off. Procons.* (1, 12). = *LL. 1. 2. C. I. de apparitoribus Procons.* (12, 56). *L. 12. C. Th. de off. Vicarii* (1, 15).

36) *L. 12. § 3. C. I. de cohortal.* (12, 58).

37) *L. 1. C. Th. de cohortal.* (8, 4). *L. 5. L. 6. C. Th. h. t.*

38) *L. 20. C. Th. de cohortal.* (8, 4). = *L. 10. C. I. eod.* (12, 58). *Nov. C. Th.* 71. § 1. *Lyd.* III. 2. Die Matrikel führte ein eigener Matricularius. *Lyd.* III. 66. 67. *L. 16. C. Th. de palat. sacr. larg.* (6, 30).

39) Das sacramentum kommt oft vor, z. B. *L. 8. L. 17. C. Th. de Numerariis* (8, 1). *L. 22. L. 26. C. Th. de cohortal.* (8, 4). *L. 16. § 1. L. 18. C. Th. h. t.*

40) *L. 3. C. Th. de filiis militar.* (7, 22). = *L. 1. C. I. de filiis official. militar.* (12, 48). *L. 8. L. 28. L. 30. C. Th. de cohortal.* (8, 4). = *L. 12. C. I. eod.* (12, 58). *L. 19. C. Th. h. t. L. 18. L. 19. L. 184. C. Th. de decurion.* (12, 1).

an diesen Stand dermaßen bindet, daß sie, in welches Verhältniß sie sich begeben, der Cohorte vindicirt werden können [41]). Insofern ist es ein Amtsverhältniß fürs Leben [42]). Die einzelnen Stellen im Officium aber bekleidet man nur kürzere Zeit, meist Ein Jahr und nur Einmal [43]), und rückt nach dem Dienstalter von den niederen und weniger einträglichen Aemtern zu den höheren und einträglicheren vor [44]). Bei der großen Zahl der Officialen erreichte man die höchsten Stellen meist erst in höherem Alter [45]), und gelangte nach einer honesta missio [46]) zu ruhigen Hofbedienungen [47]) und Befreiung von allen drückenden Staatslasten [48]). Der Magistrat, dem sie dienen, ist ihr alleiniger Richter in Civil- und Criminalsachen [49]), übt die Disci-

41) *L. 14. C. Th. de privileg. eor. qui in s. palat.* (6, 35). *L. 14. L. 22. L. 23. C. Th. de cohortal.* (8, 4). *L. 2. L. 3. L. 9. L. 11. L. 15. L. 16. C. Th. h. t. L. 48. L. 61. L. 65. § 3. C. Th. de haeret.* (16, 5). *Nov. C. Th.* 8. § 6. — 12. § 1. — 14. — 48. *L. 14. C. I. de cohortal.* (12, 58). *Nov.* 123. *c.* 15.

42) *L. 54. pr. D. de reb. cred.* (12, 1). Praesidis provinciae officiales — perpetui sunt.

43) *L. 2. L. 3. L. 4. C. Th. ad leg. Iul. de amb.* (9, 26). *L. 16. C. Th. de Numerariis* (8, 1). *L. 10. C. Th. de cohortal.* (8, 4). *L. 18. C. Th. h. t.*

44) *L. 1. C. Th. h. t. Constantin. a.* 315. Promotionis ordo custodiendus est, ut primus in officio sit, qui prior sit in consequendo beneficio principali. *Cassiodor. Var.* XI. 17. Promotiones officii Praetoriani, quae natali Domini fiunt. — iuxta matriculae seriem —; ut quem loci ordo postulat, gradus promotionis accedat. *Veget. de re mil.* II. 21. vergleicht es mit dem Avancement beim Militär.

45) *Lyd.* III. 9. Lydus selbst gebrauchte 40 Jahre. III. 30. 67.

46) *L. 1. C. Th. de cohortal.* (8, 4). *Nov. C. Th.* 65. § 1. *Lyd.* III. 30. beschreibt, wie er sie selbst empfangen.

47) Wenigstens die Officialen der höheren Beamten. *L. 4. L. 8. L. 9. L. 16. C. Th. h. t. L. 13. C. Th. de Numerariis* (8, 1). *L. 3. C. I. de apparitoribus Praef. pr.* (12, 53). *L. 1. C. I. de apparitor. Praef. urb.* (12, 54). *Lyd. l. c.* ἐπὶ τὴν αὐλὴν ἀνεχώρησα. *cf. Böcking Annot.* I. *p.* 456.

48) *L. 1. L. 11. C. Th. de cohortal.* (8, 4). *L. 8. C. Th. h. t. L. un. C. Th. de privileg. apparitor. Magister. potest.* (8, 3). Die Officialen der Iudices ordinarii mußten jedoch regelmäßig noch das Geschäft des primipilus übernehmen. *L. 11. L. 16. C. Th. de cohortal.* (8, 4). *L. 6. C. Th. de diversis officiis* und sonst oft.

49) *L. 4. C. Th. de off. Mag. mil.* (1, 7). = *L. 2. C. I. eod.* (1, 29). *L. 3. C. I. de apparitor. Praef. pr.* (12, 53). *L. 5. C. I. de apparitor. Mag. mil.* (12, 55). *L. 8. C. I. h. t.*

plinargewalt ohne Appellation über sie [50]) und kann die Unwürdigen ausstoßen (missio ignominiosa) [51]).

Ihre Geschäfte sind so verschiedenartig, daß sie erst bei Beschreibung der einzelnen Aemter angegeben werden können. Im Allgemeinen ist hier nur so viel zu bemerken, daß sie in allen gerichtlichen und administrativen Gegenständen sowohl alle schriftlichen Aufzeichnungen, überhaupt die Formalien, als die wirkliche Ausführung der Befehle des Magistrats zu besorgen hatten, und keins dieser Geschäfte einem Fremden aufgetragen werden durfte [52]). Eine allgemeine Verpflichtung ist, den Magistrat an seine Amtspflichten und die Beobachtung der Gesetze zu erinnern (suggerere, admonere) und ihm selbst zu widerstehen, wenn er davon abweichen wollte. Daher bei jeder Uebertretung der Gesetze nicht nur der Magistrat, sondern auch sein Officium oder wenigstens dessen Vorsteher bestraft wird [53]). Außer der Fertigkeit in schriftlichen, insbesondere lateinischen Aufsätzen wurde also auch Kenntniß der Gesetze von ihnen gefordert; jedoch scheint es, daß sie diese nur durch Uebung, nicht wie die Gerichtsbeisitzer und Advocaten durch eigentliches Rechtsstudium zu erlangen pflegten.

Die Vortheile, die sie für ihre Bemühungen zogen, bestanden theils in öffentlicher Besoldung, d. h. in zu Gelde angeschlagenen Naturalien (annona und capitus, Fourage [54]),

50) *L. 15. C. Th. de cohortal.* (8, 4). *L. 12. C. I. de off. Rect. prov.* (1, 40). *L. 3. C. I. de sportulis* (3, 2). *Lyd.* III. 57. — *L. 17. C. Th. quor. app. non recip.* (11, 36). *L. 3. C. I. eod.* (7, 62).

51) *L. 16. L. 26. C. Th. de cohortal.* (8, 4). *L. 10. L. 20. C. Th. h. t.*

52) *L. 20. C. Th. de cohortal.* (8, 4). *L. 3. C. Th. de adsess. dom. et cancell.* (1, 21). *Gothofr. h. l. Lyd.* III. 68.

53) S. z. B. *L. 5. C. Th. de relat.* (11, 29). *Gothofr. h. l. L. 8. L. 22. L. 29. L. 34. L. 58. L. 59. L. 64. C. Th. de appell.* (11, 30). *L. 13. L. 16. C. Th. quor. app. non recip.* (11, 36). *L. 8. C. Th. de off. Procons.* (1, 12). *L. 3. C. I. de apparitor. Procons.* (12, 56). *L. 10. C. Th. de papanis* (16, 10) u. s. w.

54) *Not. Afr.* in *L. 1. § 8. L. 2. § 19. C. I. de off. Praef. pr. Afr.* (1, 27). Die sehr corrumpirten Zahlen, die ich in meinem Handbuch S. 171 Note 65 nach Cramer a. a. O. zu berichtigen versuchte, hat Herr Dr. Krüger, der im Anschluß an Mommsens Pandekten eine neue Ausgabe des Codex vorbereitet, mit

theils in sehr bedeutenden Sporteln. Der Betrag dieses letzten Einkommens läßt sich nach der Angabe des Lydus ermessen, welcher versichert, als Hülfsschreiber (Exceptor, Chartularius) in dem Officium des Präfectus Prätorio Orientis binnen Eines Jahres tausend Aurei (beinahe viertausend Thaler) redlich verdient zu haben [55]).

Ein recht anschauliches Bild dieser merkwürdigen Beamtencollegien erhalten wir aber erst durch Bestimmung der einzelnen Aemter [56]). Bei der großen Mannichfaltigkeit derselben sind wir jedoch genöthigt, uns auf das zu beschränken, was unserer Aufgabe zunächst liegt, nehmlich die Officia derjenigen Reichsbeamten, welchen mit der gesammten Civilverwaltung auch die Rechtspflege oblag. Sehr abweichend sind die Officia der Hofbeamten. Auch die der Judices militares haben manches Eigenthümliche, wovon nur Einiges uns hier interessirt.

Gehen wir nun jene Officia, wie sie die Notitia Dignitatum verzeichnet, durch, so bemerken wir zuvörderst einzelne in ziemlich gleicher Reihenfolge wiederkehrende Aemter, als den Princeps, Cornicularius u. s. w. Von diesen hat jeder seinen eigenthümlichen Geschäftskreis, daher das Amt auch, wie die Magistratur, administratio, einmal administratiuncula genannt wird [57]),

Hülfe seines vollständigeren Apparats von Handschriften hergestellt und die Güte gehabt mir mitzutheilen. Doch will ich ihm nicht vorgreifen, sondern vorläufig nur bemerken, daß nach seiner Angabe Eine Annona zu 5 Solidi und Ein Capitus zu 4 Solidi berechnet wird und daß die 396 ordentlichen Officialen des Präfecten A. 498 = 2490 Solidi, C. 418 = 1672 Solidi, zusammen also 4162 Solidi (zu beinahe 4 Thlrn. = 16,648 Thlr.) erhielten.

55) *Lyd.* III. 27. 66. II. 18. Der Cornicularius des Präfecten zog aus Einem Geschäftszweig so viel. *Lyd.* III. 24.

56) Hauptquelle ist die *Not. dign.*, die jedoch kein Officium vollständig angiebt. In dieser Beziehung ist sehr lehrreich die mehrerwähnte *Notitia Pr. Pr. Africae*, welche das Officium des Präfecten vollständig enthält; vor Allem aber Lydus' unschätzbare Erläuterungen. Cassiodors Promotionsformulare (*Var.* XI. 18—32.) zählen die Aemter auf, ohne viel über ihre Bedeutung zu sagen. Vgl. noch *Not. Iudicum militarium Africae* in *L. 2. § 19. C. I. de off. Praef. pr. Afr.* und *Notitia (brevis) officii Comitis sacr. larg.* in *L. 7. C. Th. de palat. sacr. larg.* (6, 30).

57) *Gothofred. ad L. 1. C. Th. de Numerariis* (8, 1). *L. 10. C. Th. de cohortal.* (8, 4).

in dessen Verwaltung er durch Gehülfen (Adiutores) unterstützt wird, die sein Büreau (scrinium) bilden. Nicht zu verwechseln mit diesen Büreaus sind aber die zum Officium gehörigen Scholae. Diese sind hauptsächlich von doppelter Art. Die Einen enthalten der Schreiberei und des Rechnungswesens kundige Personen (Exceptores und Chartularii), welche ursprünglich bei dem Officium wohl nur Gelegenheit zur Betreibung ihres Privatgewerbes suchten, dann aber zu geschlossenen Corporationen mit einem Vorsteher (Primicerius) verbunden und gewissermaßen zum Officium gerechnet wurden. Aus diesen, insbesondere den Exceptoren, wählen jene Beamten ihre ordentlichen Büreaugehülfen (Adiutores); die übrigen, die in der Schola bleiben, werden nur außerordentlich zu geringeren Geschäften gebraucht. Hierauf beruht ihr zwiefaches Avancement: in dem Scrinium bis zur Administratio desselben, und in der Schola bis zur Stelle des Primicerius. Die Scholae der zweiten Art enthalten Executivbeamte (Ducenarii, Centenarii, Biarchi u. A.), bei denen die zu schriftlichen Arbeiten nöthige Bildung nicht gefordert wird. Aus ihnen wählen die Vorsteher der Scrinia die Executoren und Andere, denen die eigentliche Vollstreckung der Befehle des Magistrats übertragen wird. Die ersten werden als ministeria literata (*λογικαὶ λειτουργίαι*) bezeichnet[58]), denen also die letzteren als ministeria illiterata gegenüberstehen. So viel zur Uebersicht.

Unter den einzelnen Aemtern sind zuvörderst drei auszuzeichnen, welche nicht sowohl einzelne Geschäftszweige umfassen, als den Vorstand des ganzen Officiums bilden. Diese tres primates officii[59]) sind der Princeps, Cornicularius und Adiutor oder Primiscrinius.

58) *Lyd.* III. 7. 21. *cf. Not. dign. Or. ed. Böcking* I. p. 231. literata militia.

59) Tres primates officii *L. 46. C. Th. de haeret.* (16, 5); primates *L. 8. C. I. de adsessor.* (1, 51). *L. 7. § 3. C. I. de adv. div. Iudicum* (2, 8). *L. 10. C. I. h. t.* primores *L. 9. C. Th. de exsecutoribus* (8, 8); Principe vel Corniculario vel capitibus officii *L. 2. C. I. de proxim. sacr. scrin.* (12, 19); officiorum capita *L. 4. C. Th. de extraord. s. sordid. munerib.* (11, 16). In *Nov. Val.* 27. § 1. werden die

1. **Princeps**[60]. Sein Name, der von der legionaria militia entlehnt ist[61], bezeichnet ihn als das Haupt des ganzen Officiums[62]. Nichts soll ohne seine Billigung und Mitwirkung geschehen[63], keine Parthei ins Gericht geführt[64], keine Schrift eines Advocaten angenommen[65], keine richterliche Verfügung oder Ladung ausgefertigt[66], keinem Officialen eine Execution oder sonst ein Geschäft aufgetragen werden[67], ohne daß er es weiß und genehmigt. Wichtige Aufträge des Magistrats besorgt er selbst[68]. Auch die Matrikel des Officiums steht unter seiner Aufsicht, daher kein Officiale ohne sein Wissen aufgenommen oder gestrichen werden kann[69]. Er hat einige Adiutores[70], und außerdem ist ihm allein erlaubt, sich Domestici, d. h. Privatgehülfen, zu halten[71]. An den Sporteln hat er einen sehr bedeutenden Antheil[72]. Die Beförderung zum Principat ist für die verschiedenen Officia verschieden bestimmt[73]. Bei manchen Magistraten wird er aus dem Officium selbst

primores officii dem Princeps entgegengesetzt und darunter die Vorsteher bei den einzelnen Abtheilungen gemeint.

60) *Not. dign.* bei allen Magistraten außer den Hofbeamten. *Cod. Theod.* 8, 4. *Cod. Iust.* 12, 58. *de cohortalibus*, *Principibus etc.* *Cod. Theod.* 6, 28. *Nov. Val.* 27. *Cod. Iust.* 12, 22. *de Principibus Agentium in rebus.* *Amm. Marc.* XV. 3. *Symm. Ep.* III. 87. X. 43. *Cassiodor. Var.* VII. 24. 25. XI. 35. *Lyd.* III. 12. 23. 24. *Gothofr. Paratitl.* und *Comm. ad L. 10. C. Th. de cohortal.* (8, 4).

61) S. oben Note 11. *Veget. de re mil.* II. 7. 8. 21. Noch Constantin sagt erklärend: qui officii princeps dicitur. *L. 7. C. Th. de off. Rect. prov.* (1. 16).

62) Gubernare officium sagt von ihm *L. 6. C. Th. de Princip.* (6, 28).

63) *Nov. Val.* 27. § 1. — ut inconsulto Principe — primores designati officii nihil usurpent.

64) *L. 7. C. Th. de off. Rect. prov.* (1, 16).

65) *L. 4. C. Th. de Princip.* (6, 28). *L. 1. C. I. eod.* (12, 22).

66) *L. 5. L. 6. C. Th. L. 2. C. I. eod.*

67) *L. 1. L. 3. L. 4. C. Th. L. 1. C. I. eod.*

68) *Symm. Ep.* X. 43.

69) *Nov. C. Th.* 71. § 3. Nach *Lex Burgund. tit.* 30. ertheilt er anderen Officialen Urlaub (vacatio).

70) *L. 7. C. Th. de off. Rect. prov.* (1, 16). *L. 10. C. Th. de cohortal.* (8, 4).

71) *L. 8. C. Th. de Princip.* (6, 28). = *L. 4. C. I. eod.* (12, 22).

72) *L. 8. C. Th. eod.* Nach *Lyd.* III. 24. tritt er den übrigen Officialen nur einen Theil der Sporteln ab.

73) *Gothofr. ad L. 10. C. Th. de cohortal.* (8, 4).

genommen, dem er vorsteht [74]); bei andern aus dem des höheren, vorgesetzten Magistrats, bei Statthaltern aus dem Officium des Präfecten [75]), bei Comites und Duces aus dem des Magister Militum [76]); bei noch andern aus der Schola der kaiserlichen Geschäftsträger (Agentes in rebus), und zwar denjenigen, welche bis zum Principat der Ducenarii, ihrer ersten Classe, vorgerückt sind [77]). Dieß ist insbesondere bei den Vicarien [78]) und Präfecten [79]) der Fall. Der Zweck dieser Einrichtung war offenbar, durch diese Principes den Zusammenhang mit der höheren Instanz zu sichern, resp. eine Aufsicht von Seiten derselben über die Verwaltung der betreffenden Beamten zu üben. Daher Lydus den πρίγκιψ gar nicht zu den Officialen rechnet, sondern als einen unter dem Magister Officiorum stehenden Hofbeamten betrachtet, welcher zur Beaufsichtigung der Verhandlungen im Gericht des Präfectus Prätorio erscheine [80]). Aus demselben Grunde fehlt er in der Notitia Africä. Nach vollendeter Dienstzeit [81]) erlangen diese Principes (Agentium in rebus) bedeutende Würden [82]).

74) Z. B. beim Proconsul Asiae *Not. dign. Or. c.* 18. § 2. Officium autem habet ita: Principem de eodem officio; dem Comes Isauriä *c.* 26. § 2., dem Dux Scythiä *c.* 36. § 2., dem Consularis Palästinä *c.* 40. § 2., dem Präses Thebaidos *c.* 42. § 2., dem Corrector Apuliä *Occid. c.* 43. § 2.

75) Z. B. der Consularis Campaniä *Not. dign. Occid. c.* 41. § 2. Officium autem habet ita: Principem de officio Praefecti praetorio Italiae.

76) Z. B. der Comes Africä *Not. dign. Occid. c.* 23. § 2. Principem ex officiis Magistrorum militum praesentalium, uno anno a parte peditum, alio a parte equitum. *cf. c.* 24—26. Duces *c.* 29. 30. u. s. w. Ebenso auch andere Beamte, der Commentariensis und die Numerarii.

77) Daher die oben Note 60 angeführten Titel, de Principibus Agentium in rebus, die Rechte des Princeps officii bestimmen. Vgl. *L. 6. C. Th. de curiosis* (6, 29). *cf. Böcking Annot.* I. *p.* 277.

78) Und anderen Judices spectabiles. *Not. dign. Or. c.* 19—25. 28. 29. 31—36. *Occid. c.* 17—22.

79) *Amm. Marc.* XV. 3. *Nov. C. Th.* 71. *Cassiodor. l. c. Lyd. l. c.* Das Officium des Magister Officiorum wurde ganz aus ihnen genommen. *Not. dign. Or. c.* 10. § 2. *Occid. c.* 8. § 2.

80) Seine Bemerkung, daß der Princeps sonst nur den Namen gehabt, und erst durch Uebereinkommen mit einem Cornicularius Antheil an den Geschäften erhalten habe, ist sicher unrichtig.

81) Nach *L. 6. C. Th. de curiosis* (6, 29) wurde jährlich am Ge-

2. Cornicularius[83]). Auch dieser gehört zu den primates officii[84]), wie sein von der armata Militia entlehnter Name andeutet[85]), kommt jedoch nur bei den Civilbeamten vor[86]). Auch ihm scheint kein besonderer Geschäftszweig zugetheilt, sondern die Aufsicht auf alle Verhandlungen, die Genehmigung der Verfügungen des Magistrats[87]) und die Unterschrift aller gerichtlichen Urkunden[88]), wofür er bedeutende Sporteln zog[89]). Lydus schildert ihn als das eigentliche Haupt des ganzen Officiums[90]). Er hat ein eigenes Scrinium, und wählt seine Adjutores aus der Schola der Exceptoren[91]), welche bei seinem Abgang in seine Stelle einrücken[92]). So gelangte Lydus nach vierzigjährigem Dienst als Exceptor und abwechselnd als Adjutor des Cornicularius zu dieser Würde im Officium des Präfecten des Orients, sah sich aber durch den Verfall dieses

burtstag des Kaisers der neue Princeps gesandt.

82) *L. 2. L. 6. L. 8. C. Th. de Princip.* (6, 28). *L. 3. L. 5. L. 6. C. I. eod.* (12, 22).

83) *Cod. Theod.* 8, 4. *Cod. Iust.* 12, 58. *de cohortal. Princip. Corniculariis etc. Symm. Ep.* X. 63. *Cassiodor. Var.* XI. 18. 19. 36. *Lyd.* III. 4. 12. 22. *sqq. Gothofr. Paratitl.* und *Comm. ad L. 10. C. Th. de cohortal.* (8, 4).

84) *L. 5. C. Th. de proxim. in sacr. scrin.* (6, 26). = *L. 2. C. I. eod.* (12, 19). *L. 10. C. Th. de cohortal.* (8, 4). *L. 3. C. I. de off. divers. Iudicum* (1, 48). *L. 3. L. 5. § 1. C. Th. de iis quae adm.* (8, 15). *Cassiodor. Var.* XI. 19. - ut iure inter primates assistat. 36. Praefuit iuribus (cornibus?) secretarii Praetoriani.

85) S. oben Note 11. *Lyd.* III. 3. 22.

86) Sehr auffallend ist, daß er in dem Officium des Präf. Prät. Africä fehlt.

87) *Acta martyrum* bei *Gothofr. l. c.* Maximus Praeses dixit: tangite corpus eius. Anaxius Cornicularius dixit: consentio Praesidi. Eine ähnliche Mitwirkung in Civilsachen scheinen die dunkeln Worte des Cassiodor anzudeuten: Eo ministrante calculum scripsimus inempti, quod magnis pretiis optabatur impleri; gratificati sumus, cui leges faverunt, negavimus, cui iustitia non promisit.

88) *Lyd.* III. 12. (Executivmandate) 24. (acta).

89) Nach *Lyd.* III. 24. erhielt der Cornicularius des Präfecten von dem Princeps monatlich 1 aureus, und die subscriptio actorum allein brachte ihm im Jahr 1000 aurei ein, andern Erwerb ungerechnet.

90) *Lyd.* III. 3. 4. 22. Vielleicht übertreibt er und stellt den Princeps in den Hintergrund, um die von ihm selbst bekleidete Würde recht zu erheben.

91) *Lyd.* III. 25 – 30.

92) *Cassiod. Var.* XI. 18. 19.

Gerichtshofes und seiner Kanzlei in der Erwartung auf reichen Gewinn getäuscht.

3. Adiutor, Subadiuva, Primiscrinius. Der Name Adiutor hat einen dreifachen Sinn. Erstens heißen alle Officialen Adiutores, *βοηϑοί*, Gehülfen des Magistrats, und erhalten in den kaiserlichen Patenten nur diesen Namen, worauf erst der Magistrat ihnen eine bestimmte Stelle im Officium anweist [93]). Zweitens werden die von den einzelnen Beamten des Officiums in ihre Scrinia gewählten Gehülfen ihre Adiutores genannt [94]). Endlich drittens führt einer dieser Beamten selbst, und zwar einer der Vorsteher des ganzen Officiums, den Namen Adjutor im prägnanten Sinne [95]). Häufig sind es zwei, wo dann der zweite Subadiuva genannt wird [96]). Es sind aber offenbar dieselben Beamten, welche auch Primiscrinii heißen, und Vorsteher eines eigenen ihnen untergebenen Büreaus (scrinium) sind [97]). Ihr Geschäft ist die Bestellung von Executoren und Ausfertigung von Executivmandaten [98]), welche jedoch noch außerdem die Unterschrift des

93) *Lyd.* III. 2. 3. 4. *Symm. Ep.* X. 43.

94) S. z. B. *L. 10. C. Th. de cohortal.* (8, 4). *L. 5. C. Th. de custod. reor.* (9, 3). *L. 8. C. Th. de Numerariis* (8, 1).

95) *Panцirol. Not. Or. c.* 12. *Gothofr. ad L. 10. C. Th. de cohortal.* (8, 4). Im Officium des Magister officiorum, wo kein Princeps und Cornicularius vorkommt, ist er der einzige Vorstand. *Not. dign. Or. c.* 10. § 2. *Occid. c.* 8. § 2. *L. 20. L. 21. C. Th. de agent. in reb.* (6, 27).

96) *Pancirol. Not. Or. c.* 16. *Gothofr. l. c. L. 3. fin. C. Th. de agent. in reb.* (6, 27).

97) *Lyd.* III. 4. 11—15. nennt im Officium des Präfecten statt des Adiutor und Subadiuva der *Not. dign.* zwei Primiscrinii. Ebenso *Cassiodor. Var.* XI. 20. 21. An einer andern Stelle (II. 16.) erwähnt Lydus den Subadiuva als Vorsteher des Officiums, und III. 8. schreibt er dem scrinium Subadiuvarum die Geschäfte zu, die nach *c.* 9. im scrinium der Primiscrinii besorgt werden. Endlich die *Not. Africae* sagt geradezu: In scrinio Primiscrinii, quod est Subadiuvae. Der wechselnde Ausdruck erklärt sich daraus, daß er der Erste der Adjutoren ist, wie ihn auch *L. 5. C. I. de off. Praef. urb.* (1, 28) nennt: Primicerius adiutor tuae sedis. Pancirol schon hat diese Ansicht aufgestellt. Andere halten den Primiscrinius für den Princeps, was Lydus vollkommen widerlegt.

98) *L. 2. L. 4. C. Th. de exsecutoribus* (8, 8). *L. 3. C. I. h. t. L. 1. C. I. de sportulis* (3, 2). *Lyd.* III. 11. 12.

Princeps und Cornicularius bedürfen. Auch die nicht schriftlichen Befehle des Magistrats werden unter ihrer Vermittlung durch die ihnen beigegebenen Executivbeamten (Ducenarii) ausgeführt [99]. Bei den Gerichtssitzungen des Präfecten des Orients, als diese noch in ihrem Glanze waren, zeigte der Subadjuva durch eine an die Erde anschlagende silberne Kugel die Stunden an [100].

Es folgen nun diejenigen Beamten, welche in einzelnen Zweigen der Verwaltung arbeiten. Die wichtigsten sind Justiz und Finanzen. Auf jenes beziehen sich der Commentariensis und der Ab actis, auf diese die Numerarii und Tabularii.

4. Commentariensis [101]. Dieß ist der Gehülfe des Magistrats bei Verwaltung der Criminaljustiz, daher er bei allen Gerichtsbehörden, Judices civiles und militares, vorkommt, nicht aber bei den Hofbeamten. Der Präfectus Prätorio hat deren zwei [102]. Durch seine Vermittlung wird die förmliche Anklage (inscriptio) angenommen [103], der Angeschuldigte ergriffen [104] und gefangen gehalten, daher die Aufsicht über die gerichtlichen Gefängnisse ihm obliegt [105]. Auf seinen Befehl werden die Gefangenen zum Verhör geführt und torquirt. Die Verurtheilten werden ihm zur Execution übergeben [106]. Bei diesen Geschäften wird er unterstützt 1) durch ein eigenes Scri-

99) *Lyd.* III. 15.

100) *Lyd.* II. 16. Wie in ältester Zeit der Accensus des Consuls in Rom. S. oben § 19 Note 18. § 28 Note 47.

101) *Lyd.* III. 4. 8. 9. 16—19. *Cassiodor. Var.* XI. 28. *Panc i r o l. Not. Or.* c. 13. *Gothofr. ad L.* 5. *C. Th. de custodia reor.* (9, 3).

102) *Lyd.* III. 4. 16. *κομμενταρίσιοι δύο.*

103) *Gothofr.* und *Panc i r o l. ll. cc.*

104) *Edict. Iust.* 13. c. 12. 17. 23. Das Verfahren beschreibt *Lydus* III. 18.

105) *LL. 5. 6. C. Th. de custod. reor.* (9, 3). = *LL. 4. 5. C. I. eod.* (9, 4). *L. 5. § 1. C. Th. de iis quae adm.* (8, 15). — quique commentariensium nomine exosa miseris claustra custodiunt. Von den commentariis, dem Verzeichniß der Gefangenen, hat er seinen Namen, der *ὑπομνηματογράφος* übersetzt wird. *Lyd.* III. 4. 8. In *L. 129. C. Th. de decur.* (12, 1) hat dieß Wort freilich einen andern Sinn.

106) *Acta Martyrum* bei *Panc i r o l. l. c.* S. Note 87.

nium, bestehend aus einer bestimmten Zahl Adjutoren aus der Schola der Exceptoren [107]), die jedoch noch andere Exceptoren als untergeordnete Schreiber (Chartularii) zu Hülfe nehmen [108]). Auch gehört zu diesem scrinium ein Instrumentarius, welcher für Aufbewahrung der Criminalacten sorgt [109]). Die Adjutoren rücken auch hier nach dem Dienstalter vor bis zur Würde des Commentariensis selbst [110]). Diesem stehen 2) auch executive Beamte zu Gebot, theils die ihm ausschließlich dienen, als die Schließer (Applicitarii), Kerkermeister (Clavicularii) u. A., theils die er aus dem gemeinen Haufen der Ducenarii entlehnt [111]).

5. Ab actis [112]). Dessen Bedeutung ist nicht außer Zweifel. Pancirol und Gothofred verwechseln ihn mit dem Actuarius, einem Beamten, der nicht zum Officium der Magistrate gehört, und mit der Annona militaris zu thun hat [113]). Schon Gutherius hat die richtige Erklärung gegeben [114]), und Cramer hat sie durch das Zeugniß des Lydus noch fester begründet. Hiernach ist es der Gehülfe des Magistrats bei gerichtlichen

107) *L. 1. § 8. C. I. de off. Praef. pr. Afr.* In scrinio Commentariensis homines XII. *L. 5. C. Th. de custod. reor.* (9, 3). = *L. 4. C. I. eod.* (9, 4). *Lyd.* III. 16. (sechs Adjutoren).

108) *Lyd.* III. 77. 18.

109) *Lyd.* III. 19.

110) *L. 2. C. Th. de Numerariis* (8, 1). — Exceptores placet pro loco et ordine suo ad commentarios accedere et eorum administrationi subrogari, ceteris propulsatis, ita ut inter Exceptores, prout quisque locum tempore adipisci meruerit, ordine et merito consequatur. *Lyd.* III. 16.

111) *Lyd.* III. 8. 16.

112) *Not. dign.* bei allen Iudices civiles. *Gruter Inscr.* 445, 9. 10. *L. 7. § 3. C. I. de advoc. divers. Iudicum* (2, 8). *Iustinus. L. 1. § 8. C. I. de off. Praef. pr. Afr.* (1, 27). *Lyd.* 4. 20. Bei *Cassiodor. Var.* XI. 22. heißt er Scriniarius actorum. *Pancirol. Not. Or. c.* 14. *Gothofr. Paratitl. C. Th.* 8, 1. *Comm. ad L. 3. L. 5. eod. ad L. 11. C. Th. de erog. mil. ann.* (7, 4). *Guther. de off. dom. Aug.* II. 13. *Cramer Suppl. ad Briss. p.* 12—30. mit Berichtigung und Uebersetzung des Lydus.

113) Auf diesen gehn *L. 3. L. 5. L. 10. L. 14. C. Th. de numerar. actuariis rel.* (8, 1). *L. 6. L. 9. C. I. eod.* (12, 50). und Alles, was Pancirol und Gothofred a. a. O. beibringen.

114) Die Stelle des *Philo Iudaeus in Flaccum, Opp. Lond.* 1742. II. *p.* 536., die er anführt, ist übrigens selbst für Philo's Zeit kein Beweis dieser Bedeutung der Ab Actis.

Verhandlungen in Civilsachen [115]), also für uns gerade der wichtigste. Bestätigt wird diese Erklärung noch dadurch, daß ohne dieselbe in dem Officium eine Lücke sein würde, die wir nicht auszufüllen wüßten, indem sonst durchaus kein Beamter für die Civilprozesse genannt wird. Auch stimmt damit auf merkwürdige Weise überein, daß die Notitia Dignitatum bei allen Judices civiles neben dem Commentariensis auch den Ab Actis nennt, bei den Judices militares aber nur den ersten. Natürlich; denn diese hatten anfänglich nur Criminalgerichtbarkeit, und als ihnen Civilgerichtbarkeit über die Soldaten gegeben wurde, war diese nicht so bedeutend, daß es dazu eines eigenen Büreaus bedurft hätte [116]). Ferner erklärt sich daraus, daß er an der Aufsicht über die bei dem Gericht immatriculirten Advocaten Theil nimmt [117]). Jede Thätigkeit des Officiums bei Verhandlung der Civilsachen, wovon unten näher die Rede sein wird, ist daher auf den Ab Actis und seine Gehülfen zu beziehen. Er hatte nehmlich gleichfalls ein eigenes Scrinium und darin Adjutores und Chartularii aus den Exceptoren [118]); auch einen Instrumentarius für die Civilregistratur [119]) und Nomenclatores, welche die Namen der Redner vor Gericht ankündigten [120]). Auch der

115) *Lyd.* III. 20. erklärt seinen Namen durch: *τὸν τοῖς ἐπὶ χρήμασι πραττομένοις ἐφεστηκῶτα*, und über das Geschäft der zwei Ab actis sagt er: *ἔργον δὲ αὐτοῖς τὰς χρηματικὰς ὑποθέσεις τρακτεύειν (ἀντὶ τοῦ διαψηλαφῷν) καὶ εἰςφέρειν κριθησομένας τῷ βήματι.* Munus vero eorum pecuniarias causas tractare (h. e. *διαψηλαφῷν*) et ad tribunal iudicandas deferre. Daß *χρηματικαὶ ὑποθέσεις* Civilsachen sind, hat Cramer durch Parallelstellen erwiesen.

116) Auch geschah dieß erst durch *L. 6. C. I. de iurisdict.* (3, 13). *Hon. et Theod.* im Jahr 413, also nach der muthmaßlichen Abfassung der Notitia. S. oben § 135 Note 31.

117) *L. 7. § 3. C. I. de advoc. divers. Iudicum* (2, 8). *Iustin. a.* 524.

118) *Lyd.* III. 20. 27. Sechs Adjutoren, und diese wählten sich noch Chartularii. *Not. Africae.* In scrinio Ab actis hom. X.

119) Da Lydus ihn *τῆς τάξεως ἰνστρουμεντάριος*, officii instrumentarius nennt, so war es vielleicht nur Einer für das ganze Officium. Es ist dieß wohl derselbe, der nach dem *Edictum Pr. Pr.* XVIII. *Zach. p.* 272. unter K. Anastasius vom Präses unter Mitwirkung der Bischöfe und der Honorati zur Aufbewahrung der Gerichtsacten bestellt werden soll.

120) *Lyd.* III. 8. 20. *Not.*

Ab Actis kommt in der Mehrzahl vor [121]) und erlangte die Stelle durch Vorrücken vom Exceptor und Adjutor in diesem Scrinium zur Administratio desselben [122]).

6. Numerarii, Tabularii, Scriniarii [123]). Dieß sind Rechnungsbeamte, welche hauptsächlich mit dem Steuerwesen zu thun haben, aber, weil bei allen Behörden über Ausgaben und Einnahmen Rechnung zu führen ist, in allen Officien der Civil- und Militärbeamten vorkommen. Numerarii hießen zu Constantins Zeit diese den Magistraten beigegebenen Rechnungsbeamten [124]). Tabularii hingegen waren die Archivare und Rechnungsführer der Städte [125]), welche zu den niederen Municipalämtern, nicht zu den Decurionen gehörten, daher auch nicht wie diese [126]) von der Tortur und körperlichen Züchtigungen befreit waren. Die häufigen Betrügereien der Numerarii bei der Steuerverwaltung waren Ursache, daß Constantin auch sie, gegen die Privilegien ihres Standes, der Tortur und den körperlichen Strafen unterwarf [127]), und daß Julian sie der militärischen Würde beraubte [128]). In demselben Sinne wurde bald darauf verfügt, daß die Numerarii der Statthalter nicht mehr diesen ehrenvollen Namen führen, sondern wie die städtischen Rechnungsführer Tabularii heißen sollten [129]). Die Nu-

*dign. sect.* 37. *Symm. Ep.* X. 43. Die *Not. Africae* nennt eine eigene Schola Nomencalatorum, worin 6 Leute.

121) Beim Präfecten sind es nach Lydus zwei.

122) *Lyd.* III. 20. οὓς κατὰ βαθμὸν ὁ χρόνος ἀπὸ τῶν ταχυγράφων — καλεῖ.

123) *Cod. Theod.* 8, 1. *Cod. Just.* 12, 50. *de Numerariis rel. Nov. Val.* 21. *de officio et de Numerariis Praefectorum praetorio. Lyd.* III. 31. *sqq.*

124) S. z. B. *L. 4. C. Th. de numerar.* (8, 1). *Constantin. a.* 334. Vorax et fraudulentum Numerariorum propositum, qui diversis Rectoribus obsequuntur.

125) S. unten Note 189. 194. 195

126) *Gothofr.* in *C. Th. t.* IV. *p.* 359.

127) *L. 4. C. Th. de numerar.* (8, 1). — sancimus conditioni eos subdi tormentorum, et eculeis atque lacerationibus subiacere. Daher sind sie von nun an conditionales. *Gothofr. ad L. 3. L. 8. C. Th. eod.*

128) *L. 8. C. Th. de numerar.* (8, 1). *a.* 363.

129) *L. 9. C. Th. de numerar.* (8, 1). *Valent. et Val. a.* 365. *Amm. Marc.* XXVIII. 1. Tabulario praesidialis officii. Daher von jetzt an städtische und provinzielle Tabularii unterschieden werden. S. die folg. Note und

merarii der Judices illustres und spectabiles hingegen behielten ihren Titel [130]), und denen des Präfectus Prätorio wurde selbst die militärische Würde von Valentinian und Valens wiedergegeben [131]). Scriniarii [132]) heißen die Mitglieder der zahlreichen Büreaus (scrinia κατ' ἐξοχήν) [133]), welche die Numerarii in dem verwickelten Rechnungswesen unterstützen, und aus einer eigenen dem Officium beigegebenen Schola (Chartularii oder Scriniarii) genommen werden [134]). Als Vorstände dieser Scrinia und ihrer Mitglieder, der Scriniarii oder Chartularii, werden die Numerarii eben so wohl von ihnen unterschieden als mit ihnen zusammengestellt [135]). In jedem Officium waren meistens mehrere Numerarii oder Tabularii mit ihren Büreaus für die verschiedenen Kassen. So in dem Officium der Statthalter zwei Tabularii, einer für die sacrae Largitiones, der

*L. 5. C. Th. de Tabulariis* (8, 2). *L. 3. C. I. eod.* (10, 69).

130) *L. 5. § 1. C. Th. de iis, quae adm.* (8, 15). *Valent. et Val. a.* 365. — Tabularios quoque provinciarum et urbium singularum —; identidem Numerarii Praefecturae vel Vicariae potestatis. Dieser Sprachgebrauch ist von nun an constant, namentlich in der Notitia. Beim Consularis Campaniae nennt sie selbst Tabularios duos pro Numerario. *Not. Or. c.* 40. giebt jedoch dem Consularis Palaestinae einen Numerarius. Der Justinianische Codex dagegen weicht wieder ab, z. B. in *L. 4. C. I. de num.* (12, 50). In provinciis singulis duo Numerarii, qui et Tabularii, collocentur. *cf. L. 12. C. Th. eod.*

131) *L. 11. C. Th. de num.* (8, 1). = *L. 3. C. I. eod.* (12, 50). *Valent. et Val.* (*a.* 365). *ad Rufinum Pf. P.* Super Numerariis celsissimi officii tui aliter est nostra sententia, quam divae memoriae Iulianus duxerat sanciendum. — sumere cingulum et militiae ordinem tenere Numerarios iubemus. Der Tortur blieben sie doch unterworfen.

132) In einem eigenthümlichen Sinn; im weiteren sind es Büreaubeamte überhaupt. *L. 16. C. I. de test. mil.* (6, 21). *L. 1. § 8. fin. C. I. de off. Praef. pr. Afr.* (1, 27).

133) Solche sind die vier scrinia, welche das Officium des Präfecten von Africa eröffnen. Jedem derselben steht ein Numerarius vor.

134) *L. 10. C. I. de Numerar.* (12, 50). Vgl. unten Note 161 folg.

135) *L. 15. L. 16. L. 17. C. Th. de Numerar.* (8, 1). *L. 8. C. I. eod.* (12, 50). So auch von *Lydus* III. 35. die Διαψηφισταί (Numerarii) und Σκρινιάριοι oder Χαρτυφύλακες (Chartularii), der selbst die Geschäfte der Scholae Chartulariorum und die der Numerarii nicht gehörig auseinanderhält.

andere für die Res privata [136]). Der Präfectus Prätorio hatte für jede Diöcese ein eigenes Scrinium mit dem Numerarius an der Spitze, und außerdem noch ein Scrinium Operum, Scrinium Arcae u. A. [137]). Auch die Dienstzeit der Numerarii [138]) und ihrer Adjutoren [139]) ist gesetzlich bestimmt. Jene werden nach der honesta Missio durch Würden und Privilegien bebelohnt [140]), und von diesen rückt der Erste (Primiscrinius) in ihre Stelle [141]).

7. Regerendarius [142]). Er verwaltet die Geschäfte des Magistrats rücksichtlich der kaiserlichen Post (cursus publicus), die unter dem Präfectus Prätorio stand, daher in dessen Officium deren zwei sind [143]).

8. Cura epistolarum [144]), dessen Name schon an-

136) *L. 12. C. Th. L. 4. C. I. de Numerar.* (8, 1). *L. 13. C. I. de susceptor.* (10, 70). Diese hatten die von der Centralverwaltung übersandten Steuerlisten (breves) mit den ihrigen zu vergleichen und über die Differenz entschied der Statthalter mit fünf Honorati der Provinz. *L. 8. C. Th. de off. Com. sacr. larg.* (1, 10). Für ihre Angaben hafteten sie mit ihrem Vermögen *L. 9. C. Th. de Numerar.* (8, 1). Ferner sollen sie alle vier Monate Berichte (breves) über den Eingang der Steuern an die betr. Centralstelle einsenden. *L. 3. § 1. C. I. de Com. larg. tit.* (10, 23).

137) *Not. dign. Or. c.* 3. § 2. *L. 10. L. 12. C. I. de Numerar.* (12, 50). *L. 1. § 8. C. I. de off. Praef. pr. Afr.* (1, 27). *Nov.* 128. c. 1. 18. *Lyd.* III. 5. 13. 46. *Cassiodor. Var.* XI. 24.

138) *L. 4. L. 6. L. 8. L. 9. L. 13. L. 17. C. Th. de Numerar.* (8, 1). *L. 11. C. I. eod.*

139) *L. 15. C. Th. de Numerar.* (8, 1). *L. 10. C. I. eod.* (12, 50).

140) *L. 6. L. 13. L. 17. C. Th. de Numerar.* (8, 1). *L. 12. C. I. eod.* (12, 50). *L. 3. C. I. de apparitoribus Praef. pr.* (12, 53).

141) Als Beamter des Officiums wird der Primiscrinius hinter dem Numerarius genannt in *Not. dign. Occid. c.* 6. § 2. *c.* 17. § 2., während c. 4. § 2. Primiscrinius sive Numerarius sie zu identificiren scheint. Sie sind bei der Steuererhebung thätig und dafür verantwortlich. *L. 10. § 4. C. Th. de suariis* (14, 5). Das Vorrücken in die Stelle der Numerarii bezeugt *Not. dign. Or.* c. 7. § 2. c. 8. § 2. Numerarios duos, Primiscrinios, qui Numerarii fiunt, Scriniarios.

142) *Lyd.* III. 4. 21. *Cassiodor. Var.* XI. 29. Beide nennen ihn Regendarius. — *Panciro l. Not. Or. c.* 18.

143) Die Notitia verzeichnet ihn im Orient nur bei den Präfecten; im Occident außerdem bei den Magistri Militum, den Comites und Duces, ohne daß eine bestimmte Regel sich daraus abstrahiren läßt.

144) *Lyd.* III. 4. 5. 21. *Cassiodor. Var.* XI. 23. — *Panci rol. Not. Or. c.* 17.

deutet, daß die Abfassung der schriftlichen Erlasse (epistolae) ihm oblag, wie sie vorzugsweise in der Verwaltung der höheren Reichsbeamten, der Präfecten und ihrer Vicarien, vorkamen; daher die Notitia ihn nur bei diesen verzeichnet [145]). Ohne Zweifel stand auch ihm ein eigenes Scrinium zu Gebot.

9. Der A libellis oder Subscribendarius mit seinem scrinium libellorum [146]) bereitet die auf Bittschriften (libelli) zu setzenden Verfügungen (subscribenda) vor, welche bei den ordentlichen Provinzialbeamten die Stelle der schriftlichen Erlasse (epistolae) vertreten; daher nur er, nicht der vorhin genannte Cura Epistolarum bei diesen vorkommt [147]). Diese beiden Scrinia entsprechen den gleichbenannten kaiserlichen Büreaus.

Hiermit sind die regelmäßig vorkommenden Beamten und ihre Scrinia abgeschlossen. Neben diesen sind nun noch die Scholae zu nennen, aus welchen jene ihre Gehülfen wählen. Sie gehören theils noch zu den Ministeriis literatis, theils zu den illiteratis. Zu jenen

1) die schola Exceptorum, ταχυγράφοι [148]). Exceptores hießen in der Zeit der classischen Juristen die Privatschreiber der Magistrate, gemiethete oder Sklaven [149]). Später scheinen solche Schreiber sich in größerer Zahl um die Behörden

145) *Not. dign. Or. c.* 2. 3. 21–24. *Occid. c.* 2. 3. 18–22. beim Vicarius Hispaniä hat der Abschreiber ihn ausgelassen. Daß Steuersachen ein Hauptgegenstand der epistolae waren, darauf deutet *Lydus cit.* und *Cassiodor. cit.* Cura epistolarum canonicarum.

146) *L. 1. § 8. C. I. de off. Pr. Pr. Afr.* (1, 28). In scrinio libellorum hom. VII.

147) In der Notitia Orientis bei den beiden Proconsuln, sämmtlichen Comites und Duces und Consularen. Beim Dux Arabiä c. 30. § 2. ist a libellis sive Regerendarius Schreibfehler statt Subscribendarius. Warum er in der Not. Occidentis gar nicht vorkommt, steht dahin.

148) *Not. dign.* fast bei allen Beamten. *Cod. Theod.* 8, 1. *Cod. Iust.* 12, 50. *de Numerar. et Exceptoribus. Not. Africae* in *L. 1. § 8. C. I. de off. Pr. Pr. Afr.* (1, 27): In schola Exceptorum hom. LX. *Lyd.* III. 6. 9. 25—30. *Cassiodor. Var.* XI. 25. — *Panci rol. Not. Or. c.* 19. *Gothofr. h. t.* besonders zu *L.* 2.

149) *L. 19. § 9. D. locati* (19, 2).

gesammelt zu haben; sie traten dann dem Zeitgeist gemäß zu einer vom Magistrat beaufsichtigten Corporation zusammen und schlossen sich dem Officium in freierer Weise an, nehmlich ohne eigentlich Milites zu sein und Sold (annona) zu empfangen[150]), daher sie auch in beiden Codices eine von den übrigen Cohortalen abgesonderte Stellung haben. Noch später wurde dem Officium des Präfecten die besondere Begünstigung zu Theil, daß die dazu gehörigen Exceptoren militärische Würde und Sold empfangen sollten[151]), während die Exceptoren der andern Officia, namentlich der Statthalter, in der früheren Stellung blieben[152]). Uebrigens waren ihre Verhältnisse im Wesentlichen dieselben. Im Officium des Präfecten waren sie sehr zahlreich[153]), in verschiedene Ordnungen getheilt[154]), und hatten einen Vorsteher (Primicerius)[155]). Aus den geübtesten unter ihnen[156]) (ein Gesetz des K. Arcadius vereinigte sie zu einem eigenen Col-

150) *L. 17. C. Th. h. t. Grat. Val. et Theod. a.* 385. Exceptores omnes Iudicibus obsequentes, qui neque militiam sustinent, neque a fisco ullas consequuntur annonas, absque metu navare coeptis operam, etiamsi Decuriones sint, minime prohibemus, dummodo munia propriae civitatis agnoscant et peracto secundum morem exceptionis officio ad propriam sibi curiam redeundum esse non nesciant.

151) *L. 3. C. I. de apparitoribus Praef. pr.* (12, 53). *Theod. et Val. a.* 444. Scriniariis et Exceptoribus — cum in legione prima adiutrice nostra militant *rel.* *L. 6. C. I. de pec. castr. mil. et praef.* (12, 37). *Iidem a.* 344. Besoldung weist ihnen an *L. 1. § 8. C. I. de off. Praef. pr. Afr.* (1, 27).

152) *L. 5. C. I. h. t.* aus *L. 17. C. Th. eod.* (s. Note 150). Exceptores omnes Iudicibus provincialibus obsequentes, qui neque cohortalem militiam sustinere videntur, neque a fisco ullas consequuntur annonas. So löst sich die von Savigny a. a. O. § 16 Note h bemerkte Schwierigkeit.

153) *Lyd.* III. 6. *Πολλῆς δὲ οὔσης ὑπὲρ ἀριθμὸν τῆς τῶν ταχυγράφων πληθύος.* — Innumera cum sit notariorum multitudo. Besser: da die Menge der Exceptoren groß ist und die bestimmte Zahl (statutum numerum) selbst übersteigt. Nach c. 66. waren ihrer über tausend (?), nach der *Not. Africae* sechzig.

154) *Lyd.* III. 6. nennt fünfzehn scholae, und in diesen eine ausgezeichnete Classe, die Augustales.

155) *Cassiodor. Var.* XI. 25. *Lyd.* III. 9. nennt ihn Primiscrinius.

156) Nach *Lyd.* II. 18. durfte keiner zum Adjutor gewählt werden, der nicht neun Jahre als Exceptor gedient hatte.

legium, dreißig an der Zahl, mit dem Namen Augustales)[157]) wählten der Cornicularius, Primiscrinius, Commentariensis und Ab Actis ihre Adjutoren. Nach bestimmter Zeit treten diese aus dem Scrinium in die Zahl der Augustalen zurück, und können dann abermal zu Adjutoren erwählt werden, bis sie endlich in eine jener Administrationes vorrücken. Die übrigen, gemeinen Exceptoren (*ἐπὶ τῆς δέλτου μένοντες*, in codicillo manentes)[158]) werden von jenen Adjutoren als Hülfsschreiber (Chartularii) gebraucht, und dieß ist überhaupt der Anfang des Dienstes und die Zeit der Vorübung[159]). Später können auch sie zu Adjutoren gewählt werden, und in die Ordnung der Augustalen einrücken; bleiben sie aber in der Zahl der gemeinen Exceptoren, so rücken sie durch das jährliche Ausscheiden zweier von ihnen bis zur Stelle des Primicerius der Schola vor[160]).

2. Schola Chartulariorum. Diese nennt nur die Notitia Africae[161]) und erklärt ihre Bedeutung nicht. Auf diese leitet, daß die öffentlichen Rechnungen chartae publicae heißen, ihre Verwaltung chartas tractare, administrare[162]), und Scriniarius (der Rechnungsbeamte) durch Chartularius erklärt wird[163]). Vollständigen Aufschluß über sie giebt ein Gesetz des K. Zeno[164]). Hiernach ist dem Officium eine schola der Scriniarii oder Chartularii, d. h. des Rechnungswesens

157) *Lyd.* III. 9. 10. 16. 20.

158) Ist *ἡ δέλτος*, codicillus, ihre Matrikel, oder bezeichnet es ihr Geschäft?

159) *Lyd.* III. 18. 20 27.

160) *Lyd.* III. 9. Sehr bestimmt unterscheidet seine Stellung in der Schola von der im Officium *Not. Occid. c.* 10. § 2. *p.* 51. Secundicerium Officii, qui Primicerius est Exceptorum.

161) *L. 1. § 8. C. I. de off. Praef. pr. Afr.* (1, 27). In schola Chartulariorum hom. L.

162) S. z. B. *Not. dign. Or. c.* 13. § 2. *p.* 44. Secundicerius totius officii, qui tractat chartas ipsius officii, der Rechnungsführer des Büreaus. *L. 10. C. I. ubi caus. fisc.* (3, 26). *L. 20. C. Th. L. 10. C. I. de cohortal.* (12, 58). *L. 1. C. I. de praepositis agent. in reb.* (12, 21). Vgl. *L. 3. C. I. de can. larg. tit.* (10, 23). *Cuiac. h. l.*

163) *Suidas* und *Gloss. nom.* bei *Gothofr. ad L. 15. C. Th. de Numerar.* (8, 1). Auch *Lyd.* III. 35. durch *χαρτοφύλακες*.

164) *L. 10. C. I. de numerariis, actuariis et chartulariis* (12, 50).

kundiger Personen, beigegeben, aus welchen die Numerarii ihre ordentlichen und außerordentlichen Gehülfen (Adiutores und Chartularii) wählen, auf dieselbe Weise, wie die Exceptoren in die andern Scrinia eintreten [165]). Auf diese Schola, und nicht auf die Numerarii und ihre Scrinia, ist zu beziehen was Lydus von den Scriniariis erzählt; denn sonst würde dieß mit der Geschichte der Numerarii, wie sie unsere Rechtsquellen darstellen, in Widerspruch stehen [166]). Nehmlich, sie seien von Constantin zuerst eingeführt, und nach Ausweis der alten Matrikeln nicht Milites gewesen; erst Theodos I. habe die Scriniarii des Präfectus Orientis auf ihre Bitte in das Officium aufgenommen, wodurch sie den Zutritt zu den Stellen der Adiutores, ja selbst den Namen Augustales erlangt hätten. Also auch hierin standen sie den Exceptoren gleich, mit denen sie gerade in der bemerkten Beziehung ein früher erwähntes Gesetz Theodos II. zusammenstellt [167]).

Die ministeria illiterata beschäftigen zahlreiche und mannichfaltige Scholae. So die schola Singulariorum oder Singularium (Einzler) [168]), welche von höhern Reichsbeamten als Boten in die Provinzen gesandt wurden, und sich dabei nur Eines Pferdes bedienten; daher ihr Name. Ein ähnliches Geschäft hatten die Mittendarii [169]). Mit Uebergehung anderer minder wichtiger Officia dieser Art [170]) erwähne ich nur noch die Ducenarii, Centenarii und Biarchi [171]), deren militärische Namen recht bestimmt darauf hin-

165) Auch die *Not. dign. Or.* c. 4–8. 18. nennt Scriniarii und Exceptores neben einander als Gehülfen der verschiedenen Büreaus, insbesondere der Numerarii, wofür *c.* 30. *sqq.* statt dessen adiutorum eorum sagt.

166) S. oben Note 123 folg.

167) S. oben Note 151.

168) *Not. Africae.* Schola Sigularium hom. L. *Lyd.* III. 7. — *Panciro l. Not. Or. c.* 20.

169) *Not. Africae. L.* 7. *L.* 8. *L.* 23. *C. Th. de palat. sacr. larg.* (6, 30). — *Gothofr. h. l. Guther. de off. dom. Aug.* II. 14.

170) Die *Not. Africae* nennt noch Cursores, ταχυδρόμοι (*Lyd.* III. 8.), Stratores, Praetoriani, Draconarii; *Lyd.* III. 8. Turmarii, Diaetarii. Cistiferi u. s. w.

171) *Not. Africae. Lyd.* III. 2. 7. 15. 16. I. 48. — *Panci rol. Not. Or. c.* 23. *Gothofr. ad L.* 8. *C. Th. de agent. in*

deuten, daß es ursprünglich Abtheilungen eigentlicher Soldaten waren. Sie werden zu Executionen gebraucht, die einer der Vorstände des Officiums ihnen überträgt.

Nicht eigenthümliche Aemter, sondern nur ein besonderes Geschäft, welches einem Officialen der bisher genannten Ordnungen aufgetragen wird, bezeichnet der Ausdruck Exsecutores [172]). Desgleichen Praecones [173]) und Cancellarii. Diese hatten die Thürwache an den äußeren Schranken des Gerichtshauses (cancelli), wozu die Magistrate früher wohl Privatdiener (domestici) gebrauchten; nach späteren Gesetzen sollten sie nur aus dem Officium genommen werden [174]). Beim Präfecten des Orients waren es zwei aus den Exceptoren, welche täglich einen Aureus Sold empfingen [175]). Später legten sich mißbräuchlich mancherlei Beamte, insbesondere in die Provinzen gesandte Steuerempfänger, diesen Namen bei [176]).

Es soll zuletzt noch beschrieben werden, in welcher Weise das Officium bei Civilprozessen thätig war, um hierdurch die Bedeutung desselben für das gerichtliche Verfahren zur übersichtlichen Anschauung zu bringen. Das Vollständigste hierüber giebt Lydus, welcher freilich nur den Kanzleistyl der Präfectur des Orients beschreibt.

Zuvörderst gehörte die Gegenwart des Officiums zur Feierlichkeit der Gerichtssitzungen [177]); ja es lag hierin ein heilsamer Schutz für die Partheien, indem das Officium auf seine eigene

*reb.* (6, 27) und *ad L. 1. C. Th. de exaction.* (11, 7).

172) *Cod. Theod.* 8, 8. *Cod. Iust.* 12, 61. *de exsecutoribus et exactoribus.*

173) Dieß sagt *Lyd.* III. 8. *fin.* ausdrücklich. Sie kommen häufig vor. *L. 3. C. Th. de off. Rect. prov.* (1, 16). *L. 18. C. Th.* 5, 13. *ed. Haenel. Symm. Ep.* X. 43. *Nov.* 122. *c.* 3. *pr. Gothofr. ad L. 52. C. Th. de decurion.* (12, 1).

174) *L. 3. C. Th. de Adsessorib., domesticis et cancellariis* (1, 21). *Gothofr. h. l.*

175) *Lyd.* III. 36. 37.

176) *Lyd. l. c. Cassiodor. Var.* XI. XII. 1.

177) *L. 6. C. I. de sentent. et interlocut.* (7, 45). *Car. Carin. et Numerian. a.* 283. *L. 10. C. Th. de off. Rect. prov.* (1, 16). *Lyd.* II. 15. III. 35. beschreibt dieß gar prächtig.

Gefahr jeder Ungerechtigkeit des Magistrats zu widerstehen verpflichtet war.

2) Sie führen die Partheien bei Gericht ein [178]) und bereiten die Verhandlung der Sache vor [179]). Wie dieß Letztere geschah, wird nicht berichtet. Ohne Zweifel indem sie die Formalien prüften und erledigten [180]), so daß die Sache nicht ganz roh, sondern wenigstens von dieser Seite instruirt dem Gerichtsbeamten zur Verfügung vorgelegt wurde [181]).

3) Ueber die Verhandlungen selbst führten sie die gerichtlichen Protokolle, und dieß wird ausdrücklich als Geschäft des Ab Actis und seiner Adjutores bezeichnet. Die schriftliche Verzeichnung ist aber eine doppelte. Erstens ein Journal, regesta oder quotidiana genannt, worin durch die Chartularii des Ab Actis summarisch und chronologisch verzeichnet wurde was im Gericht vorging. Zweitens die ausführlichen Protokolle der einzelnen Cognitiones, Personalia genannt, worin die Verhandlung durch einen geübten Adjutor des Ab Actis in lateinischer Sprache so genau niedergeschrieben wurde, daß wenn auch die Privatacten der Partheien untergingen, daraus die Sache jederzeit vollständig hergestellt werden konnte [182]).

4) Die Ausfertigung der Urtheile geschah so. Das ausgesprochene Urtheil wird in das Schedarium (periculum?) gefaßt und durch die Cancellarii dem Magistrat zur Unterschrift

178) *L. 7. C. Th. de off. Rect. prov.* (1, 16). *Nov.* 82. *c.* 7. § 1. *Nov.* 119. *c.* 4. Vgl. *Marini papiri dipl.* 94. *Spangenberg tabulae p.* 218. Der Apparitor kündigt dem Magistrat die Parthei mit den Worten an: Donus vir spectabilis Notarius et Scriniarius sanctae Ravennatis ecclesiae prae foribus esse et petere ingredi. Quid iubetis?

179) *L. 4. C. Th. de off. Com. sacr. larg.* (1, 10). *L. 7. § 6. C. I. de advoc. divers. Iudicum* (2, 8). *Nov.* 82. *c.* 7. § 1.

180) Wer irgend Geschäfte getrieben, weiß, welche Hülfe hierin liegt, wobei die materielle Entscheidung ganz vorbehalten bleibt; zumal wenn die Verwaltung Gegenstand einer complicirten Gesetzgebung geworden, die der Secretär besser im Kopfe hat als der Chef.

181) Causas Iudicibus instructas offerre. *L. 3. C. I. de sportulis* (3, 2). Vielleicht referirten sie auch aus den Protokollen und Schriften, wie im Gericht des Kaisers. S. oben § 137 Note 106.

182) So verstehe ich die etwas dunkle Stelle *Lyd.* III. 20. 27.

vorgelegt. Dann wird die Reinschrift von den Secretarien collationirt und unterschrieben und der Parthei übergeben, nebst einem Auszug der ganzen Verhandlung [183]). Die Parthei wandte sich dann an den Primiscrinius, um die Execution zu erlangen.

5) War appellirt worden, so wurde der Bericht an den Appellationsrichter von einem Chartularius des Ab Actis verfaßt [184]).

6) Executionen wurden in folgender Weise verfügt. Man wandte sich deshalb an den Primiscrinius, welcher durch einen seiner Adjutores den schriftlichen Befehl an den Vorsteher einer Abtheilung von Executivbeamten aufsetzen läßt, einen tüchtigen Executor zur Vollstreckung des Urtheils zu wählen, welche Urkunde der Princeps Officii und der Cornicularius durch ihre Unterschrift bekräftigen [185]).

7) Aehnlich scheint bei Ladungen in Civil- [186]) und Criminalsachen verfahren worden zu sein. Bei letzteren übertrug der Commentariensis die Sache einem seiner Adjutores, welcher durch einen seiner Chartularii den Befehl an einen zuverlässigen Executor aufsetzen ließ, den Angeklagten vor Gericht zu sistiren [187]).

Fassen wir dieß Alles zusammen, so ist klar, daß der Magistrat durch sein Officium besonders im Formellen des Geschäftsgangs bedeutend unterstützt war, eine Erleichterung, die auch in Anschlag zu bringen ist, wenn die Vermehrung seiner Geschäfte gegen die frühere Zeit deren Erledigung unmöglich zu machen scheint. Andrerseits ist aber auch nicht zu verkennen, daß in dem weit ausgedehnten Gebrauch der Schrift und dem verwickelten Geschäftsgang, welcher ohne Noth dieselbe Angelegenheit durch so viele Hände hindurchführt, das verkehrte Streben sichtbar wird, dem unmäßig vermehrten Beamtenpersonal Beschäftigung und Gewinn zuzuwenden [188]).

183) *Lyd.* III. 11.
184) *Lyd.* III. 27.
185) *Lyd.* III. 11. 12.
186) Wenn sie nicht bloß mündlich geschahen. Davon *Lyd.* III. 15.
187) *Lyd.* III. 18.
188) Wohin Kanzleipedanterie und ein ausgedehntes Sportelwe-

Es wurde oben bemerkt, daß die **Municipalmagistrate** keine ihnen eigenthümliche Officia hatten, sich aber zu demselben Zweck der städtischen Unterbeamten (**officia municipalia**) bedienten [189]. In früherer Zeit gebrauchte man zu diesen Geschäften, wie ja auch in Rom, häufig städtische Sklaven (ministeria municipalia) [190]. Später traten auch hier Freie an deren Stelle, deren Dienst ohne öffentliche Ehre vom Decurionenstande ausschloß. Erst nach vollendeter Dienstzeit konnten sie in die Curie gewählt werden [191]. Uebrigens waren sie wie die Cohortalen an das Amt gebunden [192].

Mehrere dieser Officia municipalia beziehen sich auf die städtische und öffentliche Steuerverwaltung und interessiren uns deshalb nicht [193]. Nur die schon oben beiläufig genannten **Tabularii civitatum** sind zu erwähnen. Es sind städtische Archivare [194] und Rechnungsführer [195], die in der spätesten Zeit auch Geschäfte der Notare übernahmen [196]. Für das Ge-

sen führen, zeigt die frühere Preußische Gerichtsverfassung. Die interessante Broschüre „Ueber einige Hauptthindernisse, welche der Verfolgung des Rechts vor den Gerichtshöfen nach der Preußischen Prozeßordnung entgegenstehn. Berlin 1831. 8." zählte von der Klage bis zur Ladung des Beklagten 48 einzelne Acte auf. Dagegen war der römische Kanzleistyl gewiß höchst einfach. Die angeführte kleine Schrift eines Berliner Rechtsanwalts, Justizrath Marchand, hat damals den ersten Anstoß zur Einführung eines einfacheren, theilweise mündlichen Verfahrens gegeben.

189) *Cod. Theod.* 8, 2. *Cod. Iust.* 10, 69. *de Tabulariis, Scribis, Logographis et Censualibus.* — *Cuiac.*, *Gothofr. h. l.*

190) *Plin. Ep.* X. 30. 31. *L. 10. D. ex quib. caus. mai.* (4, 61). *Ulp.* Auch die Tabularii waren damals oft Sklaven. *L. ult. C. I. de servis reipubl. man.* (7, 9). *L. 5. C. Th. de Tabulariis* (8, 2). *L. 3. C. I. eod.* (10, 69). *Capitolin. Gordian.* 12.

191) *L. 8. C. Th. de cohortal.* (8. 2). *Gothofr. h. l.*

192) *L. 1. C. Th. de Tabulariis* (8, 2). *L. 31. C. Th. de decurion.* (12, 1).

193) So z. B. die Logographi und Censuales.

194) *L. 3. § 3. D. de tab. exhib.* (43. 5). *Ulp. cf. L. 18. § 10. D. de mun. publ.* (50, 4). *Arcad. Charis.* Auch Justinian ordnet in *Nov.* 15. c. 5. § 2. städtische Archive und die Bestellung von Archivaren an, ohne jedoch diese näher zu bezeichnen.

195) *L. 18. § 10. cit. L. 2. C. I. de conv. fisci deb.* (10, 2). *L. 1. C. I. de exact. tribut.* (10, 19). *L. 1. C. I. de immunit.* (10, 25). *L. 1. C. I. de censibus* (11, 57).

196) S. unten § 144.

richtswesen sind von Bedeutung die Scribae[197]) und städtischen Exceptores[198]), vielleicht mit jenen identisch, welche die Protokolle bei allen Verhandlungen vor den Municipalmagistraten (gesta municipalia) führen[199]). Endlich städtische Apparitores, die als Executoren dienen[200]).

Die Defensoren sollten nach Justinians Verfügung durch Exceptoren und Apparitores aus dem Officium des Statthalters unterstützt werden[201]).

---

## 4. Die Advokaten[1]).

§ 143. Charakteristisch und höchst einflußreich für das gesammte Gerichtswesen ist allemal die Gestaltung der Advokatur. Sie hat bei den Römern, mit der Geschichte der Freiheit Schritt haltend, drei verschiedene Phasen durchlaufen. Unter der Republik war sie eine freie Kunst und ein Ehrengeschäft der höchsten Stände. In der früheren Kaiserzeit wurde sie je länger je mehr ein unter Aufsicht der Magistrate getriebenes Gewerbe edlerer Art. In dieser Periode ist sie eine Art des öffentlichen Dienstes (militia)[2]), eine Institution, durch welche der Staat

197) *Gothofr. ad L. 1. C. Th. de Tabulariis* (8, 1). *Cassiodor. Var.* XII. 21.

198) *Gothofr. ad L. 151. C. Th. de decurion.* (12, 1). *Nov. Val.* 18. § 10.

199) *Marini papiri diplomatici.* Savigny, Gesch. des R. R. im MA. I. § 106.

200) *Papiri dipl. Nr.* 94. Hier meldet ein solcher Gerichtsdiener die Parthei beim städtischen Magistrat an.

201) *Nov.* 15. *c.* 3.

1) *Cod. Theod.* 2, 10. *de postulando.* 11. *de erroribus advocatorum.* 8, 10. *de concussionibus advocatorum sive apparitorum.* 10, 15. *de advocato fisci. Nov. Theod.* 10, 1. 2. *Val.* 2, 2—4. — *Dig.* 3, 1. *Cod. Iust.* 2, 6. *de postulando.* 7. *de advocatis diversorum iudiciorum.* [8. *de advocatis diversorum iudicum.*] 9. *de advocato fisci.* 10. *de errore advocatorum vel libellos seu preces concipientium.* 11. *ut quae desunt advocatis partium iudex suppleat.* 12, 62. *de lucris advocatorum et concussionibus officiorum seu apparitorum.*

2) *L. 1. C. Th. de defens. civ.* (1, 29). *a.* 364. qui aut provin-

den rechtsunkundigen und der gerichtlichen Rede nicht mächtigen Partheien gegen billige Sporteln die nöthige Hülfe leistet [3]).

Noch zu Anfang des dritten Jahrhunderts war das Geschäft des Jurisconsultus, der den Partheien Rechtsbelehrung ertheilte, auch als Beisitzer des Magistrats an den gerichtlichen Verhandlungen Theil nahm und in höchsten Ehren stand, von dem des Advokaten, der eine Sache vor Gericht durch mündliche Rede führt, durchaus geschieden. Schon zu Ende jenes Jahrhunderts, nach dem Untergang der classischen Juristenschule, und später werden Jurisconsulti [4]) und Responsa derselben [5]) seltner erwähnt. Die Rechtskenntniß und Rechtsbelehrung ging nun großentheils auf die advocati über, die deshalb auch iuris periti [6]) und scholastici [7]) genannt werden; togati heißen sie nach ihrer Amtskleidung. Ihre Verhältnisse sind folgende.

Jedem Gericht, selbst dem des Kaisers [8]), ist eine bestimmte Zahl [9]) ausschließlich hier concessionirter [10]) und in einer matricula verzeichneter Advokaten (statuti) beigegeben, z. B. einem

ciis praefuerunt, aut forensium stipendiorum egere militiam, aut inter Agentes in rebus Palatinosque meruerunt. *L. 14. C. I. de adv. div. iudiciorum* (2, 7). *a.* 469. — Nec enim solos nostro imperio militare credimus illos, qui gladiis, clypeis et thoracibus nituntur, sed etiam advocatos: militant namque causarum patroni *rel.*

3) *L. 2. C. Th. de concussionibus advocatorum sive apparitorum* (8, 10). = *L. 2. C. I. de lucris advocatorum et concuss. officiorum* (12, 62). *a.* 344. Den Partheien soll weder von den bei dem Gericht angestellten Advokaten, noch von den Officialen mehr als gesetzlich ist abgefordert werden.

4) *Lactant. de mort. pers. c.* 22. Causidici sublati, iureconsulti aut relegati aut necati. *Nov. Val.* 34. § 2. Poena defensoribus negotii — huiusmodi constituta, ut causidicum officii amissio, iurisconsultum existimationis et interdictae civitatis damna percellant.

5) S. z. B. die *Consultatio vet. ICti.*

6) *Edict. Diocletiani de pretiis rerum venalium* VII. 72. Advocato sive iurisperito *rel.*

7) *L. 2. C. I. de lucris advoc.* (12, 62). *Cuiac. h. l. Gothofr. ad L. 2. C. Th. de concuss. advoc.* (8, 10). *L. 3. C. Th. de defens. civ.* (1. 29).

8) *Orelli* 2352. (*Ligor.*) — causaurum non ignobilis Africani tribunalis orator et in consistorio Principum.

9) Nur vorübergehend hatte Constantin die Zahl freigegeben. *L. 1. C. Th. de postulando* (2, 10).

10) *L. 2. C. Th. eod.*

Präses dreißig [11]), dem Comes Orientis vierzig [12]), dem Präfectus augustalis und Dux Aegyptiaci Limitis fünfzig [13]), dem Präfectus Urbi achtzig [14]), dem Präfectus Prätorio einhundert und fünfzig [15]); und zu diesen kamen noch Supernumerarii, die mit der Zeit in die Zahl der Statuti einrückten, und bis dahin bei untergeordneten Gerichten advocirten [16]). Denn meist war um der mit diesem Stande verbundenen Privilegien und glänzenden Aussichten willen der Zudrang so groß, daß ihm durch die gesetzliche Beschränkung gesteuert werden mußte. Dagegen war es nur Folge des Nothstandes im westlichen Reich, daß Valentinian III. für die Provinzialgerichte sechzehn [17]), dann selbst vier Advokaten [18]) für hinreichend erklärte, und den Ueberzähligen zum Gericht der Präfecten überzugehen erlaubte, auch den durch die Vandalen vertriebenen Bewohnern von Africa bei allen Gerichten, die der Präfecten ausgenommen, zu advociren gestattete [19]). Die Collegien der immatriculirten Advokaten hatten Corporationsrechte [20]), und die Mitglieder mancherlei Privilegien [21]), namentlich Befreiung von lästigen Stadt- und Provinzialämtern (provinciales functiones), das Amt des Arbiter ausgenommen [22]).

11) *L. 5. pr. C. I. de advoc. divers. Iudicum* (2, 8). *Anastas. a.* 508.

12) *L. 3. eod. Idem a.* 505.

13) *L. 13. C. I. de advoc. divers. iudiciorum* (2, 7). *Leo et Anthem.*

14) *L. 7. pr. C. I. de advoc. divers. Iudicum* (2, 8). *Iustin. a.* 524. *cf. Cuiac. Obss.* XIII, 1.

15) *Nov. Theod.* 10, 1. *a.* 439. reducirt sie auf 100. *L. 8. C. I. de advoc. divers. iudiciorum* (2. 7). (*Theod.* II. *et Val.* III. *a.* 440) nennt wieder 150. Ebenso *L. 11. C. I. eod.* (*Leo a.* 460) für die Praefectura Orientis, und *L. 17. pr. eod.* (*Zeno a.* 486) für die Praef. Illyrici. Daher *L. 33. § 1. C. I. de ep. et cler.* (1, 3). — oratorum adfluens in defensionibus copia.

16) *L. 11. §§ 1. 2. L. 13. C. I. de advoc. divers. iudiciorum* (2, 7). *Nov. Theod.* 10, 1. § 2.

17) *Nov. Val.* 2, 2. § 2. *a.* 442.

18) *Nov. Val.* 31. § 8. *a.* 451.

19) *Nov. Val.* 2, 3.

20) *L. un. rest. C. I. de incertis person.* (6, 48).

21) Z. B. Sportelfreiheit in Prozessen. *L. 7. § 6. C. I. de advoc. divers. Iudicum* (2, 8). *Iustin. a.* 524.

22) *L. 3. L. 6. C. I. de advoc. divers. iudiciorum* (2, 7). = *L. 152. C. Th. de decurion.* (12, 1). *Nov. Theod.* 10, 1. § 4. *cf. L. 3. C. I. de discussorib.* (10, 30).

Zum Eintritt in diese Advokatencollegien fähig sind nach den Bestimmungen des alten Rechts nur solche, die der Prätor vom Postulare nicht ausschließt. Das späteste Recht fordert außerdem katholische Religion [23]), Freiheit von der Vita cohortalis und anderen niederen Standesverhältnissen [24]); hingegen Decurionen werden aufgenommen, müssen jedoch allen Lasten ihres Standes selbst oder durch einen Stellvertreter genug thun [25]); endlich juristische Bildung. Die Anstellung durch den Magistrat erfolgt daher nicht anders, als nach einer in der Heimath des Adspiranten anzustellenden Untersuchung über seinen Stand, und gegen Vorzeigung eines eidlichen Attestes seiner Lehrer, daß er die nöthige Rechtskenntniß besitze [26]); auch die gesetzliche Studienzeit mußte er nachweisen [27]). Zunächst scheint der Angestellte unter die Supernumerarii aufgenommen, und aus diesen zu den Statutis übergetreten zu sein, wobei die Söhne der Statuti den Fremden vorgezogen werden [28]), so daß also auch dieser Stand insofern erblich ist, nur nicht als Verpflichtung, sondern als Vorrecht.

In dem Collegium rückten sie nach der Dienstzeit vor [29]) bis zur Stelle des Vorstehers (Primas) [30]), welcher als ad-

23) *L. 8. C. I. de postulando* (2, 6). = *L. 15. C. I. de episc. aud.* (1, 4). *Leo et Anthem. a.* 468. Früher ließ man Juden zu. *L. 24. C. Th. de iudaeis* (16, 8). *Hon. et Theod. a.* 418.

24) *L. 30. C. Th. de cohortal.* (8, 4). *L. 11. § 1. C. I. de advoc. divers. iudiciorum* (2, 7). — cohortali vitae ac fortunae eundem minime subiacere. *L. 17. pr. eod.* — sine ulla cohortalis aut cuiuslibet deterioris condicionis quaestione. Daher fordert *Nov. Val.* 2, 2. § 1. natales.

25) *L. 13. § 1. D. de leg. Corn. de fals.* (48, 10). *L. 46. L. 77. L. 87. L. 98. L. 116. L. 188. L. 189. C. Th. de decurion.* (12, 1). *L. 35. L. 55. L. 56. C. I. eod.* (10, 31). *L. 2. C. I. de advoc. divers. iudiciorum* (2, 7). *Nov. Theod.* 10, 1. *pr.* — 75. § 7.

26) *L. 11. § 1. L. 17. pr. C. I. de a. d. iudiciorum* (2, 7).

27) *L. 3. § 4. L. 5. § 4. C. I. de a. d. Iudicum* (2, 8).

28) *L. 11. § 1. L. 13. C. I. de a. d. iudiciorum* (2, 7). *L. 3. § 5. L. 5. § 5. C. I. de a. d. Iudicum* (2, 8).

29) *L. 7. § 1. L. 8. C. I. de a. d. Iudicum* (2, 8).

30) Beim Praefectus praetorio sind es zwei *L. 10. C. I. de a. d. iudiciorum* (2, 7), deren Privilegien selbst die 64 folgenden theilen; beim Praef. urbi 15 oder 30. *Nov. Theod.* 10, 1. *pr. L. 15. L. 16. C. I. de a. d. iudiciorum* (2, 7). *L. 7. pr. C. I. de a. d. Iudicum* (2, 8).

vocatus fisci ein bedeutendes Salarium erhält 31), noch ausgedehntere Privilegien, namentlich für immer Befreiung vom Nexus der Curie 32) und andern lästigen Staatspflichten 33) genießt, und nach ein- oder zweijährigem Dienst 34) mit der Würde des Clarissimats oder der Spectabilität 35) austritt. Nach früheren Gesetzen sollte überhaupt der Weg durch das ganze Collegium in zwanzig Jahren zurückgelegt, und dadurch den andern Platz gemacht werden, was jedoch durch Theodos II. in den Gerichten des Orients, mit Ausnahme der Fora illustria, abgeschafft wurde 36) und in Justinians Gesetzgebung ganz verschwunden ist.

Der Magistrat, bei dessen Gericht die Advokaten immatriculirt sind, ist ihr ordentlicher Richter 37), und verhängt über sie wegen Dienstvergehen Geldstrafen 38), Suspension, ja Entsetzung vom Amte 39). Sie sind verpflichtet, sich regelmäßig am Gerichtsort aufzuhalten; durch längere Abwesenheit, mit Urlaub fünf

31) *L. 1. C. I. de advocatis fisci* (2, 9). *L. 6. pr. C. I. de a. d. Iudicum* (2, 8). (60 Pfund Gold). *L. 7. § 4. eod.* (600 Aurei). Nach seinem Tode bezogen seine Erben den Gehalt des letzten Jahres fort. *L. 15. § 1. C. I. de a. d. iudiciorum* (2, 7). *L. 3. § 6. L. 5. § 6. C. I. de a. d. Iudicum* (2, 8).

32) *Nov. Theod.* 10, 1. *pr. L. 66. C. I. de decurion.* (10, 31).

33) *L. 8. L. 17. pr. C. I. de a. d. iudiciorum* (2, 7). *L.* 2. *L. 3. §§ 2. 6. L. 5. § 6. C. I. de a. d. Iudicum* (2, 8). *L. 1. rest. C. I. quib. munerib.* (10, 55). *Nov. C. Th.* 15. § 4.

34) Jenes beim Praef. praet. Orientis *L. 8. C. I. de a. d. iudiciorum* (2, 7). *L. 4. § 1. C. I. de a. d. Iudicum* (2, 8); dieß in allen andern Gerichten. *L. 12. L. 13. C. I. de a. d. iudiciorum* (2, 7). *L. 3. L. 5. pr. C. I. de a. d. Iudicum* (2, 8).

35) Jenes beim Praef. praet. und beim Praef. urb. *Nov. C. Th.* 53. § 3. *L. 8. C. I. de a. d. iudiciorum* (2, 7). *L. 4. § 1. C. I. de a. d. Iudicum* (2, 8); dieß in andern Gerichten. *Nov. Val.* 18. § 9. *L. 13. C. I. de a. d. iudiciorum* (2, 7). *L. 1. C. I. de a. d. Iudicum* (2, 8).

36) *Nov. Theod.* 10, 2. Im Occident hat die Gesetzgebung hierüber gewechselt. *Nov. Val.* 2, 2. §§ 2. 3. — 2, 4. — 18. § 9.

37) *L. 3. § 6. C. I. de a. d. Iudicum* (2, 8). *L. 18. rest. C. I. de a. d. iudiciorum* (2, 7). *Symm. Ep.* X. 43.

38) *L. 18. cit. L. 9. C. Th. de iurisdict.* (2, 1). *L. 13. § 9. C. I. de iudiciis* (3, 1). *L. 12. C. I. de exceptionib.* (8, 36).

39) *L. 4. C. Th. de postulando* (2, 10). *L. 5. L. 7. C. I. eod.* (2, 6). *Nov. Val.* 34. § 2. *L. 14. § 2. C. I. de adsessorib.* (1, 51).

Jahre, ohne Urlaub zwei, verlieren sie ihre Stelle [40]). Partheien, die keinen Advokaten finden, giebt der Magistrat einen [41]), auch sorgt dieser dafür, daß nicht die geschickteren Advokaten alle von einer Parthei in Beschlag genommen werden [42]). Honorar zu nehmen ist ihnen nicht bloß erlaubt, sondern sie können dasselbe auch von vermögenden Partheien durch die Executoren des Gerichts beitreiben lassen [43]); nur das gesetzliche Maaß dürfen sie nicht überschreiten [44]). Diocletians Edict über die höchsten Preise aller verkäuflichen Dinge bestimmt für die Postulatio 250, für eine Cognitio 1000 Denare [45]), das neueste Recht für eine Rechtssache 100 Aurei [46]) als Maximum. Bei einem Filius Familias ist dieser Erwerb Peculium quasi castrense [47]).

Fassen wir alles dieß zusammen und vergegenwärtigen uns die Lage der Advokaten im Allgemeinen, so ist klar, daß sie verhältnißmäßig eine glückliche war, und auf das Gerichtswesen in einer gesunkenen Zeit noch immer heilsam einwirken mußte. Die corporative Verfassung und die Befreiung von den drückendsten Staatslasten verlieh ihrem Stande Selbständigkeit und höhere Ehre. Auch enthalten die Gesetze häufig den Ausdruck der hohen Achtung, welche ihm zu Theil wurde [48]). Vor Allem mußte aber dahin wirken, daß die Advokatur die gewöhnliche Vorschule zu höheren Staatsämtern war [49]), nach deren Ver-

40) *L. 7. § 2. L. 9. C. I. de a. d. Iudicum* (2, 8).

41) So schon im alten Recht. *Cic. de oratore* II. 69. Vgl. oben § 84 Note 12.

42) *L. 7. C. I. de postulando* (2. 6).

43) *L. 13. § 9. C. I. de iudiciis* (3, 1). *Iustinian.*

44) *L. 3. L. 5. C. I. postulando* (2, 6). = *L. 3. C. Th. eod.* (2, 10). *L. 2. C. Th. de concuss. advocat.* (8, 10). *L. 2. C. I. de lucris advocat.* (12, 62).

45) VII. 72. Advocato sive iurisperito mercedis in postulatione * ducentos quinquaginta, in cognitione * mille. Zur Vergleichung mag der gewöhnliche Tagelohn dienen. VII. 1. Operario rustico diurni * viginti quinque. Ueber den Werth dieses Denars s. Mommsen cit. S. 55 folg.

46) *L. 1. § 12. D. de extr. cogn.* (50, 13).

47) *L. 4. L. 8. C. I. de a. d. iudiciorum* (2, 7). *L. ult. C. Th. de postulando* (2, 10). *Nov. Val.* 2, 2. § 4.

48) *Nov. Val.* 2, 2. § 3. — quamvis tam magno, tam necessario et tam sancto officio si servetur reverentia litterarum *rel.* *L. 14. C. I. de a. d. iudiciorum* (2, 7). *L. 4. pr. C. I. de a. d. Iudicum* (2, 8).

waltung man selbst der erlangten Würde unbeschadet zu dem früheren Geschäft zurückkehrte [50]). Ihre Beredtsamkeit, die häufig gerühmt wird [51]), mag freilich im Geschmacke der Zeit gewesen sein. Ihre juristische Bildung aber werden wir uns nicht verächtlich denken, wenn wir erwägen, daß sie theils als Mitglieder der verschiedenen Gesetzcommissionen [52]), theils durch Veranlassung von Decisionen entstandener Zweifel [53]) bedeutenden Antheil an einer Gesetzgebung nahmen, die uns den Schatz der classischen Jurisprudenz wesentlich unverkümmert überliefert hat. Daß in sittlicher Hinsicht auch ihr Stand sich dem Verderben der Zeit nicht zu entziehen vermochte, würden wir annehmen, wenn es auch nicht so stark bezeugt wäre [54]).

Merkwürdigerweise hatte sich im alten Rom, welches so manches Schattenbild der alten Größe aufzeigte, bis in die späteste Zeit auch die Sitte erhalten, daß Männer senatorischen Standes (honorati) die Führung von Rechtssachen unentgeltlich als Ehrengeschäft übernahmen [55]).

Das Geschäft des Cognitors oder Procurators, d. h. eines Bevollmächtigten, der für die abwesende Parthei die Führung der Rechtssache selbst übernimmt, wird zwar auch in dieser Periode von dem des Advokaten unterschieden [56]); aber als

49) *Nov. Val.* 2, 2. § 1. Etenim oportet eos, quos semel adsciveris in seminarium dignitatum, omnino ita ad omnia esse aedificatos, ut idcirco digni universis honoribus habeantur, quod advocati esse meruerunt. Beispiel bei *Amm. Marc.* XXVIII. 1.

50) *L. 9. C. I. de a. d. iudiciorum* (2, 7). *Theod. et Val.*

51) Schon durch das gewöhnliche Beiwort eloquentissimi, disertissimi.

52) *Const. Haec quae* § 1. *Summa reipubl.* § 2. *Deo auctore.* § 3. *Cordi nobis* § 3. In der Gesetzcommission, welcher Theodos II. a. 429 sein die Constitutionen der Kaiser und die Schriften der Juristen umfassendes Unternehmen übertrug, wird nur Ein Advokat als Mitarbeiter genannt *L. 5. C. Th. de const. Princ.* (1, 1), in der zweiten den Theodosischen Codex betreffenden Verordnung von 435. *L. 6. C. Th. eod.* keiner.

53) S. z. B. *L. 11. C. I. unde vi* (8, 5). *L. 5. C. I. de verb. sign.* (6, 38). *L. 27. C. I. de fideiussor.* (8, 41). *§ 12. Inst. de inutil. stip.* (3, 19).

54) *Amm. Marc.* XXX. 4.

55) *L. 6. § 5. C. I. de postulando* (2, 6). *Valent. et Val.* a. 368. *Macrob. Sat.* I. 2.

56) *Cod. Theod.* 2, 12. *de*

ein Gewerbe erscheint es nicht mehr [57]). Das Gewöhnliche war, daß man den Advokaten, der die Sache vor Gericht plädiren sollte, auch zum Bevollmächtigten (actor, procurator) bestellte, wie dieß namentlich in den vor Symmachus verhandelten Rechtshändeln der Fall war [58]). Hieraus erklärt sich, daß K. Zeno dem Procurator, der eine Sache in erster Instanz (als in derselben immatriculirter Advokat) geführt hat, verbieten konnte, dieselbe auch in zweiter als solcher zu verfolgen [59]). Charakteristisch für das Gerichtswesen dieser Zeit ist auch, daß es für unanständig gehalten wurde, wenn Personen höheren Ranges (spectabiles, illustres, später nur die letztern) persönlich vor Gericht erschienen, daher ihnen die Bestellung eines Procurators zur Pflicht gemacht wurde [60]). Umgekehrt hatte der Präfectus Prätorio das Vorrecht, wenn er es nöthig findet, eine Parthei persönlich vorzuladen, d. h. ihr die Vertretung durch einen Procurator nicht zu gestatten [61]).

---

## 5. Tabelliones [1]).

§ 144. Von den Advokaten und Procuratoren kommt durchaus nicht vor, daß sie durch schriftliche Arbeiten die Partheien unterstützt, namentlich Prozeßschriften verfaßt hätten [2]).

*cognitoribus et procuratoribus. Dig.* 3, 3. *Cod. Iust.* 2, 13. *de procuratoribus. Nov.* 126. *pr.*

57) S. oben § 100 Note 59.

58) *Symmach. Ep.* X. 39. 48. im Anhang.

59) *L. 27. rest. C. I. de procur.* (2, 12). *Cuiac. Obss.* XIII. 8.

60) *L. 25. C. I. de procuratoribus* (2, 13). *Nov. Iust.* 71. Für Geistliche verordnete dasselbe *Nov. Val.* 34. § 1.

61) *L. 26. C. I. h. t. Arcad. Honor. et Theodos. a.* 406. *cf. Schol. ad Basil.* VIII. 2, 99.

1) *Nov. Iust.* 44. *περὶ τῶν συμβολαιογράφων, de tabellionibus rel.* — Vgl. Oesterley, das deutsche Notariat. Hannover 1842. Th. I. Geschichte.

2) Die Verfasser derselben werden von den Advokaten bestimmt geschieden. *L. 1. § 11. D. de extr. cogn.* (50, 13). *Ulp.* Non tamen qui pro tractatu non adfuturi causis accipere quid solent, advocatorum numero erunt. *L. 2.*

Dieß ist das Geschäft der Tabelliones oder Notare, und ähnlicher Personen.

Tabelliones werden in den auf uns gekommenen Bruchstücken classischer Jurisprudenz nur einmal erwähnt und als Personen bezeichnet, die aus der Abfassung von Urkunden (instrumenta) und schriftlichen Eingaben (libelli) ein öffentliches Gewerbe machen und unter Aufsicht der Magistrate stehen [3]).

Auch aus Diocletians und Constantins Zeit sind die Nachrichten spärlich. Jener, in dem mehr erwähnten Edict, bestimmt ihren Lohn für Partheischriften und Urkunden nach der Zahl der Zeilen [4]). Dieser verbietet ihr Geschäft den Decurionen, und bezeichnet es damit als ein niederes Gewerbe [5]).

Erst in der spätesten, zum Theil nachjustinianischen Zeit erhalten wir bestimmte Kunde über ihre Verhältnisse, die uns auch auf das frühere zurückschließen lassen.

Ihr Name ist tabelliones, συμβολαιογράφοι, forenses [6]), ἀγοραῖοι, personae publicae [7]), weil sie ihr Gewerbe in foro, ἐν ἀγορᾷ, auf öffentlichem Markte treiben. Ihre Urkunden heißen daher instrumenta fo-

*C. I. de error. advoc.* (2, 10). — qui disideria i. e. preces scribunt.

3) *Ulp. L. 9. § 4. D. de poenis* (48, 19). Plus est autem foro quam advocationibus interdicere, si quidem huic omnino forensibus negotiis accommodare se non permittatur. Solet autem ita vel iuris studiosis interdici, vel advocatis, vel tabellionibus sive pragmaticis. *§ 5.* Solet et ita interdici, ne instrumenta omnino forment, neve libellos concipiant, vel testationes consignent. *§ 6.* Solet et sic, ne eo loci sedeant, quo in publico instrumenta deponuntur, archio forte vel grammatophylacio. *§ 7.* Solet et sic, ut testamenta ne ordinent vel scribant vel signent.

4) VII. 41. Tabellioni in scriptura libelli vel tabularum versibus n°. centum * [XXV]. *ed. Mommsen.*

5) *L. 3. C. Th. de decurion.* (12, 1). = *L. 15. C. I. eod.* (10, 31). *cf. L. 1. C. Th. ad leg. Corn. de fals.* (9, 19). = *L. 21. C. I. eod.* (9, 22).

6) *Marini pap. dipl. No.* 74. *p.* 112. 114. *No.* 110. *lin.* 38. Savigny, R. R. im MA. I. § 106. S. 351.

7) *L. 4. § 1. C. I. de receptis* (2, 56). *Iustinian.* Dieß kann freilich auch die Tabularii bezeichnen. *L. 32. C. I. de ep. et cler.* (1, 3). *Leo et Anthem. § 3. Inst. de adopt.* (1, 11).

rensia oder publica[8]), *συμβόλαια ἀγοραῖα*[9]), publice[10]) (*ἐπ' ἀγορᾶς*)[11]) confecta. In Ravenna bildeten sie im sechsten Jahrhundert eine Zunft (schola) mit einem Vorsteher (Primicerius)[12]). Ebenso im neunten Jahrhundert in Constantinopel nach einer Novelle des K. Leo Sapiens, welche ihre Ergänzung durch Wahl und Bestätigung von Seiten des Präfectus Urbi genau beschreibt[13]). Bei der Ausbreitung des Zunft- und Kastenwesens im sinkenden römischen Reiche dürfen wir annehmen, daß das Wesentliche dieser Einrichtung schon früher und allgemein bestanden habe. Beaufsichtigung durch die Magistrate, Mitwirkung bei ihrer Anstellung[14]) und Ausstoßung der Unwürdigen[15]) ist überdieß ausdrücklich bezeugt.

Ihr Geschäft betreiben sie in eigenen oder gemietheten stationes auf dem Forum oder anderen öffentlichen Plätzen[16]). Es besteht hauptsächlich in Abfassung von Urkunden über Rechtsgeschäfte, Verträge, Testamente u. A.[17]), seltener Prozeßschriften[18]),

8) *L. 20. C. I. de fid. instr.* (4, 21). *Iustinian.*

9) *Nov.* 49. c. 2. *Nov.* 73. c. 7. *Nov.* 117. c. 2. *Nov.* 142. c. 2.

10) *L. 23. C. I. ad SC. Vellei.* (4, 29). *L. 11. C. I. qui potior.* (8, 18).

11) *Nov.* 73. c. 2. 5. 7. *Nov.* 52. c. 2. Die gesta iudicialia, *ὑπομνήματα*, werden hier den instrumentis publicis entgegengesetzt. Ebenso in *L. 14. §§ 3. 4. C. I. de sacr. eccles.* (1, 2) tabellionum instrumenta und Iudicum gesta.

12) *Marini pap. dipl. No.* 110. Savigny a. a. O.

13) *Cuiac. ad L. 15. C. I. de decur.* (10, 31) giebt ihren Inhalt und bemerkt, daß die Tabelliones darin Tabularii genannt werden. *Zachariae Historiae Iuris Graeco-Romani delineatio. Heidelb.* 1839. *p.* 52 giebt die Handschriften an und im *Appendix p.* 117 den Text: *τῶν περὶ πολιτικῶν σωματείων διατάξεων τοῦ βασιλέως κυροῦ λέοντος πρώτη περὶ ταβουλλαρίων rel.*

14) Nach *Nov.* 44. c. 1. § 4. soll der tabellio von der Bestellung eines Substituten dem Magister census Anzeige zu Protokoll machen.

15) S. oben Note 3.

16) *Nov.* 44. c. 1. § 2. *Marini pap. dipl. No.* 75. und 92. *fin.* Ego Theudosius v. h. tabell. urb. Rom. habens stationem in porticum de Subora, regione quarta *rel.* Ueber stationes s. *L. 7. § 13. D. quib. ex caus. in poss.* (42, 4). *L. 12. § 6. C. I. de aed. priv.* (8, 10). *L. 12. C. I. de oper. publ.* (8, 12). *Cuiac. Obss.* II. 40.

17) Z. B. *L. 17. C. I. de fid. instr.* (4, 21). *L. 24. C. I. de testam.* (6, 23).

18) S. oben Note 2. 3. 4. Auch die libellorum (refutatoriorum)

die ja überhaupt in dem gerichtlichen Verfahren dieser Zeit selten vorkommen. Zu unerlaubten Geschäften sollen sie ihre Mitwirkung versagen [19]), und bei erlaubten über der gesetzlichen Form halten [20]), in beiden Fällen bei Vermeidung einer Strafe.

Von der Form der Notariatsinstrumente jener Zeit geben die Urkunden bei Marini [21]) ein anschauliches Bild, und was die Gesetze über das dabei beobachtete Verfahren sagen, erhält durch sie seine Erläuterung [22]). Auf Ersuchen der Parthei (rogare) pflegte der Tabellio zuerst im Concept (scheda) die Urkunde zu ordnen [23]), sodann die Reinschrift (mundum) davon zu machen, oder durch einen seiner Gehülfen machen zu lassen [24]). Diese wurde dann den Partheien vorgelesen und von ihnen und den gegenwärtigen Instrumentszeugen unterschrieben. Diese letzteren zuzuziehen war schon früher Sitte [25]), wenngleich nicht allgemein nothwendig [26]); Justinian hat drei, oder wenn die Partheien nicht schreiben können, fünf Zeugen vorgeschrieben [27]). Endlich unterschrieb auch der Tabellio, und vollendete damit die Urkunde (complere et absolvere) [28]). Justinian hat außer-

conditores, dictatores in *L. 39. § 1. C. I. de appell.* (7, 62) können tabelliones sein.

19) *L. 1. § 3. C. I. de sacr. eccles.* (1, 2). *L. 2. C. I. de eunuch.* (4, 42). *L. 1. C. I. ut nemo ad suum patrocin.* (11, 53).

20) *L. 29. C. I. de testamentis* (6, 23). *Nov.* 66. *c.* 1. *pr. Nov.* 44. *c.* 2.

21) Auch abgedruckt in *Spangenberg tab. neg. sol. Lips.* 1822. *cf. p.* 52.

22) Vgl. deshalb Spangenberg a. a. O. und in seiner Schrift von dem Urkundenbeweise I. S. 299.

23) *Ἐπιτάττεσθαι τὸ συμβόλαιον. Nov.* 44. *praef. c.* 1. *pr.* § 4. Ueber die scheda und das mundum s. *L. 17. C. I. de fid. instr.* (4, 21).

24) Daß dieß möglich sei, ergiebt sich aus *Nov.* 73. *c.* 7. § 1.

25) So bei den testationes. S. oben § 108 Note 80 folg.

26) *L. 31. C. I. de donat.* (8, 54). *L. 23. C. I. ad SC. Vellei.* (4, 29).

27) *Nov.* 73. *c.* 5. 8.

28) Diese Ausdrücke kommen regelmäßig in der Unterschrift des Tabellio bei Marini vor: complevi et absolvi, ferner in *L. 17. C. I. de fid. instr.* (4, 21). — ab ipso mundo, quod necdum est impletum vel [et] absolutum, *L. 15. C. I. de contr. emt.* (4, 38). — completum et absolutum, und bezeichnen eine und dieselbe Handlung des Notars, daher sie auch promiscue gebraucht werden. *Nov.* 44. *praef.* — *οὔτε ὕστερον παραγενέσθαι τῇ πληρώσει, ἀλλ' αὖτις ἑτέρῳ τοῦτο ἐπιτετραφέναι. καὶ ὁ μὲν παραγενόμενος τῇ πληρώσει ἦλθεν, οὐδὲν οὐδὲ αὐτὸς φήσας εἰδέναι*

dem in einem eigenen Gesetz, *Nov.* 44, noch Folgendes verordnet: 1) Der Tabellio soll sich bei Anordnung und Vollendung der Urkunde nicht durch einen seiner Gehülfen vertreten lassen, sondern selbst dabei gegenwärtig sein, und nur, wenn dieß geschehen ist, die Urkunde vollziehen [29]). Erlaubt wird ihm nur, einen seiner Gehülfen durch Anzeige beim Magister Census zu seinem Substituten zu bestellen, der dann aber selbständig und gleichfalls persönlich das Geschäft versehen soll [30]). 2) Er soll zu den Urkunden Papier mit dem *πρωτόκολλον* gebrauchen, d. i. ein der Papyrusrolle vorgeklebter Zettel, worauf der Name des zeitigen Comes sacrarum Largitionum, die Zeit der Verfertigung des Papiers, und Anderes verzeichnet ist, damit die Aechtheit der Urkunde erkannt werden könne; dieß jedoch nur in Constantinopel [31]). Die Notariatsinstrumente umfaßt auch die Vorschrift der *Nov.* 47, daß die Zeit, nehmlich das Regierungs-

— *ἀλλὰ μόνον ἐδίδαξεν ὅτι παρόντος μὲν αὐτοῦ τοῦτο ἀπολέλυται* = neque postea cum perficeretur se adfuisse, sed alii rursus id demandasse. Ac cum ille, qui perfectioni interfuit, veniret, is quoque nihil se scire dixit, — sed se praesente id absolutum esse solum docuit. *cf. Cuiac. h. l.* Völlig synonym sind sie übrigens nicht, vielmehr drückt absolvere ein noch vollständigeres Abthun des Geschäfts aus. Eben deshalb kann durch ihre Verbindung der Ausdruck verstärkt werden, und nicht anders erkläre ich mir *L. 17. C. I. de fid. instr.* (4, 21). — si per tabellionem conscribantur, etiam ab ipso completa et postremo [a] partibus absoluta sint. *pr. Inst. de empt. et vend.* (3, 23). — et si per tabelliones fiunt, nisi et completiones acceperint et fuerint partibus absoluta, wo in dem absolvere partibus auch die Uebergabe an die Partheien mit begriffen zu werden scheint. Ferner bei **Marini** *N*°. 86. hanc donationem *roboratam a testibus* et completam absolvi, und *N*°. 75, wo der Adjutor von sich sagt complevi, der Tabellio selbst in der letzten Unterschrift complevi et absolvi. Spangenberg a. a. O. nimmt complere technisch für die Unterschrift der Partheien und Zeugen, absolvere für die des Notars. In der Stelle Note 29 werden sie selbst gerade umgekehrt gebraucht. Vgl. auch *Nov.* 73. *c.* 5.

29) *Nov.* 44. *c.* 1. *pr.* *Τοὺς προεστῶτας τῆς ἐργασίας συμβολαιογράφους αὐτοὺς δι' ἑαυτῶν ἐκ παντὸς τρόπου ἐπιτάττεσθαι τὸ συμβόλαιον, ἡνίκα τε ἀπολύοιτο παραγίνεσθαι· καὶ μὴ ἄλλως ἐπιτιθέναι τῷ χάρτῃ τὴν πλήρωσιν, πλὴν εἰ μὴ ταῦτα πραχθείη.*

30) *Nov.* 44. *c.* 1. § 4.

31) *Nov.* 44. *c.* 2. Vgl. Hugo, Civ. Mag. VI. 7.

jahr des Kaisers, das Consulat, die Indiction, Monat und Tag im Eingang aller öffentlichen Urkunden angegeben werden soll. Eine eigenthümliche Beweiskraft haben sie nur insofern, als ihre Aechtheit und ihr Inhalt durch den Tabellio und die Instrumentszeugen eidlich bezeugt wird [32]).

Nicht zu verwechseln mit den Tabelliones sind die Tabularii, obgleich sie in mehrfacher Beziehung zu ihnen stehen [33]). Dieß sind, wie wir oben [34]) gesehen haben, städtische Rechnungsführer [35]) und Archivare [36]), und ihr Geschäft ein niederes Munus publicum [37]). Die Aufbewahrung der öffentlichen und Privaturkunden im städtischen Archiv war die Veranlassung, daß sie allmählig auch zur Abfassung von Urkunden mitwirkten. So schon vor Justinian. Nach einem Gesetz des K. Honorius vom J. 409 [38]) soll, wenn die Defensoren oder andere Stadtbeamte sich weigern, die Beschwerden der Provinzialen zu protokolliren, der Libellus öffentlich angeschlagen, und durch die Scribae, Tabularii und andere Officia municipalia protokollirt werden. K. Leo [39]) erwähnt, daß bei der Abfassung von Urkunden über Contracte conditionales, die man auch Tabularii nenne, als Zeugen zugezogen zu werden pflegten. Nach desselben Kaisers Verfügung [40]) sollen die Güter der Waisenhäuser den Pflegern derselben in Gegenwart öffentlicher Personen, d. h. Tabularii,

32) *Nov.* 44. *pr. c.* 1. *pr. Nov.* 73. *c.* 7. S. unten § 155.

33) *Fr. C. Conradi Parerga* VI. 1. § 8. *p.* 459. erklärt sie für identisch. Ihre Verschiedenheit hat schon *Cuiac. ad Nov.* 44. *ad L.* 15. *C. I. de decurion.* (10. 31). und *Gothofred. ad L.* 3. *C. Th. de decurion.* (12, 1) bemerkt. Vgl. unten Note 50.

34) § 142 Note 193. 194.

35) Denn die Tabularii provinciarum, die zum Officium des Statthalters gehörten, gehen uns hier nicht an. S. oben § 142 Note 128.

36) *L.* 3. *§* 3. *D. de tab. exhib.* (43, 5). *Ulp.* M. Aurel soll sie zuerst eingeführt und ihnen die Führung der Geburtslisten übertragen haben. *Capitol. Marc.* 9.

37) *L.* 18. *§* 10. *D. de munerib.* (50, 4). *Arcad. Charis.* Bei Ulpian in *L.* 7. *§ ult. D. si mensor.* (11, 6). *L.* 1. *§* 6. *de extr. cogn.* (50, 13) erscheinen sie als Privatrechenmeister.

38) *L.* 3. *C. Th. de superexact.* (11, 18). = *L.* 9. *C. I. de Defensor.* (1, 55).

39) *L.* 11. *C. I. qui potior.* (8, 18).

40) *L.* 32. *C. I. de episc. et cler.* (1, 3).

oder mit gerichtlicher Protokollirung übergeben werden. Noch weit häufiger aber erscheinen sie in solchen Functionen in Justinians Gesetzen, theils so, daß ihre Gegenwart bei Rechtsgeschäften [41]) oder die Abfassung der Urkunde durch sie [42]) als gewöhnlich vorausgesetzt, oder ihre Mitwirkung als nothwendig vorgeschrieben wird. So bei der Errichtung eines öffentlichen Inventars [43]). Der Adrogator eines Pupillen giebt die gewöhnliche Caution einer Persona publica, d. i. einem Tabularius [44]). In Ermangelung öffentlicher Behörden, die das Jus Actorum conficiendorum haben, soll durch eine Attestatio in Gegenwart und mit der Unterschrift der Tabularii die Interruptio civilis [45]), ferner die Annahme des neuen Emphyteuta [46]) erklärt werden. Endlich soll ihre Unterschrift die des Testirers ersetzen; wenn dieser blind ist [47]), desgleichen bei anderen Urkunden die Unterschrift der Parthei, die nicht schreiben kann [48]). Ein Beispiel der Anwendung dieses Gesetzes wird im Eingang der *Nov.* 44 erwähnt [49]), wo neben dem die Urkunde verfassenden Tabellio ein Tabularius für die der Schrift unkundige Parthei unterschrieb. Auch stehen die Notariatsinstrumente bei Marini, namentlich das bekannte Instrumentum plenariae securitatis [50]), damit nicht im Wi-

41) *L. 27. C. I. de fideiussor.* (8, 41).

42) *L. un. § 1. C. I. de Lat. lib. toll.* (7, 6).

43) *L. 22. § 2. C. I. de iure delib.* (6, 30). *L. 24. C. I. de admin. tut.* (5, 37). *L. 13. C. I. arb. tut.* (5, 51). *L. 27. C. I. de episc. aud.* (1, 4).

44) *§ 3. Inst. de adopt.* (1, 11).

45) *L. 2. C. I. de annali except.* (7, 40).

46) *L. 3. C. I. de iure emphyt.* (4, 66).

47) *L. 8. C. I. qui test. fac. poss.* (6, 22).

48) *L. 22. § 2. C. I. de iure delib.* (6, 30). — vel si ignarus sit litterarum vel scribere praepediatur, speciali Tabulario ad hoc solum adhibendo, ut pro eo litteras supponat, venerabili signo ante ea manu heredis praeposito : testibus videlicet adsumendis , qui heredem cognoscant, et iubente eo tabularium pro se subscribere interfuerint. *Nov.* 73. *c.* 8., wo nicht *δύο πάντως*, sondern *διὰ πάντως* die richtige Lesart ist. *Cuiac.* in *Nov.* 44.

49) *Ἐκ γὰρ προσώπου γυναικός τινος ἐφέρετο συμβόλαιον, γράμματα μὲν αὐτῆς οὐκ ἔχον (ἦν γὰρ τούτων ἀνεπιστήμων) τελευθὲν δὲ ὑπὸ συμβολαιογράφου καὶ παρά τε ταβουλαρίου τὴν ὑπογραφὴν ἔχον τὴν αὐτῆς, καὶ μαρτύρων ἐπιδεικνύον παρουσίαν.*

50) *Marini No.* 80. *Spangenberg tab. neg. soll. No.* 21. *Fr. C. Conradi Parerga* II. 3.

derspruch, indem zwar kein Tabularius, wohl aber fünf Zeugen regelmäßig mit unterschrieben haben, in deren Zahl ein Tabularius nur dann verlangt wird, wenn ein solcher an dem Orte vorhanden ist. Die Unterschrift des Tabellio findet sich auch hier noch außerdem.

In noch späterer Zeit scheinen die Tabularii und Tabelliones zu Einer Corporation verbunden zu sein. Denn die erwähnte Novelle des K. Leo Sapiens [51]) giebt den Notaren jenen ersten Namen, und im Occident betrachten die Schriftsteller des zwölften Jahrhunderts beide als identisch.

---

# Excurs I.

## Gerichtbarkeit und Gerichtsstand.

### 1. Gerichtbarkeit [1]).

§ 145. Die Begriffe von imperium und iurisdictio, iurisdictio mandata und iudicis datio, deren Ursprung in dem ältesten römischen Recht wir früher nachgewiesen haben und die noch in der classischen Jurisprudenz ihre Bedeutung behaupteten (§§ 69—71), haben dieselbe in dieser Periode eigentlich völlig verloren und erscheinen in Justinians Pandekten fast nur noch als unschädliche Antiquitäten. Denn daß alle kaiserliche Beamte imperium merum und mixtum, d. h. die volle Civil- und Criminalgerichtbarkeit besitzen, versteht sich von selbst, und daß die Municipalbeamten, Duumviri und Defensoren, beiderlei Richtergewalt nur in einem beschränktem Maaße haben, beruht mehr auf neuerer kaiserlicher Gesetzgebung, als auf jenen traditionellen Begriffen.

IV. 1. Dieser Letzte behauptet die Identität des Tabellio und Tabularius auch um dieser Urkunde willen. *p.* 485. *sqq.*

51) S. oben Note 13.

1) *Cod. Theod.* 2, 1. *Dig.* 2, 1. *Cod. Iust.* 2, 13. *de iurisdictione.*

Dagegen ist es ein allerdings aus der früheren Zeit überkommener Grundsatz, daß regelmäßig mit der Verwaltung (administratio) auch Richtergewalt (iurisdictio) verbunden ist [2]; daher die kaiserlichen Beamten bald Administratores, ἄρχοντες, ihr Amt administratio, ἀρχή [3]), bald Iudices [4]) genannt werden, und zwar je nachdem sie der Civil- oder Militärverwaltung angehören, Iudices civiles oder militares [5]), während Magistratus schlechthin meist die richterlichen Municipalobrigkeiten bezeichnet [6]). Ferner wird die Gerichtsobrigkeit, weil sie regelmäßig selbst untersucht, auch Cognitor genannt [7]).

Recht eigentlich aus der neueren Reichsverfassung hervorgegangen ist dagegen die Eintheilung der kaiserlichen Beamten in Iudices maiores, medii und minores [8]), oder wie sie noch häufiger mit Rücksicht auf Rang- und Titelfolge dieser Zeit heißen, Iudices illustres, spectabiles und clarissimi. Denn sie entspricht den drei Stufen der Civil-

2) *L. 3. C. I. ubi et apud quem* (2,47). *Iustinian.* — qui certae administrationi, cui etiam iurisdictio adhaeret, praepositi sunt.

3) *L. 5. pr. C. Th. de iis quae administr.* (8, 15). *Val. et Val. a.* 365. — administratorum altior iudex, idem mediae dignitatis — vel minimus. *cf. Nov. Val.* 31. *pr.* — administratio, militia, officium. *Io. Lydus* περὶ ἀρχῶν, *de magistratibus.*

4) Dieß ist jetzt technisch für die Obrigkeit, wie früher für den Geschwornen. Ebenso iudicium, δικαστήριον, im Gegensatz von iudex pedaneus, z. B. *L. 2. C. I. de libertis* (6, 7). *Constantin. a.* 319; provinciale iudicium im Gegensatz des hauptstädtischen. *L. 12. C. I. de praescr. l. t.* (7, 33) u. s. w.

5) *Cod. Theod.* 1, 20. *de officio Iudicum civilium.* 21. *de officio Iudicum militarium.* 22. *de officio Iudicum omnium. Cod. Iust.* 1, 45. 46. 48.

6) S. § 138 Note 7.

7) *L. 5. C. Th. ad leg. Iul. rep.* (9, 27). Omnes cognitores et iudices. *Nov. Mart.* 4. *pr.* Negotiorum cognitores ac tribunalium praesides. *L. 29. C. Th. de petit.* (10, 10). Vicarii atque ordinarii cognitores. *L. 9. C. Th. de repar. app.* (11, 31). sacer cognitor. *L. 38. pr. C. Th. de navicul.* (13, 5). annonarius cognitor.

8) *L. 5. pr. cit.* Note 3. *L. 2. C. I. de mand. Princ.* (1, 15). *Nov.* 23. c. 3. *Nov.* 7. *epilog.* Oft werden nur zwei Grade genannt. *L. un. C. Th. de omissa actionis impetr.* (2, 3). *L. 33. pr. § 5. C. I. de ep. et cler.* (1, 3). *L. 34. C. I. de appell.* (7, 62). *L. 13. § 1. L. 14. C. I. de iudiciis* (3, 1). *Nov.* 23. c. 1.

verwaltung, in welcher die Präfecten die höchste, die Vicarien die mittlere und die Provinzialstatthalter die unterste Stufe einnehmen. Daher ist auch die ausnahmsweise mit einem Amt verknüpfte höhere Würde nicht bloß persönlicher Ehrenvorzug, sondern bezeichnet eine höhere Stellung der Behörde. So sind die Präfecten der beiden Hauptstädte illustres, weil sie mit ihrer Verwaltung von allen andern Gewalten eximirt und unmittelbar unter den Kaiser gestellt sind; die Proconsuln, obgleich nur Verwalter einer Provinz, spectabiles, selbst den Vicarien vorgehend, weil sie gleichfalls nur den Kaiser oder den Präfecten über sich erkennen. In der Militärverwaltung sind die Magistri Militum als höchste Reichsbeamte im Militär illustres, die Duces und Comites grundsätzlich spectabiles. Die nur persönlich verliehene Titularwürde freilich änderte die amtliche Stellung nicht[9]).

Mit dieser Stufenfolge der Behörden hing natürlich ihr Verhältniß zu einander, insbesondere die Unterordnung der einen unter die andern zusammen, von welcher die frühere Periode, wo jeder Magistrat, abgesehen von dem schuldigen Gehorsam gegen den Kaiser, in seinem Amtsbezirk souverän war, nichts wußte. Technisch ist dafür der Ausdruck sub dispositione[10]), welcher überhaupt die Machtsphäre eines Beamten bezeichnet, also nicht bloß die persönliche Unterordnung eines niederen Beamten sammt seiner Verwaltung unter die Aufsicht eines höheren[11]), sondern auch die Gegenstände der unmittelbaren eigenen Administration, oder der höheren Aufsicht, z. B. eine

9) S. z. B. *L. 38. C. I. de appell.* (7, 62).

10) Die Notitia Dignitatum verzeichnet bei fast allen einzelnen Beamten in § 1, wen oder was er sub dispositione hat.

11) Z. B. sub dispositione Vicarii die Consulares, Correctores und Praesides, natürlich mit ihren Provinzen; *Not. Occid.* Sub dispositione Magistri peditum praesentalis die Comites und Duces mit ihren Truppentheilen; *Not. Occid. c.* 5. Sub dispositione Praefecti urbis der Praefectus annonae, vigilum u. s. w. *Not. Occid. c.* 4. Sub dispositione Comitis sacr. largitionum die Comites largitionum oder Rationales der verschiedenen Diöcesen, die Praepositi thesaurorum, Procuratores monetae u. s. w.

Provinz [12]) oder Diöcese [13]), ein Truppentheil [14]) oder ein Geschäftszweig [15]), natürlich in der Regel so, daß auch der diesem Geschäftszweig unmittelbar vorstehende Beamte jener höheren Gewalt unterworfen ist [16]). Doch trifft dieß nicht zu bei den Vicarien, deren Diöcese zwar, die aber persönlich nicht unter dem Präfecten, sondern unmittelbar unter dem Kaiser stehen [17]). Eine Folge der grundsätzlichen Verbindung von Verwaltung und Justiz ist ferner, daß der untergeordnete Beamte durchweg nicht nur der Disciplin, sondern auch der richterlichen Gewalt seines Vorgesetzten unterworfen ist [18]). Dagegen fällt der gerichtliche Instanzenzug mit dieser Stufenfolge und Unterordnung der Beamten nicht überall zusammen, sondern ist von einem andern Unterschied abhängig, zu dessen Betrachtung wir demnächst übergehen. So z. B. stehen die Statthalter der Diöcese Africa mit Ausnahme des Proconsuls sub dispositione des Vicarius Africä; die Appellationen von ihnen gehen aber an den Proconsul

12) Die einzelne Provinz sub dispositione Proconsulis, Consularis, Correctoris oder Praesidis *Not. Or. c.* 19. 40. 42. *Occid. c.* 17. 41. Beim Corrector Apuliä *c.* 43. heißt es: Sub iurisdictione — Provincia Apuliae et Calabriae, worin man eine Besonderheit dieses Statthalters suchen könnte, wenn nicht bei dem Präses Dalmatiä *c.* 45. derselbe Ausdruck wiederkehrte. *Böcking Not. Or. p.* XII. *Annot.* II. *p.* 1185. behauptet, daß Beider Verwaltung auf die Jurisdiction beschränkt gewesen sei. Die sämmtlichen Provinzen einer Diöcese stehen sub dispositione Vicarii und Praefecti praetorio, deren concurrirende Aufsicht damit ausgesprochen wird.

13) Die betreffenden Diöcesen sub dispositione Praefecti praetorio *Not. Or. c.* 2. 3. *Occid. c.* 2. 3.

14) Sub dispositione Magistrorum militum die eigenen Truppentheile und die der ihnen untergebenen Duces und Comites.

15) Z. B. Sub dispositione Quaestoris: Leges dictandae und preces. *Not. Or. c.* 11. *Occid. c.* 9. Sub disp. Primicerii Notariorum: omnium dignitatum et administrationum Notitia. *Not. Or. c.* 16. *Occid. c.* 15.

16) Die Notitia Orientis nennt sub dispositione Vicarii die Provinzen seiner Diöcese, die Notitia Occidentis die Statthalter derselben, was dasselbe ist u. s. w. S. Note 11.

17) So auch der Comes Orientis, der Präfectus Augustalis und der Proconsul Achaiä. Bei den beiden andren Proconsuln waren auch die Provinzen von der Aufsicht des Präfecten eximirt. S. oben § 131 Note 8. 9.

18) *Böcking* in *Not. Or. p.* XII.

Africä [19]). Die Provinzen Hellespontus und Insulä sind sub dispositione des Proconsuls Asiae, die übrigen Provinzen der asianischen Diöcese sub dispositione des Vicarius; von allen Provinzialstatthaltern aber wird an den Präfectus Urbi in Constantinopel appellirt [20]).

Der Justizverfassung ausschließlich angehörig ist der Unterschied der Iudices ordinarii und sacri [21]). Jenes sind die kaiserlichen Provinzialbeamten im Civil und Militär als ordentliche Richter erster Instanz [22]), dieß die höheren Reichsbeamten, welche die Gerichtbarkeit des Kaisers an seiner Statt (vice sacra) ausüben, daher ihr Gericht ein kaiserliches (auditorium sacrum) genannt wird [23]). Der Ursprung dieses Gegensatzes ist in der früheren Kaiserzeit zu suchen, wo der Kaiser die höchste ihm zustehende Gerichtbarkeit in bestimmtem Umfang, namentlich in Appellationssachen, einem seiner hohen Beamten in Rom, insbesondere dem Präfectus Urbi und Präfectus Prätorio, oder auch einem Privatus für einen Theil des Reichs außerordentlicher Weise delegirte [24]). In der Diocletianisch-Constantinischen Verfassung wurde dieß ein stehendes Recht nicht nur jener beiden Beamten [25]), sondern es wurde auch den Vicarien [26]) und andern Judices spectabiles mitgetheilt [27]), die

19) S. oben § 131 Note 21. 22 vgl. mit § 132 Note 26

20) S. § 131 Note 12. 26.

21) Es ist beachtenswerth daß die Notitia Dignitatum über diesen wichtigen Gegenstand nichts enthält.

22) *Nov. Val.* 18. § 7. — Ducem vel Consularem vel Praesidem, qui vetustatis privilegio ordinariorum iudicum nomen obtinent. S. oben § 131 Note 27 und die folg. Note 23.

23) *L. 4. C. Th. de iurisd.* (2, 1). *Constantin.* — ordinaria sedes — sacrum auditorium. *L. 4. C. Th. de off. Pr. Pr.* (1, 5). *Constantius.* Iudices (*sc. ordinarii*) — in auditorio sacro. *Symm. Ep.* X. 58. provincialis cognitor — auditorii sacri iudex. — *Edict. Theoderici* 55. Provinciarum iudices — sacer cognitor.

24) S. oben Bd. II. S. 47 und *Mommsen Ep. de C. Cael. Sat. tit. p.* 32. *sqq.* Für die frühere und spätere Zeit vgl. *Orelli-Henzen Index p.* 117.

25) Der Präfectus Urbi § 133 Note 27, der Präfectus Prätorio § 132 Note 54.

26) S. oben § 132 Note 55.

27) *L. 32. pr. C. I. de appell.* (7, 62). — quidam spectabilium iudicum, z. B. den Proconsuln,

obgleich Vertreter des Präfecten dennoch die kaiserliche Gerichtbarkeit vermöge unmittelbarer Delegation verwalteten [28]). Hauptsächlich lag darin das Recht, alle Appellationen von Judices ordinarii anzunehmen, die sacra Auditoria waren eben so viele im Reich vertheilte kaiserliche Appellationsgerichte [29]). Doch standen ihnen auch andere kaiserliche Gerechtsame zu, z. B. Klagen extra ordinem in erster Instanz anzunehmen [30]), Deportation und Proscription zu verfügen, sonst ein kaiserliches Reservatrecht [31]) u. s. w. Diese richterliche Vertretung des Kaisers gab eine solche Würde, daß sie, wie früher die Consulate, gezählt zu werden pflegte [32]). Auch mußten die Partheien und Advocaten in jedem Auditorium sacrum in demselben Costüm erscheinen und dasselbe Ceremoniell beobachten, wie im Palaste des Kaisers [33]). Im vollsten Sinne kam jene Vertretung jedoch nur dem Präfectus Prätorio zu, der keinen Beamten über sich erkannte, ja von dessen Urtheilsprüchen so wenig als von denen des Kaisers selbst Appellation stattfinden sollte [34]). Auf die übrige Verwaltung aller dieser Beamten aber wird die Vertretung des Kaisers nicht bezogen [35]), aus dem einfachen Grunde,

dem Comes Orientis, Präfectus augustalis; nicht den Duces und Comites.

28) *Orelli* 3191. Comitis Orientis — iudici iterum ex delegationibus sacris.

29) *Symmachi Ep.* VIII. 17. provinciali actione decursa, quae ad sacri auditorii cognitorem necessaria provocatione pervenit. *L. 4. C. Th. de off. Pr. Pr.* (1, 5). *L. 44. L. 64. C. Th. de appell.* (11, 30). *L. 32. pr. C. I. de appell.* (7, 62). *Nov. Val.* 18. *rubr.* § 12. *L. 4. C. I. de temp. app.* (7, 63). *Orelli* 3151. 3183. cognoscens ad sacras appellationes. Für die Appellation in fiscalischen Sachen sind die Comites sacrar. Larg. und Rei privatä des Kaisers Vertreter. *L. 21. L. 28. C. Th. de appell.* (11, 30).

30) S. oben § 132 Note 58 – 62.

31) *L. un. C. Th. ne sine iussu Princ.* (9, 41). *L. un. C. I. eod.* (9, 48). *cf. L. 6. D. de interdict. et rel.* (48, 22). *L. 2. D. de poenis* (48, 19). *L. 1. D. de off. Pr. urbi* (1, 12).

32) *Orelli* 1124. 3191. 3185. 3191. 3672. 5584. 5587. 6472.

33) *Scholiast. ad Iuliani Const.* XVII. 63. Auditorium sacrum dicebatur, ubi formalibus verbis causae allegabantur et vestem induebant, qualem in palatio, velut campacos, et sic ingrediebantur omnes ad eos. *cf. Nov.* 126. *pr. c.* 1.

34) *L. 16. C. Th. de app.* (11, 30). *cit.* § 132 Note 67.

35) Das Gegentheil nahm ich früher an, Handbuch S. 45. Ebenso

weil der Kaiser selbst zwar persönlich Gericht hält, dagegen, abgesehen von seiner höchsten Regierungsgewalt, in deren Ausübung ihn alle seine Beamte vertreten, nicht persönlich administrirt [36]).

Nicht zu verwechseln mit diesen hohen Reichsbeamten, die vermöge einer mit ihrem Amt verknüpften stehenden Delegation die kaiserliche Gerichtbarkeit ausüben, sind die Richter, die nicht von Amtswegen (officii necessitate, ex sua iurisdictione), sondern vermöge eines außerordentlichen kaiserlichen Commissoriums (ex praerogativa rescripti, ex delegato) eine einzelne Sache untersuchen und entscheiden [37]). Wie von Anfang des Kaiserreichs [38]), so sind auch in dieser Zeit der durchgeführten Despotie solche Eingriffe in die geordnete Gerichtsverfassung etwas ganz gewöhnliches und die Berufung einer Parthei auf ihren gesetzlichen Gerichtsstand dagegen nicht denkbar. Die Macht eines solchen kaiserlichen Commissarius war als außerordentliche der eines ordentlichen kaiserlichen Beamten durchaus gleich. Bei der Wahl desselben war der Kaiser nicht an bestimmte Kategorien gebunden, er wählte ihn aus seinen Beamten oder Privaten, titulirten oder nicht titulirten Personen [39]). Die Einrichtung

alle Neueren, selbst **Böcking** *Annot.* I. *p.* 168. vice sacra eam (*sc. Achaiam*) regebat. *p.* 290. vice sacra regebatur. Die Quellen sprechen nur von vice sacra cognoscere, iudicare u. s. w.

36) Daß Dacien ein Immediatbezirk des Präfecten war, will man daraus erklären, daß es früher in unmittelbarer Verwaltung des Kaisers gestanden. **Böcking** *Annot.* I. *p.* 125. Allein **Gruter** 259, 7. Imp. Caes. M. Aelio Antonino, — cuius nutu et auspiciis provincia Dacia gubernatur, bezeichnet sie nur als kaiserliche Provinz unter einem Legatus Augusti pro Praetore. Vgl. **Becker-Marquardt** III. 1. Note 688.

37) *L. 18. C. Th. de appell.* (11, 30). — vel officii necessitate poscente vel ex praerogativa rescripti. *cf. L. 16. eod.* ex delegato. *L. 32. § 3. C. I. de appell.* (7, 62). Iudex qui non ex delegatione cognoscit. — Eorum — qui ex delegatione cognoscunt. *L. 34. eod.* — quod iudicandum ei tradidimus, vel quod pro sua iurisdictione iudicaverit. *L. 38. eod.* — sive ab ipsa qualitate iudicis, sive ex divina delegatione. *Nov.* 112. c. 3. *pr.* τοὺς ὀρδιναρίους δικαστάς, ἤγουν τοὺς ἐμβάθμους (qui tribunali praesunt) — τοῖς ἄλλοις δικασταῖς τοῖς κατὰ βασιλικὴν κέλευσιν τὰς ὑποθέσεις ἐξετάζουσιν (iudicibus qui ex imperiali iussu causas examinant).

38) S. Bd. 2. S. 110 folg.

39) *L. 32. §§ 4. 5. C. I. de appel.* (7, 62).

bestimmter Richtercollegien in Constantinopel für diesen Zweck hat auch hierin nichts Wesentliches geändert[40]).

Wiederum verschieden von diesen kaiserlichen Commissarien sind diejenigen, welche von einem kaiserlichen Beamten Auftrag empfangen haben. Dieser Auftrag kann nicht mehr wie die iurisdictio mandata der Republik und der früheren Kaiserzeit die gesammte Amtsführung umfassen[41]); selbst der Proconsul, der seine ganze Gewalt dem Legaten übertrüge, würde sich dadurch des kaiserlichen Vertrauens unwürdig zeigen und straffällig werden[42]); der Legat ist jetzt ein Unterbeamter des Proconsuls, der dessen Gerichtbarkeit in einem bestimmten Bezirk verwaltet[43]). Specielle Aufträge aber, insbesondere zur Untersuchung und Entscheidung einer einzelnen Rechtssache unter ihrer Aufsicht, ertheilen nicht nur die höheren Hof- und Reichsbeamten Privaten[44]) oder anderen Beamten geringeren Ranges, insbesondere den Provinzialstatthaltern[45]), sondern auch diese den Municipalmagistra-

40) Justinians Erklärung *Nov.* 82. *c.* 2., aus diesen Collegien wolle auch er selbst künftig seine Richter nehmen, band ihn natürlich nicht.

41) *Dig.* 1, 21. *de officio eius cui mandata est iurisdictio*, enthält zwar noch die alten Grundsätze; aber unmöglich als praktisches Recht im vollen Umfang.

42) *L.* 8. *C. Th. de off. Proconsulis et Legati* (1, 12). *Arcadius et Honor.* AA. Pompeiano Proconsuli Africae (*a.* 400). Pravam licentiam iudicum his cancellis severitatis includimus, ut, si quis Proconsulum vicem propriae potestatis in Legatum suum, velut ingratus nostro beneficio, repraesentaverit, triginta librarum auri illatione mulctetur, eademque condemnatione Legatus feriatur.

43) Für die Beschränkung auf einen bestimmten Bezirk s. oben § 67 Note 44; für die Aufsicht des Proconsuls *Not. dign. Occid. c.* 17. Sub disp. Proconsulis Africae: Legati eius duo.

44) Nur hierauf kann jetzt bezogen werden *L. 5. § 1. D. de officio eius cui mandata* (1, 21). — mandata iurisdictione privato. *cf. Chledon. Gramm. Putsch. p.* 1865. — cui magnificentissimi Praefecti vices suas in speciali causa mandaverunt. *Cassiodor.* VI. 15. Vices agentium mos est, sic iudicum voluntatibus obedire, ut suam non habeant dignitatem *rel.*

45) Der Präfectus Prätorio *L. un. § 4. C. l. ut omnes iudices* (1, 49). -- universi iudices, apud quos vel administrationis iure, vel ex praecepto amplissimae tuae sedis huiusmodi controversiae civiliter vel criminaliter ventilantur. Der Präfectus Urbi dem Präfectus Annonä *Amm. Marc.* XXVIII. 1. oder dem Corrector Apuliä *Symm.* X. 58. Der Magister Militum einem

ten[46]); und selbst in der Verwaltung der städtischen Gerichtbarkeit werden Stellvertreter der Magistrate erwähnt[47]), deren Befugniß auch nur auf Spezialvollmacht beruht haben kann. Da nun auch der Judex pedaneus die gesammten Richterfunctionen in einer einzelnen Sache vermöge des von dem Magistrat empfangenen Auftrages ausübt, so bilden alle delegirten Richter Eine Gattung, welche in zwei Arten zerfällt: Delegirte des Kaisers und Delegirte eines Magistrats[48]), für welche der allgemeine Grundsatz gilt, daß die Delegirten des Kaisers, weil sie die Macht eines kaiserlichen Beamten haben, weiter delegiren können, während dieß den Delegirten eines solchen versagt ist[49]).

Einer ganz anderen Kategorie gehören dagegen diejenigen Stellvertreter (vices Magistratuum agentes) an, welche auch jetzt der Kaiser oder der Präfectus Prätorio wegen außerordentlicher Behinderung oder Erledigung eines Amtes zu dessen interimistischer Verwaltung bestellt[50]). Und die Vicarien (τοπο-

Statthalter. *L. 33. C. I. de appell.* (7, 62). Der Comes Rei privatä einem Statthalter *L. 48. C. Th. de appell.* (11, 30). *L. 8. § 9. C. I. de delator.* (10, 11). Also nicht bloß den sub dispositione stehenden Beamten.

46) S. oben § 66 Note 30.

47) Bei Handlungen der freiwilligen Gerichtbarkeit. *Marini pap. dipl. No.* 74. *Spangenberg p.* 101. *sqq.* Fl. Florianus agens vices Severi filii sui. *No.* 83. *Spangenb. p.* 172. *sq.* — agentes magisterium pro filiis suis. *No.* 80. *Sp. p.* 152. Ag. Mag. Vgl. oben § 71 Note 28.

48) *L. 2. C. I. de temp. appell.* (7, 63). *Theod. et Val. a.* 440. — ex delegatione sacra, — ex sententia praetorianae Praefecturae vel Magistri officiorum vel ab alio illustri dignitate decorato — a spectabili iudice sive Praeside provinciae (*sc.* delegatus).

49) *L. 5. C. I. de iudiciis* (5, 1). A Iudice iudex delegatus iudicis dandi potestatem non habet —: nisi a Principe datus fuerit. *L. un. C. I. qui pro sua iurisdictione iudices dare darive possunt.* (3, 4). *Theod. et Val. a.* 440. — nisi iudices a nobis specialiter delegantibus dati aliis delegaverint causas iudicandas.

50) Vicarius Praefecturae urbi, *Tit. C. Cael. Sat. ed. Mommsen p.* 20. Vicarius (*Praesidis*) Mesopotamiae, *L. 4. C. Th. de cohortal.* (8, 4). *a.* 349. — *L. 2. C. I. de officio eius qui vicem alicuius Iudicis vel Praesidis obtinet* (1, 50). *Val. et Theod. a.* 427. — qui praeceptione Principali seu vestrae sedis amplissimae tueri locum Rectorum provinciarum noscuntur, — omnia quae ad iurisdictionem Rectoris provinciae pertinent, — peragendi habere licentiam. S. oben § 71 Note 98.

*τηρηταί*), welche die Provinzialstatthalter mißbräuchlich einzelnen Städten vorzusetzen pflegten, was Justinian ausdrücklich verbot [51]), können überhaupt gar nicht unter die gesetzlichen Richter gezählt werden.

Eine vollständige Aufzählung derselben für diese Periode [52]) enthält ein Gesetz Justinians, welches wir zur Uebersicht hierhersetzen:

*L. 14. C. I. de iudiciis* (3, 1):

— omnes iudices (1) sive maiores sive minores, qui in administrationibus positi sunt, vel in hac regia civitate, vel in orbe terrarum qui nostris gubernaculis regitur (2), sive eos quibus nos audientiam committimus (3), vel qui a maioribus iudicibus dantur (4), vel qui ex iurisdictione sua iudicandi habent facultatem (5), vel qui ex recepto, id est compromisso (quod iudicium imitatur) causas dirimendas suscipiunt (6), vel qui arbitrium peragunt, vel [?] ex auctoritate sententiarum et partium consensu electi sunt: et generaliter omnes omnino iudices Romani iuris disceptatores.

Hier werden genannt: 1) die ordentlichen Staatsbeamten, die in der Hauptstadt oder im Reich eine Verwaltung (administratio) haben und nach ihrem Rang Judices majores oder minores (illustres, spectabiles, clarissimi) sind; 2) die Delegirten des Kaisers; 3) die Delegirten der kaiserlichen Magistrate; 4) die Municipalmagistrate, insofern sie nach ihrer beschränkten Jurisdiction urtheilen können; 5) die Schiedsrichter, die auf Grund eines Compromisses die Entscheidung einer Sache übernehmen; 6) die von den Partheien erwählten und durch Verfügung der Obrigkeit bestätigten Arbitri, worunter nur die an Stelle des recusirten Judex pedaneus tretenden Arbitri ge-

51) *Nov.* 8. *c.* 4. *Nov.* 15. *c.* 20. *Nov.* 134. *c.* 1. 2. *Cuiac.* *in Nov.* 8. c. 2. *Nov.* 17. *c.* 10. *Nov.* 28. c. 4. *Nov.* 29. *c.* 2. *Nov.* 128.

52) Vgl. Bd. 2 S. 113 folg.

meint sein können [53]). Aehnliche, nur nicht so vollständige Aufzählungen enthalten noch mehrere Gesetze dieser Zeit [54]).

---

2. Gerichtsstand [1]).

§ 146. Die Competenz der verschiedenen gerichtlichen Behörden und der dadurch bedingte Gerichtsstand der Partheien beruht wesentlich auf denselben Grundsätzen, wie in der früheren Kaiserzeit [2]). Die Neuerungen können im Allgemeinen als Vermehrung der speciellen und der privilegirten Gerichtsstände bezeichnet werden.

Die allgemeinste, auf der Natur der gerichtlichen Rechtsverfolgung beruhende Regel, daß der Kläger dem Beklagten in seinen Gerichtsstand folgen müsse [3]), daß dieser sich aber freiwillig auch vor einem andern Richter einlassen könne, gilt auch jetzt noch; und den ordentlichen persönlichen Gerichtsstand bestimmt rücksichtlich der Municipalgerichte Bürgerrecht und In-

53) *L. 16. L. 18. C. I. de iudiciis* (3, 1). *L. 29. C. I. de pactis* (2, 3). — ad pedaneos iudices, et ad compromissarios, et ad arbitros electos.

54) *L. 3. C. I. ubi et apud quem* (2, 47). *Iustinian.* unterscheidet den iudex cui aliqua iurisdictio est und den iudex pedaneus; ferner iudices pro tribunali und eos quos augustalis dederit maiestas aut nostrae rei publicae administratores vel in hac regia urbe vel in provinciis; vor allen diesen soll über in Integrum Restitutio verhandelt werden; nicht aber apud compromissarios iudices vel arbitros ex communi sententia electos (*cf. L. 2. C. I. de pactis* (2, 3). *cit.* in Note 53) vel apud eos qui dantur a iudicibus, qui propriam iurisdictionem non habent, sed tantum iudicandi facultatem, worunter wohl die von einem delegirten Richter ungültig weiter Delegirten gemeint sind. Vgl. Note 48. — *L. 13. § 1. C. I. de iudiciis* (3, 1). *Nov.* 113. c. 1. § 1.

1) *Cod. Theod.* 2. 1. *de iurisdictione et ubi quis conveniri debeat. Dig.* 5, 1. *de iudiciis et ubi quis conveniri debeat. Cod. Iust.* 3, 13. *de iurisdictione et foro competente.* 14—26. *Nov.* 69.

2) S. oben §§ 72—74 und die daselbst angeführten Stellen aus Justinians Compilation.

3) *L. 2. C. Th. h. t. Constantius a.* 355. *L. 4. eod. Val. et Val. a.* 364. *L. 3. C. I. ubi in rem actio* (3, 19). *Val. Theod. et Arcad. a.* 385. *L. 5. C. I. h. t. Arcad. et Hon. a.* 397. *Nov. Martian.* 1. §§ 5. 6. *a.* 450. *Nov. Val.* 34. § 2. *a.* 452.

colat, rücksichtlich des Provinzialgerichts erster Instanz der Wohnsitz [4]).

Von speciellen, sachlich begründeten Gerichtsständen wird 1) das Forum Contractus und 2) das Forum Delicti commissi, dieses für die Civilklage noch bestimmter als früher, anerkannt [5]), 3) das Forum Rei sitä, welches noch zu Anfang dieser Periode nur für Executionshandlungen und ähnliche, nicht für den dinglichen Rechtsstreit galt [6]), wird durch ein Gesetz von Valentinian, Theodos und Arcadius a. 385 für die Vindication eingeführt [7]), ohne Zweifel weil die Klage und das Urtheil, also auch die Execution jetzt nicht immer auf den Sachwerth, sondern auch auf die Sache selbst gerichtet wird. Es wurde dann von Justinian auf alle dinglichen Klagen ausgedehnt und zwar aus dem auch für die beiden andern speciellen Gerichtsstände geltenden Grunde, weil hier der Beweis der Klage leichter zu führen sei [8]). Endlich 4) sollen um ihres Zusammenhanges willen mehrere Sachen möglichst vor demselben ordentlichen oder delegirten Richter verhandelt werden [9]).

Die privilegirten Gerichtsstände sind es theils für gewisse Sachen, z. B. fiscalische vor dem Rationalis [10]), Bausachen vor dem Präfectus Urbi [11]) u. s w.; theils für gewisse Personen.

4) Außer den oben § 73 angeführten Stellen s *L. 3. C. Th. de donat.* (8, 12). Constantin. *a.* 316.

5) *L. 1. C. I. ubi Senatores* (2, 24). Constantin. *a.* 317. *Nov. Theod.* 7, 1. *pr.* § 2. *a.* 440. *Nov. Iust.* 69. *c.* 1.

6) *Fr. Vat.* § 326. Diocletian.

7) *L. 3. C. I. ubi in rem actio* (3, 19). Actor rei forum, sive in rem sive in personam sit actio, sequitur. Sed et in locis, in quibus res de quibus agitur constitutae sunt, iubemus in rem actionem adversus possidentem moveri.

8) *Nov.* 69. *c.* 1. Vgl. meine Versuche S. 61 folg.

9) Die Criminalanklage und der Civilanspruch aus demselben Verbrechen *L. 3. C. I. de ord. cogn.* (3, 8) *L. 4. § 4. D. fin. reg.* (10, 1); die causa civilis und criminalis incidens *L. 1. C. I. de off. Rect. prov.* (1, 40). *L. 39. § 1. D. de lib. causa* (40, 12). *L. 14. L. 15. pr. C. I. de testibus* (4, 20); das Possessorium und Petitorium *L. 13. C. I. de rei vind.* (3, 32). *L. 10. C. I. de iudiciis* (3, 1); Klage und Widerklage ex eadem causa *L. 14. C. I. de sent. et interloc.* (7, 45) und sonst *Nov.* 96. *c.* 2.

10) S. oben § 134.

11) *L. 12. § 1. C. I. de aedif.*

Diese sind jetzt sehr zahlreich und beziehen sich meist auf die verschiedenen Classen der Staatsbeamten, welche ihren Vorgesetzten auch zum Richter haben. So 1) die Soldaten ihren Befehlshaber [12]); 2) die Officialen den Beamten, welchem sie dienen [13]); 3) die Hofdienerschaft den ihr vorgesetzten Hofbeamten, den Magister Officiorum, die Comites sacrarum Largitionum und Rei privatä [14]) u. s. w; 4) die Provinzialstatthalter den ihnen vorgesetzten Reichsbeamten [15]); ferner 5) stehen die Zunftgenossen (corporati) zu Gericht vor dem ihr Gewerbe beaufsichtigenden Beamten [16]). 6) Als Standesprivileg haben Senatoren den eximirten Gerichtsstand vor dem Provinzialstatthalter oder dem Präfectus Urbi [17]); Illustres in Criminalsachen vor dem Kaiser [18]); 7) nach neuestem Recht Welt- und Klostergeistliche vor ihren geistlichen Oberen [19]).

Diese persönlich privilegirten Gerichtsstände theilte, wie das Domicil und den Stand, auch die Ehefrau [20]); und sie gelten für alle Klagen. Um jedoch dem Nachtheil, daß so viele Personen sich dem ordentlichen Gericht ihres Wohnsitzes entziehen konnten, zu begegnen, hat man sie sachlich wieder beschränkt. So

*priv.* (8, 10). *L. un. C. I. de op. novi nunt.* (8, 11). *L. 12. C. I. de palat. sacr. larg.* (12, 24). *Cuiac. h. l.*

12) S. oben § 135.

13) S. oben § 142 Note 148. 149.

14) S. oben § 137 Note 114. 115. Sie verlieren dieß Privileg, wenn sie in der Provinz ein bürgerliches Gewerbe treiben. *Nov. Theod.* 7, 1. § 1. *L. un. C. I. in quibus causis militantes fori praescriptione uti non possunt* (3, 35). *cf. L. 7. C. I. de iurisdict.* (3, 13).

15) S. oben § 132 Note 17. 18. 51.

16) Die Corporati von Rom vor dem Präfectus Urbi und Annonä. S. § 133 Note 21. 47. 48.

17) Sie haben ihr Domicilium Dignitatis in der Hauptstadt und ihren Gerichtsstand vor dem Präfectus Urbi. *L. 8. C. I. de incolis* (10, 39). *Val. Theod. et Arcad.* Doch ist dadurch ihr Wohnsitz in der Provinz und der Gerichtsstand vor dem Statthalter nicht ausgeschlossen. *L. 11. D. de Senatorib.* (1, 9). Sie können daher an beiden Orten belangt werden. *L. 2. C. I. ubi Senatores* (3, 24). In Criminalsachen hat der Statthalter nur die Untersuchung, s. oben § 133 Note 17—20.

18) *L. 3. C. I. ubi Senatores* (3, 24).

19) S. oben § 139.

20) *L. 7. C. Th. h. t. L. 9. C. I. de incolis* (10, 39). *L. 13. C. I. de dignitat.* (12, 1). *L. 12. C. Th. de navicular.* (13, 5).

soll 1) in causis publicis, d. h. deren Gegenstand die Beitreibung einer fiscalischen Schuld oder eine öffentliche Function ist, kein Privileg gegen die Gewalt des Provinzialstatthalters schützen [21]). 2) Die speciellen Gerichtsstände des Contracts, des Delicts und der belegenen Sache schließen jedes Privileg aus [22]). Auch geht 3) das sachliche Privileg dem persönlichen vor [23]).

Alle diese Gerichtsstände bilden die erste Instanz, welche in der Regel nicht übersprungen werden darf [24]). Ausnahmsweise aus bestimmten Gründen, z. B. wegen Rechtsverweigerung, kann man sich unmittelbar an den Richter höherer Instanz wenden [25]), was die Neuern als Forum extraordinarium bezeichnen.

---

## Excurs II.

### Gerichts-Ort und Zeit.

§ 147. Kaum auf einem andern Punkte tritt der Charakter der Gerichtseinrichtungen dieser Periode in schärferen Gegensatz gegen den der früheren, als bei Bestimmung des Gerichtsorts und der damit verknüpften Gerichtsöffentlichkeit. In den drei ersten Jahrhunderten des Kaiserreichs fand diese ohne alle Einschränkung statt; denn auch die Verlegung der gerichtlichen Verhandlungen in bedeckte Räume schloß sie nicht aus [1]). Jetzt ist die Verhandlung in geschlossenem Raume und die Ausschließung aller nicht unmittelbar bei der Sache bethei-

21) *Nov. Theod.* 7, 1. *pr. L. un. C. I. in quibus causis mil.* (3, 25). *Nov. Theod.* 7, 2. *L. 1. L. 2. C. I. ubi quis de curiali vel cohortali aliave condicione conveniatur* (3, 23). *L. 33. C. I. de appell.* (7, 62). *Nov.* 8. *c.* 15.

22) *L. 1. C. I. ubi Senatores* (3. 24). *Nov. Theod.* 7, 2. § 2. *L. 2. C. I. ubi quis de curiali* (3, 23). *Nov.* 8. *c.* 12. *Nov.* 69. *c.* 1.

23) *L. 12. § 7. C. I. de aed. priv.* (8, 10). *L. 12. C. I. de palat. ss. larg.* (12, 24).

24) *Nov. Martian.* 1. § 1 *sqq. Nov. Iust.* 69. *c.* 1.

25) S. oben § 132 Note 58–63.

1) S. oben § 79.

ligten Personen zur Regel geworden. Doch war der Uebergang dazu ein allmählicher.

Unter Diocletian erscheint noch das Tribunal neben dem geschlossenen Gerichtssaal, welcher jetzt Secretarium heißt[2]), und Constantin befiehlt, daß Criminal- und Civilsachen, besonders wichtigere, von den Praesides öffentlich auf dem Tribunal, nicht im Auditorium oder Secretarium verhandelt werden sollen[3]). Die K. Valentinian und Valens hingegen erlauben beides, auf dem Tribunal oder im Secretarium, jedoch mit geöffneten Thüren und Zulassung Aller zu cognosciren; nur nachdem der Magistrat sich in seinen Privatgemächern den Augen des Volks und seines Officiums entzogen hat, soll er keine Libelli annehmen, noch Urtheile fällen[4]). Seit dem fünften Jahrhundert endlich scheinen die gerichtlichen Verhandlungen ausschließlich in dem Secretarium[5]) oder Secretum[6]) statt gefunden zu haben, und wenn vom Tribunal die Rede ist, so ist dieß als darin befindlich zu denken[7]). Das Volk war davon ausgeschlossen durch Schranken (cancelli)[8]) und Vorhänge (vela)[9]),

2) *Lactant. de mort. pers.* 15. Arae in secretariis ac pro tribunali positae.

3) *L. 1. C. Th. de off. Procons.* (1, 12). *a.* 313. Omnes civiles causas et praecipue eas, quae fama celebriores sunt, negotia etiam criminalia publice audire debebis. *L. 6. C. Th. de off. Rect. prov.* (1, 16). *a.* 331. Praesides publicas notiones exerceant frequentatis per examina tribunalibus, nec civiles controversias auditoriis, secretariis sese abscondant, ut iurgaturus conveniendi eos, nisi pretio, facultatem impetrare non possit; sed cum negotiis omnibus, quae ad se delata fuerint, exhibuerint audientiam, et frequens praeconis, ut assolet, inclamatio, nullum, qui postulare voluerit, deprehenderit, expletis omnibus actibus publicis privatisque sese recipiant. *cf. L. 7. eod.* K. Julian selbst cognoscirte noch pro tribunali. *Amm. Marc.* XVIII. 1. pro tribunali palam admissis volentibus.

4) *L. 9.* (*a.* 364). *L. 10.* (*a.* 365). *C. Th. de off. Rect. prov.* (1, 16).

5) *L. 8. § 3. C. Th. de iurisdict.* (2, 1). *a.* 395. *L. 7. C. Th. de denunt.* (2, 4). *a.* 409. publica secretaria für iudicia. *Nov. Val.* 34. § 14. *a.* 452.

6) *L. 14. C. I. de testibus* (4, 20). *a.* 486. Iudicantis intrare secretum. *Lyd. de Mag.* III. 11. 27. 65.

7) So bei *Lyd. de Mag.* II. 16. 17. III. 11. 30.

8) *Lyd. de Mag.* III. 37. *Amm. Marc.* XXX. 4.

9) Die Vorhänge (vela) schlos-

die nur ausnahmsweise weggezogen wurden, um ihm Theilnahme an der Verhandlung zu gestatten [10]). Im innersten Secretarium gegenwärtig war nur das an der Verhandlung betheiligte Officium des Magistrats [11]) und die von demselben eingeführten Partheien [12]). Nur Honorati, gleichsam die einzigen Vollbürger dieser despotischen Zeit, hatten als Ehrenrecht den Eintritt in den Gerichtssaal und die Befugniß neben dem Magistrate sitzend der gerichtlichen Verhandlung beizuwohnen [13]). Die Judices pedanei in Constantinopel saßen in der kaiserlichen Halle (*ἐπὶ τῆς βασιλείου στοᾶς*) zu Gericht [14]); ob jedoch hiermit größere Oeffentlichkeit ihrer Verhandlungen verbunden war, wissen wir nicht.

Eine Folge der Aufhebung des Ordo Judiciorum privatorum ist es, daß jeder Gerichtsort jetzt ebensowohl iudicium als ius heißen kann [15]). Die Gegenwart des göttlichen Rechts ist für den Richter, die Partheien und ihre Beistände versinnlicht durch

sen das innerste Secretarium, die Schranken (cancelli) den Eingang von Außen ab, und in dem Raum zwischen beiden scheinen die nicht unmittelbar an der Verhandlung betheiligten Officialen sich aufgehalten zu haben. *Sidonius Apollinaris Ep.* I. 2. von dem westgothischen König Theoderich, an dessen Hof römische Einrichtungen bestanden: pellitorum turba satellitum ne absit admittitur, ne obstrepat eliminatur: sicque pro foribus immurmurat exclusa velis, inclusa cancellis.

10) Levato velo cognoscere. *L. 6. C. Th. de naufr.* (13, 9). *L. 5. C. I. eod.* (11, 5). *Gothofr.* und *Cuiac. h. l. L. 20. C. Th. de exact.* (11, 7). — in secretario admisso populo. *cf. L. 1. C. Th. de suariis* (14, 4).

11) *L. 6. C. I. de sent. et interloc.* (7, 45). *L. 10. C. Th. de off. Rect. prov.* (1, 16).

12) S. oben § 142 Note 177 und § 148 Note 45.

13) *L. 3. C. I. de off. div. Iud.* (1, 48). *L. 5. L. 7. L. 16. C. Th. de proxim. in sacr. scrin.* (6, 26). *L. 2. L. 5. C. I. eod.* (12, 19). *Nov. Val.* 11. *Salvian. de gub. Dei* III. 82. Intra ianuas non modo illustrium potestatum sed etiam Praesidum aut praepositorum non omnes passim intrare praesumunt, nisi quos aut iudex vocaverit, aut negotium traxerit, aut ipsa honoris proprii dignitas introire permiserit. Außer wenn sie selbst Parthei waren. *L. un. C. Th. de off. Iud. civ.* (1, 17). = *L. 1. C. I. eod.* (1, 45). *De la Lande Diss. de ingressu in secretaria Iudicum. Meerm. Thes.* IV. *p.* 447. *sqq.*

14) *Nov.* 82. *c.* 3. *Lyd. de Mag.* III. 65.

15) *Dirksen Manuale* v. iudicium § 4. v. ius § 7.

die zur Feierlichkeit der Gerichtssitzung gehörige Auflegung der Evangelienbücher (sacrosanctis evangeliis propositis)[16].

Was die Gerichtszeit betrifft, so war schon unter den früheren Kaisern der altrömische, mit religiöser Weihe versehene Gerichtskalender (dies fasti et nefasti) durch eine neue, auf das praktische Bedürfniß berechnete Einrichtung verdrängt worden, welche indeß die gerichtlichen Verhandlungen nicht bloß von natürlichen Feierzeiten, z. B. den Ferien der Ernte und Weinlese, sondern auch von religiösen Festen, Erinnerungs- und Spieltagen, ausschloß[17]. Mit der Anerkennung des Christenthums und später mit seiner Erhebung zur allein herrschenden Religion mußte also auch der Gerichtskalender durchgreifende Aenderungen erfahren[18].

Constantin verbot zuerst gerichtliche, wie andere Geschäfte am Sonntage[19]. Die heidnischen Festtage bestanden aber daneben mit dem alten Cultus noch geraume Zeit fort. Daher das Kalendarium des Furius Dionysius Philocalus von 354 nebst den siebentägigen Wochen und Sonntagen auch die alten Nundinen und Festtage verzeichnet[20]. Ohne Zweifel war dieser Uebergang zu einem neuen System gerichtlicher Zeitrechnung und die dadurch verdoppelte Schwierigkeit die Veranlassung zur Abschaffung des Tempus utile in einzelnen Fällen[21]. Erst mit

16) *L. 3. C. I. de vend. reb. civ.* (11, 31). *Leo — Iustinian. L. 14. L. 13. § 4. C. I. de iudic.* (3, 1). *L. 2. pr. § 8. C. I. de iurei. propter cal.* (2, 59). *Nov.* 90. *c.* 9. *Nov.* 60. *c.* 2. § 1. *Nov.* 124. *c.* 1.

17) S. oben § 80.

18) *Cod. Theod.* 2, 8. *Dig.* 2, 12. *Cod. Iust.* 3, 12. *de feriis.*

19) *Sozom. hist. eccl.* I. 8. *L. 3. C. I. h. t. Dat. Non. Mart. a.* 321. Omnes iudices urbanaeque plebes et cunctarum artium officia venerabili die solis quiescant. Ruri tamen positi *rel. L. 1. C. Th. eod. P P. Non. Iun. a.* 321. Sicut indignissimum videbatur, diem solis veneratione sui celebrem altercantibus iurgiis et noxiis partium contentionibus occupari, ita gratum ac iucundum est, eo die quae sunt maxime votiva compleri. Atque ideo emancipandi et manumittendi die festo cuncti licentiam habeant, et super his rebus acta non prohibeantur.

20) *Corpus Inscr. lat.* I. *Fasti anni Iuliani Nr.* XX. *p.* 332. *sqq.*

21) *L. un. C. Th. de dolo malo* (2, 15). *Constantin. a.* 319. *L. 2. C. Th. de integri rest.* (2, 16). *Idem a.* 329.

Vertilgung des heidnischen Cultus aber unter Theodos I. wurde der christliche Festkalender ausschließlich zum Grunde gelegt. Das uns erhaltene Gesetz [22]) ist von Theodos in Gemeinschaft mit Valentinian II. und Arcadius im J. 389 in Rom erlassen, als er nach seinem siegreichen Triumph über den Gegenkaiser Maximus auch hier die Alleinherrschaft des christlichen Cultus durchzuführen versuchte [23]). Alle Tage sollen iuridici, d. h. gerichtlichen Verhandlungen geöffnet sein. Als Gerichtsferien werden nur ausgenommen die Zeiten der Ernte und Weinlese, der erste Januar, die Gründungstage von Rom und Constantinopel, die Woche vor und die nach Ostern [24]), die Tage der Geburt und des Regierungsantritts des Kaisers. Hiermit war zweierlei gesagt: einmal daß das Princip des ältesten römischen Systems, nach welchem nur bestimmte Tage den gerichtlichen Verhandlungen gewidmet waren, nicht mehr bestehe, es war ja längst, wie bei uns, jeder Tag im Zweifel Gerichtstag; zweitens die alten heidnischen Festtage, und was sonst der Art sich erhalten hatte, ist für den Gerichtskalender bedeutungslos. Wenn daher Arcadius in einem Gesetz von 395 sagt: **Sollennes paganorum superstitionis dies inter feriatos non haberi,**

22) *L. 19. C. Th. h. t.* Impp. Valentinianus, Theodosius et Arcadius AAA. Albino Pf. U. Omnes dies iubemus esse iuridicos. Illos tantum manere feriarum dies fas erit, quos geminis mensibus ad requiem laboris indulgentior annus accepit, aestivis fervoribus mitigandis et autumnis foetibus decerpendis. § 1. Kalendarum quoque Ianuariarum consuetos dies otio mancipamus. § 2. His adiicimus natalicios dies urbium maximarum, Romae atque Constantinopolis, quibus debent iura deferre, quia et ab ipsis nata sunt. § 3. Sacros quoque Paschae dies, qui septeno vel praecedunt numero vel sequuntur, in eadem observatione numeramus. § 4. Nec non et dies solis, qui repetito in se calculo revolvuntur. § 5. Parem necesse est haberi reverentiam nostris etiam diebus, qui vel lucis auspicia vel ortus imperii protulerunt. Dat. VII. Id. Aug. Romae, Timasio et Promoto Coss. (389). Interpolirt in *L. 7. C. I. eod.*

23) Eben damals erließ er *L. 18. C. Th. de haereticis* (16, 5), mußte aber bei dem Widerstreben des Senats nach Besiegung des K. Eugenius a. 395 den Versuch erneuern. **Zosimus** IV. 59.

24) Vgl. *L. 21. C. Th. h. t.* = *L. 8. C. I. eod. a.* 392.

olim reminiscimur imperasse, so meint er damit wahrscheinlich eben jene Verordnung; möglicherweise freilich auch eine andere, die Aehnliches noch früher für den Orient vorgeschrieben hatte [25]). Die Zahl der Gerichtstage berechnet Gothofred auf 240, also ungefähr dieselbe, wie unter M. Aurel. Zu den Festtagen kam später noch Weihnachten, Epiphania und Pfingsten [26]). Auch sollten die Juden am Sabbath nicht gerichtlich belangt werden [27]).

Verboten ist jede gerichtliche Verhandlung [28]), insbesondere Executionen [29]). Der Uebertreter an kirchlichen Festtagen wird für notabilis und sacrilegus erklärt [30]). Nullität der Verhandlung ist zwar ausdrücklich nur ausgesprochen, insofern diese gegen den Willen der Partheien statt findet [31]); die allgemeine Vorschrift aber, daß jedes verbietende Gesetz die Nichtigkeit der verbotenen Handlung zur Folge haben soll, ist auch hierauf anzuwenden [32]). Von eiligen oder gefreiten Sachen, die auch in den Ferien verhandelt werden sollen, enthalten die Gesetze einen zahlreichen Katalog [33]).

Rücksichtlich der Gerichtsstunde scheint die Bestimmung des alten Rechts, daß der Gerichtstag durch die zweite und zehnte Stunde umschlossen ist, sich in den römischen Gerichten

25) *L.* 22. *C. Th. eod.* Hänel hält das erwähnte Gesetz für verloren.

26) *L.* 24. *C. Th. h. t.* *L.* 5. *C. Th. de spectaculis* (15, 5). *L.* 7. *C. I. h. t.* Unächt ist *L.* 2. *C. I. eod.* Vgl. Savigny, R. R. im MA. IV. § 108. Der Kalender des Polemius Silvius vom J. 448. *Corpus inscr. lat.* I. *Fasti anni Iul. Nr.* XXI. *p.* 333. *sqq.* stellt den Zustand dieser Zeit dar, mischt jedoch die christlichen Fest- und Heiligentage mit den unvertilgbaren Erinnerungen aus der heidnischen Zeit. Für den Gerichtskalender giebt er keine Ausbeute.

27) *L.* 26. (3.) *C. Th. h. t.* *L.* 8. *C. Th. de exsecut.* (8, 8). *L.* 20. *C. Th. de Iudaeis* (16, 8). *L.* 13. *C. I. eod.* (1. 9).

28) *L.* 11. *C. I. h. t.*

29) *L.* 1. *L.* 3. *C. Th. de exsecut.* (8, 8).

30) *L.* 3. *cit.* *L.* 18. *C. Th. h. t.*

31) *L.* 1. § 1. *L.* 6. *D. h. t.* *L.* 4. *C. I. quom. et quando iudex* (7, 40).

32) *L.* 5. *C. I. de legibus* (1, 14). *Theod. et Val. a.* 439. = *Nov. Theod.* 9.

33) *L.* 1. § 2. *L.* 2. *L.* 3. *D. h. t.* *L.* 5. *L.* 10. *C. I. eod.* *L.* 38. *C. Th. de navicular.* (13, 5). *L.* 1. *C. Th.* *L.* 8. *C. I. h. t.* *cf. Lex Rom. Visigoth. Paul.* II. 25. § 3

selbst unter westgothischer Herrschaft erhalten zu haben [34]); und daß die öffentliche Gerichtssitzung regelmäßig am Vormittag beginnt, liegt als Voraussetzung der Vorschrift zum Grunde, welche die Zulassung der Rechtsuchenden in den Nachmittagsstunden als verdächtig bezeichnet und verbietet [35]).

Die Zeitbestimmungen für einzelne Prozeßhandlungen sind theils gesetzliche, theils vom Richter angeordnete; letzteres jetzt häufiger als früher, weil das Verfahren überhaupt mehr von ihm geleitet wird. Sie sind entweder Termine (dies), selbst gesetzliche (dies fatales) [36]), oder Fristen (tempora). Die außerordentliche Vertagung der Sache (dilatio) [37]) zur Anschaffung von Beweismitteln (instrumentorum causa) soll außer in fiscalischen Prozessen, wo beide Theile dieß Recht haben, nicht dem Kläger, in dessen Wahl es stand, wann er die Klage anbringen wollte, sondern nur dem Beklagten, der unvorbereitet zum Prozeß kommt [38]), nach einer förmlichen Causä Cognitio vom Richter [39]) in der Regel nur Einmal bewilligt werden, und ist mit Rücksicht auf die Entfernung des Orts, von wo die Urkunden oder Zeugen zu beschaffen sind, auf drei, sechs oder neun Monate normirt [40]). Selbst durch Uebereinkunft der Partheien soll die Sache nicht über zwei Monate vertagt werden [41]). Die Ferien werden in die bewilligte Frist eingerechnet [42]). In der höchsten Instanz ist sie ganz ausge-

34) *Lex Rom. Visigoth. Paul.* II. 6. § 2.

35) *L. 13. C. Th. de off. Rect. proc.* (1, 16). *L. un. C. Th. de off. Iud. civ.* (1, 20). = *L. 1. C. I. de off. civ. Iud.* (1, 45).

36) Z. B. bei der Litis Denuntiatio und Einführung der Appellation.

37) *Cod. Theod.* 2, 7. *Dig.* 2, 12. *Cod. Iust.* 3, 11. *de dilationibus.*

38) *L. 1. C. Th.* = *L. 2. C. I. h. t.* Bei in integrum restitutio kann der Kläger eine auf die Verjährungszeit derselben beschränkte Frist erbitten. *L. 2. C. Th. eod.* Ueber fiscalische Prozesse s. *L. 3. C. Th. eod.* = *L. 6. C. I. h. t.*

39) *L. 4. C. I. h. t. a.* 318. non alias nisi causa cognita —: et cognitio causae non interpellatione planaria, sed considente magis iudice legitime colligatur.

40) *L. 1. C. I. h. t. Diocl. et Max. cf. L. 2. L. 4.* (= *L. 7. C. I.*) *C. Th. eod.*

41) *L. un. C. Th. de dilationibus ex consensu* (11, 33). *a.* 396.

42) *L. 3. C. I. h. t. a.* 318.

schlossen, weil jede Parthei hier hinreichend vorbereitet erscheinen kann [43]).

Die bei Cognitionen schon früher vorkommende Frist von zehn Tagen liegt auch jetzt mehrfach gesetzlichen Vorschriften zum Grunde [44]).

Die Einschränkung der Dauer des ganzen Prozesses, welche die Lex Julia für Judicia legitima, der Gerichtsgebrauch für die Judicia Imperio continentia begründet hatte, ist natürlich jetzt mit dem Ordo Judiciorum privatorum verschwunden. Doch traten neue an ihre Stelle. Constantin schrieb für Civilsachen zwei Jahre [45]), für fiscalische Prozesse Ein Jahr vor [46]); später wurden diese auf zwei, vier und sechs Monate beschränkt [47]). Verhandlungen über Munera publica sollten in drei Monaten beendigt sein [48]), Criminalsachen in Einem Jahre [49]). Justinian hat die längste Dauer der Criminalprozesse auf zwei Jahre [50]), und die der Civilsachen, mit Ausnahme der fiscalischen Prozesse und derer über publicä Functiones, auf drei Jahre festgesetzt, und ein Contumacialverfahren angeordnet, wodurch es einer Parthei möglich wird, die Zögerung des Geg-

43) *L. 5. C. I. h. t.*

44) *L. 13. § 2. C. I. de iudiciis* (3, 1). *Nov.* 23. *c.* 1. *Nov.* 53. *c.* 1. *pr. Nov.* 112. *c.* 2. *pr.*

45) *L. un. C. Th. de dolo malo* (2, 15). *a.* 319. — lis ad suum iudicem translata intra biennii spatium decidatur, ratione temporis custodita cum legitime fuerit apud suum iudicem coepta, exemplo litium ceterarum. *cf. Gothofr. h. l.* Wieding, Libellprozeß S. 462–472 behauptet, dieß sei eine singuläre Vorschrift mit Rücksicht auf die Translation der Klage; bis a. 385 habe die alte Prozeßverjährungsfrist bestanden, durch *L. 4. C. Th. de denunt.* (2, 4) sei sie für Prozesse unter Privaten auf 4 Monate verkürzt worden!? Vgl. unten § 151. *cf. L. 1. C. Th. de off. Rect. prov.* (1, 16). *L. 4. C. Th. de lib. causa* (8, 4).

46) *L. 4. C. Th. de iure fisci* (10, 1). *a.* 320.

47) *L. 3. C. Th. de dilat.* (2, 7). iuncta *L. 3. C. Th. de advocat. fisci* (10, 15). *a.* 340. *L. 13. C. Th. de iure fisci* (10, 1). *a.* 385. *L. 27. § 5. C. Th. de pet.* (10, 10). Das neueste Recht ist sechs Monate. *L. 11. rest. C. I. de iure fisci* (10, 1).

48) *L. 54. C. I. de decurion.* (10, 31). *a.* 416.

49) *Cod. Theod.* 9, 36. *ut intra annum criminalis actio terminetur.*

50) *L. 3. C. I. ut intra certum tempus criminalis quaestio terminetur* (9, 44).

ners zu überwinden [51]). Denn wenn beide Partheien die Sache liegen lassen, so tritt nur die Verjährung der rechtshängigen Klage in vierzig Jahren ein [52]). Alles dieß gilt natürlich nur für die Verhandlung der Sache bis zum Endurtheil in erster Instanz; denn für die Durchführung der Appellation sind andere Zeiträume vorgeschrieben [53]).

---

## Excurs III.

### Sprache, Schrift, Sporteln.

§ 148. Zu der Gerichtsverfassung gehören auch die Sprache und die Schrift, welche das Gericht gebraucht, und deren Gebrauch es von den Partheien fordert, auch die Sporteln, durch welche die Subsistenz des Gerichtspersonals gesichert wird.

Als Gerichtssprache, die ursprünglich in römischen Gerichten nicht nur für den Richter, sondern auch für die Partheien ausschließend die lateinische gewesen war, mußten schon in der früheren Kaiserzeit mit Rücksicht auf das Bedürfniß der Provinzialen auch andere Landessprachen, vor Allen die Verkehrssprache des Orients, das Griechische, in gewissem Umfang zugelassen werden [1]). Seitdem das römische Reich in ein östliches und ein westliches zerfiel, mußten beide, die griechische und lateinische Sprache allmählig wie im Verkehr, so in den Gerichten gleiche Berechtigung erlangen. Diocletian und Constantin erließen noch auf griechische Vorträge der Partheien im kaiserlichen Gericht lateinische Rechtssprüche [2]). Von Julian besitzen wir ein griechisches Urtheil [3]). Arcadius gestattete den Provinzialbeamten

51) *L. 13. C. I. de iudiciis* (3, 1).

52) *L. 9. C. I. de praescr. trig. ann.* (7, 39). *L. 1. § 1. C. I. de ann. exc.* (7, 40). Früher in dreißig Jahren. *Nov. Val.* 34. § 13.

53) S. unten § 160.

1) S. Bd. 2 S. 195 folg.

2) *L. 2. C. I. de excus. mun.* (10, 47). *cf. Cuiac. h. l. L. 1. C. Th. de iis quae adm.* (8, 15).

3) *L. 5. C. Th. de fid. test.* (11, 39).

des Orients allgemein Urtheile in der einen und andern Sprache zu fällen [4]), wie bald darauf Theodos II. den Gebrauch der griechischen in Testamenten erlaubte [5]). Im östlichen Reich wurde aus dem Kabinet des Kaisers auch griechisch rescribirt, und dafür ein eigenes scrinium epistolarum graecarum eingerichtet [6]). Gewiß verschwand nun das Lateinische in den Gerichten der griechisch redenden Provinzen ganz. In der Hauptstadt des östlichen Reichs ahmte man jedoch den Gerichtsstyl des alten Roms noch länger nach, nicht bloß bei dem Rest der prätorischen Jurisdiction [7]); auch im Gericht des Präfectus Prätorio Orientis wurden noch zu Anfang des sechsten Jahrhunderts alle Protokolle [8]), Urtheile [9]) und Appellationsberichte [10]), in lateinischer Sprache abgefaßt. Um diese Zeit aber verschwand sie auch hier und blieb nur noch für die Angelegenheiten der europäischen Provinzen im Gebrauch [11]), wie ja auch die kaiserlichen Gesetze und die Edicte des Präfectus Prätorio fortan regelmäßig in griechischer Sprache erlassen wurden.

Der Gebrauch der Schrift, dessen Werth für das Verkehrs- und Staatsleben die Römer schon in der ältesten Zeit zu schätzen wußten, und der schon unter den früheren Kaisern in den Gerichten ausgedehnt worden war [12]), erweiterte sich unter den Händen der byzantinisch-römischen Bürcaukratie zu einem unermeßlichen Schreibwerk. Doch ist es bemerkenswerth, daß im Civilprozeß die Hauptverhandlung noch immer mündlich blieb, der

4) *L. 12. C. I. de sentent. et interloc.* (7, 45). Impp. Arcad. et Hon. AA. Iuliano Proconsuli Asiae. Iudices tam latina quam graeca lingua sententias proferre possunt. (*a.* 397.)

5) *L. 21. § 4. C. I. de testam.* (6, 23). *L. 8. C. I. de testam. tutela* (5, 28). *L. 14. C. I. de testam. man.* (7, 2).

6) *Not. dign. Or. c.* 17. Magister scriniorum *rel.* § 4. Magister epistolarum graecarum eas epistolas, quae graece solent emitti, ipse dictat aut latine dictatas transfert in graecum. § 5. Officium autem de ipsis nemo habet, sed adiutores electos de ipsis scriniis.

7) *L. 48. D. de re iud.* (42, 1). Decreta a Praetoribus latine interponi debent.

8) *Lyd. de Mag.* III. 20. 11.

9) *Idem* II. 12. III. 42.

10) *Idem* III. 27.

11) *Idem* III. 68.

12) S. Bd. 2 S. 192 folg.

Richter den Partheien und ihren Sachwaltern ins Auge schaute und ihre Worte hörte, in gleicher Weise auch zu ihnen sprach. Die Erfindung, daß die Partheien untereinander und mit dem Richter aus künstlicher Ferne schriftlich correspondiren, um das concrete Recht in die Sphäre reinster Abstraction zu erheben, war deutscher Pedanterie vorbehalten.

So wurde zwar schon vor Justinian in gewissen summarischen Civilsachen die Anbringung der Klage in einem Libellus gestattet [13]), und nach dem neuesten Recht ist dieß die allgemeine Einleitungsform des ordentlichen Prozesses geworden [14]). Diese Klagschrift ist aber nur eine Anmeldung des Anspruches; der Hauptvortrag des Klägers erfolgt doch mündlich in dem ersten Termine; ebenso die Vertheidigung des Beklagten und die weitere Verhandlung [15]) und das Urtheil, nur daß dieses jetzt immer aus einem schriftlichen Concept in Gegenwart der Partheien verlesen werden soll [16]). Allein wie schon früher in Cognitionssachen die mündlichen Reden der Partheien und die den Prozeß leitenden oder entscheidenden Verfügungen des Magistrats kurz protokollirt wurden [17]), so sind, da das Verfahren überhaupt das der Cognitio geworden, nicht nur diese Protokolle (acta, gesta) im allgemeinen Gebrauch [18]), sondern werden von dem zahlreichen Kanzleipersonal noch vollständiger geführt, wie insbesondere die zahlreich erhaltenen Gesta über Verhandlungen der freiwilligen Gerichtbarkeit ergeben. Leider ist auch nicht Ein vollständiges Protokoll aus der streitigen Gerichtbarkeit auf uns gekommen [19]), welches uns von der späteren Prozeßform ein so anschauliches Bild gäbe, wie jene von den Rechtsgeschäften.

13) *L. 6. C. Th. de naufragiis* (13. 9) = *L. 5. C. I. eodem* (11, 5). *a.* 412. *cf. L. 10. C. Th. de off. Rectoris prov.* (1, 16). *Symm.* X. 43.

14) S. unten § 152.

15) S. unten § 153 folg.

16) S. § 156.

17) S. Bd. 2 S. 194.

18) Acta conficere wird daher für die gerichtliche Verhandlung gesagt, z. B. in *L. 2. C. Th. de defensoribus.* (1, 29) = *L. 2. C. I. eod.* (1, 55).

19) Unter Marini's Papyrusurkunden ist nur Eine, ganz verstümmelte, die ein Zeugenverhör zu enthalten scheint. *No.* 139. *Spangenberg tab. neg. soll. No.* 65.

Die Abfassung der Protokolle sollte am dritten, spätestens am vierten oder fünften Tage[20]), also nicht wie bei uns unmittelbar während der Verhandlung geschehen. Wahrscheinlich bezog sich dieß nur auf die vollständigen, den Partheien mitzutheilenden Reinschriften (τὰ καθαρά)[21]). Denn nach einem älteren Zeugniß bedienten sich die Protokollisten der Notä[22]), ohne Zweifel um der Verhandlung schneller folgen zu können; und Lydus[23]) unterscheidet das Journal (regesta, quotidiana), in welchem die Verhandlungen chronologisch und summarisch verzeichnet wurden, von den ausführlichen Protokollen über die einzelnen Cognitiones (personalia), deren genauere und kunstreichere Abfassung wohl mehr Zeit erforderte.

In diesen im Archiv des Gerichts aufbewahrten Protokollen war das Andenken des Prozesses und seiner Entscheidung für immer gesichert[24]). Doch konnten auch die Partheien deren Edition, d. h. die Mittheilung von Abschriften durch die Exceptoren des Gerichts gegen Zahlung von Gebühren[25]), und Dritte wenigstens die Einsicht der Acta publica verlangen[26]).

20) *L. 1. C. Th. de off. Procons.* (1, 12). *Constantin. a.* 313. — tertia vel tardissime quarta vel certe quinta die acta conficienda iussurus.

21) *Edictum Pr. Pr.* XIX. *Zach. p.* 273. Gesta über Rechtsgeschäfte binnen fünfzehn Tage.

22) *L. 33. § 11. D. ex quib. caus. mai.* (4, 6). *Modestin.* Eos qui notis scribunt acta Praesidum *rel.* Die Exceptoren, deren Geschäft dieß war, werden daher von Lydus ταχυγράφοι, Schnellschreiber, genannt.

23) *De Mag.* III. 20. 27. Vgl. oben § 142 Note 181.

24) *L. 6. C. I. de re iud.* (7, 52) aus *L. 55. C. Th. de haeret.* (16, 5). *Hon. et Theod. a.* 414. Gesta, quae sunt translata in publica monumenta, habere volumus perpetuam firmitatem neque enim morte cognitoris perire debet fides publica. Anders im Fall der *L. 8. C. Th. de infirm. his quae sub tyrannis* (15, 14). *Val. Theod. et Arcad. a.* 389. — sententias — ex omnibus publicorum monumentorum scriniis iubemus auferri, ut abolita auctoritate gestorum nullus his iudicatis conetur inniti.

25) *L. 32. § 2. C. I. de appell.* (7, 62). — ea quae geruntur excipere, scribere, scriptaque litigatoribus edere nostros Epistolares praecipimus. *§ 4.* Nostri vero Libellenses ea quae geruntur excipiant, scribant, scriptaque litigatoribus edant Vgl. unten Note 48. Nach *Lyd. de Mag.* III. 11. wird den Partheien mit dem Urtheil nur ein Auszug der Akten mitgetheilt. *L. 2. C. I. ut lite pendente* (1, 21). Nicht

Außerdem fand bei der Geschäftsbesorgung innerhalb des Officiums, desgleichen im Verkehr mit anderen, insbesondere den höheren Gerichten, ein ausgedehnter Gebrauch der Schrift statt [27]). Alle diese schriftlichen Verzeichnungen werden als Prozeßurkunden (instrumenta litis) bezeichnet [28]).

Daß Sporteln und Kanzleigebühren [29]) dem älteren Recht fremd waren, und zwar später von den militärischen Officialen der Magistrate mißbräuchlich gefordert und angenommen, von Constantin aber verboten und mit den härtesten Strafen bedroht wurden, ist früher bemerkt worden [30]). Der ganze Theodosische Codex weiß von gesetzlichen Gerichtsgebühren nichts: wir müssen daher annehmen, daß die Officia wie die Magistrate selbst auch jetzt noch lediglich auf ihre öffentliche Besoldung (annona und capitus) angewiesen waren. Erst in der zweiten Hälfte des fünften Jahrhunderts erscheinen sie in Gesetzen der Oströmischen Kaiser Marcian und seiner Nachfolger [31]), welche die gesetzlichen Sporteln für Geistliche, Soldaten und gewisse privilegirte Hofbeamte herabsetzen. Die gemeinen Sportelsätze finden sich nicht, weil Justinian in einer verlorenen griechischen Constitution eine neue, wahrscheinlich er-

gehört hierher *L. 6. C. Th. de accus.* (9, 1). *cf. Gothofr.*

26) *L. 2. C. I. de edendo* (2, 1). *Sever. et Ant.*

27) S. oben § 142. Charakteristisch für den ausgedehnten Gebrauch der Schrift ist das symbolische Tintenfaß, hundert Pfund Gold schwer, und daneben ein silbernes zur wirklichen Aufbewahrung der Tinte im Secretarium des Präfectus Prätorio. *Lyd. de Mag.* II. 14.

28) *Nov. Theod.* 1. § 3. *a.* 438. — ad forum et quotidianas advocationes — vel litis instrumenta.

29) *Cod. Iust.* 3, 2. *de sportulis et sumptibus in diversis iudiciis faciendis et de executoribus litium.*

30) S. § 78 Note 21 und Zusätze S. XII Note 21[a].

31) *L. 25. § 2. C. I. de episc. et cler.* (1, 3). *Marcian. a.* 456. *L. 33. § 5. C. I. eod. Leo I. et Anthem. L. 4. C. I. de Castrensianis* (12, 26). *Leo II. et Zeno. L. 8. C. I. de Princ. ag. in reb.* (12, 22). *L. 3. C. I. de privil. schol.* (12, 30). *Zeno. L. 12. C. I. de proxim. sacr. scrin.* (12, 19). *L. 2. C. I. de praep. Ag. in reb.* (12, 21). *L. 18. C. I. de re mil.* (12, 36). *Anastas.* — Auch die erste durchgreifende Verordnung über Erstattung der Prozeßkosten durch den unterliegenden Theil ist von Zeno *a.* 486. *L. 5. rest. C. I. de fruct. et lit. exp.* (7, 51).

mäßigte Sporteltaxe aufgestellt hat [32]). Aehnliche Bestimmungen müssen um dieselbe Zeit auch im Occident getroffen worden sein, da sie sich in den Burgundischen [33]) und Ostgothischen [34]) Gesetzen finden.

An diesen Sporteln hat der Magistrat keinen Antheil [35]), sondern sie werden seinen Officialen, Kanzlei- und Executivbeamten, für ihre einzelnen Dienstleistungen im Laufe des Prozesses gezahlt. Ihre Größe ist mit Rücksicht auf den Werth des Prozeßgegenstandes und den Rang des Gerichts bestimmt. Die Hauptfälle, wo regelmäßig Sporteln gezahlt werden müssen, sind folgende:

1) Für Insinuation der schriftlichen Klage und der Ladung (pro conventione) zahlt der Beklagte dem Executor, wenn das Klagobject bis 100 Solidi beträgt, $1/2$ Solidus, und so fort in einer verhältnißmäßigen Progression, die wir nicht kennen [36]). In fiscalischen Prozessen beträgt die Gebühr für die Ladung des Comes Rerum privatarum 4 Solidi, im Gericht des Provinzialstatthalters den dritten Theil [37]). Im geistlichen Strafgericht des Patriarchen oder Metropolitan soll dem Boten $1/6$ Aureus gezahlt werden; wenn ein Bischof dieß Geschäft übernimmt, 6 Aurei [38]). Ermäßigt ist die Gebühr, ohne Rücksicht

32) Citirt wird sie in der ihr vorhergehenden aus den Basiliken restituirten *L. 4. fin. C. I de sportulis* (3, 2); ferner in § 25. *Inst. de act.* (4. 6). *L. 29. § 1. C. I. de episc. aud.* (1, 4). *Nov.* 17. c. 3. *Nov.* 53. c. 3. § 2. *Nov.* 82. *c. 7. pr. Nov.* 86. *c.* 9. *Nov.* 124. *c.* 3. In unsern Handschriften der Basiliken fehlt sie wahrscheinlich deshalb, weil sie durch zwei Novellen des Constantinus Porphyrogenneta antiquirt war. S. Witte *leges restitutae* S. 160 folg. Vgl. noch *L. 1. § 6. L. 2. § 12. C. I. de off. Praef. praet. Afr.* (1, 27).

33) *Lex Rom. Burg. tit.* 30.

34) *Constitutio Athalarici Regis, Cassiodor. Var.* IX. 14.

35) Dazu verpflichtete ihn sein Amtseid; auch mußten die Partheien schwören, daß sie dem Richter nichts gezahlt hätten. *Nov.* 124. *Lyd. de Mag.* III. 68. macht es dem Johannes Cappadox zum Vorwurf, daß er seine Privatbedienten gebraucht und die Sporteln sich angeeignet habe. Auch Constantinus Porphyrogenneta verfügt noch dasselbe. *Nov.* 7. *Nov.* 9. §§ 1. 2. (abgedr. hinter *Leunclai Βασιλικῶν Synopsis. Basil.* 1575. *fol. p.* 24. *sq.*)

36) *Theophil. Paraphr.* IV. 6. § 24 *Reitz h. l.*

37) *L. 8. §§ 4. 9. C. I. de delatorib.* (10, 11). *restit.*

38) *L. 29. §§ 1. 3. C. I. de episc. aud.* (1, 4).

auf den Betrag der Sache, a) für Geistliche, nach dem Rechte des Codex, für die in der Provinz insinuirte Ladung des Präfectus Prätorio auf 2 Solidi, in Constantinopel und bei geringeren Gerichten auf $1/2$ Solidus [39]); nach den Novellen auf 4 Siliquä in derselben und 1 Solidus in einer andern Provinz [40]). b) Für Hofbeamte, bei der Ladung eines Judex illustris auf 1 Solidus, bei geringeren Gerichten auf die Hälfte oder den dritten Theil [41]). c) Soldaten geben im Militärgericht 1 Sol. und ein verklagtes Regiment 2 Sol. [42]). Das Burgundische Gesetz fordert allgemein 1 Solidus; des Constantinus Porphyrogenneta *Nov.* 8. von 1 Pfund Gold 3 Solidi, jedoch nie mehr als 100, und Ersatz der Reisekosten; desselben *Nov.* 9. von 3 bis zu 24 Solidi, je nach der geringeren oder größeren Mühe, die der Executor bei Ueberbringung der Ladung hat. Ueberforderung des Executors straft Justinian durch Ersatz des Vierfachen [43]), und die Pluspetitio des Klägers, welche den Beklagten zur Zahlung höherer Sporteln nöthigte, durch das Dreifache des zu viel Gezahlten [44]).

2) Für die Einführung der Partheien und ihrer Sache zur eigentlichen Verhandlung (pro ingressu, pro inducenda et exercenda cognitione) [45]) zahlt jede Parthei Sporteln, deren regelmäßiger Betrag uns unbekannt ist. Für jene privilegirten Hofbeamten betragen sie in den Gerichten der Illustres 2, 3 oder 4 Solidi, im ganzen Prozeß nur einmal zu bezahlen, beim Provinzialstatthalter die Hälfte [46]); für Soldaten im Militärgericht 1 Solidus [47]).

39) *L.* 25. § 2. *L.* 33. § 5. *C. I. de episc. et cler.* (1, 3).

40) *Nov.* 123. *c.* 28. Der Solidus hat 24 Siliquae.

41) *L.* 4. — *L.* 8. — *L.* 3. — *L.* 12. *citt.* Note 31.

42) *L.* 18. *C. I. de re mil.* (12, 36).

43) § 25. *Inst. de act.* (4, 6). *Theophil. h. l. Nov.* 124. *c.* 3.

44) §§ 24. 33. *Inst. eod. Theophil. h. l.*

45) *L.* 15. *C. I. de iudiciis* (3, 1). *Nov.* 49. *c.* 1 *τὰς δαπάνας τῶν εἰςόδων.* Vgl. die folg. Note.

46) *L.* 12. § 1. *C. I. de proxim. sacr. scrin.* (12, 19). *L.* 8. *C. I. de Princ. agent. in reb.* (12, 22). *L.* 4. *C. I. de Castrensian.* (12, 26). *LL.* 3. 2. *C. I. de privileg. scholar.* (12, 30).

47) *L.* 18. *C. I. de re mil.* (12, 36).

3) Für die Abfassung und Mittheilung der Protokolle (gestorum excipiendorum causa, pro editione gestorum) erhalten die Exceptoren von jenen privilegirten Personen 1/2 Solidus oder 2 Solidi [48]). Constantinus Porphyr. *Nov.* 9. bestimmt diese Kanzleigebühren nach dem Betrag der Sache folgendermaßen: in Sachen von 36 Solidi 6 Miliarisien (deren 12 auf 1 Solidus gehen), von 1—3 Pfund Gold 1 Solidus, von 4—6 Pfund 3 Sol., von 7—9 Pfund 3 Sol., von 10—12 Pfund 4 Sol., in größeren Sachen 5 Sol.

4) Judices pedanei oder Arbitri erhalten selbst für ihre Mühwaltung Sporteln, und zwar nach Justinians wie auch seiner Vorgänger Verordnung in Constantinopel bei der Litiscontestation 2 Solidi, und eben so viel beim Endurtheil [49]). Außerdem werden auch ihren Executoren und Exceptoren die gesetzlichen Gebühren gezahlt [50]). Jene privilegirten Hofbeamten geben dem Arbiter selbst nur 1 Solidus im Ganzen [51]), oder für die Litiscontestation und das Urtheil besonders [52]); seinen Exceptoren für die ganze Verhandlung 1/3 Sol. und für die Edition der Protokolle 1/2 Sol. [53]). Auffallend ist, daß auch dem Advocatus Fisci in diesem Fall Sporteln gezahlt werden [54]): es scheint dieß die früher aufgestellte Ansicht zu bestätigen, daß die Judices pedanei oder Arbitri aus den Advocatencollegien genommen wurden, deren Vorsteher der Advocatus Fisci war.

Außer diesen Fällen gab es noch andere, wie wir theils aus der von Lydus geschilderten reichlichen Einnahme der Officia, theils aus einzelnen Andeutungen schließen können [55]), so daß

48) S. die Stellen Note 46.

49) *Nov.* 82. *c.* 9.

50) *Nov.* 82. *c.* 7. Vgl. die folg. Noten.

51) *L. 12. § 1. C. I. de proxim. sacr. scrin.* (12, 19). *L. 8. C. I. de Princip. Agent. in reb.* (12, 22).

52) *L. 3. § 1. C. I. de privileg. schol.* (12, 30).

53) S. Note 51. *L. 4. § 2. C. I. de Castrensian.* (12, 26).

54) *L. 12. § 1. cit. L. 8. cit. L. 4. § 2. cit.*

55) *Lyd. de Mag.* III. 25. sagt, für eine einseitige Verhandlung (ὑπὲρ μονομεροῦς ἐντεύξεως) im Gericht des Präfecten seien 37 aurei gezahlt worden. Auch die Executivmandate (*Lyd.* III. 11. 12.) wurden gewiß nicht unentgeltlich ausgefertigt und von den verschiedenen Vorständen des Officiums unterschrieben. Für Bestellung eines

wir uns im Ganzen die gerichtliche Rechtsverfolgung als ziemlich theuer denken dürfen. Wahrscheinlich hat sie jedoch schon Justinian ermäßigt, was Lydus als den Verfall der Officia beklagt, während er die goldene Zeit unter seinen Vorgängern preist.

Gewisse Personen genießen als Privilegium entweder vollkommene Sportelfreiheit, oder Ermäßigung der Sporteln. Letztere 1) kaiserliche Hofbeamte, als die Comites consistoriani [56]), die Mitglieder des kaiserlichen Büreaus (in sacris scriniis militantes), die Agentes in Rebus und ihre Principes, die Castrensiani und ihre Scholares [57]); 2) Soldaten im Militärgericht [58]); 3) Geistliche mit Ausnahme des Bischofs [59]). Vollkommene Sportelfreiheit haben 1) Advocaten [60]), 2) der Bischof in seinen Privatangelegenheiten [61]), 3) die Kirche [62]), 4) der Fiscus [63]) und endlich 5) arme Partheien [64]). Dieselbe Begünstigung genoß allemal auch der Gegner der privilegirten Parthei [65]).

Auch in gewissen Sachen, wo summarisch und ohne Schrift verfahren wird, werden keine Sporteln gezahlt. [66]).

Procurators *L. 4. § 1. C. I. de sportulis* (3, 2) *L. 25. § 2. C. I. de episc. et cler.* (1, 3) *L. 8. § 4. C. I. de delatorib.* (10, 11) *L. 2. C. I. de praepos. Agent. in reb.* (12, 21), für Insinuation eines Berichtes *L. 15. pr. C. I. de testibus* (4, 20), und so gewiß noch für vieles Andere wurde gezahlt.

56) *L. 2. C. I. de Com. consist.* (12, 10).

57) S. oben Note 31.

58) *L. 18. C. I. de re mil.* (12, 36).

59) *L. 25. § 2. L. 33. § 5. C. I. de episc. et cler.* (1, 3). *Nov.* 123. *c.* 28.

60) *L. 7. § 6. C. I. de adv. div. Iudicum* (2, 8). *Iustinus.*

61) *Nov.* 123. *c.* 28.

62) *cit. Nov.* 123. *c.* 28.

63) Hiervon findet sich die einzige Spur in der *Constitutio Atharici regis* bei *Cassiodor. Var.* IX. 14. und bei einem *Vetus interpres* zu *Iulian. Nov.* 17. 21. *cf. Cuiac. Paratitl. Cod.* 3, 2. *de sportulis. Obss.* XII. 22.

64) *Nov.* 17. *c.* 3. *cf. Constant. Porph. Nov.* 8.

65) *L. 6. C. I. de fruct. et lit. exp.* (7, 51). *L. 12. § 4. C. I. de proxim. sacr. scrin.* (12, 19).

66) *Nov.* 28. *c.* 3. *Nov.* 83. *praef. princ. cf. L. 3. § 4. C. I. de privileg. scholar.* (12, 30).

# Excurs IV.

## Die Rechtsquellen.

§ 149. War dieß die Verfassung der Gerichte in den drei letzten Jahrhunderten des römischen Reichs: aus welchen Quellen schöpfte der Richter das Recht, das er zur Anwendung brachte? In authentischer Weise konnte er es nur, so scheint es, aus der ersten Quelle schöpfen, aus der es entstanden ist. Als solche führt Justinian sechs Formen des geschriebenen Rechts, dieselben die Gaius nannte, Leges, Plebiscita, Senatusconsulta, Constitutiones Principum, Edicta Magistratuum und Responsa Prudentium auf, denen er nur noch das formlos entstehende Gewohnheitsrecht als ungeschriebenes hinzufügt [1]). Allein daß dieß nur Theorie oder Rechtsgeschichte ist, daß unter dem Einfluß des ganz veränderten öffentlichen Zustandes das praktische Recht jetzt unter ganz anderen Formen entstand und aus anderen Quellen geschöpft werden mußte, ist leicht begreiflich. Leges und Plebiscita, Volksschlüsse, waren ja schon in der ersten Kaiserzeit selbst als leere Form bald verschwunden; an die Stelle des Senatsbeschlusses war der kaiserliche Antrag (oratio Principis) als Gesetz getreten; die Edicte der Magistrate hatte Hadrian für unabänderlich erklärt [2]). Als Formen der Fortbildung des Rechts kommen also nur noch die Constitutiones Principum und Responsa Prudentium in Betracht. Aber auch mit diesen beiden war eine wesentliche Veränderung eingetreten.

Die ganz eigenthümliche Weise, wie die classische Jurisprudenz in den beiden ersten Jahrhunderten der Kaiserzeit im Anschluß an die authentischen Formen des älteren Rechts dasselbe fortbildete und sowohl durch Ertheilung des Jus respondendi von Seiten der Kaiser an eine kleine ausgezeichnete Zahl

1) *§§ 3–10. I. de iure naturali* (1, 2). *L. 7. D. de iustitia et iure* (1, 1). *Dig.* 1. 3. *de legibus Senatusque consultis et longa consuetudine.* 4. *de constitutionibus Principum.*

2) S. oben § 68.

von Juristen, als durch die Anweisung, daß ihre übereinstimmende Ansicht den Richter binde, einen entscheidenden Einfluß auf die Rechtsprechung übte, dauerte bis in den Anfang des dritten Jahrhunderts, ja erreichte durch vier, vor allen andern ausgezeichnete und zu den höchsten Staatswürden erhobene Rechtslehrer, Papinian, Ulpian, Paulus und Modestin, ihren Gipfel. Allein nicht nur überstrahlte der Glanz dieser Namen alle Nachfolgenden, sondern unter der Zerrüttung des Reichs im dritten Jahrhundert erstarb wirklich auch dieser letzte Zweig altrömischer Geistesgröße, die productive Jurisprudenz; und die Restauration des Reichs im vierten Jahrhundert vermochte sie nicht wieder zu erwecken. Mochten daher auch noch unter Constantin einzelne juristische Schriftsteller die traditionelle Lehre fortpflanzen [3]), einzelne Rechtsgelehrte vom Kaiser das Jus respondendi erhalten [4]), und selbst noch im fünften Jahrhundert römische Jurisconsulti den Advocaten Gutachten ertheilen [5]): als Quelle neuen Rechts konnten die Responsa Prudentium nicht mehr gelten.

Um so wichtiger für die Rechtsanwendung waren die **Schriften der classischen Juristen**, in welchen das gesammte ältere, aus den Leges, Senatusconsulten, Constitutionen der Kaiser, Edicten der Magistrate und den Responsis Prudentium stammende Recht sich systematisch und in Anwendung auf einzelne Fälle verarbeitet vorfand, aus welchen daher sowohl der Advocat als der Richter dasselbe mit Sicherheit schöpfen konnte,

3) Wie sie die erhaltenen Bruchstücke von **Hermogenians** Epitome und **Arcadius Charisius** Libri singulares, beide aus Constantins Zeit, aufweisen.

4) Von einem sonst unbekannten Juristen derselben Zeit, **Innocentius**, wird dieß berichtet. **Zimmern**, Rechtsg. I. § 55 Note 20. **Puchta**, kleine civ. Schriften S. 300. **Rudorff**, Rechtsg. I. § 77 S. 200.

5) *Consultatio vet. ICti* im *Corp. iur. anteiust. ed. Ed. Puggaeus p.* 389. *sqq.* und *Huschke Iurispr. anteiust. p.* 701. *sqq.* **Rudorff**, Zeitschr. für gesch. RW. XIII. 2. setzt ihre Abfassung aus überzeugenden Gründen nach Gallien und jeden Falls nach 426. Ob unter burgundische Herrschaft, wie **Huschke** will, lasse ich dahin gestellt.

ohne zu dessen ursprünglichen, ihm nicht mehr zugänglichen Quellen zurückgreifen zu müssen. Die große Zahl dieser Schriften machte dabei geringere Schwierigkeit; denn die oben genannten letzten Schriftsteller von überwiegendem Ansehen, welche alles Brauchbare der früheren berücksichtigten, konnten diese ersetzen, und Ein entscheidendes Citat aus denselben genügte, um eine rechtliche Behauptung zu begründen. Wie aber, wenn der Gegner eine entgegenstehende Ansicht eines recipirten Schriftstellers anzuführen vermochte? Denn nur die übereinstimmende Meinung der Juristen, welche vom Kaiser das Jus respondendi erhalten hatten, sollte den Richter binden, und im Fall einer Controverse war er von Hadrian angewiesen, derjenigen Meinung zu folgen, welche ihm die richtige scheine [6]). Aber um sich aus inneren Gründen für die eine oder andere Ansicht zu entscheiden, war eine juristische Bildung nöthig, welche jetzt bei dem im Allgemeinen gesunkenen juristischen Bildungsstand nicht mehr von jedem Richter erwartet werden konnte. Um diesem Uebel abzuhelfen, und eine möglichst gleichförmige Rechtsprechung zu fördern, regelte man durch Gesetz die äußere Autorität jener Schriften, und es ist beachtenswerth, daß dieß vorzugsweise im westlichen Reiche geschah, wo unter den allgemeinen Drangsalen mit dem Wohlstand auch die Bildung, insbesondere die juristische, mehr als im Orient gesunken war.

Den ersten Schritt in dieser Richtung that schon Constantin (a. 321) dadurch, daß er, um den ewigen Streitigkeiten der Juristen zu begegnen, die Anführung der Noten des Ulpian und des Paulus zu Papinian in den Gerichten verbot, die, wie er sagt, diesen berühmtesten Rechtsgelehrten mehr verdorben als berichtigt hätten [7]). Einige Jahre später (a. 327) veranlaßten ihn im Occident vorgekommene Zweifel, über das gerichtliche

6) *Gai.* I. § 7. — iudici licet quam velit sententiam sequi, idque rescripto divi Hadriani significatur, kann natürlich nur diesen Sinn haben.

7) *L. 1. C. Th. de responsis prud.* (1, 5). *a.* 321, also aus der Zeit, wo er nur den Occident beherrschte.

Ansehen der Schriften des Paulus, insbesondere dessen Sententiä receptä, dieselben ausdrücklich zu bestätigen [8]).

Nachdem unter den Einfällen der Barbaren im vierten und Anfang des fünften Jahrhunderts tüchtige Juristen im westlichen Reich noch seltener geworden [9]), erließ endlich im J. 426 Valentinian III. ein durchgreifendes Gesetz, das sg. Citirgesetz, welches durch Anwendung jenes geistlosen Autoritätsprinzips dem Richter sein Geschäft noch mehr erleichterte [10]). Im Fall einer Controverse unter den anerkannten juristischen Schriftstellern sollen die verschiedenen Meinungen derselben nicht gegen einander abgewogen, sondern gezählt werden; im Fall gleicher Stimmenzahl aber Papinian den Ausschlag geben, und nur wenn auch dieß nicht entscheidet, der Richter der Ansicht folgen, welche ihm die richtige scheint. Es waren aber auch darüber abermals Zweifel entstanden, welchen Juristen der classischen Zeit überhaupt gerichtliches Ansehen gebühre. Als solche werden nun in dem Gesetz bezeichnet: 1) die mehrfach genannten vier letzten Classiker, natürlich mit Ausschluß der Noten des Ulpian und Paulus zu Papinian, deren Abrogation bestätigt wird [11]); 2) alle früheren, deren Schriften diese citiren, wobei vorausgesetzt wurde, daß dieß nur solche seien, welche das Jus respondendi gehabt; wegen des hohen Alters ihrer Schriften soll im Fall zweifelhafter Les-

8) *L. 2. C. Th. eod.* Dat. V. Kal. Oct. Treviris *a.* 327.

9) *Nov. Val.* 31. § 5. *a.* 451. — Notum est post fatalem hostium ruinam, qua Italia laboravit, in quibusdam regionibus et causidicos et iudices defuisse, hodieque gnaros iuris et legum aut raro aut minime reperiri; nach dem Einfall der Vandalen. Aber schon früher hatten ja die Barbaren in Italien, Gallien, Hispanien und Africa ähnliche Nothstände herbeigeführt. *cf. Nov. Val.* 2, 2. § 3. — 2, 3.

10) *L. 3. C. Th. de resp. prud.* (1, 11). Impp. Theod. et Valentinianus AA. ad Senatum urbis Romae. — Dat. VII. Id. Novembr. Ravennae *a.* 426 Es ist also zunächst für das westliche Reich gegeben. Um dieselbe Zeit glaubte man sich im östlichen stark genug, um aus den Schriften der Juristen und den Gesetzen der Kaiser ein neues Gesetzbuch abzufassen.

11) Notas etiam Paulli *rel.* — Auch fand es der Kaiser nöthig, das zweite Gesetz Constantins zu bestätigen und die Sententiae receptae des Paulus wiederholt zu autorisiren. Paulli quoque Sententias *rel.*

arten Handschriftenvergleichung eintreten [12]). Endlich 3) wird Einem Schriftsteller, dem weder die eine noch die andere Auszeichnung zukam, der aber um seiner eigenthümlichen Vorzüge willen, namentlich in den Rechtsschulen, viel gebraucht wurde, dem Gaius, die Geltung in den Gerichten ausdrücklich beigelegt [13]). Abgesprochen wird also das gerichtliche Ansehen nur allen andern von jenen Vier nicht citirten ältern Schriftstellern und den späteren, denen es ohne Zweifel auch in der öffentlichen Meinung nicht in gleichem Maße zukam [14]).

Unter den Constitutionen der Kaiser hatten in der früheren Periode die Edicte und die Urtheile des Kaisers einen mehr untergeordneten und zufälligen Antheil an der Fortbildung des Rechts genommen [15]). Die Rescripte, d. h. die schriftlichen Erlasse (epistolae) auf Anfragen der Magistrate (consultationes, relationes) oder auf Bittschriften der Privaten (preces, libelli) waren seit dem Abschluß des prätorischen Edicts unter Hadrian [16]) die Form, unter welcher vorzugsweise die in

12) Eorum quoque scientiam, quorum tractatus atque sententias praedicti omnes suis operibus miscuerunt, ratam esse censemus (also ihre gesammten Schriften, nicht bloß die von Jenen citirten Stücke), ut Scaevolae, Sabini, Iuliani atque Marcelli omniumque quos illi celebrarunt, si tamen eorum libri propter antiquitatis incertum codicum collatione firmentur. Also nicht jene fünf, auch nicht die von ihnen citirten Stücke, sondern der Text der gesammten Bücher jener ältern Schriftsteller soll durch Handschriftenvergleichung, soweit nöthig, festgestellt werden.

13) Papiniani, Paulli, Gaii, Ulpiani atque Modestini scripta universa firmamus, ita ut Gaium quae Paullum, Ulpianum et cunctos comitetur auctoritas, lectionesque ex omni eius opere recitentur. Wirklich findet sich in dem ganzen Umfang der erhaltenen Bruchstücke classischer Juristen kein sicheres Citat des Gaius, und man hat deshalb längst vermuthet, daß ihm das ius respondendi gefehlt habe. S. dagegen *Huschke Iurispr. anteiust. p.* 80. Note 4 und dafür Asher in Zeitschr. für Rechtsg. V. S. 85 folg. Vgl. *Böcking in Gai ed.* V. *praef. p.* VIII. *sq.*

14) Ich folge also der früheren Auslegung Puchta's, Kl. civil. Schriften. 1851. S. 284 folg., vgl. Institutionen § 134, die mir bei unbefangener Lesung des freilich schlecht gefaßten Gesetzes und Vergleichung der spätern Gesetze die richtige scheint. So auch Huschke, Zeitschr. für gesch. RW. XIII. S. 19 Note 18. Anders Savigny, Gesch. des R. R. im MA. I. § 3. Die Mitte hält Rudorff, Rechtsg. I. 78. S. 202 folg.

15) Vgl. Rudorff, Rechtsg. I. §§ 55—57.

16) Hiermit setzt auch Rudorff,

den kaiserlichen Büreaus (scrinium epistolarum und libellorum) vereinigten ausgezeichnetsten Juristen [17]) Rechtssprüche mit des Kaisers Unterschrift ertheilten, und also nicht nur die gleichförmige Anwendung des Rechts im ganzen Reich, sondern auch dessen stetige Fortbildung vermittelten. Bei dem Untergang der freien Jurisprudenz im dritten Jahrhundert erhielt sich die Tradition guter Methode und classischen Ausdrucks in diesen kaiserlichen Kanzleien, wie die zahlreichen uns erhaltenen Rescripte Diocletians beweisen [18]). Schon unter Constantin muß indeß diese Institution in Verfall gerathen sein; denn die wenigen Rescripte, die wir von ihm und von späteren Kaisern besitzen, sind in Beherrschung des juristischen Gedankens und in der Sprache auffallend schlechter [19]). Auch wird in dieser Zeit die Gültigkeit

Rechtsg. I. S. 272 die vermehrte Bedeutung der Rescripte seit Hadrian in Verbindung. Diese Bedeutung wird u. A. durch die häufige Berufung auf kaiserliche Rescripte in Gaius' Institutionen klar.

17) Schon Hadrian und seine Nachfolger zogen die berühmtesten Juristen in ihren Rath. Anfangs des dritten Jahrhunderts waren Papinian, Ulpian und Paullus Magistri Scriniorum, ehe sie zu der höchsten Würde des Präfectus Prätorio aufstiegen. Aus constantinischer Zeit ist uns Arcadius Charisius als Magister Libellorum bekannt. *Inscr. L. un. D. de off. Pf. Pr.* (1, 11).

18) Es sind ihrer über 1200, und doch, bis auf sechs sicher von Maximian erlassene, nur orientalische, also von Diocletian selbst, unter denen noch einige Jahrgänge ganz fehlen. Dieß giebt einen Begriff von der Thätigkeit dieser kaiserlichen Kanzleien, welche wirklich mit anerkennenswerther Geduld der Unwissenheit der Beamten und der Verkehrtheit der Partheien zurecht halfen. Vgl. z. B. *Fr. Vat.* § 282. Idem (*sc. Diocl. et Max.*) Calpurniae Aristaenetae. Quoniam non contenta rescripto, quod ad primas preces acceperas, iterato supplicare voluisti, ex iure rescriptum reportabis *rel.* Das Rescript desselben Kaisers *Consult.* V. 7. handelt förmlich die Lehre von der Pluspetitio ab. — Die Cäsaren scheinen das Recht solche Rescripte zu ertheilen und die entsprechenden Büreaus nicht gehabt zu haben. *Mommsen Fragm. Vat. Berol.* 1860. 4. *p.* 396. *sqq.* Zeitfolge der Verordnungen Diocletians S. 417 folg.

19) Für Constantin vgl. z. B. *Fr. Vat.* § 34. Cum profitearis te certa quantitate mancipium ex sanguine comparasse, cuius pretium te exsolvisse dicis et instrumentis esse firmatum: hoc a nobis iam olim praescriptum est, quod si voluerit liberum suum reciperare, tunc in eius locum mancipium domino daret aut pretium quo valuisset numeraret. Etiam nunc, si a suis parentibus certo pretio comparasti, ius dominii te possidere existimamus. Nullum autem ex' gentilibus liberum ad-

der Rescripte theils in ihrer Form[20]), theils im Verhältniß zu entgegenstehenden Gesetzen wiederholt eingeschränkt[21]); und endlich hat K. Arcadius a. 398 verfügt, daß Rescripte auf Consultation eines Beamten, unter welchen jetzt auch die kaiserlichen Urtheilssprüche in Appellationssachen begriffen sind[22]), nur in der einzelnen Sache, in welcher sie erlassen worden, gelten, also nicht mehr für ähnliche Fälle neues Recht constituiren sollen[23]), eine Vorschrift, welche Valentinian III. a. 426 für den Occident erneuert hat[24]). Justinian zwar hat den Urtheilssprüchen, die der Kaiser selbst im Consistorium erläßt, die ursprünglich ihnen zukommende Gesetzeskraft wieder beigelegt[25]). Nach dem Abschluß seiner Compilation aber hat er die Anfragen der Beamten vor dem Urtheil ganz verboten[26]) und den kaiserlichen Rescripten an Privatpersonen alle Geltung abgesprochen[27]).

probari licet. Ferner *Fr. Vat.* §§ 33. 36. 273. 274. und die Rescripte von K. Valentinianus und Valens a. 364—378 in *Consultatio* IX. 1—7. Dagegen die durchschnittlich viel besseren, ja mitunter classischen Rescripte Diocletians. — Für die Ansicht dieser Zeit ist beachtenswerth, daß man bei Abfassung des Theodosischen Codex die Rescripte nach Diocletian der Aufnahme nicht werth fand, für die früheren auf den Codex Gregorianus und Hermogenianus verwies.

20) *L. 1. C. Th. de div. rescr.* (1, 2). *Constantin. a.* 314. Nicht eine simple Annotatio auf dem Libell, sondern nur ein förmliches Rescript (epistola) soll gelten.

21) *LL. 2. 3. 5. 8. 9. eod.* Nur Julian in *L. 7. eod.* schärft ihre Gültigkeit wieder ein.

22) S. unten § 160.

23) *L. 11. C. Th. de div. rescr.* (1, 2). Dat. VIII. Decemb. Constantinopoli *a.* 398.

24) *L. 2. C. I. de legibus* (1, 14). ad Senatum (*sc. urbis Romae*) *a.* 426, wahrscheinlich ein Theil des Gesetzes, welches auch die Anwendung der Responsa Prudentium normirte.

25) *L. 12. C. I. de legibus* (1, 14). *a.* 529 Dagegen sollen die Urtheilssprüche seiner höchsten Beamten, selbst des Präfectus Prätorio, als Präjudicien andere Richter nicht binden. *cf. L. 13. C. I. de sent. et interlocut.* (7, 45). Der Eingang: Nemo iudex vel arbiter existimet, neque consultationes, quas non rite iudicatas esse putaverit, scheint allerdings auch die kaiserlichen Urtheile zu begreifen; daß aber nur die Appellationen, über welche more consultationis der Präfectus Prätorio und Quästor sacri Palatii erkennt, ferner andre Urtheile hoher Staatsbeamten gemeint sind, ergiebt der weitere Verlauf des Gesetzes. Anders Puchta, Instit. § 131 Note v.

26) *Nov.* 125. *a.* 541.

27) *Nov.* 113. *c.* 1. *a.* 538. Gesetzeskraft wurde ihnen wohl schon nach der Verordnung von K. Arcadius Note 23 nicht mehr beige-

Den älteren kaiserlichen Rescripten, welche bis auf Diocletian einen so bedeutenden Antheil an der Fortbildung des Rechts genommen, war durch alle diese neueren Gesetze die Geltung vor Gericht nicht entzogen. Es entsteht daher auch für sie die Frage, in welcher Form sie gebraucht wurden. In der authentischen Gestalt, wie sie in den kaiserlichen Büreaus aufbewahrt wurden, waren sie nicht Jedem zugänglich. Zwei ausschließlich aus den orientalischen Scriniis geschöpfte Privatsammlungen, der Codex Gregorianus, wahrscheinlich noch unter Diocletian verfaßt [28]), und der ihn fortsetzende Codex Hermogenianus aus Constantins Zeit, später durch Constitutionen der K. Valentinian und Valens vermehrt [29]), leisteten daher bis auf Justinian fast ausschließlich diesen Dienst [30]).

In den bisher betrachteten Rechtsquellen, den Schriften der alten Juristen und diesen Privatsammlungen kaiserlicher Rescripte, fand also der praktische Jurist, Advocat oder Richter, das gesammte ältere Recht in seiner organischen Fortbildung bis auf Constantin niedergelegt. Die Gesetzgebung aber, von der wir während des ganzen dritten Jahrhunderts nur wenig Kunde haben, sehen wir von da ab bis auf Justinian in umfassender und unablässiger Thätigkeit, durchaus entsprechend dem allgemeinen Zustand des Reichs, in welchem alle Spontaneität der Glieder erstorben und in dem absoluten Willen des Staatsoberhauptes concentrirt war. Auch bot die mit Diocletian und Constantin beginnende neue Aera reichen Stoff zu gesetzlichen Anordnungen in der Verwaltung nicht nur, sondern auch im Privat- und Criminalrecht und im Prozeß. Und nachdem einmal dieser Weg betreten war, machte das Bedürfniß der Besserung oder Ergänzung der früheren Gesetze sich immer von Neuem geltend. Hieraus erklärt es sich, daß in dieser Periode,

legt. Puchta, Instit. § 131 Note p.

28) Rudorff, Rechtsg. I. § 98. *Mommsen Fr. Vat. cit. p.* 397. *sqq.* 405. Zeitfolge S. 419 folg.

29) Rudorff cit. § 99. Mommsen cit.

30) Der Verfasser der Vaticanischen Fragmente schöpfte auch aus anderen Quellen.

wenn alles, was in den Gerichten zur Anwendung kommt, erschöpfend bezeichnet werden soll, das Recht (ius)[31]), nehmlich eben jenes ältere organisch entwickelte Rechtssystem[32]), welches aus den Schriften der Juristen[33]) und den Sammlungen kaiserlicher Rescripte[34]) zu erkennen war, und die Gesetze (leges), welche dasselbe auf einzelnen Punkten neu bestimmt haben[35]), einander entgegen gesetzt werden, ein Sprachgebrauch, welcher unserer Anschauung von Recht und Gesetz durchaus entspricht[36]).

Diese kaiserlichen Gesetze (constitutiones generales, leges edictales)[37]) ergingen hauptsächlich in zwiefacher Form: nehmlich entweder als Oratio, d. h. als ein vom Kaiser an den Senat gerichteter, in der Senatssitzung von einem hohen Staatsbeamten verlesener Erlaß[38]), oder aber als Edict, welches

31) *L. 2. C. Th. de appell.* (11, 30). *a.* 378. — et iure et constitutionibus. *L. 2. C. Th. de pign.* (2, 30). *a.* 422. — et iure et legum auctoritatibus. *Nov. Val.* 31. § 5. *a.* 451. — gnaros iuris et legum. Savigny, Gesch. des R. R. im MA. II. § 15. vgl. I. § 3. Rudorff, Rechtsg. I. § 79 Note 1.

32) *Edictum Theoderici Epilog.* — ex novellis legibus ac veteris iuris sanctimonia. *Common. L. Rom. Visigoth.* — legum Rom. et antiqui iuris obscuritas. *Const. Deo auctore* § 9. — sacratissimis constitutionibus, ex veteri iure. S. Note 33.

33) *Interpr. L. 2. C. Th. de dotibus* (3, 13). — in iure, hoc est in Paulli sententiis. Ebenso bezeichnet Justinian cit. Note 32 und in *Const. Cordi nobis est* § 1. durch ius vetus oder antiquum das in den Schriften der Juristen und in den Digesten enthaltene Recht.

34) *Interpret. L. un. C. Th. de resp. prud.* (1, 4) rechnet den Codex Gregorianus und Hermogenianus also aus doppeltem Grunde zu dem Jus.

35) Daher novellae leges in *Edict. Theod.* Note 32.

36) S. oben §§ 9. 10. — Derselbe Gegensatz kehrt in England wieder als common law und statute law.

37) *L. 5. C. Th. de const. Princ.* (1, 1). *Theod. et Val. a.* 429. — constitutiones — edictorum viribus aut sacra generalitate subnixas — generalem constitutionem. *L. 6. pr. eod. a.* 235. Omnes edictales generalesque constitutiones. Auch ein Rescript, insofern es legis vicem obtinet, hatte allgemeine Geltung *L. 8. D. de legib.* (1, 3), nur die constitutio personalis nicht. *L. 1. pr. §§ 1. 2. D. de const. Princ.* (1, 4). Die lex ist aber auch ihrer Form nach eine constitutio generalis. *L. 3. C. I. de legib.* (1, 14). *Theod. et Val. a.* 426. Leges ut generales ab omnibus aequabiliter in posterum observentur *rel.*

38) *L. 3. cit.* — quae vel mis-

der Kaiser unmittelbar an alle Reichsangehörige richtet [39]), oder durch ein kaiserliches Handschreiben einem Reichsbeamten, meist dem Präfectus Prätorio, zur Publication durch öffentlichen Anschlag zufertigt [40]). In diesem letztern Fall war das Gesetz einem Rescripte ähnlich, zumal wenn es aus specieller Veranlassung erging und der Eingang diese erwähnte. Allein die ausdrückliche Benennung als edictum oder als lex generalis, oder eine materielle allgemeine Vorschrift sollte es als Gesetz charakterisiren [41]). Der materielle Umfang der Disposition konnte natürlich

sae ad venerabilem coetum oratione conduntur. *L. 1. C. Th. de cretione* (4, 1). *Theod. et Val.* ad Senatum *a.* 426. — hac oratione sancimus. *Nov. Val.* 1, 3. Theod. et Val. AA. Consulibus, Praetoribus, Tribunis plebis, Senatui suo salutem dicunt *rel.* — Recitata in Senatu per virum ill. Postumianum (*Pf. Pr.*?) (*a.* 450). *L. 35. C. I. de locato* (4, 66). *Iustinianus.* A. ad Senatum. — necessarium duximus, ad hanc sacratissimam venire constitutionem.

39) Z. B. *L. 2. C. I. de ped. iud.* (3, 3). Impp. Diocl. et Max. AA. et CC. dicunt: Placet nobis *rel. Edict. de pret. rer. venal* : Imp. Caesar Diocl. A., Imp. Caesar Maximianus A. et Constantius Caes. et Galerius — Caesar dicunt. — Placet igitur ea pretia, quae subditi brevis scriptura designat, ita totius orbis nostri observantia contineri, ut omnes intellegant *rel.* Alle ad populum, ad provinciales u. s. w. überschriebenen Gesetze gehören hierher, s. *Haenel Praef. ad C. Th. p* 39. Note 232 *sqq.*

40) Z. B. *Nov. Val.* 20. Impp. Theod. et Val. AA. Albino II. P. P. et Patricio. — Albine, parens carissime atque amantissime. § 7. Idcirco illustris et praecelsa magnificentia tua saluberrimam sanctionem mox in omnium venire notitiam propositis iubebit edictis. (*Subscr.*). — Proposita in foro divi Traiani. Antelata edicto Albini iterum Pf. P. et Patricii. *Gothofr. ad L. un. C. Th. si per obrept.* (11, 13). Die oben unter den Quellen C. 1—4. aufgeführten Inschriften enthalten solche edictaliter publicirte Gesetze. Vgl. besonders Constantins Edict de accusationibus *c.* 2. Zeitschr. für gesch. RW. IX. S. 85, welches demnach außer dem Präfectus Urbi, dem Präfectus Prätorio, den Präsides, den Rationales und Magistri Rei privatä zugefertigt wurde. Vgl. noch *L. 7. rest. C. I. de exsecut.* (12, 61).

41) *L. 3. cit.* Note 38. vel in certo edicti vocabulo nuncupantur: sive eas nobis spontaneus motus ingesserit, sive precatio, sive relatio, vel lis mota legis occasionem postulaverit. Nam satis est (1) edicti eas nuncupatione censeri, vel per omnes populos Iudicum programmatibus divulgari (3), vel expressius continere, quod Principes censuerint, ea quae in certis negotiis statuta sunt similium quoque causarum fata componere (2). Sed et si generalis lex vocata est (3) vel

noch sehr verschieden sein, sich auf alle Unterthanen oder auf einzelne Klassen derselben, auf das ganze Reich oder einzelne Provinzen beziehen; ihre allgemeine Geltung als Gesetz war aber davon nicht abhängig [42]). Pragmaticae sanctiones wurden schriftliche kaiserliche Erlasse an Corporationen, Stadtgemeinden, Provinzen oder andere Gemeinheiten genannt, und waren wahrscheinlich durch ihre Form ausgezeichnet [43]). Ihrem Inhalt nach konnten sie sowohl durchaus persönliche Verfügungen (constitutiones personales), als wahre Gesetze sein [44]).

Wie aber verhielt sich die Geltung der Gesetze und Rescripte zu dem seit Diocletian zunächst vorübergehend, dann seit Theodos I. bleibend getheilten Reiche? Daß nur die Verwaltung als getheilt, das ewige Reich dennoch als Eines, also auch nach einem und demselben Rechte lebend gedacht wurde, ist früher bemerkt worden [45]). Die Folge war, daß alle kaiserlichen Erlasse den Namen sämmtlicher Augusti und Cäsares trugen, wenngleich sie nur von Einem ergangen waren [46]) und, insofern

ad omnes iussa est pertinere, vim obtineat edicti; interlocutionibus, quae in uno negotio iudicantes protulimus vel postea proferemus, non in commune praeiudicantibus, nec his quae specialiter quibusdam concessa sunt civitatibus vel provinciis vel corporibus ad generalitatis observantiam pertinentibus. Man sieht, wie der Verfasser dieses Gesetzes die formale und materielle Allgemeinheit oder Besonderheit durcheinanderwirft.

42) *L. 6. pr. C. Th. de const. Princ.* (1, 1). *Theod. et Val. a.* 435. *cit.* Note 37. Omnes edictales sive generales constitutiones vel in certis provinciis seu locis valere aut proponi iussae. Vgl. Puchta, Instit. § 131 Note h.

43) *L. 7. § 1. C. I. de div. rescr.* (1, 23). Zeno verbietet, diese Form in andern Fällen zu gebrauchen. Vgl. Puchta, Instit. cit. S. 644. Rudorff, Rechtsg. § 79 Note 15.

44) Z. B. die Sanctio pragm. ad petitionem Vigilii, wodurch Justinian Italien nach der Eroberung organisirte, war ein wahres Gesetz. Savigny, System I. § 24 Note g.

45) S. oben § 127 Note 12.

46) Die Inscriptionen der Gesetze und Rescripte, welche die Namen sämmtlicher Kaiser enthalten, und die Subscriptionen, welche ihren Ursprung angeben, sind freilich in den auf uns gekommenen Sammlungen kritisch noch nicht befriedigend festgestellt, ohne Zweifel auch schon bei der Abfassung dieser Sammlungen vielfach alterirt Vgl. Mommsen, Zeitfolge der Verordnungen Diocletians S. 417 folg. *Fragm. Vat. Berol.* 1860. 4. *p.* 404. *sq.* Indeß genügt zum

ihr Inhalt dieß zuließ, im ganzen Reiche Geltung hatten. Die Cäsaren freilich entbehrten überhaupt diese höchste, die legislative Machtvollkommenheit [47]). Die Augusti aber hatten, wie die altrömischen Doppelmagistrate, ein Imperium individuum, jeder von ihnen war daher formell berechtigt, Verfügungen mit Gesetzeskraft für das ganze Reich zu erlassen. Unbedenklich war dieß für die Rescripte, welche ja regelmäßig geltendes Recht bezeugten, nur ausnahmsweise neue Rechtssätze aufstellten, und auch diese nur als consequente Entwicklung des bestehenden Rechts [48]). Deshalb rescribirte ein Augustus auch auf Anfragen der Beamten aus der andern Reichshälfte [49]), und die Geltung seiner Rescripte in dieser war so wenig von einer an sich unthunlichen, gemeinsamen Vorberathung, als von ihrer Mittheilung und Publication in derselben abhängig [50]). Auffallender ist es bei Gesetzen. Indeß steht so viel fest, daß zwar eine gemeinsame Vorberathung regelmäßig nicht stattfand, wohl aber nach dem Erlaß die Mittheilung und Publication derselben in der andern Reichshälfte, ohne welche sie dort keine Geltung erlangen konnten. Ausnahmsweise mag ein Gesetz wegen verzögerter oder unter-

Beweise ein Blick auf die zahlreichen von Diocletian im Orient erlassenen Rescripte, welche sämmtlich auch dem Maximian zugeschrieben sind, und für die Gesetze auf Diocletians Edict. de pretiis rer. venal., wo die beiden Augusti und die beiden Cäsares in der Inscription vollständig mit allen ihren Titeln vorkommen.

47) Mommsen cit. S. 419 nimmt daher mit Recht an, daß die Cäsaren nicht einmal rescribiren, geschweige Gesetze erlassen konnten; auch fehlten ihnen ohne Zweifel zu jenem die Scrinia, hierzu das Consistorium.

48) *L. 10. L. 11. D. de legib.* (1, 3). *Julian.* — aut interpretatione, aut constitutione optimi Principis.

49) Mommsen cit. S. 418 hat zuerst darauf aufmerksam gemacht, daß das Rescript *Coll.* XV. 3. nach der Subscription von Diocletian in Alexandria erlassen und an den Proconsul Africä gerichtet ist. Maximian war um diese Zeit in Mailand und Aquileia (s. Denselben S. 420); der Proconsul Africä hätte sich also ebensowohl an ihn wenden können.

50) Daß der Codex Gregorianus und Hermogenianus erster Ausgabe ausschließlich orientalische Rescripte enthalten, erklärt sich nur daraus, daß die Verfasser aus den orientalischen Scriniis schöpften, welchen also occidentalische Rescripte so wenig mitgetheilt worden waren, als die orientalischen dem Occident. Dennoch wurden beide Sammlungen auch hier gebraucht.

lassener Publication nur in der einen Reichshälfte zu voller Kraft und Geltung gekommen sein [51]). Daß aber regelmäßig auch das gesetzliche Recht ein gemeinsames war, beweist der Theodosische Codex, welcher Gesetze des Orients und des Occidents ohne Unterschied unter dem Namen der beiderseitigen Kaiser enthält [52]), und selbst als gemeinsames Gesetzbuch, wie wir gleich sehen werden, diese Behandlung erfuhr.

Die große Zahl kaiserlicher Gesetze, welche im Lauf des vierten Jahrhunderts neues Recht eingeführt hatten, die jeder Richter und jeder Advocat also kennen und befolgen mußte, bildeten für diese eine neue Schwierigkeit. In den Registraturen der Behörden fehlte es zwar nicht an Sammlungen; auch Private oder öffentliche Institute mochten solche besitzen [53]); aber vollständig waren jene nicht, und diese überdieß nicht authentisch. Diesem Bedürfniß abzuhelfen, befahl K. Theodos II., also im Orient, im J. 429 eine authentische Sammlung derselben, welche, wie der Gregorianische und Hermogenianische Codex die kaiserlichen Rescripte vor Constantin, zu deren Ergänzung die kaiserlichen Gesetze von da an, ihrem wesentlichen Inhalt nach unverändert, mit Inscription und Subscription, nach Materien in Bücher und Titel vertheilt, in diesen aber in chronologischer Folge enthalten und unter seinem Namen, als Theodosianus Codex publicirt werden sollte [54]). Dieser auf das praktische

51) So haben sich von Diocletians Edict de pretiis rerum venalium im Orient fünf Inschriften erhalten, im Occident nicht Eine. Da es sich sehr bald als unausführbar erwies, so ist es im Occident vielleicht nie publicirt worden.

52) In dem Reichsarchiv des Orients, wo er gemacht wurde, müssen die Gesetze der occidentalischen Kaiser vorhanden gewesen sein. — Ueber die Anomalien in den Inscriptionen der Gesetze von Constantins Söhnen s. *Gothofr.* und *Haenel ad L. 23. C. Th. de decurion.* (12, 1).

53) Eine solche, im Interesse der Kirche angelegt, war die, aus welcher die Sirmondischen Constitutionen stammen. *Haenel Nov. C. Th. Lips.* 1844. 4. *p.* 405. *sqq.*

54) *L. 5. C. Th. de const. Princ.* (1, 1). Daß die Gesetze vor und die Rescripte seit Constantin nicht berücksichtigt wurden, beweist die veränderte Bedeutung der einen und anderen Art kaiserlicher Erlasse. Selbst unter den 1247 in den Justinianischen Codex aufgenommenen Constitutionen Diocletians zählt man nur etwa 27 Gesetze.

Recht und zugleich auf dessen rechtsgeschichtliche Begründung wohl berechnete Plan kam jedoch nicht sofort zur Durchführung, wir wissen nicht, wodurch verhindert[55]). Denn sechs Jahre später (a. 435) wurde durch eine neue Verordnung desselben Kaisers einer neu componirten Gesetzgebungs-Commission dieselbe Aufgabe gestellt, nur mit der geringen Modification, daß diese die Macht empfing, in den aufzunehmenden Constitutionen nicht bloß alle überflüssigen Worte wegzulassen, sondern auch zweideutige zu ändern, unpassende zu verbessern, und selbst im Interesse der Deutlichkeit nothwendige Worte hinzuzufügen[56]). Nach drei Jahren war die Arbeit vollendet, und wurde nicht bloß im Orient durch eine an den Präfectus Prätorio erlassene Verordnung a. 438 als ausschließend gültige Gesetzsammlung publicirt[57]), sondern zu gleichem Zweck in den Occident an K. Valentinian III. gesandt; und nachdem dieser in schuldiger Ehrfurcht vor dem kaiserlichen Mitregenten und Schwiegervater die Sache gebilligt, dem römischen Senat in feierlicher Sitzung zur weiteren Veröffentlichung übergeben[58]).

55) Daß die Arbeit liegen geblieben oder daß die Kräfte der Gesetzgebungscommission nicht zugereicht, sind Vermuthungen der Neueren.

56) *L. 6. C. Th. de const. Princ.* (1, 1). *a.* 435. — § 1. — aggressuris hoc opus et demendi supervacanea v e r b a, et adiiciendi necessaria, et mutandi ambigua, et emendandi incongrua tribuimus potestatem. Also nicht in der Sache sollten sie ändern, sondern nur die in *L. 5. cit.* quod in utramque dici partem faciet varietas lectionum, probetur ordine, vorgeschriebene diplomatische Genauigkeit wurde ihnen erlassen und eine freiere Behandlung des Textes gestattet. Zu weit gehen P u c h t a, Instit. § 136 „Veränderungen" und R u d o r f f, Rechtsg. I. § 100 „Zusätze, Veränderungen, Verbesserungen in größester Ausdehnung." Es ist dieß wichtig; denn nach dieser Ansicht verlöre der Theodosische Codex für uns in gleichem Maße das historische Ansehen, wie Justinians Compilation für das ältere Recht. Auch *Nov. Theod.* 1. § 3. cit. Note 57 sagt ausdrücklich, daß der Kaiser sich die Constitutionen seiner Vorgänger, nur verdeutlicht und abgekürzt, aneigne.

57) *Nov. Theod.* 1. (*a.* 438). de Theodosiani Codicis auctoritate. § 3. Quamobrem detersa nube voluminum, — compendiosam divalium constitutionum scientiam ex divi Constantini temporibus roboramus, nulli post Kal. Ianuarias concessa licentia, ad forum et quotidianas advocationes ius principale deferre — nisi ex his videlicet libris.

58) *Gesta in Senatu Romano*

Auch hiermit war indeß dem einmal erwachten Gesetzgebungstrieb und Bedürfniß nicht genug gethan. Dieß voraussehend hatte K. Theodos schon bei der ersten Anordnung des neuen Codex es ausgesprochen [59]), und bestätigte es bei dessen Publication, daß die künftig etwa in dem einen oder andern Reichstheil ergehenden neuen Gesetze (leges novellae) nur dann in dem andern gelten sollten, wenn sie in gleicher Weise, wie es mit dem Theodosischen Codex geschehen, zur Publication mitgetheilt worden seien [60]). Demgemäß übersandte er neun Jahre später (a. 447) die Reihe der inzwischen von ihm erlassenen Gesetze, mit einer Entschuldigung, daß es nicht im Einzelnen geschehen sei, an K. Valentinian III. zur Publication mit dem ausdrücklichen Bemerken, daß sie natürlich nur von jetzt ab in den noch nicht rechtskräftig entschiedenen Prozessen in Anwendung zu bringen seien, und bittet um Mittheilung der im Occident erlassenen [61]). Wir

*habita de recipiendo Codice Theodosiano. C. Th. ed. Haenel p.* 82. *sqq.* Der Präfectus Prätorio und Consul ordinarius bezeugt in seiner Rede, daß schon im Jahr zuvor a. 437 bei der Vermählung K. Valentinians III. mit der Tochter Theodos II., jener devotione socii, affectu filii die Sache gebilligt, daß die authentischen Exemplare ihm und dem damaligen Präfectus Orientis übergeben worden, und daß ein solches nun auf Befehl beider Herrscher von ihm vorgelegt werde u. s. w. Ueber die weitere Verhandlung, den Schluß des Protokolls und den Zusatz s. Rudorff zu Puchta's Instit. § 136 Note e und k.

59) *L. 5. C. Th. de const. Princ.* (1, 1). *a.* 429. — In futurum autem, si quid promulgari placuerit, ita in coniunctissimi parte alia valebit imperii, ut non fide dubia, nec privata assertione nitatur, sed ex qua parte fuerit constitutum, cum sacris transmittatur affatibus, in alterius quoque recipiendum scriniis, et cum edictorum solemnitate vulgandum: missum enim suscipi et indubitanter obtinere conveniet, emendandi vel revocandi potestate nostrae clementiae reservata: declarari autem invicem oportebit, nec admittenda aliter *rel.* Unrichtig Puchta cit. § 136 S. 681 „mit Vorbehalt etwaniger Gegenerinnerungen und Abänderungen"; denn der Kaiser behält sich nur vor, die mitgetheilten eigenen Gesetze später selbst abzuändern.

60) *Nov. Theod. tit.* 1. *a.* 438. §§ 5. 6. — *Haenel Nov. C. Th. Praef. p.* XXVIII Iam vero ante Codicis Theodosiani confectionem utriusque imperii principes invicem leges inter se communicare solebant. Morem quasi in legem mutavit Theodosius II.

61) *Nov. Theod. tit.* 2. (*a.* 447). *de confirmatione legum novellarum Theodosii A. ed. Haenel p.* 4. *sq.*

besitzen die Verordnung K. Valentinians vom J. 448, worin er seinen Präfecten die Publication der theodosischen Gesetze befiehlt, damit, wie er sagt, beide Reichshälften, wie sie durch ungetheilten Willen regiert werden, so auch nach denselben Gesetzen leben möchten [62]). Daß dieser Kaiser bei seiner Abhängigkeit von Theodos dessen Bitte erfüllt und auch seine Gesetze ihm mitgetheilt habe, ist kaum zu bezweifeln. Doch erlangten sie, so wenig als die Gesetze seiner Nachfolger, bei dem gesunkenen Ansehen des zerrütteten westlichen Reichs gesetzliche Geltung im Osten [63]). Von diesem aus wurden nur noch die Novellen K. Marcians von 450—455 [64]), und aus besonderer Veranlassung eine Novelle des K. Leo a. 468 dem westlichen Reich mitgetheilt [65]), so daß die Lockerung der Verbindung beider Reichshälften auch hierin hervortritt. Die ideale Einheit des Reichs aber wurde bis zum Untergang des westlichen dadurch bezeugt, daß alle Gesetze in der Ueberschrift die Namen beider Kaiser trugen.

Der Gedanke, das gesammte in den Gerichten geltende Recht durch Sammelwerke aus den Schriften der Juristen und den Gesetzen der Kaiser als Ein Ganzes darzustellen, tritt schon vor Abfassung des Theodosischen Codex in Privatunternehmungen hervor. So vor allem in dem großen, leider nur in Bruchstücken, den sg. Vaticanischen Fragmenten, uns erhaltenen Werke, das wahrscheinlich schon unter Constantin, jedenfalls im

62) *Nov. Val. tit.* 25. (*a.* 448). *de confirmatione legum divi Theodosii Augusti, quae latae sunt post Theodosianum Codicem. Haenel p.* 210. *sq.* — ut, sicuti uterque orbis individuis ordinationibus regitur, iisdem quoque legibus temperetur.

63) *Haenel Nov. C. Th. p.* XXIX. hat zuerst darauf aufmerksam gemacht, daß kein nach Abschluß des Codex Theodosianus a. 438 im Westen erlassenes Gesetz in Justinians Compilation Aufnahme gefunden hat, und dieß aus der Annahme des Textes erklärt.

64) Diese Novellen fanden in den Sammlungen des Occidents Aufnahme, aus welchen die *Lex Romana Visigothorum* schöpfte. *ed. Haenel p.* 298. Incipit liber legum novellarum D. Martiani A.

65) *Nov. Anthem. A. tit.* 23. *Haenel p.* 345 *sq.* K. Anthemius consultirte den K. Leo, der ihm zum Thron verholfen, in einer einzelnen Rechtssache, und dieser erließ über die betreffende Rechtsfrage ein Gesetz, das er jenem mittheilt.

Occident verfaßt wurde [66]); und in dem andern, demselben Reichstheil und dem Ende des vierten Jahrhunderts angehörigen wunderlichen Unternehmen, der sg. Collatio Legum Mosaicarum et Romanarum, welches die Uebereinstimmung des römischen Criminalrechts mit dem „göttlichen Gesetze", wahrscheinlich zur Beruhigung des Gewissens christlicher Richter, nachzuweisen versucht [67]). Officiell wurde die Abfassung eines solchen Jus und Leges umfassenden Gesetzbuches von Theodos II. gleichzeitig mit dem Theodosischen Codex (a. 429) projectirt, aber nicht zur Ausführung gebracht [68]).

Erst ein Jahrhundert später (a. 528) ist derselbe Gedanke von K. Justinian wieder aufgenommen und binnen der verhältnißmäßig kurzen Zeit von fünf Jahren in der großartigen Weise durchgeführt worden, welche seinem Gesetzbuche eine „welthistorische Bedeutung" sichert [69]). Den entscheidendsten Beweis für die tüchtigen Kräfte, welche der Orient dafür darbot, und für den dadurch bedingten glücklichen Erfolg liefert die Vergleichung

66) Vgl. die treffliche Behandlung dieser Frage von Mommsen in der großen Ausgabe der *Fr. Vat. p.* 403 *sqq.* Für die Abfassung im Occident und zu Anfang des vierten Jahrhunderts spricht auch die durchgängige Berücksichtigung der alten Rechtsformen, z. B. der Mancipatio, die im Orient nie ganz heimisch geworden und zu Anfang des fünften Jahrhunderts selbst im Occident, außer bei Testamenten, schwerlich noch im Gebrauch war.

67) Vgl. Huschke, Zeitschr. für gesch. RW. XIII. 1., dem ich nur darin nicht beistimme, daß das Werk im Orient entstanden sein müsse; vielmehr spricht das dem Vicarius Urbis Romä zugeschriebene, am Forum Trajanum proponirte Gesetz, das die Collatio anführt und dem K. Theodosius I. zuschreibt *Coll.* V. 3. = *L. 6. C. Th. de adulteriis* (9, 7), für den Occident, wo der genannte Kaiser eben damals (a. 390) gegenwärtig und Religion und Sittlichkeit energisch zu fördern bemüht war. S. oben § 147 Note 21.

68) *L. 5. C. Th. de const. Princ.* (1, 1). *a.* 429. — Ex his autem tribus Codicibus (*sc. Gregoriano, Hermogeniano et Theodosiano*) et per singulos titutos cohaerentibus prudentium tractatibus et responsis, eorundem opera qui tertium ordinabunt noster erit alius, qui nullum errorem, nullas patietur ambages, qui nostro nomine nuncupatus sequenda omnibus vitandaque monstrabit; — omni iuris diversitate exclusa magisterium vitae suscipiet. Die im J. 435 erneuerte Anordnung der Constitutionensammlung erwähnt dieß frühere Project nicht.

69) Vgl. Puchta, Instit. §§ 138—142. Rudorff, Rechtsg. I. §§ 108—114.

mit den gleichzeitigen ähnlichen Unternehmungen der Römer im Occident, das Edictum Theoderici (a. 500) unter ostgothischer, der Lex Romana Visigothorum (a. 506) unter westgothischer und des sg. Papian zwischen 502 und 516 unter burgundischer Herrschaft [70]). Während diese von Römern für die römischen Unterthanen der germanischen Könige verfaßten Gesetzbücher theils dürftige Auszüge, theils rohe Verarbeitungen des in den Schriften der Juristen enthaltenen Rechts (ius) und der theodosianischen und nachtheodosianischen Gesetze (leges) liefern, welche dem praktischen Bedürfniß in den Gerichten nur unvollkommen abhelfen und der Nachwelt eine irgendwie befriedigende Kenntniß des römischen Rechts nicht überliefern konnten, begründete Justinians Compilation einen entschiedenen Fortschritt für die Rechtspflege und den Rechtsunterricht ihrer Zeit, und ist das Medium geworden, an welchem die gesammte moderne Rechtswissenschaft in ihren drei großen Epochen, im zwölften, sechszehnten und neunzehnten Jahrhundert, sich stets neu belebt hat. Doch gebührt dieser Ruhm nicht allen Theilen von Justinians Gesetzgebung in gleicher Weise.

Die schöpferische Kraft war dieser ganzen Periode versagt. Die neuen Gesetze Justinians, sowohl die er in die erste oder zweite Ausgabe seines Codex Justinianus aufnahm, als seine späteren Novellen, zeigen dieselben Mängel wie die ersten Edicte Diocletians und Constantins und alle folgenden. Die Gabe, in klarer Intuition der Rechtsverhältnisse durch die gesetzliche Disposition den Kernpunkt derselben zu treffen und hiermit den Grund zu seiner neuen organischen Gestaltung zu legen, diese Gabe, von welcher die älteren Gesetze der Republik und der früheren Kaiserzeit Zeugniß ablegen, war diesem Zeitalter gänzlich verloren gegangen. Selten hat jetzt der Gesetzgeber ein klar gedachtes Ziel im Auge und noch seltener weiß er es mit den gegebenen Verhältnissen in richtige Beziehung zu setzen; fast nie gelingt es ihm dafür den präcisen, jeden Zweifel ausschlie-

70) Vgl. Savigny, Gesch. des R. R. im MA. I. §§ 4. 5. und jetzt Bluhme in *Monum. Germ. Legum tom. p.* 579 *sqq.*

ßenden Ausdruck zu finden. Besonders nachtheilig wirkte in dieser Hinsicht nicht nur bei Entwicklung der Motive des Gesetzes im Eingang, sondern auch in dessen eigentlichem Tenor der rhetorische Schwulst, der in dieser ganzen Periode zum Kanzleistyl gehörte und ein wesentliches Stück der Geschäftsbildung aller Staatsbeamten ausmachte. Was sonst den Inhalt der Gesetze Justinians betrifft, so ist ihnen im Allgemeinen das Lob nicht zu versagen, daß sie das geltende Recht von veralteten Formen zu entkleiden und dem wirklichen Zeitbedürfniß anzupassen bestrebt sind.

Dagegen muß die Weise, wie ein auf Erhaltung und Sammlung überlieferter geistiger Schätze angewiesenes Zeitalter diese Aufgabe in Bezug auf das Recht gelöst hat, die volle Anerkennung, ja die Bewunderung jedes unbefangenen und sachverständigen Beurtheilers erwecken. Leichter war diese Aufgabe rücksichtlich der in den Rescripten von Hadrian bis auf Diocletian enthaltenen Jurisprudenz der kaiserlichen Justizkanzlei. Denn jedes Rescript bildete ein in sich abgeschlossenes Ganze, und die Auswahl des Nützlichen war schon früher in dem Gregorianischen und Hermogenianischen Codex getroffen, aus welchem der Justinianische nur zu schöpfen brauchte; nur ausnahmsweise mußte er ändern. Eine höchst schwierige und colossale Arbeit war es dagegen, aus der unendlich reichen classischen juristischen Litteratur das noch Brauchbare auszuwählen und zu einem das praktische Recht darstellenden Ganzen zu verbinden. Denn hierzu gehörte das Verständniß sowohl des reich gegliederten Systems des alten Rechts, als des Bedürfnisses der Gegenwart. Jenes hatte sich in den orientalischen Rechtsschulen von Geschlecht zu Geschlecht fortgepflanzt, und wurde in Justinians Gesetzgebungs-Commission durch mehrere Rechtslehrer vertreten; dieses brachten die praktischen Juristen, namentlich die ausgezeichnetsten Advocaten der höchsten Gerichtshöfe, welche derselben angehörten, hinzu. Wie glücklich das Resultat ausfiel, ist in Bezug auf den uns interessirenden Rechtstheil leicht nachzuweisen.

Der Civilprozeß, der noch zu Anfang des dritten Jahrhunderts auf der Theilung des Richtergeschäfts zwischen der Gerichtsobrigkeit und dem Geschwornen und der sie verbindenden Formula beruhte, hatte schon mit dem Wegfall dieser Institution und dann durch die Kaisergesetzgebung die allerdurchgreifendste Umwandlung erfahren; von den alten Formen des Verfahrens war nichts übrig geblieben. Die Grundanschauung vom Rechtsstreit aber, welche sich in jenen Formen ausgeprägt, und die einzelnen Rechtssätze, welche in denselben ihren äußeren Anhalt gefunden hatten, waren zu innig mit dem ganzen System der Rechte selbst verwachsen, um aufgegeben zu werden. Es kam daher darauf an, diese, das sg. materielle Actionenrecht, in den Schriften der alten Juristen von jenen Formen abzulösen und also in das neue Gesetzbuch aufzunehmen. Wie geschickt dieß in den Pandekten durchweg und im dritten Theil der Institutionen geschehen ist, so daß wir von den darin verzeichneten Rechtssätzen ausgehend auf jene Formen zurückschließen und also, was uns sonst über dieselben aus anderen Quellen bekannt ist, ergänzen können, davon enthält der zweite Band dieses Buches zahlreiche Beweise [71]). Ganz anders die Verfasser des römischen Gesetzbuches bei den Westgothen, welche, da es ihnen auf die „sogenannten Genera und Formulae Actionum" nicht mehr anzukommen schien, in den Institutionen des Gaius den darauf bezüglichen dritten Theil ganz wegließen [72]).

In dieser Beziehung, nehmlich für die Rechtsgeschichte und die Construction des Systems, ist es auch sehr dankenswerth, daß Justinian nicht nur seinen Institutionen rechtshistorische Notizen einrückte, sondern auch in den Pandekten den aus der classischen Literatur ausgezogenen Bruchstücken ihre ursprüngliche Gestalt so viel möglich ließ, obgleich dieser doppelte Ge-

71) Ausnahmen, wo Justinians Gesetzgebung bei dem Wegfall der entsprechenden alten Prozeßform auch an den Rechtsbegriffen irre geworden, werden in diesem Bande zu erwähnen sein.

72) Hierin den Verfassern des preußischen Landrechts und der Gerichtsordnung ähnlich. S. Allg. Gerichtsordnung I. 5. § 20. Allg. Landrecht, Einleitung §§ 86. 92. 93.

sichtspunkt ihn allerdings in einen inneren Widerspruch verwickelte [73]).

Für den damaligen Rechtszustand begründete das neue Gesetzbuch eine bedeutende Verbesserung, die Justinian hervorzuheben auch nicht versäumt [74]). Denn es lieferte aus der gesammten classischen Litteratur das noch wirklich Brauchbare als ein harmonisches Ganze, während bis dahin der Richter in den wenigen ihm zugänglichen Schriften das noch Geltende von dem Veralteten sondern und die Widersprüche derselben zunächst nach der geistlosen Vorschrift Valentinians III. und dann nach eigener Wahl lösen mußte, so daß also seine rechtliche Beurtheilung theils zufällig oder willkührlich beschränkt war, theils sein Vermögen überstieg, also unsicher und ungleich sein mußte.

Diesen praktischen Gewinn glaubte aber Justinian dadurch sichern zu müssen, daß er seinem Gesetzbuch unbedingt ausschließende Geltung vor Gericht beilegte [75]), ja selbst Commentare über dasselbe, als welche nur neue Controversen erzeugen könnten, bei Strafe der Fälschung verbot und die Auslegung desselben dem Kaiser als „dem lebendigen Gesetz" vorbehielt [76]). Er ist dadurch, sowie durch die Aufnahme der alten Jurisprudenz in sein Ge-

73) *Const. Tanta* § 10. Tanta autem a nobis antiquitati habita est reverentia, ut nomina prudentium taciturnitati tradi nullo patiamur modo, sed unusquisque eorum, qui auctor legis fuit, nostris Digestis inscriptus est; hoc tantummodo a nobis effecto, ut, si quid in legibus eorum vel supervacuum, vel imperfectum, vel minus idoneum visum est, vel adiectionem, vel deminutionem necessariam accipiat et rectissimis tradatur regulis. *cf. Const. Deo auct.* §§ 7–10. Der Verf. der sg. Vaticanischen Fragmente hat sich solche Aenderungen nicht erlaubt, was wir ihm danken; für seine Zeit war das Werk aber um so weniger brauchbar.

74) *Const. Deo auct.* §§ 2–6. *Const. Tanta* §§ 1. 13. 15. 17.

75) *Const. Summa rei publ.* § 3. *Const. Cordi nobis est* §§ 4. 8. *Const. Deo auctore* § 11. *Const. Tanta* § 19.

76) *Const. Deo auctore* § 12. *Const. Tanta* § 21. In *Nov.* 105. *c.* 2. § 4. nennt er den Kaiser *νόμος ἔμψυχος*. Nichts, auch das Freieste, der religiöse Glaube, war diesem „von Gott gesandten lebendigen Gesetz" entzogen; daher Justinian in *L. 5. L. 6. C. I. de sacrosancta trinitate* (1, 1) seinen persönlichen Glauben bekennt und alle anders Glaubenden mit dem Anathema belegt.

setzbuch [77]) der Urheber des bis auf unsere Tage fortgepflanzten Irrthums geworden, der Beides identificirt und es für möglich hält, in dieser Weise das gesammte Recht eines Volks und Staates erschöpfend zu codificiren, so daß, wenn dieß nur in rechter Weise geschehen, daneben eine auslegende, verknüpfende und ergänzende Jurisprudenz entbehrlich sei. Allein selbst die byzantinische Jurisprudenz hat in den einzig ihr erlaubten Formen des mündlichen Unterrichts und schriftlicher Paraphrasen und Paratitla ein wenn auch beschränktes Leben sich zu erhalten gewußt, und also nicht nur der Anwendung des Rechts in ihrer Zeit gute Dienste geleistet, sondern auch uns manche schätzbare Notiz überliefert [78]).

Schließlich sei auch noch der Sprache der Gesetze und der Rechtsquellen überhaupt gedacht, welche dieselben Wandlungen wie die Gerichtssprache erfuhr [79]). Die Lateinische, in welcher die Litteratur der classischen Jurisprudenz mit wenigen Ausnahmen und die kaiserlichen Rescripte und Edicte bis in die erste Hälfte des fünften Jahrhunderts verfaßt waren, wich später im östlichen Reich allmählich der griechischen, und Justinians Novellen sind fast sämmtlich in dieser erlassen. Die Erinnerung an diese bekannten Thatsachen sollte nur die Bemerkung einleiten, daß auch die technische Bezeichnung der im Prozeß vorkommenden Rechtsbegriffe ins Griechische übertragen [80]) und in

77) *Const. Deo auctore* § 6. — hoc ponere legis vicem obtinens non moremini, ut omnes qui relati fuerint in hunc codicem prudentissimi viri habeant auctoritatem, tanquam si eorum studia ex principalibus constitutionibus profecta et a nostro divino fuerint ore profusa. Omnia enim merito nostra facimus. *Const. Tanta* § 20. nennt er die alten Juristen legislatores und sagt: quum enim constitutionum vicem et has leges obtinere censuimus *rel. cf.* § 11. oben Note 73. Ebenso soll das neue Lehrbuch der Institutionen die Geltung kaiserlicher Gesetze haben § 11. *cit. Prooem. Instit.* § 6. und endlich wird der Inhalt aller drei Stücke der Compilation durch leges bezeichnet *Const. Deo auctore* §§ 23. 24., wie freilich die Griechen von jeher in den Worten *νόμος, νομοθεσία, νομοθέτης* Recht und Gesetz zusammenfaßten.

78) S. oben Quellen III. 2.

79) S. § 148 Note 2—9.

80) Wir werden diese daher regelmäßig anmerken.

Verbindung damit im Lateinischen vielfach corrumpirt wurden [81]), was für die Auslegung der Quellen von Bedeutung ist.

## II. Prozeß *).

### A. Allgemeines.

§ 150. 1. Der Umfang des Civilprozesses oder die Frage, in welchen Fällen ein Rechtsstreit vor Gericht möglich und

81) Man vergleiche z. B. unten § 152 Note 4. qui obnoxium suum in iudicium clamaverit statt qui debitorem suum in ius vocaverit; überhaupt obnoxius statt reus *L. 13. § 3. C. I. de iud.* (3, 1), oder auch pars fugiens *L. 13. § 2. eod.* partem fugientem ab observatione iudicii relaxare Vgl. § 157 Note 2 u. s. w.

*) Die Litteratur für den Prozeß dieser Periode ist verhältnißmäßig ärmer als in den früheren. — Die älteren Glossatoren sind, abgesehen von den wenigen Punkten, wo sie den Gerichtsgebrauch ihrer Zeit in die Auslegung der Justinianischen Rechtsbücher hineintragen, durch die Unbefangenheit ihrer Auffassung beachtenswerth. — Die großen Interpreten des sechszehnten Jahrhunderts wandten ihr Interesse überwiegend dem älteren Prozeß zu, die Systematiker dem materiellen Recht. Für den Theodosischen Codex ist auch hier des Jac. Gothofredus' Commentar das Hauptwerk. — Auch die neuern Schriftsteller behandeln den Justinianischen Prozeß meist in Verbindung theils mit dem ältern, theils mit dem heutigen. • Jenes Zimmern, Rechtsg. Bd. 3 und Rudorff, Rechtsg. B. 2; dieses Heffter, Institutionen des römischen Civilprozesses, Bonn 1825. System, Bonn 1843, und Wetzell, System des ordentlichen Civilprozesses, Leipzig 1861. Nachdem mein Handbuch 1834 erschienen war, schrieb mir Biener: „Die Darstellung des neuesten römischen Prozesses war ein Bedürfniß, da er in seiner Reinheit noch nicht zusammenhängend geschildert ist.“ Jener Versuch hat aber wenig Nachfolge gefunden; denn selbst die Darstellung in Puchta's Institutionen §§ 182—188 beruht nicht auf neuer Forschung. Erfreulich war daher die Wiederaufnahme derselben durch Wieding, der Justinianische Libellprozeß, Wien 1865. Auch ist der Verf. rücksichtlich der Einleitung des Prozesses, worauf sich dieser erste Theil beschränkt, zu ganz neuen, allen bisherigen Annahmen widersprechenden Resultaten gelangt. Er sagt S. 22: „Die gemeine Meinung hat das Justinianische Verfahren auf vagen Voraussetzungen erbaut und nach falschen Principien construirt.“ Er selbst geht von der Voraussetzung aus, in dem halben Jahrtausend von August bis Ju-

nothwendig ist, um zu seinem Rechte zu kommen, hat in dieser Periode keine wesentlich neuen Bestimmungen erhalten.

Die Selbsthülfe ist nach wie vor, mit wenigen Ausnahmen, verboten und mit denselben Strafen belegt wie früher [1]). Symptome der Auflösung des Staates sind 1) die häufig vorkommenden, aber speciell verbotenen Repressalien oder Pfändungen gegen die Nachbarn (vicani) und Angehörigen eines Schuldners [2]), und 2) die Jedem ertheilte Erlaubniß, gegen Ausreißer (desertores) sich nicht nur gewaltsam zu vertheidigen [3]), sondern auch im öffentlichen Interesse sie zu verfolgen und zu tödten [4]).

Auch die häusliche Richtergewalt über Kinder und Sklaven ist nicht wesentlich verändert. Jene ist wie früher auf Züchtigung wegen leichter Vergehen beschränkt, wegen schwerer soll das Kind dem öffentlichen Richter übergeben werden [5]); die Tödtung desselben ist ein Capitalverbrechen [6]). Die Möglichkeit eines Rechtsstreites zwischen Vater und Sohn ist erweitert:

stinian, welches die größesten Umwälzungen, insbesondere in der Gerichtsverfassnng in sich schloß, sei das ordinäre und extraordinäre Verfahren wesentlich dasselbe geblieben, und interpretirt darnach die Quellen. Bei so entgegengesetzten Ausgangspunkten müssen allerdings auch die Resultate unvereinbar sein. Nur wenige Bemerkungen habe ich mir aneignen können.

1) Das Decretum D. Marci erneuert *Nov. Val.* III. *tit.* 8. bei der Gelegenheit, daß ein Vir illustris in Abwesenheit eines Standesgenossen dessen Haus in Rom mit Gewalt occupirt hatte. Vgl. Anhang II. — K. Zeno hat den Grundsatz erweitert in *L. 33. C. I. de locat.* (4, 65). = *L. 10. C. I. unde vi* (8, 4).

2) *L. un. C. I. ut nullus ex vicanis pro alienis vicanorum debitis teneatur* (11, 56). *Zeno.* Dieß Gesetz, wie das frühere *L. 4. C. I. de exsecut.* (12, 61). *a.* 422 könnte noch auf gerichtliche Klage bezogen werden. Privatpfändungen der Sachen und Personen verbieten aber *Nov.* 52. *c.* 1. *Nov.* 134. *c.* 7.

3) *L. 2. C. Th. ad leg. Corn. de sic.* (9, 14). = *L. 1. C. I. quando liceat unicuique sine iudice vindicare se vel publicam devotionem* (3, 27). *Val. Theod. et Arcad. a.* 391.

4) *L. 14. C. Th. de desertoribus* (7, 18). = *L. 2. C. I. tit. cit. Arcad. Hon. et Theod. a.* 403.

5) *L. un. C. Th. de emendatione propinquorum* (9, 13). *L. un. C. I. eod.* (9, 15). *Val. et Val. a.* 365.

6) *L. un. C. Th. de homicidio* (9, 15). = *L. un. C. I. de his qui par. vel liberos occid.* (9, 17).

1) durch Ausdehnung des Peculium castrense auf die Fälle des Peculium quasi-castrense, welche auf der Zeitansicht beruhte, daß auch die amtliche Thätigkeit des Gerichtsbeisitzers und des Advocaten, ferner der Hof- und der Kirchendienst, endlich selbst das Privatleben, insofern es von dem Kaiser oder der Kaiserin durch Geschenke als verdienstlich ausgezeichnet wird, so gut wie der Kriegsdienst, dem Staate gilt [7]); 2) durch das sg. Peculium adventicium irregulare, d. h. den Erwerb des Kindes von Dritten, woran der Vater den Usufructus und die Administration nicht hat [8]). — Die Tödtung des Sklaven ist straflos, wenn sie durch Züchtigung mit Ruthen oder Geißelhieben oder Gefängniß bewirkt wird; nur absolut tödtliche Strafmittel sollen nicht angewandt werden [9]). Der richterliche Schutz, den schon Antoninus Pius den Sklaven zusicherte, ist also durch die christliche Gesetzgebung in keiner Weise erweitert.

Einen neuen, die bürgerliche Gerichtbarkeit ausschließenden Kreis bildet jetzt die Kirche in ihren eigenthümlichen Angelegenheiten, deren Vorstände, die Bischöfe, für rein kirchliche Vergehen und Streitigkeiten ausschließlich competent sind [10]). Die

7) *L. 2. C. Th. de assessorib.* (1, 35). = *L. 7. C. I. eod.* (1, 50). *L. 6. C. Th. de postulando* (2, 10). = *L. 4. C. I. de advocatis div. iudicior.* (2, 7). *Nov. Val.* 2, 2. § 4. *Cod.* 12, 31. *de castrensi omnium Palatinorum peculio. L. 34. L. 50. C. I. de episc. et cler.* (1, 3). *L. 7. C. I. de bonis quae lib.* (6, 62). *§ 6. I. de mil. test.* (2, 11). *pr. I. quib. non permitt. fac. test.* (2, 12). — Andre Civilbeamte haben, trotz ihres militärischen Charakters, dieß Privileg nicht, mit Ausnahme der Präfectiani, welche auch in dieser Beziehung für Milites gelten. *L. 6. C. I. de castrensi peculio militum et Praefectianorum* (12, 37). Ueber die Officialen der Magistri Militum s. § 142 Note 16.

8) *L. 8. pr. § 1. C. I. de bonis quae liberis* (6, 61). *Nov.* 117. c. 1. *Nov.* 118. *c.* 2. In Bezug auf das s. g. peculium adventicium regulare ist ein Rechtsstreit zwischen Vater und Kind nicht möglich, insofern der Vater den Sohn in den darauf bezüglichen Prozessen vertritt *L. 8. § 3. C. I. eod.*, und nicht in doppelter Rolle darin auftreten kann.

9) *L. 1. C. Th. de emendatione servorum* (9, 12). *L. 1. C. I. eod.* (9, 14). *Constantin. a.* 319. voluntate. *L. 2. C. Th. eod. Idem. a.* 326. nec requiri — an voluntate occidendi hominis — facta castigatio videatur. Von Justinian nicht aufgenommen.

10) S. oben § 139 Note 1—6.

kaiserliche Strafgesetzgebung freilich greift bei der obwaltenden Einheit von Staat und Kirche vielfach über [11]), was uns jedoch hier nicht interessirt.

Der Staatsverwaltung gegenüber ist der Rechtsweg jetzt gegen die frühere Periode insofern mehr eingeschränkt, als die öffentlichen Abgaben regelmäßig nicht mehr verpachtet werden, also auch ein Rechtsstreit zwischen dem Publicanus und dem Abgabepflichtigen seltner vorkommt [12]). Für die Möglichkeit eines Rechtsstreits zwischen dem Fiscus selbst und den Privaten wird folgender Unterschied gemacht. 1) Nicht nur die öffentlichen Steuern, sondern auch die Pacht- und Erbpachtgelder der kaiserlichen Domänen, also die regelmäßigen Staatseinkünfte werden nach Maßgabe der von den fiscalischen Centralbehörden aufgestellten Etats und auf Betrieb der von ihnen in die Provinzen gesandten Beamten durch den Provinzialstatthalter vermittelst seiner Officialen und der städtischen Behörden executivisch beigetrieben [13]), ohne daß rechtliche Einwendungen dagegen zugelassen würden; auch nicht im Wege der Appellation, weil ihr Eingang keinen Verzug leidet [14]). Durch dieses fiscalische Executionsrecht ist aber der Rechtsweg nicht abgeschnitten; denn die Aufstellungen der fiscalischen Rechnungsbeamten werden nicht rechtskräftig [15]). Der Verpflichtete kann vielmehr, wenn er sich überbürdet glaubt, das zu viel Gezahlte gerichtlich zurückfordern und selbst die Bestrafung des schuldigen Beamten verlangen [16]); der competente Richter hierfür ist ohne

11) *Cod. Theod.* 16, 1. 4—7. 10. *Cod. Iust.* 1, 1. 5—8. 11.

12) S. oben § 134 Note 12.

13) S. § 134 Note 43—49.

14) *L. 19. C. Th. quor. app.* (11, 36). = *L. 4. C. I. eod.* (7, 65). *Valent., Valens et Grat. a.* 368. Abstinendum prorsus appellatione sancimus, quoties fiscalis calculi satisfactio postulatur, aut tributariae functionis sollemne munus exposcitur. Vgl. oben § 116 Note 11. 23.

15) *L. 2. C. I. de iure fisci* (11, 1). *Gordian.* Instar rei iudicatae obtinere minime potest computatio a Tabulariis facta, nisi sententia Procuratoris fuerit comprobata.

16) *L. 1. C. Th. de exact.* (11, 7). *Constantin. a.* 315. Ducenarii et Centenarii et Sexagenarii (die Subalternen des Statthalters, s. § 142 Note 170) non prius debent aliquem ex debitoribus convenire, quam a Tabulario civitatis nominatim breves accipiant debitorum. Quam quidem exactionem sine omni fieri concussione oportet, ita

Zweifel, wie für fiscalische Prozesse im Allgemeinen, der Rationalis [17]). 2) Außerordentliche fiscalische Gefälle, als erblose oder zur Strafe confiscirte Güter u. A., werden von dem Rationalis eingezogen; über den etwa erhobenen Widerspruch aber erkennt der Judex ordinarius [18]). 3) Auch Rechtsstreitigkeiten rein privatrechtlicher Natur zwischen dem Fiscus und Privaten scheinen dem ordentlichen Richter nicht entzogen [19]); doch hatte der Fiscus auch in dieser Beziehung mancherlei materielle Privilegien. — Die persönlichen Verpflichtungen gegen den Staat (functiones), welche gewissen erblichen Ständen und Corporationen obliegen, werden von diesen Corporationen gegen diejenigen ihrer Glieder, die sich denselben entziehen wollen, gerichtlich verfolgt [20]). — Daß gegen polizeiliche Verfügungen nicht auf den Rechtsweg provocirt werden kann, versteht sich in dieser despotischen Zeit von selbst.

2. Ueber die Gestaltung des Civilprozesses im Allgemeinen läßt sich nur so viel sagen, daß im Gegensatz der früheren eigenthümlichen Gliederung desselben die Gestaltlosigkeit, insbesondere der Mangel an gesetzlichen Formen, welche wie früher die Legis Actio und Formula das streitige Recht ausdrücken, seine Eigenthümlichkeit bildet. Dieß und die Angabe der einzelnen Bestandtheile des Verfahrens, sowie der gesetzlich bestimmten festen Punkte, innerhalb welcher es sich bewegt, wird die Darstellung im Einzelnen ergeben. Hier ist nur so viel zu bemerken, daß dieselben theils aus dem alten Ordo Judiciorum privatorum, theils aus dem früheren Cognitionsverfahren entlehnt, theils durch die neuere Gesetzgebung geschaffen waren [21]).

ut, si quis in iudicio questus, quod indebite exactus est, — si hoc ipsum probare potuerit, severa in exactores sententia proferatur. *cf. L. 2. cit.* Note 14. *L. 2. C. Th. de defensorib.* (1, 29). = *L. 1. C. I. eod.* (1, 55). *Cod. Theod.* 11, 8. *Cod. Iust.* 10, 20. *de superexactionibus.*

17) S. oben § 134 Note 58. Früher der Procurator Caesaris, s. Note 15.

18) S. § 134 Note 59.

19) S. § 134 Note 60.

20) *Cod. Iust.* 3, 23. *ubi quis de curiali vel cohortali vel alia condicione conveniatur.* Vgl. oben § 127 Note 49.

21) So auch mein Handbuch

3. Die Einschränkung der Prozesse, welche früher durch die Strafen frivoler Prozeßführung (poenae temere litigantium) bewirkt wurde, ist großen Theils weggefallen [22]). Von denselben besteht nur noch die Strafe des Doppelten, welche den leugnenden und überführten Beklagten im Fall eines Damnum Injuria datum, eines Vermächtnisses zu milden Zwecken und der Ableugnung der eigenen Handschrift trifft [23]). — An die Stelle jener Strafen ist die allgemeine Verpflichtung des unterliegenden Theils dem Sieger die Prozeßkosten zu erstatten getreten, ein Grundsatz, der schon früher bei Cognitionssachen vorkommt [24]) und jetzt allgemein gilt [25]). Der Grund der Verpflichtung ist der Verlust des Prozesses; doch wird, wenn die Sache zweifelhaft war, eine Ausnahme zugelassen. Der Richter soll immer ausdrücklich darüber erken-

z. B. S. 248 und § 27 S. 290. Vgl. Wieding, Libellprozeß S. 12 folg. 113.

22) Die Actio Calumniä auf den zehnten Theil des Prozeßgegenstandes kommt noch in einem Rescript Diocletians und in der *Consultatio Vet. ICti.* VI. 2, 13., also nach 426, vor.

23) *§ 1. I. de poena tem. litig.* (4, 16). *§ 19. I. de act.* (4, 6). *§ 7. I. de obl. quae quasi ex contr.* (3, 27). *L. 2. § 1. L. 23. § 10. D. ad leg. Aquil.* (9, 2). *L. 4. C. I. eod.* (3, 35). *L. 46. pr. C. I. de episc. et cler.* (1, 3). *Nov.* 18. *c.* 8. Fälschlich rechnet Justinian auch die actio depositi miserabilis hierher *§ 26. I. de act.* (4, 6); und daß die Infamia nicht dahin gehört *§ 2. I. de poena tem. tit.* (4, 16), ist früher bemerkt worden. S. § 104 Note 61.

24) *L. 79. pr. D. de iudiciis* (5, 1). *Ulpian. de officio Proconsulis.* Eum quem temere adversarium suum in iudicium vocasse constitit, viatica litisque sumptus adversario reddere oportebit. *L. 78. § 2. D. de leg.* 2. (31). *L. 1. § 1. D. de vacat.* (50, 5). *L. 14. C. I. de excusat.* (5, 52). In Criminalsachen, wenn der Ankläger die Anklage nicht verfolgt. *L. 3. C. I. de his qui accusare* (9, 1).

25) *§ 1. I. de poena tem. lit.* (4, 16). Sed pro his (*sc. poenis*) introductum est, — ut improbus litigator etiam damnum et impensas litis inferre adversario cogatur. — *Cod. Theod.* 4, 18. *Cod. Iust.* 7, 51. *de fructibus et litis expensis.* Geschichte: *L. 1. C. Th. h. t. Val. et Val. a.* 369. = *L. 2. C. I. eod. L. 2. C. Th. h. t.* = *L. 3. C. I. eod. Honor. et Theod. a.* 423. *cf. L. 31. C. Th. de petit.* (10, 10). *L. 5. C. Th. de bon. vacant.* (20, 8). *Nov. Theodosii* 4. § 2. *a.* 438. *L. 33. § 8. C. I. de episc. et cler.* (1, 3). *Leo et Anthem.* circa *a.* 460. Das erste umfassende Gesetz ist von K. Zeno *L. 5. C. I. h. t. rest. ex Basil.*, dann von Justinian *L. 13. § 6. C. I. de iudiciis* (3, 1). *Nov.* 82. *c.* 10. *Edictum Pr. Pr.* XX. *Zach. p.* 273.

nen, widrigen Falls selbst die Kosten erstatten; denn eine besondere Klage wird dem Sieger deshalb nicht gegeben, auch seine Appellation bloß deshalb nicht zugelassen [26]). Den Betrag bestimmt dieser nach vorgängiger Taxation des Richters durch seinen Eid. — Endlich hat Justinian den Eid vor Gefährde (iusiurandum calumniae), den früher jede Parthei der anderen zuschieben konnte, für beide und ihre Advokaten gesetzlich vorgeschrieben, wodurch übrigens nicht bloß der Glaube, eine gerechte Sache zu haben, ausgesprochen, sondern auch versprochen wird, im Lauf des Prozesses nichts aus bloßer Chicane thun zu wollen [27]). Daneben bestehen die für bestimmte einzelne Handlungen vorgeschriebenen Gefährdeeide und Strafen [28]), insbesondere für die Appellation, die an ihrem Ort erwähnt werden sollen.

## B. Einleitung des Prozesses.

### 1. Geschichte.

§ 151. Die Einleitung des Rechtsstreits geschah in der vorigen Periode nach dem Ordo Judiciorum privatorum [1]) entweder durch die alte zwingende in Jus Vocatio, welcher der Beklagte sofort folgen mußte, um vor Gericht von dem Anspruch des Klägers unterrichtet zu werden (actionis editio), so jedoch, daß er sich seine Erklärung in einem zweiten Termin durch ein Vadimonium vorbehalten konnte; oder durch ein freiwilliges außergerichtliches Vadimonium, durch welches der Beklagte in den Stand gesetzt wurde, in dem verabredeten

26) *L. 10. C. I. quando provocare* (7, 64). *Iustinian.*

27) *§ 1. I. de poena tem. lit.* (4, 16). *Cod. Iust.* 2, 59. *de iureiurando propter calumniam. L. 14. § 1. C. I. de iudiciis* (3, 1). *Nov.* 49. *c.* 3.

28) Dahin gehört namentlich der dreifache Ersatz der wegen Pluspetitio vom Beklagten zu viel gezahlten Sporteln *L. 2. § 2. C. I. de plus pet.* (3, 10). *§ 24. I. de act.* (4, 6), auf welche in *§ 1. I. de poena tem. lit.* (4, 16) irrthümlich Bezug genommen wird, da es keine Strafe des Leugnens ist.

1) S. oben § 83.

ersten Termine so vollständig vorbereitet zu erscheinen, daß auf Grund seiner Erklärungen nicht nur die Instruction der Sache, sondern auch die Verhandlung vor dem Geschwornen sofort beginnen konnte. Zu dem Ende wurde dieser Termin unter Umständen mehrere Monate hinausgesetzt[2]). Dieser schon in Ciceros Zeit gebräuchlichsten Einleitungsform setzte K. Marc Aurel, anknüpfend an besondere und provincielle Verfahrungsarten, eine dritte, die Litis Denuntiatio an die Seite, eine außergerichtliche, durch Zeugniß und Schrift (testatio) beglaubigte Ankündigung des Rechtsstreits, welche von der in Jus Vocatio die zwingende Natur, von dem Vadimonium den fernen Termin entlehnte, damit der Beklagte in diesem gehörig vorbereitet erscheinen konnte. Das Cognitionsverfahren dagegen[3]) wurde noch zur Zeit der spätesten classischen Juristen durch eine vom Kläger erbetene richterliche Ladung des Beklagten (evocatio) eingeleitet, welcher jedoch in einzelnen Fällen eine private Denuntiatio vorherging, oder die selbst durch eine Denuntiatio ex Auctoritate dem Beklagten insinuirt werden konnte. Diese Denuntiationen sind aber mit M. Aurels Litis Denuntiatio nicht zu verwechseln.

In Constantins Zeit und nach dem Recht des Theodosischen Codex ist das Verfahren zwar insofern das der Cognitio (extra ordinem), als regelmäßig der Magistrat, und nicht ein Geschworner, untersucht und urtheilt: aber die regelmäßige Einleitungsform ist die von dem Ordo Judiciorum in seiner spätesten Gestalt entlehnte Litis Denuntiatio[4]). Ja diese gewährte hier einen eigenthümlichen Vortheil[5]), indem vor dem

2) In der Sache des P. Quintius reichlich sechs Monate. S. Bd. 2 S. 787 folg.

3) S. Bd. 2 S. 469 folg.

4) *Cod. Theod.* 2, 4. *de denuntiatione vel editione rescripti.* 5. *de dominio rei quae poscitur vel consortibus ab eo, cui denuntiatum fuerit, postulandis.* 6. *de temporum cursu et reparationibus denuntiationum.* 11, 32. *de secundo lapsu.*

5) Zimmern cit. Note 6 macht darauf aufmerksam, daß der Theodosische Codex nur den angeführten Titel, keinen de in ius vocando, de edendo u. s. w. enthalte.

Magistrat nicht mehr bloß die Instruction, sondern die Verhandlung selbst beginnen sollte, zu welcher der Beklagte in der geräumigen Frist nach Ankündigung des Rechtsstreits vollständig vorbereitet erschien. Vieles bleibt übrigens dunkel; was sich aus den Quellen mit einiger Sicherheit entnehmen läßt, ist Folgendes [6]).

Die als regelmäßige Einleitungsform des Prozesses gesetzlich vorgeschriebene Ankündigung (denuntiatio) [7]) geschieht vom Kläger oder von seinem gesetzlichen Vertreter an den gegenwärtigen Beklagten oder dessen Vertreter [8]), und zwar nach einer Verordnung Constantins [9]) nicht mehr, wie es früher gebräuchlich war, durch eine privata testatio, d. h. eine Privaterklärung vor Zeugen,

6) Ich folge jetzt wie früher in meinem Handbuch § 21 wesentlich der Ansicht von *Cuiac. Obss.* XII. 4. XVI. 7. und Jac. Gothofred. So auch Puchta, Instit. §§ 160. 184. Dagegen läßt Zimmern, Rechtsg. III. § 143 die Denuntiation vor dem competenten Richter und mit der Bitte geschehen, solche dem Gegner zuzufertigen. Heffter, System § 308 sagt: „Jedes ordentliche Verfahren sollte damit anfangen, daß der Kläger — die dem Richter bereits vorgetragene Klage dem Beklagten durch einen förmlichen Act (denuntiatio) bekannt machen ließe, und zwar durch das Büreau der Provinzialrichter oder durch solche Personen, welche das ius conficiendorum actorum hatten; dieser Act war nun das eigentliche exordium litis.“ Aehnlich Wieding, Libellprozeß §§ 18. 24, der aber die Litis Denuntiatio schon bei Cicero und in der Lex Julia municipalis, bei Ulpian, in den Vaticanischen Fragmenten § 167, in der Consultatio, der westgothischen Interpretatio, und endlich noch in den Novellen Justinians findet.

7) *L. un. C. Th. de dolo malo* (2, 15). *a.* 319. — nec denuntiandi necessitate petitor oneretur. *L. 3. C. Th. h. t. a.* 371. Exigendae denuntiationis locus non est, von Ausnahmefällen. Der Beklagte mit der in rem actio wird in *Rubr. C. Th.* 2, 5. Note 4 schlechthin genannt is cui denuntiatum fuerit.

8) Z. B. von den Vormündern des Klägers an die Vormünder des Beklagten *L. 1. C. Th. h. t. a.* 319. Von dem Procurator s. *Symmach. Ep.* X. 52 in Note 19.

9) *L. 2. C. Th. h. t. a.* 322. Denuntiari vel apud provinciarum Rectores vel apud eos, quibus actorum conficiendorum ius est, decernimus, ne privata testatio mortuorum aut in diversis terris absentium aut eorum, qui nusquam gentium sint, scripta nominibus falsam fidem rebus non gestis affingat. Die Denuntiation soll also nicht, wie Zimmern, Heffter und Wieding annehmen, durch diese Behörden an einen Abwesenden, sondern bei diesen Behörden an den gegenwärtigen Beklagten geschehen.

die in einer von diesen mitunterschriebenen Urkunde niedergelegt wird, sondern, um den Beweis derselben noch vollständiger zu sichern, zu Protokoll (ad acta)[10]) irgend einer Behörde, die das ius actorum conficiendorum hat, also nicht nothwendig einer richterlichen[11]), viel weniger des für diese Sache competenten Richters, bei dem sie verhandelt werden soll[12]). Ihr Inhalt setzte den Beklagten von der Natur des gegen ihn zu erhebenden Anspruchs in Kenntniß[13]), so daß sie zugleich den Zweck der alten actionis editio erfüllte.

Von dem Tage der geschehenen Denuntiation an läuft eine gesetzliche, selbst durch kaiserliches Rescript nicht zu verlängernde Frist (tempus)[14]) von mehreren, wahrscheinlich vier Monaten[15]), an deren letztem Tage die Verhandlung vor dem

10) Kein Beweis dafür ist *L. 4. C. Th. h. t.*, denn die Worte sive ad acta beruhen auf einer Emendation Gothofreds, die jetzt auch Hänel anzweifelt; wohl aber *L. 2. cit.* Note 9. *cf. L. 9. C. Th. de infirmandis his quae sub tyr.* (15, 14). *a.* 395. valeat deposita super instituenda lite testatio.

11) *L. 2. cit.* Note 9. vel apud provinciarum Rectores vel apud eos, quibus actorum conficiendorum ius est. Vgl. *L. 14. § 4. C. I. de sacr. eccl.* (1, 2). — Iudicibus vel ius gestorum habentibus. Z. B. der Curator civitatis *L. 20. C. Th.* 5, 13. *L. 3. L. 8. C. Th. de donat.* (8, 12); der Magister census *L. 8. cit. L. 4. C. I. de episc. et cler.* (1, 3). Ebenso erfolgt die Denuntiation der reparatio appellationis von dem Appellanten an den Appellaten ad acta des Curator oder Duumvir. *L. 5. L. 6. C. Th. de repar. app.* (11, 31).

12) *L. 2. C. Th. cit.* Note 9. *cf. L. un. C. Th. de dolo malo* (2, 15). — lis ad suum iudicem translata. — Hiermit ist Zimmern's, Heffter's, Wieding's Ansicht unvereinbar; denn nur der competente Richter des Beklagten kann ihn vorladen.

13) *L. 1. C. Th. h. t.* nisi sollemni more lis fuerit intimata. § 1 omnibus intimari convenit et ab ipsis inferri litem. *L. 6. eod.* rationes exprimere. *L. 4. C. Th. de advoc. fisci* (10, 15). denuntiare actiones.

14) *Cod. Theod.* 2, 6. de temporum cursu et reparationibus denuntiationum. *L. 6. C. Th. h. t.* denuntiatione et temporum observatione. Ueber die Erstreckung der Frist durch kaiserliches Rescript s. *L. 4. C. Th. h. t. a.* 385. Et si quis perennitatis nostrae pendentibus temporibus responsa protulerit, non modo tempora, quorum erunt curricula non dilatentur *rel.*

15) Denn die reparatio denuntiationis, wenn der Termin versäumt war, gab diese Frist. *L. 1. C. Th. de temporum cursu* (2, 6). Gothofred nimmt nach *L. 3. C. Th. de dilat.* (2, 7) vier und sechs Monate an. Allein es ist mir wahrscheinlicher, daß dieß Ge-

competenten Gericht eröffnet werden soll [16]. Diese Frist erscheint auch nicht zu lang, wenn man die bei Vadimonien gewöhnlichen und bei der dilatio instrumentorum causa gesetzlich vorgeschriebenen Zeiträume [17]) vergleicht und den Zweck derselben im Auge behält, nehmlich beide Theile, insbesondere den Beklagten so instruirt vor dem untersuchenden und entscheidenden Richter erscheinen zu lassen, daß die Sache dann in kürzester Frist zu Ende gebracht werden kann [18]). Versäumt der Kläger diesen dies fatalis, so wird er sachfällig [19]); weder der Richter, noch der Gegner soll mit einer Sache, die der Kläger einmal fallen gelassen, ferner behelligt werden. Trägt der Richter die Schuld der Versäumniß, so muß er dem Kläger den Schaden ersetzen [20]). Doch wird in diesem [21]) und in anderen Fällen, wo der Kläger entschuldigt ist, auch reparatio denuntiationis durch

setz die Dauer des ganzen fiscalischen Prozesses bestimmt, s. § 147 Note 45. Die Denuntiatio fiel bei diesem wahrscheinlich ganz weg, s. unten Note 39; eine dilatio, welche hier zugelassen wird, war bei der Denuntiationsfrist ausgeschlossen.

16) *Aur. Victor de Caes.* 16. — denuntiandae litis opperiandaeque ad diem — ius introductum. *Symmach. Ep.* X. 52. diem legitimum. 59. summo die temporis. Wenn *L. 4. C. Th. h. t.* sagt: Post celebratam denuntiationem — lis exordium auspicatur, wobei das dazwischen liegende tempus, von dem das Gesetz nachher redet (s. Note 14) vorausgesetzt wird, so widerspricht dieß Heffters Annahme, daß die Litis Denuntiatio selbst das exordium litis gewesen sei.

17) S. § 147 Note 38.

18) So pflegte der preußische Richter nach der Gerichtsordnung den Instructionstermin weit hinauszusetzen, in der Zwischenzeit alle Beweise zur Stelle zu schaffen, und dann in einer Verhandlung von wenigen Tagen die Sache spruchreif zu machen.

19) *L. 1. C. Th. de temp. cursu* (2, 6). Cum semel negotium — temporibus fuerit exemptum. *Symmach. Ep.* X. 52. Theodorus — ab Anania in re sua procurator creatus — Flavianum quendam denuntiata lite pulsavit: sed diem legitimum causae lapsus excessit. *Ep.* 59. Note 21. causa labatur. Note 26. causae lapsum.

20) *L. 2. C. Th. de temp. cursu* (2, 6). *L. un. C. Th. de secundo lapsu* (11, 32).

21) *Symmach. Ep.* X. 59. Ad hoc parentum numinis vestri divorum Principum protulit sanctiones, quae inter reliquas exceptiones reparationem iurgantibus tribuunt, si per Cognitorem causa labatur —. Cum — et recentiora scita divorum Principum cunctis negotiis reparatione subvenerint, si forte a Iudice deserantur *rel.*

Supplication vom Kaiser [22]) oder einem Richter an des Kaisers Statt (sacra vice) [23]) erlangt, und eine neue Frist von höchstens vier Monaten bewilligt [24]), gegen deren Versäumniß aber (a secundo lapsu) [25]) nicht leicht eine zweite Reparation gegeben [26]). Versäumt der Beklagte den Termin, so muß nach der unter den Partheien waltenden Gleichheit auch ihn der Verlust der Sache treffen, d. h. gegen ihn, als wäre er sachfällig (pro damnato), die Execution verfügt werden, wie dieß ja im alten Recht auch bei dem versäumten Vadimonium der Fall war [27]). Wenn eine der Partheien während der Frist stirbt, so wird diese regelmäßig dem Erben vom Tag des Erbschaftsantritts an erneuert [28]).

22) *L. 1. C. Th. de temp. cursu* (2, 6) in Note 24. — per indulgentiam clementiae nostrae — iterata supplicatione. *Symm. Ep.* X. 59. amissum beneficium remedio supplicationis integravit. Sed idem mulierem casus etiam rescripti humanitate fraudavit.

23) *Symm. Ep.* X. 39. prior Cognitor restituerat tempora. 52. petita a me reparatio.

24) *L. 1. C. Th. de temporum cursu et reparationibus denuntiationum* (2, 6). *Constantin. a.* 316. Cum semel negotium vel necessitate vel casu temporibus fuerit exemptum, ac postea per indulgentiam clementiae nostrae redintegratio praestetur, intra quattuor menses iudicantis arbitrium, non ulterius, litigatoribus praeberi oportet, etiamsi per obreptionem aliquid a nobis iterata supplicatione meruerint. *Symm. Ep.* X. 59. in Note 26. mensium quattuor.

25) *Cf. Cod. Theod.* 11, 32. *de secundo lapsu.*

26) *Symm. Ep.* X. 59. *cit.* Note 21. Sed idem mulierem casus etiam rescripti humanitate fraudavit. Siquidem mensium quattuor dilata curriculis summo die temporis impetrati excidit Cognitor, eumque (*al.* eamque) successor adveniens praemisso interdicto potestate privaverat. Post haec cum vellet infelicem causae lapsum reparatione sarcire, obiectu legis Constantinianae explosa est, quae extra ordinem temporibus indultis longiorem negavit excursum. — Cum igitur et in Constantiniana lege, qua reparatio adimitur temporibus extra ordinem datis, casus iste cessantis disceptatoris non sit exceptus, et recentiora scita divorum Principum cunctis negotiis reparatione subvenerint, si forte a Iudice deserantur, facilis in alteram partem esse non potui, sed quod unum remedium convenit rebus ambiguis, fortunam cariosi luctaminis augustissimis legum arbitriis reservavi *rel.*

27) Ein Präjudiz auch für den Beklagten wird in der gleich folgenden Bestimmung vorausgesetzt; und wie könnte dieß ein andres sein, als welches den Kläger trifft?

Im Rescriptsprozeß (§ 164), d. h. wenn der Kläger sich an den Kaiser gewandt und von diesem ein die Behandlung der Sache normirendes Rescript erhalten hat, sei dieses nun an den ordentlichen Richter gerichtet oder ein außerordentlicher Commissarius durch dasselbe ernannt, muß dieses Rescript in der Denuntiation dem Beklagten mitgetheilt werden, damit er seine Vertheidigung (exceptio sub- et obreptionis) darnach einrichten kann [29]. Die Frist ist dieselbe [30], und soll auch in diesem Fall, abgesehen von Reparation [31], selbst vom Kaiser nicht erstreckt werden [32].

Da die Litis Denuntiatio wegen der damit verbundenen Fristen die Sache bedeutend aufhielt, so war eine große Zahl von Klagen, deren Beschleunigung wünschenswerth und möglich schien, davon befreit. Ausdrücklich werden uns genannt: 1) klare Geldschulden aus Urkunden [33], 2) Fideicommisse, 3) alle Interdicte [34], 4) querela inofficiosi, 5) actio tutelae und

Ein ausdrückliches Zeugniß dafür fehlt.

28) *L. 3. L. 4. C. Th. de temp. cursu* (2, 6). Symm. *Ep.* X. 52.

29) *Rubr. C. Th.* 2, 4. de denuntiatione vel editione rescripti.

30) *L. 5. C. Th. h. t. a.* 389. Universa quidem negotia, quae ex rescriptorum auctoritate sortiuntur exordium, ad cursum temporum pertinere decretum est; — temporum quae ex rescriptorum editione defluunt *rel.*

31) Symm. *Ep.* X. 39. tributum procuratori beneficium reparationis aiebant. Ueber diesen Rescriptsprozeß s. Anhang I.

32) *L. 4. C. Th. h. t. a.* 385. Post celebratam denuntiationem editione rescripti (quod tamen iure sit impetratum) lis exordium auspicatur. — Et si quis perennitatis nostrae pendentibus temporibus responsa protulerit, non modo tempora, quorum erunt curricula, non dilatentur *rel.* Ueber die Lesart editione rescripti und das von Hänel mit Recht ausgemerzte Glossem s. dessen Ausgabe, in der ich nur das Komma nicht vor editione rescripti, sondern dahinter gesetzt wünschte; denn die Denuntiation wird durch die Edition des Rescripts bewirkt, nicht die Verhandlung des Rechtsstreits mit dieser eröffnet. Wieding cit. S. 468 sucht zu beweisen, daß die tempora eine „Prozeßverjährungsfrist" seien.

33) *L. 3. C. Th. h. t.* cum quis ad luendum debitum evidenti chirographo convenitur. *L. 6. eod.* Si quis debiti, quod vel ex faenore vel mutuo data pecunia sumpsit exordium vel ex alio quolibet titulo in litterarum obligationem facta cautione translatum est.

34) *L. 6. cit.* quodlibet interdictum. Ausdrücklich werden ge-

negotiorum gestorum, 6) alle Sachen bis zum Betrage von 100 Solidi[35]), 7) actio doli[36]), 8) die Rückforderung des gegen die Lex Repetundarum Geschenkten[37]), 9) Klagen der Kirchen[38]), und 10) fiscalische Prozesse[39]). Auch 11) vor dem Defensor Civitatis scheint ohne Litis Denuntiatio verfahren worden zu sein[40]).

Ueber das spätere Schicksal dieser Prozeßform wissen wir nur so viel gewiß, daß sie im ost- und weströmischen Reich zur Zeit der Publication des Theodosischen Codex (a. 438), also um die Mitte des fünften Jahrhunderts so, wie wir sie beschrieben haben, noch zu Recht bestand, und daß sie in Justinians Compilation nicht mehr vorkommt[41]), also in der Zwi-

nannt Int. de vi *L. 5. L. 6. C. Th. h. t.* Int. utrubi *L. un. C. Th. utrubi* (4, 23). — celeri reformatione succurri, — non exspectatis temporibus nec denuntiatione sollemni *rel.* Int. quorum bonorum *L. un. § 2. C. Th. quor. bonor.* (4, 21). — omnibus frustrationibus amputatis in petitorem corpora transferantur. *cf. L. 22. C. Th. quor. app.* (11, 36). — beneficio celeritatis inventum.

35) Alle bisher genannten Klagen zählt *L. 6. cit.* auf.

36) *L. un. C. Th. de dolo malo* (2, 15).

37) *L. 6. § 1. C. Th. de iis quae adm.* (8, 15). *a.* 386. – ne denuntiatione quidem opus sit, sed sufficiat apud iudicem cuius ea de re notio erit docuisse tempus quo liberalitas sit parata.

38) *L. 7. C. Th. h. t. a.* 409. — celeri, legum ordine servato, iudicantum disceptatione finiantur. Nec enim decet — publica diu secretaria praestolari, kann in diesem Titel keinen andern Sinn haben.

39) *L. 3. C. Th. de off. Com. sacr. larg.* (1, 10). *a.* 385. — extra ordinem ac sine temporibus recognoscens, mature — definitivam scias promendam esse sententiam, befreit den Comes sacrar. Largitionum von allen Zeitbeschränkungen, also nicht bloß in Bezug auf die Dauer des ganzen Prozesses, worauf es die Kaiser selbst in *L. 13. C. Th. de iure fisci* (10, 1). *a.* 385. beziehen, sondern auch auf die Denuntiationsfrist zum Behuf der Beschleunigung des Urtheils; und da alle fiscalische Prozesse binnen vier oder sechs Monaten entschieden werden sollen, so vermuthe ich, daß überhaupt bei diesen die verzögernde Denuntiation wegfiel *L. 4. C. Th. de advoc. fisci* (10, 15), welche die Denuntiation erwähnt, spricht von gewöhnlichen Klagen der Res privata Principis. S. § 134 Note 60.

40) *L. 5. C. Th. de defensor. civ.* (1, 29) *Val. Val. et Grat. a.* 370. — exortas contentiones cita definitione compescit; nam erepta perperam amota dilatione restituit.

41) Dieß beweist nicht nur das Schweigen derselben von dieser Denuntiation, sondern auch die Streichung derselben in den aus dem Theodosischen Codex entlehn-

schenzeit entweder durch ein uns nicht erhaltenes Gesetz abgeschafft, oder sonst außer Gebrauch gekommen sein muß[42]). Dieß gilt auch für das westliche Reich; denn auch die römischen Rechtsquellen der germanischen Reiche wissen nichts von ihr[43]).

Die Einleitung des Prozesses im Justinianischen Recht geschieht durch einen schriftlichen Libell, den der Kläger dem Richter überreicht, und worauf von diesem unter Mittheilung desselben die Ladung des Beklagten zu einem näheren Termine verfügt wird. Mit der Litis Denuntiatio steht diese Form im entschiedensten Gegensatz, so daß nicht sowohl ein Uebergang aus jener in diese[44]), sondern der Ursprung der letztern aus dem Ver-

ten Gesetzen, z. B. in *L. 8. C. l. de dolo malo* (2, 21). = *L. un. C. Th. eod.* (2, 15). *L. 2. C. l. si ex plur. tut.* (5, 40). = *L. 1. C. Th. h. t. L. 4. C. l. de interdictis* (8, 1). = *L. 6. C. Th. h. t.* und die Weglassung aller derjenigen, die ex professo von ihr sprechen, z. B. *LL. 2—5. 7. C. Th. h. t. LL. 1—4. C. Th. de temp. cursu* (2, 6) u. s. w. Dieß ist auch die Annahme aller neueren Schriftsteller, auch Huschke's in *Iurispr. anteiust. p.* 702. und Rudorff's Rechtsg. II. S. 216, bis auf Wieding cit., der alles auf sie bezieht, was in Pandekten, Codex und Novellen von denuntiatio, conventio und anderen den Beklagten in Anspruch nehmenden Einleitungsformen vorkommt.

42) *Nov. Val.* 8. § 1. *a.* 440. spricht noch von denuntiata litigia. *Nov. Val.* 34. (*a.* 452) § 14. verordnet, daß, wenn der Kläger, der edito actionis genere adversarium suum tenuit et ad respondendum coëgit, oder ad iudicium venire compulerit und Bürgschaft vom Beklagten empfangen hat, binnen vier Monaten seine Klage nicht durchführt, der Beklagte ab observatione iudicii entbunden und der Kläger zum Ersatz der Prozeßkosten verurtheilt werden, seine Klage aber nicht verlieren soll. Die Denuntiationsfrist besteht also noch, der lapsus causae findet aber nicht mehr statt. Ebenso nach § 15. der Beklagte, der pulsatus adesse neglexerit, evocatus secundum ordinem iuris sententiam excipiat contumacis. Das Rechtsbuch aus der Zeit K. Leo's (457—474), unter dem Titel Leges Impp. Constantini, Theodosii et Leonis, welches aus der syrischen Uebersetzung in I. P. N. Land, Anecdota Syriaca Tom. I. Lugd. Bat. 1862 Rudorff nächstens der juristischen Welt zuerst bekannt machen wird, art. 75. 76. erwähnt auch die vier Monate nach der *παραγγελία* (litis denuntiatio?), innerhalb welcher der Prozeß beginnen soll.

43) Wieding cit. findet sie auch hier in den Note 50 angegebenen Einleitungsformen wieder und benutzt selbst die westgothische Interpretatio zur Auslegung des Theodosischen Codex.

44) Puchta cit. nimmt eine solche an; seine Darstellung erinnert aber an die Etymologien, wo durch Wegnahme und Hinzuthun Eines Buchstabens nach dem andern Alles aus Allem werden kann.

fahren derjenigen Sachen, wo jene nicht stattfand, — wir können es einen summarischen Prozeß nennen, — anzunehmen ist. Durch Libelli wurden in früherer Zeit die einfachen Gesuche, die keiner förmlichen Causä Cognitio bedurften, angebracht[45]), auch gewisse Cognitionssachen[46]), vielleicht später alle, wo ohne Denuntiatio verfahren wurde[47]); und die richterliche Ladung, die dem früheren Cognitionsverfahren eigenthümlich war[48]), ist in Theodosischer Zeit für diese bevorzugten Sachen ausdrücklich bezeugt[49]).

Eine ähnliche Einleitungsform des Prozesses war zu Anfang des sechsten Jahrhunderts auch im Occident gebräuchlich[50]).

---

### 2. Justinianisches Recht[1]).

§ 152. Nach Justinianischem Recht wird der Rechtsstreit in folgender Weise eingeleitet.

45) S. Bd. 2 S. 192.

46) S. Bd. 2 S. 771 folg.

47) Beschwerden in Justizsachen wurden auch jetzt per libellum angebracht. *Symm.* X. 43.

48) S. Bd. 2 S. 773 folg.

49) *Symm. Ep.* X. 48. S. Anhang II. Prozeßgeschichte.

50) *Interpr. L. 1. C. Th. h. t.* — ex quo tutor sive curator minoris per iudicem aut per curiam intulerit seu exceperit actionem. *L. 4. eod.* Postea quam per scripturam lis fuerit contestata et per publicam conventionem, quisquis ille est qui pulsatur *rel.* Von einer durch den Richter gesetzten Frist spricht *Interpr. L. 3. L. 4. C. Th. de temp. cursu* (2, 6). — *Lex Rom. Burg. tit.* 11. verlangt, daß der Kläger innerhalb drei Tagen die Klage dem Beklagten vor Gericht in einem von ihm unterschriebenen Libell edire. — Auch die *Consultatio c. 6.* nimmt eine vom Kläger unterschriebene Klagschrift an, welche der Beklagte nach drei Tagen beantworten muß. — *Edict. Theoderici c.* 73. erwähnt die Ladung des Beklagten durch den Executor und die diesem zu bestellende Caution.

1) *Dig.* 2, 4. *de in ius vocando.* 5–7. 8. *qui satisdare cogantur.* 10. 11. 13. *de edendo. Cod. Iust.* 2, 1. *de edendo.* 2. *de in ius vocando.* 57. *de satisdando.* 58. *de formulis et actionum impetrationibus sublatis.* 3, 10. *de plus petitionibus. Inst.* 4, 6. *de actionibus.* 11. *de satisdationibus. Nov.* 53. 96. 112. *cf. Basil.* VII. 8. 12—14. 16. 18. — *Schulting Enarr. part.* I. *Dig. tit. de in ius vocando.* § 3. *tit. de edendo.* § 4. Zimmern, Rechtsg. III. § 145. Heffter, System § 309. Puchta, Instit. § 184. Wieding, Libellprozeß §§ 24. 25, der

1) Der Kläger übergiebt eine **Klagschrift**, **libellus conventionis**[2]), *τὸ τῆς αἰτιάσεως* oder *ὑπομνήσεως βιβλίον*[3]), der Gerichtsobrigkeit, damit diese durch einen Executor sie dem Beklagten mittheilen und ihn zur Erklärung darüber vorladen lasse. Es ist also eine durch den Richter vermittelte in ius vocatio und actionis editio[4]), und nichts anderes zu verstehen, wo diese in Justinians Compilation als Handlungen des Klägers erwähnt werden[5]).

Die Klagschrift enthält aber nicht, wie in dem gemeinen deutschen Prozeß, eine vollständige Erzählung des dem Rechtsstreit zum Grund liegenden Hergangs, diese erfolgt erst später mündlich bei der Litiscontestation[6]), sondern nur eine kurze Bezeichnung des Klagrechts (actio), welches der Kläger geltend machen will. Denn der nächste Zweck derselben ist den Beklagten wissen zu lassen, wovon die Rede ist, damit er hinreichend vorbereitet vor Gericht erscheine, um eine bestimmte Erklärung, ob er sich auf den Prozeß einlassen oder den Kläger klaglos stellen will, abzugeben[7]). Die Bezeichnung des Klag-

auch hier das vorjustinianische, justinianische und das römische Recht der germanischen Reiche zu Einem System zu vereinigen sucht.

2) *§ 24. I. de act.* (4, 6). *L. 3. C. I. de ann. exc.* (7, 40).

3) *Nov.* 53. *c.* 3. *pr. Nov.* 112. *c.* 2. *pr. c.* 3. § 1. *Theophil. ad § 24. I. cit.* In *Nov.* 135. *pr.* werden die Klagschriften *περσεκουτίωνος λιβέλλοι* genannt.

4) *L. 3. cit.* — qui obnoxium suum in iudicium clamaverit (*cf. L. 9. C. I. de praescr. XXX.* 7, 39.) et libellum conventionis ei transmiserit.

5) *Titt. Dig. et Cod. citt. cf. Basil. citt.* Note 1. Bemerkenswerth ist, daß die Pandekten, dem alten Recht sich anschließend, die in ius vocatio der actionis editio vorausgehen lassen, der Codex die umgekehrte Ordnung befolgt. — Wenn *L. 1. pr. D. de edendo* (1, 13) die actionis editio durch einen libellus als facultativ erwähnt, so bezieht sich dieß jetzt auf den Unterschied des ordentlichen und des summarischen Prozesses ohne Schrift, s. § 163. Ebenso in *L. 4. rest. C. I. de in ius voc.* (2, 2).

6) Narratio *L. 2. pr. § 7. C. I. de iureiur. propter calumniam* (2, 59). *L. 14. § 1. C. I. de iudiciis* (3, 1). *L. un. C. I. de litis cont.* (3, 9). Erst die späteren Glossatoren ziehen den vollständigen Klagevortrag in den Libell, wodurch der Vortrag des Klägers bei der Litiscontestation zu einer Repetition desselben herabsinkt.

7) *L. 1. pr. D. de edendo* (2, 13). Qua quis actione agere velet, eam edere debet: — ut

rechts geschieht auch nicht, wie früher die actionis editio, durch Angabe der im Edict dafür aufgestellten Formula [8]), auch nicht durch Angabe des Schulnamens der Klage [9]), sondern durch Anführung der Hauptthatsachen, welche die Klage nach ihrer allgemeinen rechtlichen Natur und in ihrer concreten Beschaffenheit, nach ihren Bedingungen und in ihrem Erfolg charakterisiren. Sie enthält also die Behauptung des Klägers (intentio) [10]), und ist deshalb maßgebend für den von ihm zu führenden Beweis [11]) und für das Urtheil des Richters [12]).

Auch in dieser Beziehung entspricht sie der alten Formula, nur daß bei ihr weniger auf die Form als auf die Sache gesehen wird. Sie darf also keinen Zweifel lassen a) über die allgemeine rechtliche Natur der Klage; ob ein dingliches Recht, also Eigenthum oder eine Servitut, confessorisch oder negatorisch, oder Pfandrecht, oder aber ein Schuldverhältniß aus

proinde sciat reus, utrum cedere, an contendere ultra debeat, et, si contendendum putat, veniat instructus ad agendum, cognita actione qua conveniatur. *L.* 33. *D. de iud.* (5, 1). *L.* 3. *C. I. eod.* (2, 1). *L. un. C. I. de lit. cont.* (3, 9). *Consult.* 6, 2. genus actionis edere debet.

8) *L. 1. C. I. de formulis — sublatis* (2, 58). *Constantius et Constans a.* 342. Iuris formulae aucupatione syllabarum insidiantes cunctorum actibus radicitus amputentur. Bis auf Constantius kam es also noch vor, daß die alten Formeln in den gerichtlichen Urkunden gebraucht und Werth darauf gelegt wurde, während sie freilich mit der Abschaffung der Iudicis Datio ihre frühere Bedeutung verloren hatten. Anders Wieding cit. S. 126 folg. Für das Just. Recht s. noch *L. 47. § 1. D. de neg. gestis* (3, 5). — in extraordinariis iudiciis, ubi conceptio formularum non observatur. Nur in der Schule bediente man sich ihrer noch um die verschiedenen Klagrechte zu bezeichnen. So *Theophil. ad Inst. IV.* 6. §§ 1. *sqq.* Vgl. Wieding cit. S. 160 folg.

9) *Schol.* 3. *Basil.* XII. 3, 7. I. *p.* 795. giebt den Inhalt des Klagvortrags bei der Publiciana an und bemerkt daneben ihren Namen.

10) Von den vielen Stellen, wo intentio die Klage, also die Klagschrift bezeichnet, s. z. B. *§ 33. I. de act.* (4, 6). Si quis agens intentione sua plus complexus fuerit *rel.* *L. 31. C. I. de episc. aud.* (1, 4) suam intentionem proponere u. s. w.

11) *L. 19. pr. D. de prob.* (22, 3) intentionem implere. *L.* 28. *C. I. de rei vind.* (3, 32) — intentionem suam implenti.

12) *L. 18. D. comm. div.* (10, 3) — ultra id, quod in iudicium deductum est, excedere potestas iudicis non potest. Vgl. unten § 156.

Contract oder Delict, und zwar ob Stipulation oder Kauf, Injurie oder Furtum, Gegenstand des Rechtsstreites sein soll. Davon ist die Erklärung des Beklagten, der Beweis des Klägers und das Urtheil des Richters, überhaupt der Fortgang und Ausgang des Prozesses abhängig, dessen Grundlage also die Klagschrift bildet [13]). b) Individuell ist die vindicirte, deponirte, gestohlene Sache [14]), die widerrechtliche That, welche die Forderung begründet [15]), bestimmt anzugeben. Dagegen hat der Kläger bei der dinglichen Klage die Wahl, ob er nur das Recht oder auch seinen Erwerbungsgrund angeben will, weil dieser nicht die Natur des behaupteten Rechts bedingt [16]); bei der persönlichen, ob er eine bestimmte Summe Geldes oder das Interesse fordern will [17]). Weder das eine noch das andere ist für das Urtheil unbedingt entscheidend, weil die Klagschrift nicht, wie die Formula, der solenne gesetzliche, sondern nur der individuelle, freigewählte Ausdruck des Klagrechts ist. Um so mehr findet die alte Regel statt, daß die Klage nach der Absicht des Klägers ausgelegt wird [18]).

Formell freiere Grundsätze gelten auch in Bezug auf die Fehler der Klagschrift und ihre Folgen oder deren Verbesserung. Die Aenderung oder Verbesserung der Klage, auch nach der Litiscontestation und bis zum Urtheil, wird jetzt unabhängig von den Bedingungen der in Integrum Restitutio nach freiem Ermessen von dem Richter zugelassen [19]). Ja selbst

13) Nur aus dieser praktischen Bedeutung der rechtlichen Natur des Klagrechts erklärt sich, daß Justinians Compilation sich damit so ausführlich beschäftigt.

14) S. oben § 86 Note 2.

15) S. § 86 Note 3. *Collatio* II. 6. §§ 4. 5.

16) S. § 90 Note 7.

17) *§ 32. I. de act.* (4, 6). Curare autem debet iudex, ut omnimodo, quantum possibile ei sit, certae pecuniae vel rei sententiam ferat, etiamsi de incerta quantitate apud eum actum sit. Daß, wenn die Klagschrift auf eine bestimmte Summe Geldes (certa pecunia) gerichtet war, dennoch ein Interesse, z. B. Zinsen, gefordert werden konnten, liegt schon in dem Grundsatz über Minuspetitio, s. Note 24.

18) S. § 100 Note 6.

19) *L. 3. C. I. de edendo* (2, 1). Edita actio speciem futurae litis demonstrat, quam emendare vel mutare licet, prout edicti perpetui monet auctoritas, vel ius reddentis decernit aequitas. *Basil.* VII. 18, 16.

abgesehen von einer Berichtigung durch den Kläger, kann der Richter selber allgemein das abweichende Resultat der Untersuchung in seinem Urtheil aussprechen, und den Kläger treffen nur nebensächliche Nachtheile. Zwar die Pluspetitio wurde im Occident noch bis in die späteste Zeit, im Orient bis auf K. Zeno und Justinian als Calumnia des Klägers mit dem Verlust der Sache gestraft [20]). Diese Kaiser stellten aber folgende mildere Grundsätze auf: a) Wenn tempore zu viel, also zu früh gefordert ist, so soll der Kläger zwar jetzt abgewiesen und in die Prozeßkosten verurtheilt werden, seine Forderung aber nicht verlieren, sondern mit deren Geltendmachung nur noch einmal so lange warten und für diese Zeit keine Zinsen davon genießen [21]). b) Ist re zu viel gefordert, so soll der Richter auf das erwiesene Minus erkennen und den Kläger dem Beklagten zum dreifachen Ersatz des Schadens, d. h. der an den Executor zu viel gezahlten Sporteln, verurtheilen [22]). Nur der Gläubiger, der sich eine Cautio über mehr, als er zu fordern hatte, ausstellen ließ und mit der Klage auf diesem Mehr besteht, bis er des Betrugs überführt ist, soll zur Strafe die ganze Forderung verlieren [23]). Bei der Pluspetitio causa wird jener Schaden nicht leicht nachzuweisen sein; und die Pluspetitio loco ist deshalb nicht mehr möglich, weil der Richter, wie die Klagschrift auch gefaßt war, nach dem Grundsatz der actio arbitraria de eo quod certo loco allemal zur Zahlung am verabredeten Erfüllungsort condemniren oder das Interesse berücksichtigen muß. Die Minuspetitio ist nach K. Zenos Verordnung ohne Nachtheil für den Kläger; denn der Richter soll den Beklagten zu

20) Für den Occident s. *Consultatio* 5. *Lex Rom. Visig. Paul.* I. 10. Für den Orient *§ 33. I. de act.* (4, 6). Nach dem ältern Recht war dieß nicht poena calumniae, sondern Folge der Formula certa und Litiscontestation, s. § 87 Note 9—12. Jetzt hat die Klage immer die Natur einer Formula incerta. Vgl. Savigny, System VI. § 282 Note m.

21) *L. 1. pr. rest. C. I. de plus pet.* (3, 10). *Zeno. § 33. cit. § 10. I. de except.* (4, 13).

22) *L. 2. rest. C. I. de plus pet.* (3, 10). *Iustinian. § 33. cit.* quantitate vel alio modo begreift wohl nur andre Fälle der Pluspetitio rc. *§ 24. I. de act.* (4, 6). maiorem quantitatem.

23) *L. 3. C. I. de plus pet.* (3, 10). *Iustinian.*

dem erwiesenen Mehrertrag verurtheilen[24]). Ist endlich aus einem falschen Klaggrunde oder auf ein unrichtiges Object geklagt, so gestattet Justinian die Berichtigung noch im Lauf desselben Prozesses, ohne daß den Kläger irgend ein Nachtheil träfe[25]), eine Bestimmung, wobei die Identität des Rechtsstreits und die billige Rücksicht auf die Vertheidigung des Beklagten kaum besteht.

Ueber die Formen der Klagschrift enthält Justinians Compilation keine bestimmte Vorschrift[26]), außer daß sie vom Kläger unterschrieben sein soll, oder, wenn er nicht schreiben kann, durch einen Tabularius an seiner Statt, wodurch der Kläger die ganze Verantwortlichkeit der Klage übernimmt[27]). Die durch sie übernommene Verpflichtung muß er überdieß ad acta durch Bürgschaft oder juratorische Caution bestärken, indem er sich verpflichtet: a) binnen zwei Monaten Litem zu contestiren, widrigen Falls dem Beklagten das Doppelte der ihm erwachsenen Kosten zu zahlen[28]); b) die Sache bis zum Urtheil fortzusetzen und im Unterliegungsfall ihm sämmtliche Prozeßkosten zu erstatten[29]). Jene Caution soll höchstens sechsunddreißig Solidi, diese den zehnten Theil des Klagobjects betragen.

2) Hierauf ergeht eine Verfügung des Richters (sententia, interlocutio, praeceptum)[30]), — denn sein Bü-

24) *L. 1. § 3. rest. C. I. de plus pet.* (3, 10). *Zeno. § 34. I. de act.* (4, 6).

25) *§ 35. I. de act.* (4, 6). Si quis aliud pro alio intenderit, nihil eum periclitari placet, sed in eodem iudicio cognita veritate errorem suum corrigere permittitur: veluti si is qui hominem Stichum petere deberet, Erotem petierit, aut si quis ex testamento sibi dari oportere intenderit quod ex stipulatu debetur. Also kann auch der Vindicant, der causa expressa geklagt, eine andere causa substituiren. Eins oder das andre; denn beides zugleich würde ohne Zweifel selbst nach Justinians Absicht einen neuen Prozeß nothwendig gemacht haben.

26) Sie mag der Form in *Fr. Vat.* § 166. ähnlich gewesen sein.

27) *Nov.* 112. *c.* 2. *cf. Consultatio* 6, 2. *Lex Rom. Burg. tit.* 11.

28) *Nov.* 96. *pr. c.* 1. *cf. Nov.* 53. *pr. c.* 1. 2.

29) *Nov.* 112. *c.* 2. *cf. Nov.* 53. *cit. Edict. Iustin.* 7. *c.* 5.

30) *L.* 25. *§§ 1. 2. L. 33. pr. §§ 2. 5. L. 37. § 2. C. I. de ep. et cler.* (1, 3). *L. 6. §§ 1. 3. C. I. de his qui ad eccl.* (1, 12),

reau (officium) allein konnte die Sache nicht einleiten, — wodurch regelmäßig ohne Untersuchung und ohne förmliche actionis impetratio[31]) entweder die Klage zugelassen und das weitere Verfahren eingeleitet, oder beides abgeschlagen wird. Nur ausnahmsweise bei gewissen Klagen, z. B. der actio doli, stellt der Richter zuvor eine besondere, jedoch einseitige Prüfung an, ob die vom Kläger angeführten Umstände eine so gehässige Klage rechtfertigen[32]). Die Zurückweisung der Klage, ohne daß der Beklagte gehört ist, kann natürlich nur aus Rechtsgründen oder Thatsachen, die dem Richter vorliegen, erfolgen[33]). Wird sie zugelassen, so ist jene Verfügung eine Ladung des Beklagten (commonitio, sententia commonitoria, admonitio[34]), ὑπό-

*L. 26. C. I. de procur.* (2, 13). *L. 8. § 4. rest. C. I. de dilat.* (10, 11). *Nov.* 112. *c.* 2. *pr.* *διαλαλία.* *L. 4. pr. § 1. C. I. de castrens.* (12, 26). *L. 18. pr. C. I. de re mil.* (12, 36) u. a. nennen die richterliche Ladung so; um wie viel mehr ist die actionis denegatio ein Urtheil. S. Note 33.

31) *L. 2. C. I. de formulis et impetrationibus actionum sublatis* (2, 58). = *L. un. C. Th. de omissa actionis impetratione* (2, 3). *Theod. et Val. a.* 428. Nulli prorsus non impetratae actionis in maiore vel minore iudicio agenti opponatur exceptio, si aptam rei et proposito negotio competentem eam esse constiterit. Eine ausdrückliche Verfügung des Richters über die Zulässigkeit der Klage muß sich also, als Ueberbleibsel des älteren Rechts, noch während des dritten Jahrhunderts erhalten, und wenn sie nicht erfolgt war, eine exceptio non impetratae actionis statt gefunden haben, was durch dieß Gesetz beseitigt wird. Wieding cit. § 12. S. 141 folg. bezieht die Einrede ohne Grund auf die Verhandlung in zweiter Instanz.

32) Ueber das Theodosische Recht s. *L. un. C. Th. de dolo malo* (2, 15). *Constantin. a.* 319, welche, um die Anstellung der actio doli innerhalb Eines annus continuus zu erleichtern, die Causä Cognitio auch vor einem andern Richter als dem des Beklagten und in dessen Abwesenheit zuläßt, überdieß die Litisdenuntiation nicht verlangt. Für das Justinianische Recht s. die Pandektenstellen in § 86 Note 33, für welches ich indeß auch eine einseitige Prüfung annehme.

33) Wenn die Klage ihrer causa nicht entspricht, z. B. auf das Duplum statt des Simplum gerichtet, *§ 26. I. de act.* (4, 6), oder verjährt ist, *pr. I. de perp. et temp. act.* (4, 12) ultra annum non dantur, oder gegen den Erben nicht statt findet, *§ 1. I. eod.* in heredem — denegantur. Die Appellation dagegen läßt zu *L. 18. pr. C. Th. quor. app.* (11, 36).

34) S. Note 30. *L. 11. § 1. C. I. de feriis* (3, 12). *L. 1. § 3. C. I. de adsert. toll.* (7, 17). *L. 5. C. I. de duob. reis* (8, 40).

35) *Nov.* 53. *c.* 3. § 1. *Nov.* 11. *c.* 1. *Basil.* VII. 1, 3.

μνησις[35]), citatio[36]), welche entweder bloß mündlich einem Executor des Gerichts aufgetragen[37]), oder durch eine auf den Libell gesetzte Subscriptio[38]), für Personen höheren Ranges in einer schriftlichen Ausfertigung, verfügt wird[39]).

3) Die Insinuation der Klagschrift und Ladung an den Beklagten oder an seinen Vertreter[40]) geschieht durch einen Executor aus dem Officium des Gerichts, welcher dagegen von dem Beklagten a) nach dem Betrag des Klagobjects bestimmte Sporteln[41]), b) eine von ihm unterzeichnete schriftliche Gegenerklärung über den Klaggrund und etwaige Einreden, ἀντιβίβλος, libellus contradictionis oder responsionis[42]), mit dem Datum des Empfanges der Klagschrift versehen[43]), c) Caution em-

36) Früher ist dieß nur „das Rufen" der gegenwärtigen Partheien durch den Präco, s. § 122 Note 100, jetzt auch die Ladung des abwesenden Beklagten. *L. 15. C. I. de iudiciis* (3, 1). *L. 1. § 2. C. I. de adsert. toll.* (7, 17). *cf. L. 5. C. Th. de Princ. Agent. in reb.* (6, 28).

37) *Lydus* III. 15.

38) So wenigstens früher in Libellsachen. *Symm. Ep.* X. 43. Jeden Falls erfolgt die Ladung durch Ueberbringung des Libells. Daher *Nov.* 112. *c.* 3. § 1. *εἰ δὲ παρὰ δικαστῇ — διὰ βιβλίου ὑπομνήσεως ἐνήχθη τις.*

39) *L. 17. § 1. C. I. de dignitat.* (12, 1). *L. 12. §§ 2. 3. L. 14. C. I. de prox. sacr. scrin.* (12, 19). *L. 8. C. I. de Princ. Ag. in reb.* (12, 22). *L. 4. C. I. de Castrensianis* (12, 26). *L. 3. § 4. C. I. de privil. scholar.* (12, 30). *cf. Nov.* 123. *c.* 8.

40) *L. 6. pr. C. I. unde vi* (8, 4). — conveniendos dominos locorum esse, aut si forte defuerint, actores eorum ad insinuandas sententias procuratoresque esse quaerendos. *L. 3. C. I. qui legit. person.* (3, 6). — absque conventione personae legitimae —. Nihil autem opitulatur conventio circa minorem habita, cum id rectius circa curatorem debuerit custodiri.

41) S. oben § 148 Note 32 folg.

42) Die in Note 43 angeführte Novelle setzt diesen *ἀντιβίβλος* als bekannt voraus. Daß er eine schriftliche Klagebeantwortung war, macht die alte lateinische Uebersetzung, das *Authenticum*: subscribere libello, qui appellatur responsionis, und noch mehr *Julian. Const.* 47, 3. subscribat autem et contradictionis libellum, höchst wahrscheinlich. Die Erwähnung der contradictorii libelli in *L. un. C. I. qui pot. nom.* (2, 15) ist hiernach interpolirt. Doch ist diese Klagebeantwortung jeden Falls vorläufig, wie die Klagschrift selbst, denen noch die ausführliche mündliche narratio und contradictio der Litiscontestation folgt.

43) *Nov.* 53. *c.* 3. § 2. *Δεχόμενον δὲ αὐτὸν τὸ βιβλίον — ὑπογράφειν τῷ καλουμένῳ ἀντιβίβλῳ, δηλοῦντα καὶ τὸν χρόνον, καθ' ὃν αὐτῷ τὸ βιβλίον ἐπιδί-*

pfängt. Durch diese verpflichtet sich der Beklagte vor Gericht in dem vom Kläger bezeichneten Termine zu erscheinen[44]) und bis zum Endurtheil zu beharren, so daß sie nicht nur die Stelle des alten Vadimoniums oder der cautio iudicio sisti, sondern auch der satisdatio iudicatum solvi in ihrer Clausel de re defendenda vertritt; denn de re iudicata giebt der Beklagte, der seine Vertheidigung selbst führt, nie mehr Caution[45]). Cautionsmittel ist regelmäßig Bürgschaft (satisdatio); nur Grundbesitzer[46]) und Personä illustres[47]) werden zur schriftlichen Cautio iuratoria zugelassen; andere privilegirte Personen im Nothfall[48]). Kann oder will der Beklagte die gesetzliche Caution nicht geben[49]), so tritt Real=

*δοται*. Bei der Litiscontestation soll dann der Beklagte erklären, ob die gesetzliche Frist von zwanzig Tagen seit der Insinuation des Libells verflossen sei, *δείκνυσθαι δὲ τοῦτο καὶ ἐκ τῆς ἡμέρας τοῦ βιβλίου, καὶ τῆς ὑπογραφῆς τῆς κατὰ τὸ βιβλίον*. Da der *ἀντιβίβλος* hier auch *βιβλίον* und im *Authenticum* Note 42 libellus genannt wird, so scheint es ein Duplicat der Klagschrift zu sein, auf welches jene Erklärung gesetzt wird. So auch Wieding cit. § 25.

44) Hiervon reden die meisten Stellen, *Nov.* 53. *praef. c.* 1. *c.* 3. *pr.* § 2. *c.* 4. *L.* 25. *§§ 1. 2. L. 33. § 2. C. I. de ep. et cler.* (1, 3). *L. 4. § 1. rest. C. I. de sportulis* (3, 2). *L. 8. C. I. de Princ. Ag. in reb.* (12, 22). *L. 4. C. I. de Castrens.* (12, 26) *L. 3. pr. C. I. de privil. schol.* (12, 30) und vor allen *Dig.* 2, 8. *sqq.*

45) *§ 2. I. de satisdat.* (4, 11). Sive enim quis in rem actione convenitur, sive personali suo nomine, nullam satisdationem pro litis aestimatione dare compellitur, sed pro sua tantum persona, quod in iudicio permaneat usque ad terminum litis. Dieß ist nicht wie *Gudelinus de iure noviss.* IV. 5. Rudorff, Rechtsg. II. S. 216 Note 9 und Wieding cit. S. 513 annehmen, eine von der cautio iudicio sisti verschiedene, erst bei der Litiscontestation vom Beklagten zu leistende Caution, sondern ihre zweite Hälfte, welche der vom Kläger bei Einreichung der Klage gestellten Caution (s. Note 29) entspricht. Daher *Nov.* 53 *c.* 3. *pr.* in der Mehrzahl *τὰς ἀσφαλείας* und *L. 8. § 7. rest. C. I. de delator.* (10, 11) beides erwähnt: *ὡς προσεδρεύσωσι τῷ δικαστηρίῳ αὐτοὶ — καὶ οὐκ ἀπολειφθήσονται τοῦ δικαστηρίου.*

46) *L. 15. D. qui satisd.* (2, 8). *L. 4. § 1. rest. C. I. de sportulis* (3, 2). *L. 8. C. I. de Princ. Ag. in reb.* (12, 22).

47) *L. 17. C. I. de dignitatibus* (12, 1).

48) *L. 12. pr. C. I. de prox. sacr. scrin.* (12, 19). *L. 4. § 4. C. I. de Castrens.* (12, 26). *L. 3. § 3. C. I. de privil. schol.* (12, 30). *L. 25. § 1. L. 33. §§ 2. 3. C. I. de ep. et cler* (1, 3). *Nov.* 123. *c.* 21. § 2. *L. un. pr. C. I. ut omnes iudices* (1, 49).

49) *L. 5. § 1. D. qui satisd. cog.* (2, 8). *L. 26. § 6. C. I. de episc. aud.* (1, 4). *L. 4. § 1. rest. C. I. de sportulis* (3, 2). *cf. L. 19. C. I. de testibus* (4, 20).

citation (exhibitio, ἀποστάσις, deductio, ἀπαγωγή) ein, d. h. er muß dem Executor folgen und wird von ihm während des Prozesses bewacht[50]) oder im gerichtlichen Gefängniß behalten[51]). Nur Frauen[52]) und gewisse privilegirte Personen[53]) sind davon befreit. Auch in dieser Beziehung konnten also die Grundsätze der alten in Jus Vocatio auf die richterliche Ladung angewandt werden, z. B. daß in Civilsachen Niemand aus seinem Hause gewaltsam vor Gericht geführt werden soll[54]).

Den Termin, in welchem nicht nur der Kläger, sondern auch der Beklagte vor Gericht zur Litiscontestation erscheinen soll, wurden von jenem, dem Kläger, bei Einreichung seiner Klagschrift bestimmt[55]). Doch sollten dem Beklagten wenigstens zehn Tage, die alte Frist der extraordinaria Cognitio[56]), nach Justinians Vorschrift zwanzig Tage, Bedenkzeit gelassen werden[57]).

---

## C. Zweiseitige Verhandlung.

### 1. Litiscontestation[1]).

§ 153. Ehe wir die einzelnen Theile der Verhandlung des

50) *L. 1. C. I. de sportulis* (3, 2). *cf. L. 2. C. I. de exact. trib.* (10, 19).

51) *Nov.* 134. *c.* 9. *L. 6. rest. B. § 3. C. I. de custodia reorum.* (9, 4). *cf. L. 19. C. I. de testib.* (4, 20).

52) *Nov. cit. cf. L. 1. C. I. de off. div. iud.* (1, 48).

53) Advocaten *L. 3. § 6. L. 5. § 6. C. I. de adv. div. iudicum* (2, 8), Aerzte, Professoren *L. 6. C. I. de medicis* (10, 52).

54) S. oben § 32 Note 12—17. Auch *Nov.* 115. *c.* 5. § 1.

55) *Nov.* 53. *c.* 1. *pr.* εἴ ὁ χρόνος πληρωθείη, ὃν ἐπὶ τῇ τῆς παραστάσεως ἢ τῆς ἀπαγωγῆς ἀσφαλείᾳ αὐτὸς ὁ ἐπάγων ἔταξεν = si — tempus elapsum sit, quod in cautione iudicio sistendi aut deducendi causa actor ipse praefinivit. Die Cautio, d. i. die Stipulations- und Bürgschaftsurkunde, wurde vom Kläger entworfen und mit der Klagschrift durch den Executor dem Beklagten zur Unterschrift vorgelegt. Vgl. *§. 8. I. de fideiuss.* (3, 20). *L. 30. D. de verb. obl.* (45, 1).

56) S. oben § 80 Note 67.

57) *Nov.* 53. *c.* 3. — 80. *c.* 10. *Nov.* 96. *c.* 2. § 1.

1) *Cod. Iust.* 3, 9. *de litis contestatione.* — Zimmern, Rechtsg. III. § 146. Heffter, System § 310. Puchta, Instit. § 185. Rudorff, Rechtsg. II. § 71. Wetzell, Civilpr. S. 78. Wieding, Libellprozeß § 13.

Rechtsstreits und insbesondere dessen Eröffnung, die Litiscontestation, betrachten, sind noch einige Bemerkungen über den allgemeinen Charakter des Verfahrens vorauszuschicken.

Nachdem die Sache durch die schriftliche Klage und deren Mittheilung an den Beklagten eingeleitet ist, schreitet sie nun in einer Reihe mündlicher Verhandlungen oder Termine fort, zu welchen beide Partheien oder ihre Vertreter vor Gericht erscheinen. Wie das ganze zweiseitige Verfahren, so wird auch jeder dieser Termine technisch cognitio, *διάγνωσις*[2]), genannt, und diese zweiseitige Verfahrungsweise durch **cognitionaliter**, *διαγνωστικῶς*[3]) bezeichnet, im Gegensatz des einseitig, *μονομερῶς*, stattfindenden Contumacial- und Appellationsverfahrens[4]).

Ferner ist die feste Gliederung des Prozesses in das Instructionsverfahren vor der Gerichtsobrigkeit (**in iure**) und die Untersuchung und Entscheidung durch den Geschwornen (**iudicium**) weggefallen; derselbe wird von dem untersuchenden und erkennenden Richter von Anfang bis zu Ende frei geleitet, also auch die Reihenfolge, in welcher die einzelnen Punkte besprochen und entschieden werden, rein nach sachlichen Motiven von ihm bestimmt[5]). Auch scheint die Cumulation eventuell bedeutsamer

2) *L. 9. pr. C. I. de praescr. trig. ann.* (7, 39). — ex quo novissima processit cognitio. *L. 14. pr. C. I. de iudiciis* (3, 1). — non solum in principio litis, sed etiam in omnibus cognitionibus usque ad ipsum terminum. *L. 4. C. I. de interdictis* (8, 1). — inter ipsa cognitionum auspicia. *Nov.* 126. c. 2. — *πάσας τὰς διαγνώσεις* —, *ἀλλὰ μίαν ἑκάστην* (sc. *διάγνωσιν*) *τὴν ἰδίαν ἡμέραν ἔχειν.*

3) *L. 12. C. I. de legib.* (1, 14). *L. 10. C. I. de revoc. donat.* (8, 56). *L. 3. C. I. de quaest.* (9, 41). Ferner cognitionalia certamina *L. 8. § 3. C. I. de praescr. trig.* (7, 39). *L. 1. § 1. C. I. de ann. exc.* (7, 40). *διαγνωστικοὶ ἀγῶνες.* *Nov.* 115. c. 2.

4) *L. 81. D. fam. erc.* (10, 3). appellatione facta — *μονομερῶς*, id est altera parte absente. *L. 5. § 4. C. I. de temp. app.* (7, 36). — sive ex una parte, sive cognitionaliter. *Nov.* 126. c. 2. *ἐκ μιᾶς μοίρας.*

5) Wieding cit. S. 120 folg. behauptet die Fortdauer des Unterschieds von „Jus und Judicium" und meint damit, daß der Richter die formellen Bedingungen des Prozesses, seine Competenz, die Legitimation u. s. w. erledigt habe, ehe er zur Untersuchung der Sache selbst schritt, was nie bestritten worden. S. mein Handbuch S. 263. Sonst bezeichnet ius in den Quellen nie die Instructionsverhandlung, sondern den Ort, wo der Magistrat Recht spricht. *L. 11. D. de iust. et iur.* (1, 1). In Justinians Compilation ist daher in

Rechtsmittel (Eventualmaxime)[6]) regelmäßig nicht zugelassen worden zu sein. Beweise dafür wird die folgende Darstellung liefern; ein anschauliches Bild davon gewähren die Berichte des Symmachus über die vor ihm verhandelten Rechtssachen, deren einige im Anhang vollständig mitgetheilt und erläutert werden sollen. Sie gehören zwar der Theodosischen Zeit an, dienen aber auch als Beweise für das spätere Verfahren. Denn da dessen Formlosigkeit überhaupt aus der extraordinaria Cognitio stammte, Justinian aber den Prozeß seiner Zeit ausdrücklich darauf zurückführt, auch wesentlich neue Formen nirgends aufgestellt hat, so dürfen wir sie auch dafür annehmen[7]).

Die erste jener Cognitiones nun ist diejenige, zu welcher der Beklagte in Folge der Ladung und auch der Kläger seinem Versprechen gemäß erscheint. Denn er muß seine im Libell nur angekündigte Klage noch durch einen vollständigen Vortrag des thatsächlichen Hergangs, der sie veranlaßt, begründen, welches mündlich in diesem ersten Termine geschieht. Ebenso der Beklagte den im Libellus Contradictionis der Klage entgegengesetzten Widerspruch, und wenn er dieß in der Art thut, daß es zum Prozeß, d. h. zur vollständigen Verhandlung und Entscheidung der Sache kommen muß, so hat dieser hiermit (per narrationem propositam et contradictionem obiectam) seinen förmlichen Anfang genommen; dieß heißt jetzt litis contestatio[8]), προκάταρξις[9]). Diese wird also nicht mehr

iure und in iudicio dasselbe. S. oben § 147 Note 15 und unten Note 28.

6) Vgl. Wetzell cit. § 71.

7) Dieser Ansicht, welche ich jetzt nicht mehr, wie in meinem Handbuch S. 260, durch Vergleichung mit dem großen Theils antiquirten Prozeß der preuß. Gerichtsordnung von 1793 illustriren will, sind die meisten neuern Schriftsteller gefolgt, welche Wieding cit. § 2 aufführt und durch seine Darstellung m. E. nicht widerlegt hat.

8) *L. 14. § 1. C. I. de iudiciis* (3, 1). *Iustinian. a.* 530. Patroni causarum — cum lis fuerit contestata, post narrationem propositam et contradictionem obiectam, — iuramentum praestent. *L. 2. pr. C. I. de iureiur. propter cal.* (2, 59). *Idem a.* 534. — non aliter neque actorem neque fugientem in primordio litis exercere certamina, nisi post narrationem et responsionem, antequam utriusque partis advocati sacramentum legitimum praestent, ipsae principales personae sub-

wie früher in dem Ordo Judiciorum privatorum formell durch einen bestimmten Act, die Aushändigung und Annahme der Formula, bezeichnet, sondern muß wie in dem alten Cognitionsverfahren aus dem Inhalt der ersten Partheierklärungen vor Gericht entnommen werden [10]).

Allein eben deshalb kann dieser erste Termin nicht ohne Unterschied dafür gelten. Vielmehr wird die Litiscontestation ausgeschlossen: 1) durch Vorschützung dilatorischer, den Prozeß betreffender Einreden, wodurch der Beklagte die Einlassung auf die Sache selbst ablehnt, also die Eröffnung des eigentlichen Rechtsstreits verhindert. Denn nur wenn die gesetzlichen Bedingungen eines gerichtlichen Verfahrens vorhanden sind, also vor einem competenten Richter, mit einem gehörig legitimirten Kläger und auf eine formell untadliche Klage ist er sich einzulassen verpflichtet. Diese Punkte müssen also vor allem erledigt, das Judicium muß rite constituirt sein, ehe auf die Sache selbst eingegangen werden kann [11]). 2) Durch das Geständniß (confessio) [12]), wodurch der Beklagte den Anspruch des Klägers unbedingt einräumt; denn hierdurch wird der Rechtsstreit aufgehoben und unmöglich gemacht. Da Justinian den Grundsatz des alten Rechts: confessus pro iudicato est [13]),

eant iusiurandum. *L. un. C. h. t.* (3, 9). — lis enim tunc contestata videtur, cum iudex per narrationem negotii causam audire coeperit. Da die Cognitio immer zweiseitig ist, so ist unter dieser narratio auch der erste Vortrag beider Partheien zu verstehen. So alle Note 1 angeführten Schriftsteller, auch Savigny, System V. S. 21 folg. Anders Wieding cit. § 13, der die L. C. an die narratio des Klägers, identisch mit der narratio der Rhetoriker (s. oben § 108 Note 44), knüpft. Auch wenn der Beklagte alles einräumt oder die Einlassung ablehnt?

9) *Nov.* 53. *c.* 3. § 2. *γίνεσθαι προκάταρξις παρὰ τῷ δικαστῇ. c.* 4. *pr. μὴ γενομένης προκατάρξεως. Nov.* 80. *c.* 10. *Nov.* 96. *c.* 1. *c.* 2. § 1. *προκατάρχεσθαι Basil.* VII. 1, 3. *Schol. προκάταρξις ἐστὶν ἡ διήγησις τῆς ὑποθέσεως, οὐχ' ἡ ἔκδοσις τῆς ἀγωγῆς, οὐδὲ ὑπόμνησις, οὐδὲ ἡ μονομερὴς ἐντυχία.*

10) S. oben § 122 Note 112. — Nicht „fingirt", wie Wieding cit. S. 153 mein Handbuch mißversteht.

11) S. § 154 Note 3 folg. — Ueber die peremptorischen die Einlassung ausschließenden Einreden daselbst Note 24 folg.

12) *Dig.* 42, 2. *Cod.* 7, 59. *de confessis.*

13) *L. 56. D. de re iud.* (42, 1). *L. 1. D. L. un. C. tit. cit.*

und dessen Consequenzen, insbesondere die Vorschrift, daß auf Grund eines seinem Gegenstand nach bestimmten Bekenntnisses sofort die Execution eintreten könne[14]), in seine Compilation aufgenommen hat, so unterliegt deren Anwendbarkeit keinem Zweifel[15]).

Jede Erklärung des Beklagten aber, wodurch er den Prozeß, d. h. die Untersuchung und Entscheidung der Sache, nothwendig macht und sich auf denselben einläßt, macht diese erste Verhandlung zur Litiscontestation. Diese hat daher zwei Seiten, eine materielle, welche den Inhalt der Partheierklärungen betrifft, und eine formelle, als Anfangspunkt des Prozesses.

Durch die Partheierklärungen wird der status causae et controversiae und insofern der weitere Verlauf des Prozesses bestimmt. Die Thatsachen, welche der Kläger zur Begründung seiner Klage anführt und der Beklagte ableugnet, muß jener beweisen; über Thatsachen, von welchen dieser seine Befreiung von der Klage ableitet, mögen es wahre Exceptionen sein oder nicht, liegt ihm der Beweis ob. Alles vom Gegner Zugestandene wird als wahr behandelt, ein Beweis darüber nicht verlangt[16]). Hierauf bezieht sich der von den Partheien unmittelbar nach der Litiscontestation zu leistende allgemeine Eid vor Gefährde (iusiurandum propter calumniam), wodurch sie beide versichern, ihre Erklärungen in gutem Glauben abgegeben zu haben. Die Verweigerung des Eides wird als Zugeständniß der Behauptungen des Gegners angesehen und das Urtheil demgemäß gesprochen[17]).

Eine Ergänzung der Litiscontestation in dieser Hinsicht

14) *L. 6. pr. §§ 1. 2. D. tit. cit* Auf certa pecunia und certa res kann jetzt exsequirt werden; ein Incertum, z. B. Schadensersatz, ist erst in einem Liquidationsverfahren zu ermitteln, *L. 25. § 2. L. 26. D. ad leg. Aquil.* (9, 2), welches dann doch noch zur Absolution des Beklagten führen kann. *L. 4. L. 7. D. tit. cit.*

15) Vgl. § 105.

16) S. § 154. *cf. L. 2. § 7. C. I. de iur. propter cal.* (2, 59). — in his capitulis, quae narratione comprehensa sunt, pro confesso habeatur; und Note 22.

17) *L. 2. C. I. de iureiur. propter cal.* (2, 59).

bilden ferner die interrogationes in iure, die deshalb noch in Gebrauch sind [18]). Zwar, ehe die Sache zur gerichtlichen Verhandlung kommt, kann Niemand genöthigt werden, auf die Frage des Gegners eine bestimmte Antwort über sein Recht abzugeben, auf welche jener dann eine Klage (actio interrogatoria) gründen könnte [19]). Ist aber die Sache durch Klage gerichtlich anhängig gemacht und im ersten Termin zur Verhandlung gekommen, also vor Gericht (in iure = in iudicio) kann der Kläger dem Beklagten nicht nur über Thatsachen der Passivlegitimation, die dieser wissen muß und deren Beweis ihm, dem Kläger, schwer wird, sondern auch über andere Punkte, wo es der Richter billig findet [20]), durch denselben Fragen vorlegen, auf welche dieser bestimmte, ihn verpflichtende Erklärungen abgeben oder sich in Bezug auf diese Thatsachen für überführt bekennen muß [21]). Sie dienten also statt Beweises, und wurden, wie es scheint, zu diesem Behuf beiden Partheien und auch in späteren Stadien des Prozesses gestattet [22]).

Als formeller Anfangspunkt des Prozesses aber hat die Litiscontestation die Wirkungen, welche die alte Jurisprudenz daran knüpfte [23]), insofern sie nicht durch Aenderungen des Prozesses oder des materiellen Rechts aufgehoben sind. Diese Beschränkung bedarf um so mehr einer näheren Untersuchung, als sie auch für unser heutiges Recht bedeutend und keineswegs unbestritten ist [24]).

18) *Dig.* 11, 1. *de interrogationibus in iure faciendis et interrogatoriis actionibus.*

19) *L. 1. § 1. D. h. t.* Interrogatoriis autem actionibus hodie non utimur, quia nemo cogitur ante iudicium de suo iure aliquid respondere: ideoque minus frequentantur et in desuetudinem abierunt *rel.*

20) *L. 21. D. h. t.* Ubicunque iudicem aequitas moverit, aeque fieri interrogationem dubium non est.

21) S. Bd. 2 S. 550 folg.

22) *L. 1. § 1. cit.* sed tantummodo ad probationes litigatoribus sufficiunt ea, quae ab adversa parte expressa fuerint apud iudices, vel in hereditatibus, vel in aliis rebus, quae in causis vertuntur.

23) S. oben § 103.

24) S. meine Versuche S. 152 Note 22. Zimmern, Rechtsg. III. § 146. Keller, L. C. und Urtheil S. 109. Savigny, System III. S. 25 folg. Heffter, System

Die Wirkung der Litiscontestation auf das streitige Rechtsverhältniß beruht auf dem Grundsatz, daß dieselbe Klage nicht zweimal angestellt werden dürfe, daß die Actio also durch die einmalige Anstellung, die Litiscontestation, consumirt sei, daß aber dem Kläger dafür ein Ersatz in dem Judicium und dem damit verknüpften Recht auf Verurtheilung des Beklagten, insofern er seinen Anspruch beweist, gegeben werde. Indem also die Litiscontestation als Willensact der Partheien die Actio aufhebt und ihr ein neues, obligationsähnliches Rechtsverhältniß, das Judicium, substituirt, konnte sie der Novatio verglichen werden. Beides bezeugen noch Justinians Digesten[25]). und wir sind deshalb berechtigt, auch in dem neuesten Recht diese Vorstellung als den Mittelpunkt aller einzelnen von der älteren Jurisprudenz davon abgeleiteten und in diesen noch vorkommenden Folgerungen zu betrachten. Welche sind dieß nun? Wir unterscheiden auch jetzt die negative und die positive Wirkung der Litiscontestation.

1) Die negative Wirkung, nehmlich die Consumtion des Klagrechts, trat nach dem älteren Recht entweder ipso iure oder per exceptionem rei in iudicium deductae ein, und da in Justinians Compilation weder jene noch diese vorkommt, so wird ihre Fortdauer von den meisten neuern Schriftstellern bestritten[26]). Ist dieß richtig oder wie ist sonst jenes Nichtvorkommen zu erklären? Die Consumtion des Klagrechts, sagten wir, kann zur Sprache kommen während des anhängig gemachten Prozesses oder nach dessen Ende. Während dieses Prozesses fällt sie zusammen mit der Einrede der Litispendenz, und diese

§ 137. Buchka, Einfluß des Prozesses §§ 12—16. Bekker, proz. Cons. S. 11 folg. Wetzell, Civilprozeß § 47. Krüger, Consumtion § 26. Wieding cit. S. 394—421.

25) *L. 3. § 11. D. de peculio* (15. 1). sicut stipulatione — ita iudicio contrahi. *L. 29. D. de novat.* (46, 2). Aliam causam esse novationis voluntariae, aliam iudicii accepti. *L. 2. § 8. D. de her. vind.* (18, 4). — si novaverit, vel in iudicium deduxerit actionem. *L. 60. D. de fideiuss.* (46, 1), genere novationis.

26) Zimmern, Keller, Savigny, Heffter, Krüger cit. Es behaupten die Fortdauer Buchka, Bekker, Wetzell, Wieding.

besteht auch nach Justinianischem Recht [27]). Nach der regelmäßigen Beendigung des Prozesses durch ein absolutorisches oder condemnatorisches Urtheil aber war auch im ältern Recht davon nicht die Rede, weil dieses nun an die Stelle der Litiscontestation tritt, d. h. die Actio entweder ipso iure oder per exceptionem rei iudicatae aufhebt. Nur wenn der Kläger nach der Litiscontestation die Klage zurücknahm oder liegen ließ bis das Judicium durch Zeitablauf erloschen war, trat die Consumtion derselben als selbständige Folge der Litiscontestation in die Erscheinung. Wie ist es nun jetzt damit? Die Zurücknahme der Klage wird als ein Verzicht auf den Anspruch ausgelegt und der neuen Anstellung die exceptio pacti entgegengesetzt, worin allerdings die Neigung hervortritt, diesen Erfolg nicht an jenes formelle, sondern an ein materielles Rechtsprincip zu knüpfen [28]). Der Verzicht auf die fernere Vertheidigung von Seiten des Beklagten, d. h. die Confessio in einem späteren Zeitpunkt des Rechtsstreits, muß diesen so gut wie zu Anfang aufheben [29]). Das Erlöschen des Judiciums durch Zeitablauf aber besteht nicht mehr: der Prozeß, den der eine oder andere Theil liegen läßt, kann auf Antrag des Gegners durch ein Contumacialurtheil beendigt werden, welches entweder in der Sache selbst entscheidet, und dann die exceptio rei iudicatae begründet, oder als Absolutio ab Instantia beide Theile von der Verpflichtung die Sache fortzusetzen (ab observatione iudicii) entbindet, also diese Wirkung der Litiscontestation aufhebt [30]);

27) *L. 30. L. 34. D. de iudiciis* (5, 1). *L. 4. C. I. de iurisdict.* (3, 13). *L. 4. rest. C. I. de in ius voc.* (2, 2). *L. 12. § 1. rest. C. I. de iudiciis* (3, 1). *L. 1. § 3. C. I. de adsert. toll.* (7, 17). Buchka cit. S. 25 folg.

28) *L. 4. C. I. de pactis* (2, 3).

29) S. Note 12 folg. Confessio in iure = in iudicio, überhaupt vor Gericht, nicht bloß bei der Instruction.

30) S. § 157. Die Bedeutung dieses von der extraordinaria Cognitio stammenden Contumacialverfahrens für die prozessualische Consumtion hat zuerst Buchka cit. S. 10 folg. geltend gemacht. Ihm folgt Wetzell cit. S. 81 folg. — Die veränderten Grundsätze über Pluspetitio scheinen mir für die Frage der Consumtion nicht entscheidend, weil sie auf der Formlosigkeit der Klage des neuesten Rechts beruhen. Vgl. § 152 Note 20. 21. 22 und unten Note 35, auch § 154 Note 19.

lassen aber beide Theile die Sache liegen, so ist auch damit deren Wirkung erloschen, sie hat nach Justinianischem Recht nur die Folge, daß die einmal angestellte Klage erst in vierzig Jahren von der letzten Cognitio an verjährt [31]). Es giebt also keinen Fall mehr, wo, abgesehen von der Litispendenz, die Consumtion des Klagrechts auf die Litiscontestation und auf diese allein zurückgeführt werden könnte; und hieraus erklärt es sich, daß insbesondere die exceptio rei in iudicium deductae in Justinians Compilation nicht mehr vorkommt [32]). Man kann also sagen, daß nach Justinianischem Recht die Consumtion des Klagrechts, welche die Litiscontestation bewirkt hat, entweder auf das Urtheil übertragen wird, oder, wenn ein solches in der Sache selbst nicht erfolgt, mit dem Judicium wieder erlischt.

Die Einrede der Litispendenz kann übrigens nicht bloß von dem Beklagten und gegen den Kläger selbst, sondern auch von jedem solidarisch Mitverpflichteten und gegen jeden solidarisch Mitberechtigten vorgeschützt werden, weil die Klage für und gegen sie in Judicium deducirt ist. So bei den Miteigenthümern eines Grundstückes rücksichtlich der actio finium regundorum und confessoria, und bei mehreren Correi credendi oder debendi. Kommt es zum Urtheil, so gilt auch dieses für und gegen Alle, aus demselben Grunde [33]). Doch soll nach positiver Vorschrift Justinians nicht die Klage und Condemnation Eines von mehreren Correi debendi, sondern erst die Zahlung die anderen definitiv liberiren, die Execution also für den Ausfall gegen diese gesucht werden können [34]).

Die **positive Wirkung**, d. h. die Verpflichtung beider

31) *L. 9. C. I. de praescr. trig.* (7, 39). *L. 1. § 1. C. I. de ann. exc.* (7, 40). Früher dreißig Jahre. *L. 1. § 1. C. Th. de act. certo temp.* (4, 14). *a.* 424. *Nov. Val.* 34. § 13. *a.* 453.

32) Versuche S. 152 Note 24 war so gemeint.

33) S. oben § 101 Note 59. 60 75, § 103 Note 91. 92, § 111 Note 92. So auch Buchka cit. II. S. 35. 41.

34) *L. 28. C. I. de fideiuss.* (8, 41). *cf. L. 33. § 1. C. I. de usur. rei iud.* (7, 54). Ob freilich Justinian sich diesen Zusammenhang mit der Consumtionslehre klar gedacht, steht dahin. Etwas anders Buchka und Wetzell cit.

Theile, die Sache bis zum Urtheil durchzuführen und sich eventuell diesem zu unterwerfen, bezieht sich theils auf die Form des Prozesses, theils auf die Sache selbst.

a) In Bezug auf die Form des Prozesses zeigt sich dieselbe in dem Verlust aller darauf bezüglichen Einwendungen, als der Incompetenz des Richters, seiner Recusation, der Legitimation des Gegners, der Klagform u. s. w.[35]). In letzterer Beziehung gelten jedoch die freieren Grundsätze, wonach auch im Lauf des Prozesses noch eine Aenderung und Verbesserung der Klage möglich ist[36]).

b) In Bezug auf die Sache selbst wird die Klage durch die Litiscontestation von ihren ursprünglichen Bedingungen unabhängig gemacht oder perpetuirt, und in ihrem Gegenstande neu bestimmt durch den Grundsatz, daß der Kläger durch das condemnatorische Urtheil, welches die eventuelle Verpflichtung des Beklagten purificirt, alles erhalten muß, was er haben würde, wenn er zur Zeit der Litiscontestation befriedigt worden wäre. Beides ist eine Folge des Novationsprincips, und wird auch noch in Justinians Compilation in zahlreichen Stellen bezeugt[37]).

Bewirkt also die Litiscontestation auch nach dem neuesten römischen Recht eine Quasi-Novatio, so muß auch eine Uebertragung von Schuldverhältnissen in dieser Weise möglich sein. Bestimmt wird dieß für die Uebertragung der Schuld anerkannt, es ist eine Delegation oder liberatorische Intercession durch Litiscontestation möglich[38]). Die Uebertragnng der Forderung durch Bestellung zum Procurator in rem suam ist zwar auch noch möglich; da aber das Recht des Cessionars in allen Fällen, wo er die Bevollmächtigung erzwingen kann, vermöge der Actio utilis schon vor der Litiscontestatio ein vollständig erworbenes, übertragbares und vererbliches ist[39]), und Justinian dieß auf

35) S. oben § 103 II. A. S. 514 und unten § 154 Note 3 folg.

36) S. oben § 152 Note 19 folg.

37) S. oben § 103 II. B. S. 514 folg.

38) S. oben § 100 Note 103. 183.

39) S. § 100 Note 174 folg.

den einzigen darunter nicht begriffenen Fall, die Schenkung, ausgedehnt hat[40]), so ist die Litiscontestation hiefür allgemein bedeutungslos geworden[41]).

Die Wirkung der Litiscontestation wird auch im Justinianischen Recht durch Cautionen bestärkt. Für die Vertreter der Partheien sind dieß dieselben wie im älteren Recht, nehmlich in Bezug auf den Kläger ratam rem haberi, und in Bezug auf den Beklagten iudicatum solvi[42]); für die Hauptpersonen die cautio iudicio sisti et de prosequenda lite. Da diese aber schon bei Einreichung der Klage von Seiten des Klägers und bei deren Insinuation vom Beklagten bestellt wird[43]), so geht die dadurch begründete Verpflichtung der Litiscontestation voraus und ist als eine eventuelle zu betrachten, welche nur dann ins Leben tritt, wenn es wirklich zur Litiscontestation kommt.

Ganz consequent wird daher auch die Wirkung der Litiscontestation in Bezug auf die Sache selbst, d. h. auf die Bedingungen der Klage und die Leistungen des Beklagten im Fall seiner Verurtheilung, wenn es anders zur Litiscontestation gekommen ist, wie früher im Cognitionsprozeß[44]), auf jenen früheren Zeitpunkt der insinuirten Klage (conventio) zurückbezogen, und dadurch auch der Verzug der Einlassung des Beklagten für den Kläger unschädlich gemacht. Dieß gilt nicht nur für die Unterbrechung der Verjährung[45]) und die Vererbung der

40) *L. 33. C. l. de donat.* (8, 54).

41) Nur insofern ist sie es nicht ganz, als der Cedens nach der Litiscontestation des Cessionars nicht mehr klagen, der Schuldner nach der Litiscontestation desselben, der aber in dieser Beziehung die außergerichtliche Denuntiation gleichsteht, nicht mehr an jenen zahlen kann. *L. 3. C. l. mandati* (4, 35). *L. 3. C. l. de novat.* (8. 42). *L. 4. C. l. quae res pign.* (3, 17).

42) *§§ 3—5. I. de satisdat.* (4, 11).

43) S. § 152 Note 28. 29. 43. 44.

44) S. § 123 Note 114.

45) *L. 3. L. 7. pr. C. l. de praescr. trig.* (7, 39). Justinian gestattet zu diesem Behuf selbst eine ganz unbestimmte Klage. *L. 3. C. l. ann. exc.* (7, 40). Wenn nach *L. 2. § 1. eod.* auch die Usucapion und longi Temporis Präscriptio durch die Conventio, oder, wenn diese unmöglich ist, durch eine Protestation unterbrochen, richtiger unschädlich gemacht werden soll, so gehört dieß zu den Fällen in Note 47. Vgl. Savigny, System VI. S. 59 folg.

Klagen [46]), sondern auch für die Leistung der Erweiterungen des Klagobjects [47]).

Eine fernere Erweiterung dieses Grundsatzes um desselben Motivs willen, nehmlich den Verzug der Einleitung des Prozesses für den Kläger unschädlich zu machen, ist es, daß im Rescriptsprozeß schon die Einreichung des Libells und Ertheilung des Rescriptes die Wirkungen der Litiscontestation haben soll [48]); auch hier natürlich unter der Voraussetzung, daß es nachher wirklich zum Prozeß, also zur eigentlichen Litiscontestation der Partheien kommt.

Allem diesem entspricht es endlich, daß der Gegenstand des Rechtsstreits unter derselben Voraussetzung schon durch Insinuation der richterlichen Ladung oder des kaiserlichen Rescriptes res litigiosa und unveräußerlich werden soll [49]).

---

## Exceptionen [1]).

§ 154. Die Vertheidigung des Beklagten gegen die Klage (defensio) kann, wie wir früher (§ 99) gesehen, durch verschie-

46) *L. 33. D. de obl. et act.* (44, 7).

47) *L. 20. §§ 6. 9. L. 25. § 7. L. 40. pr. § 1. D. de her. pet.* (5, 3). Was hier in Einem Fall angenommen wird, muß nach Just. Recht in allen andern gelten. — Savigny, System § 264 VI. S. 84 folg. erklärt es für dieses als eine Singularität, nimmt aber § 278 folg. für unser heutiges Recht dasselbe allgemein an. Vgl. *L. 2. C. I. de ann. exc.* (7, 40) in Note 45.

48) *L. 10. C. Th. de diversis rescriptis* (1, 2) = *L. 1. C. I. quando libellus Principi datus litis contestationem faciat* (1, 20). *Arcad. et Hon. L. 2. eod. Iustinian.* — per oblationem precum et ad eas rescriptionem. *cf. L. 33. C. I. de donat.* (8, 54).

49) Im Formularprozeß durch L. C. *L. 1. § 1. D. de litigiosis* (44, 6). *L. 13. D. fam. erc.* (10, 2). *L. 1. C. I. comm. div.* (3, 37). Auf Cognitionssachen geht wohl *Fr. de iure fisci* § 8. Für das neueste Recht *Nov.* 112. *c.* 1.

1) *Inst.* 4, 13. *Dig.* 44, 1. *Cod. Iust.* 8, 36. *de exceptionibus.* — Heffter, System §§ 136. 307 Note 150, § 311 Note 182. Puchta, Instit. § 185 S. 271. — Wieding, Libellprozeß § 15 ganz abweichend, nach einer Exegese der betreffenden Quellenzeugnisse, die ich dem Leser zu vergleichen überlasse.

dene Vertheidigungsmittel (defensiones) unternommen werden, deren Verwechslung im Formularprozeß nicht möglich war, weil in diesem dafür ganz verschiedene Formen gebraucht wurden. Bestritt der Beklagte die Existenz des klägerischen Rechts, gleichviel aus welchem Grunde, weil es nie begründet gewesen oder weil es untergegangen sei, so genügte dafür die gewöhnliche Fassung der Formula: SI PARET — CONDEMNA, SI NON PARET, ABSOLVE. Gab er die Existenz des klägerischen Rechts zu oder ließ sie dahin gestellt und machte seinerseits ein Recht geltend, welches jenes nur seiner Ausübung nach beschränkt, so mußte, insofern es der Untersuchung bedarf, der Formula eine exceptio eingerückt werden, die den Judex anwies, ungeachtet der begründeten Klage den Beklagten zu absolviren. In diesem Erfolg der Absolution standen sich beiderlei Vertheidigungsmittel, wenn der Judex sich von ihrer Wahrheit überzeugte, gleich; selbst die dilatorischen Exceptionen, welchen der Kläger durch Verschiebung oder Aenderung seiner Klage ausweichen konnte, mußten, wenn er es nicht that, diesen Erfolg haben; das Judicium, in welches die Actio deducirt und dadurch consumirt war, führte nothwendig zu einer definitiven Entscheidung über dieselbe, entweder zur Condemnation oder zur Absolution.

Mit dem Wegfall der Formula aber ist auch in dieser Beziehung alles anders geworden. Vor Allem tritt ein anderer materieller Unterschied der Vertheidigungsmittel des Beklagten in den Vordergrund, nehmlich derjenigen, welche den Prozeß, und der anderen, welche die Sache selbst betreffen [2]).

1) Den Prozeß betreffen die Einwendungen gegen den Richter, die Partheien oder die Form der Klage, welche früher zum Theil, wie z. B. die exceptiones procuratoriae, als wahre dilatorische Exceptionen der Formula eingerückt werden und zur Absolution durch den Judex führen konnten, jetzt aber, weil sie die Einlassung auf die Klage ausschließen, sämmtlich vor der Litiscontestation vorgeschützt werden müssen und, wenn der Richter

2) S. oben § 99 Note 93.

sie begründet findet, die Verfügung der Abhülfe des prozessualischen Mangels oder die Entbindung von der Einlassung, also nur von der Instanz, bewirken [3]). Folgende Fälle sind zu unterscheiden:

a) Den **Richter** betrifft die Einrede der Incompetenz (praescriptio fori) [4]). Denn der Beklagte muß der Ladung des Richters folgen und kann dann dessen Incompetenz geltend machen; läßt er sich aber auf die Klage ein, so hat er sich stillschweigend dessen Gerichtbarkeit unterworfen und die Einrede verloren [5]). Die Recusation des verdächtigen Richters (recusatio iudicis suspecti) und Erbittung eines Arbiter an seiner Statt muß gleichfalls vor der Litiscontestation erfolgen [6]). Desgleichen die Verwerfung des Richters in eigener Sache [7]).

b) Die **Partheien** betrifft der vom Beklagten gerügte Mangel prozessualischer Handlungsfähigkeit (legitima persona in iudicio) und die verlangte Ergänzung derselben durch einen Vormund [8]); die Legitimation des Vertreters durch Beweis seiner Bestellung oder cautio de rato, seiner persönlichen Befähigung u. s. w. (exc. procuratoria), eine Einrede, welche gleichfalls durch Einlassung verloren geht [9]), also jetzt vorher zur Entscheidung gebracht werden muß [10]). Da jedoch ein Wechsel in der Person des Vertreters im Lauf des Prozesses möglich ist, so kann auch dann noch durch die Einrede mangelnder Legitimation das Verfahren in der Sache selbst sistirt werden [11]).

c) Die **Form der Klage** begründet jetzt bei deren verhältnißmäßigen Formlosigkeit eine Einrede nur, wenn sie so

3) S. § 99 Note 91.

4) *L. 13. C. I. h. t.* Praescriptiones fori in principio a litigatoribus opponendas esse, legum decrevit auctoritas. *L. 65. C. Th. de appell.* (11, 30). *L. 4. C. I. de iurisdict.* (3, 13).

5) S. § 73 Note 9 folg.

6) *L. 16. C. I. de iudiciis* (3, 1). *Nov.* 53. *c.* 3. 4. *Nov.* 96. *c.* 2.

7) *Cod. Iust.* 3, 5. *ne quis in sua causa iudicet vel ius sibi dicat. Cf. tit.* 9. *de L. C.*

8) *Cod. Iust.* 3, 6. *qui legitimam personam in iudiciis habeant vel non. Cf. tit.* 9. *de L. C. Consult.* V. 2. VI. 2.

9) *L. 13. C. I. de procur.* (2, 13). S. oben § 103 Note 120.

10) *§ 11. I. h. t.* — ne, dum de his altercatur, ipsius negotii disceptatio proteletur.

11) *Symm. Ep.* X. 39. Anhang I.

unbestimmt ist, daß der Beklagte darauf eine bestimmte Erklärung nicht abgeben kann [12]), oder wenn die Unterschrift des Klägers und die gesetzliche Bürgschaft fehlt [13]).

Auch die Präscriptionen des alten Rechts, nehmlich die exceptio praeiudicii, wodurch die Entscheidung einer anderen Sache vor dieser verlangt, und die sg. exceptiones litis finitae, wodurch die Einlassung auf diese Sache als eine durch rechtskräftiges Urtheil, Transact oder Verjährung erledigte, abgelehnt wird, mußten jetzt um dieser ihrer Bestimmung willen vor der Litiscontestation vorgeschützt und zur Entscheidung gebracht werden, im Fall ihrer Begründung aber eine Absolutio ab Actione bewirken [14]).

2) Alle anderen die Sache selbst betreffenden Vertheidigungsmittel aber bilden einen Bestandtheil der Litiscontestation, nehmlich des Widerspruchs (contradictio), den der Beklagte dem Vortrag des Klägers (narratio) entgegensetzt; also nicht nur das Leugnen der Thatsachen, auf welche der Kläger den Erwerb des behaupteten Rechts gründet, sondern die eigenen Behauptungen (allegationes), woraus er die Nullität dieses Rechts (ipso iure) von Anfang an oder durch späteren Untergang, oder nur seine Unwirksamkeit (per exceptionem) ableitet, und zwar entweder nur zur Zeit (exceptio temporalis s. dilatoria) oder für immer (exceptio perpetua s. peremptoria). Die Zusammenfassung dieser verschiedenartigen Vertheidigungsmittel in demselben Vortrag, auch ihre gleiche Behandlung bei dessen späterer Ergänzung, also ihre gleiche prozessualische Form, ferner der Umstand, daß der Beklagte nicht bloß rücksichtlich der wahren Exceptionen, sondern auch der selbständigen Behauptungen, woraus er die Nullität des klägerischen Rechts ableitet, ja selbst in gewissen Fällen des reinen Leugnens den Beweis übernehmen

12) S. § 152 Note 13—17.

13) S. § 152 Note 27—29.

14) S. § 99 Note 85—89. Für diese Behandlung der exceptio praeiudicii spricht auch die Stellung des Titels *Cod. Iust.* 3, 8. *de ordine iudiciorum* zu den vorhergehenden und zu *tit.* 9. *de litis contestatione.*

muß, auch manche Aenderungen des materiellen Rechts, wodurch einer früher nur per exceptionem wirkenden Thatsache die zerstörende Kraft ipso iure beigelegt wurde, haben zur Folge gehabt, daß das Justinianische Recht zwar im Allgemeinen den Begriff der exceptio noch richtig bestimmt [15]), im Einzelnen aber den Ausdruck irrthümlich auf Fälle der Nullität ipso iure anwendet. So wird das reine Leugnen des empfangenen Darlehns, auch wenn keine Stipulation, sondern nur eine Handschrift über den Empfang ausgestellt ist, exceptio non numeratae pecuniae genannt, weil der Beklagte den Beweis führen muß, und die für jene Exceptio eingeführte Verjährungsfrist dafür gilt [16]). Desgleichen ist bei der Eigenthumsverjährung noch von exceptio oder praescriptio longi temporis und triginta annorum die Rede, obgleich Justinian dem fortgesetzten Besitz während zehn, zwanzig oder dreißig Jahren die höhere Wirkung der Usucapion, also des vollständigen Eigenthumserwerbes und der Aufhebung des früheren Eigenthums ipso iure beigelegt hat [17]). Es ist dieß aber eben deshalb nur als ein unrichtiger Ausdruck, nicht als eine Aenderung der Begriffe im Rechtssystem zu betrachten.

Rücksichtlich der prozessualischen Behandlung aber gelten jetzt folgende Grundsätze. a) Die dilatorischen Einreden, welche die Sache betreffen, aber die Klage nur zur Zeit ausschließen [18]), sollen gleich zu Anfang der Verhandlung, also bei der Litiscontestation, vorgeschützt werden, damit der Kläger die Klage fallen lassen und ihnen dadurch ausweichen könne; der Beweis aber, der dem Beklagten deshalb

15) *Inst.* 4, 13. *cit.*, wo die Worte *pr.* licet ipsa persecutio, qua actor experitur, iusta sit, tamen iniqua sit adversus eum cum quo agitur, nicht, wie Zimmern, Rechtsg. III. § 91 a. E. meint, eine Aenderung des Begriffs enthalten, *cf. Theophil. h. l.*, und sonst überall in einzelnen Anwendungen.

16) *Inst.* 3, 21. — cessante scilicet verborum obligatione. Ist eine Stipulation interponirt, so ist es eine wahre exceptio. *Gai.* IV. § 116. *§ 2. I. h. t.*

17) *L. 8. pr. § 1. C. I. de praescr. trig.* (7, 39). *pr. I. de usucap.* (2, 6).

18) *§ 10. I. h. t. L. 3. D. eod.*

obliegt, wird nach der allgemeinen Regel für die Reihenfolge der Beweise (§ 155), weil auch diese Exceptionen nur gegen die begründete Klage von Bedeutung sind, erst nachdem der Kläger den Beweis derselben geführt hat, gefordert [19]). Der Erfolg des geführten Beweises ist aber nicht mehr, wie im Formularprozeß, die vollständige Absolution des Beklagten, sondern dem Inhalt der Exceptio gemäß der Ausspruch des Richters, daß der Beklagte zur Zeit dem Kläger das Geforderte zu leisten nicht schuldig sei. Der Kläger wird also, wenn die Umstände sich geändert oder die Zeit, für welche die Exceptio bestand, verstrichen ist, seine Klage erneuern können. Denn die Consumtion seines Klagrechts durch die Litiscontestation kann ihm bei der Formlosigkeit der Klage so wenig entgegengesetzt werden, als im alten Recht bei einer Formula incerta [20]); und das richterliche Urtheil nicht, weil dieses ihm nur „zur Zeit" die Forderung aberkannt hat. Nur wenn er bis zum Urtheil auf der behaupteten gegenwärtigen Forderung besteht, trifft ihn die Strafe, daß er die doppelte Zeit ohne Zinsvergütung damit warten muß [21]). Und da K. Zeno diese Strafe für beide Fälle, die Schuld möge ursprünglich durch einen Dies oder später durch ein pactum de non petendo temporale befristet sein, angeordnet hat [22]), so tritt auch hierin die gleiche prozessualische Behandlung des ipso iure und des per exceptionem recht deutlich hervor. — Das spätere Vorbringen einer anfangs versäumten dilatorischen Einrede ist schlechthin verboten, und der Versuch wird selbst mit einer namhaften, dem Advokaten auferlegten Geldbuße gestraft [23]).

b) Auch die peremptorischen Exceptionen werden regelmäßig gleich zu Anfang der Verhandlung, bei der Litiscontestation, als Theil der Contradictio vorgeschützt; ihr Beweis aber,

19) *L. 19. C. I. de probat.* (4, 19). Exceptionem dilatoriam opponi quidem initio, probari vero, postquam actor monstraverit, quod asseverat, oportet.

20) S. § 103 Note 72.

21) S. oben § 152 Note 19.

22) *§ 9. I. h. t.* — ut et inducias, quas ipse actor sponte indulserit, vel natura actionis continet, in duplum habeant ii, qui talem iniuriam passi sunt.

23) *L. 12. C. I. h. t. Iulian. a.* 363.

nach dem bereits erwähnten Grundsatz, erst verlangt, wenn der Kläger seine Klage bewiesen hat [24]). Jene anfängliche Vorschützung ist aber nicht nothwendig; ist sie versäumt, so kann der Beklagte peremptorische Exceptionen noch bis zur rechtskräftigen Entscheidung der Sache nachbringen [25]); also selbst in der Appellationsinstanz [26]); später freilich nur vermöge einer in Integrum Restitutio [27]). Es entspricht dieß auch der Parität der Partheien; denn auch der Kläger kann ja, wenigstens im neuesten Recht, seine Klage noch im Lauf des Prozesses in Bezug auf ihren Grund und ihr Object, also durch neue thatsächliche

24) *L. 9. C. I. de praescr. longi temp.* (7, 33). Emptor bona fide contra praesentem decennii praescriptione, cuius initio contestationem haberi sufficit, posteaquam suam impleverit intentionem petitor, adhibita probatione iustae possessionis defensus, absolvi recte postulat. *L. 8. C. I. h. t.* Praescriptionem peremptoriam, quam ante contestari sufficit *rel.* *L. 9. C. I. eod.* — habita exceptionis contestatione, tunc demum, cum intentionem secundum asseverationem suam petitor probaverit, huic esse locum monstrari convenit.

25) *L. 4. C. I. h. t.* Cum nondum finitam sententia causam, sed dilatam allegetis, non est dubium, omnes integras defensiones vobis esse. *L. 8. eod. cit.* Praescriptionem peremptoriam — omissam, priusquam sententia feratur, obicere quandoque licet. *L. 2. C. I. sent. rescindi non posse* (7, 50). *Diocl. et Max.* Peremptorias exceptiones omissas in initio, antequam sententia feratur, opponi posse, perpetuum edictum manifeste declarat *rel.* Welche Bestimmung des Edicts hier gemeint ist, und ob diese zu Diocletians Zeit auch nur in gewissen Fällen galt, wissen wir nicht, ist auch für das Justinianische Recht gleichgültig. Für das Theodosische Recht s. Note 31—33. *L. 10. § 1. C. I. de fideiuss.* (8, 41). — ante condemnationem. *L. 14. § 1. C. I. de compens.* (4, 31). — post multa forte variaque certamina, cum res iam fuerit approbata, tunc ex altera parte, quae iam paene convicta est, opponi compensationem *rel.*

26) *L. 6. § 1. C. I. de appell.* (7, 62). *Diocl. et Max.* Si quid autem in agendo negotio minus se allegasse litigator crediderit, quod in iudicio acto fuerit omissum, apud eum qui de appellatione cognoscit, prosequatur. *L. 2. C. I. sent. rescindi non posse* (7, 50). — citra remedium appellationis. *L. 4. C. I. de temp. app.* (7, 60). *Iustin.* — tam appellatori quam adversae parti novis etiam assertionibus utendi vel exceptionibus.

27) *L. 2. cit.* Note 22. — Quodsi aliter actum fuerit, in integrum restitutio permittitur. Nam iudicatum contra maiores annis viginti quinque non oppositae praescriptionis' velamento, citra remedium appellationis, rescindi non potest.

Anführungen, berichtigen[28]) und in der Appellationsinstanz Nova nachbringen[29]). Aus demselben Grunde muß dieß dem Beklagten auch rücksichtlich solcher Thatsachen gestattet sein, woraus die Nullität der Klage ipso iure folgt. Auch in dieser Beziehung besteht also ein Unterschied der prozessualischen Behandlung für diese verschiedenen Vertheidigungsmittel nicht mehr[30]).

Auch darin stehen sich beiderlei Vertheidigungsmittel gleich, daß sie die definitive Absolution des Beklagten von der Klage bezwecken und, insofern dieser den ihm obliegenden Beweis führt, bewirken. — Nach dem Recht des Theodosischen Codex konnten indeß die peremptorischen Einreden einzeln vorgebracht und durch Interlocute darüber entschieden, auch gegen diese, weil sie dem Endurtheil präjudicirten, appellirt werden[31]). Um den Verzug, der auf diese Weise aus wiederholten Appellationen entstehen konnte, zu verhüten, verordnete K. Gratian, daß der Beklagte alle seine peremptorischen Einreden mit einem Mal vorbringen und wegen der verworfenen appelliren solle[32]). Wenn eine hier nicht vorgeschützte Einrede später nachgebracht wird, so soll eine selbstständige Verhandlung darüber weder in erster Instanz, noch durch Appellation zugelassen, ihre Berücksichtigung beim Endurtheil aber nicht ausgeschlossen werden[33]). Die ganze Vorschrift bezog

28) S. § 152 Note 19.

29) *L. 6. § 1. L. 4. cit.* Note 25.

30) So auch Puchta cit. S. 272 und Heffter cit. § 136, der jedoch „die Allegation" der wahren Exceptionen verlangt; diese aber ist auch rücksichtlich der das Klagrecht zerstörenden Thatsachen nothwendig.

31) *L. 37. C. Th. de appell.* (11, 30). *Val. Grat. et Valentin. AAA. ad Thalassium Procons. Africae* (*a.* 378). Cum de praescriptionibus peremptoriis agitatur examen, si eas praescriptiones iudex ut leves putaverit improbandas, et ab eius interlocutione fuerit appellatum, provocatio huiusmodi recipiatur, cum peremptoria praescriptio et definitiva sententia eadem vi vel consumptae causae vel non admittendae videantur operari. *cf. L. 18. L. 23. C. Th. quor. app.* (11, 36).

32) *L. 37. cit.* Sed quoniam evenire potest, ut multae praescriptiones peremptoriae litigatoribus competant, ne in uno eodemque negotio per singulas necesse sit saepius provocari, toties ad nos referri, omnes peremptorias praescriptiones, quas sibi quisque putaverit competere, cogatur expromere, et ita demum, si a cognitore fuerint repudiatae, utatur, si placet, provocationis auxilio.

33) *L. 24. C. Th. quor. app.* (11, 36). *Iidem AAA. ad Thalassium Procons. Africae* (*a.* 378).

sich aber nur auf diejenigen Gerichte, von denen an den Kaiser appellirt wird; in andern sollte es beim früheren Rechte bleiben [34]). In Justinians Compilation ist sie nicht aufgenommen, weil er alle Appellationen vor dem Endurtheil verboten hat [35]). Die interlocutorischen Entscheidungen über peremptorische Einreden, wie über andere einzelne Punkte, wenn solche ergingen, wurden also fortan nicht mehr rechtskräftig, sondern man konnte bei der Appellation gegen das Endurtheil darauf zurückkommen.

Betrifft der Einwand des Beklagten, der seine definitive Absolution bezweckt, nur einen Theil der Forderung, so ist sein Erfolg die Minderung der Condemnation, und den Kläger trifft die Strafe der Pluspetitio, d. h. der dreifache Ersatz der zu viel gezahlten Sporteln [36]). Auch dieß gilt für beiderlei Vertheidigungsmittel, z. B. die exceptio pacti aus dem Nachlaßvertrag und die Einrede theilweiser Zahlung. Hieraus erklärt sich auch Justinians Verordnung über die Compensation [37]). Ursprünglich fand diese nur in bonae fidei iudiciis bei Gegenforderungen aus demselben Grunde statt, und wurde vom Judex vermöge der allgemeinen Hinweisung auf Billigkeit und der Formula incerta durch verhältnißmäßige Minderung der Condemnation berücksichtigt. M. Aurel ließ sie bei stricti iuris Klagen zu vermittelst der exceptio doli, welche der Formel eingerückt werden mußte, und bei der Formula certa wenigstens, weil diese nur die Condemnation oder die vollständige Absolution des Beklagten zuließ, allemal diese letztere bewirkte. Dieser Grund

Si quis post susceptam super praescriptionibus peremptoriis appellationem et responsum a nobis redditum aliam peremptoriam praescriptionem opposuerit, non admittatur, et si propter eam non admissam provocare voluerit, refutetur. Sane volumus ei iuxta ordinem iuris defensionis loco praescriptiones peremptorias, quibus ante uti debuerat, reservari *rel.*

34) *L. 37. cit.* Quam formam ab his cognitoribus volumus observari, quibus necesse est interposita provocatione nostrae insinuare clementiae. In ceteris vero iudiciis eadem, quae dudum statuta fuerat, forma servetur.

35) *L. 36. rest. C. I. de appell.* (7, 62).

36) S. § 152 Note 22.

37) *L. 14. pr. C. I. de compens.* (4, 31). Compensationes ex omnibus actionibus i p s o i u r e fieri sancimus, nulla differentia in rem vel in personalibus actionibus inter se observanda.

freilich fiel später mit der Formula weg; aber die strengen Grundsätze über Pluspetitio als Strafe der Calumnia bewirkten denselben Erfolg. Da Justinian diese aufhob, so war es ganz consequent, daß er auch für den Fall der Compensation vorschrieb, der Richter solle bei allen Klagen gerade so zu dem Minus condemniren, wie in dem Fall, da diese ipso iure auf Weniger gehen als der Kläger gefordert hat, ohne damit sonst das Recht der Compensation, welches das einer wahren Exceptio ist, ändern zu wollen [38]). Die beschränkte Strafe der Pluspetitio freilich, der dreifache Ersatz der zu viel gezahlten Sporteln, mußte auch hier eintreten.

Der Begriff der Exceptio ist auch in ihren ferneren Anwendungen, als replicatio, duplicatio u. s. w. im System des Justinianischen Rechts nicht abgeändert [39]), der richtige Sprachgebrauch aber auch hier nicht überall festgehalten [40]). Daß der Kläger Behauptungen, wodurch er die Einreden des Beklagten bekämpft, sofort nach deren Vorschützung oder auch später noch vorbringen kann, daß also auch in dieser Beziehung wie überhaupt für das sachliche Vorbringen der Partheien irgend ein Präclusivtermin nicht besteht, ergiebt sich aus dem früher Gesagten.

Dagegen hat Justinian für die Widerklage (mutua petitio), wenn der Beklagte sie zur gleichzeitigen Verhandlung bringen will, vorgeschrieben, daß sie gleich Anfangs, also bei der Litiscontestation, vor demselben Richter angebracht werden müsse [41]).

---

38) *§ 30. I. de act.* (4, 6). — ut actiones ipso iure minuant. Vgl. meinen Aufsatz im Rhein. Museum für Jurispr. I. S. 276 folg. Dagegen Ubbelohde, Ueber den Satz: Ipso iure compensatur, Gött. 1858. und die von ihm angeführten Schriftsteller.

39) *Inst.* 4, 14. *de replicationibus.*

40) Z. B. in *L. 7. C. I. h. t. Diocl. et Max.* Si ex maiore debiti quantitate minor tibi soluta est, nec liberationem debitori tuo praestitisti, petere quod non probatur redditum, contra exceptionem pacti replicatione tuam adiuvans intentionem, minime prohiberis.

41) *Nov.* 96. *c.* 2. Dieser Richter wird für competent erklärt in *L. 14. C. I. de sent. et int.* (7, 45). Doch kann er vom Beklagten auch in Bezug auf die Widerklage recusirt werden. S. *Nov. cit.*

### 3. Beweis[1]).

§ 155. Der Beweis (probatio), d. h. das Thun der Partheien, wodurch sie den Richter von ihren thatsächlichen Behauptungen zu überzeugen und dadurch ein günstiges Urtheil zu erlangen suchen, war in dem Formularprozeß weder seinen Bedingungen, noch seinem Erfolge nach gesetzlich bestimmt; alles war in dieser Beziehung in die freie Beurtheilung des Geschwornen gestellt. Die Grundsätze, welche die Jurisprudenz über die Beweislast aus der Natur der Rechtsverhältnisse und der darauf angewandten Logik ableitete (§ 109), und die gelegentlichen Aeußerungen der Rechtsquellen über die Beweiskraft der Zeugen, Urkunden u. s. w. enthalten nur Abstractionen dessen, was die Geschwornen als traditionelle Maximen zu befolgen pflegten. Auch nach Beseitigung des Geschwornenamtes bezeugen Diocletians zahlreiche Rescripte die Fortdauer dieses Zustandes. Allein einerseits das Bedürfniß, der Willkühr der kaiserlichen Beamten, in deren Händen jetzt das Urtheil lag, Schranken zu setzen, andrerseits der krankhafte Trieb der Zeit, jedem Uebel durch Gesetze abzuhelfen, veranlaßten schon Constantin zu einer Reihe von Verordnungen, wodurch das eine und andere, die Beweislast und die Kraft der verschiedenen Beweismittel, zum Theil sehr willkührlich bestimmt wurden, und die spätern Kaiser sind ihm darin gefolgt. Dahin gehört die merkwürdige Vorschrift Constantins, daß beim Eigenthumsstreit zwar nach dem Grundsatz der alten Jurisprudenz und der Rescripte früherer Kaiser dem Kläger der erste Beweis auferlegt werden soll; daß aber, wenn dieser ihm nicht gelungen ist, dann der Beklagte seinen Besitz durch den Beweis seines Rechts an der Sache rechtfertigen müsse, damit das wirkliche Recht und die absolute Wahrheit ans Licht komme[2]), eine Entscheidung, die im Widerspruch mit

1) *Cod. Theod.* 11, 39. *de fide testium et instrumentorum.* *Dig.* 22, 3. *Cod. Iust.* 4, 19. *de probationibus.* 2) *L. 1. C. Th. h. t. a.* 325. Etsi veteris iuris definitio et

dem Grundprincip der Beweislast die Inquisition in Civilsachen einführt [3]). Mit Recht hat Justinian ihr die Aufnahme versagt und diese nur den Grundsätzen der älteren Jurisprudenz gewährt. Die Vorschriften über die Kraft der verschiedenen Beweismittel sollen bei diesen erwähnt werden.

Was das Beweis**verfahren** betrifft, so bildete es nicht, wie in unserm heutigen gemeinen Prozeß, einen besonderen, durch ein Beweisinterlocut eröffneten Abschnitt des Prozesses, in welchem über alle streitigen Thatsachen binnen einer vom Richter bestimmten Frist sämmtliche Beweismittel producirt, dann benutzt und endlich discutirt werden [4]), sondern von den in der Litiscontestation zusammengefaßten einander entgegenstehenden Behauptungen der Partheien, in ihre Bestandtheile zerlegt, wird nach den Regeln über die Beweislast durch Interlocute [5]) in entsprechender Reihenfolge zunächst dem Einen und dann dem Andern zu beweisen aufgegeben was ihm zu beweisen obliegt, also z. B. dem Kläger der Beweis des abgeleugneten Klaggrundes, und erst wenn dieser zugestanden oder der Beweis ihm gelungen ist, dem Beklagten der Beweis nicht nur seiner Exceptionen [6]), sondern auch derjenigen Thatsachen, aus welchen er die Nullität des

retro Principum rescripta in iudicio petitori eius rei quam petit necessitatem probationis dederunt, tamen nos aequitate et iustitia moti iubemus, ut, si quando talis emerserit causa, in primordio iuxta regulam iuris petitor debeat probare, unde res ad ipsum pertineat; sed si deficiat pars eius in probationibus, tunc demum possessori necessitas imponatur probandi, unde possideat vel quo iure teneat, ut sic veritas examinetur. *cf. L. 12. C. Th. h. t. Arcad. et Honor. a.* 396, welche indeß den Besitzer nur von der Verpflichtung zur Edition seines Titels und vom ersten Beweise freispricht.

3) Besser ist Constantins Vorschrift in *L. 2. C. Th. de inoff. test.* (2, 19). = *L. 28. C. I. eod. a.* 321, daß die Kinder, nicht aber die Mutter als Klägerin mit der Querela inofficiosi ihr Wohlverhalten, welches präsumirt wird, beweisen soll. — Auch Constantius in *L. 4. C. Th. h. t. a.* 346. legt in einem andern Fall beiden Theilen den Beweis auf.

4) Anders Wieding, Libellpr. S. 254 — „nach Abschluß des Jus folgten im Judicium die Allegationes, — auf die Allegationen sodann die Beweise, — darnach die Disputation der Beweise."

5) So schon früher bei Cognitionen § 122 Note 117.

6) S. § 154 Note 18. 21.

klägerischen Rechts ipso iure ableitet [7]), so daß also auch in dieser Hinsicht dem neuesten römischen Recht die Eventualmaxime fremd ist. Nur ausnahmsweise (causa cognita) wird auf den Antrag beider Partheien (consensu) oder einer von ihnen, und zwar eher des Beklagten als des Klägers, eine Vertagung der ganzen Sache zur Anschaffung von Beweismitteln (dilatio instrumentorum causa) bewilligt, deren Länge mit Rücksicht auf die Entfernungen, von wo die Zeugen, Urkunden u. s. w. zur Stelle zu schaffen sind, gesetzlich bestimmt ist [8]).

Von den einzelnen Beweismitteln und dem dabei beobachteten Verfahren kommen jetzt besonders Zeugen, Urkunden und Eid in Betracht.

I. Zeugen [9]). Auch in Bezug auf den Zeugenbeweis steht diese Periode mit der ersten in dem schneidendsten Gegensatz, die zweite bildet den Uebergang. Von dem schlechthin geltenden Wort des freien Mannes ist keine Rede mehr; die allgemeine Knechtschaft und die daraus entsprungene Corruption läßt das Zeugniß als ein bedenkliches Beweismittel erscheinen [10]) und veranlaßt gesetzliche Beschränkungen und Gegenmittel eigenthümlicher Art.

Was die persönliche Fähigkeit und Glaubwürdigkeit der Zeugen betrifft, so waren zwar von jeher Sklaven (servi) ausgeschlossen [11]), ihre Aussage beweist nur, auch in Civilsachen, in Folge der Tortur [12]); ferner in einem Judicium publicum Ver-

7) *L. 1. L. 16. C. I. h. t.* setzen das Zugeständniß des Klaggrundes voraus; in andern Fällen, wo der Beweis des Klaggrundes nothwendig ist, z. B. beim Legat, mußte dieser geführt werden, ehe der Beklagte die Verletzung der Quarta Falcidia zu beweisen brauchte.

8) S. oben § 147 Note 35—41.

9) *Cod. Theod.* 11, 39. *de fide testium. Dig.* 22, 5. *Cod. Iust.* 4, 20. *de testibus. Nov.* 90. *περὶ μαρτύρων.* Ueber das ältere Recht vgl. § 108 2) II. S. 597 folg. Für das neueste, insofern es noch bei uns gilt, Wetzell, Civilprozeß § 22.

10) *Nov. cit. praef.* So sind heutzutage in britisch Ostindien die Zeugen käuflich.

11) *L. 6. L. 7. D. h. t. L. 6. L. 11. C. I. eod. Nov. cit. c.* 6.

12) *Cod. Iust.* 9, 41. *de quaestionibus.* In Erbschaftssachen *LL. 10. 13. 18.* Vormundschaftssachen *L. 2.* Statussachen *LL. 9. 12.* und andern *L. 15.* Vgl. § 108 Note 70

urtheilte und andere Infames [13]); und daß sonst Ruf und Lebenswandel bei der Glaubwürdigkeit eines Zeugen in Betracht zu ziehen sei, verstand sich von selbst. In der Uebergangszeit wird schon in charakteristischer Weise auf die Standesunterschiede Rücksicht genommen [14]); und Justinian in seinem allgemeinen Zeugenedict stellt es geradezu als Grundsatz auf, daß nur höherer Stand (dignitas), Amt (militia) und Vermögen (divitiae) unbedingt zum Zeugniß qualificiren [15]), geringeren Leuten (humiles) dagegen nur geglaubt werden soll, wenn sie von Personen jener Kategorien als glaubwürdig bezeichnet werden, oder in Folge der Tortur, der sie vermöge ihres Standes unterliegen, ausgesagt haben [16]). Der Zeit eigenthümlich ist auch die Ausschließung der Häretiker und Apostaten [17]). Einen Zeugen, der des falschen Zeugnisses überführt wird, soll der Richter der Hauptsache, wäre er auch sonst dafür nicht competent oder nur ein Judex pedaneus, sofort strafen und zum Schadensersatz verurtheilen können [18]).

In Betreff der Beweiskraft des Zeugnisses stellt Constantin zuerst den Grundsatz auf, daß Ein Zeuge, weß Standes er auch sei, nicht zugelassen werden soll [19]). Gegen eine durch Zeugen beglaubigte Urkunde sollte schon früher das Zeugniß Dritter nicht zugelassen werden [20]). Im Allgemeinen legt noch Constantin

13) *L. 3. § 5. D. h. t. L. 2. D. de Senator.* (1. 9). *Paul.* V. 15. § 5.

14) Callistratus in *L. 3. pr. D. h. t.* und Constantin in *L. 9. pr. C. I. eod.* = *L. 3. pr. C. Th. h. t.* — ut honestioribus potius fides testibus habeatur.

15) *Nov. cit. c.* 1. *pr.*

16) *Nov. cit.* c. 1. § 1. c. 3. Vgl. *L. un. § 2. C. Th. si certum petatur* (2, 27). *Hon. Theod. et Const. a.* 421. — a quibus tamen verum vel sacramento dignitas, vel suppliciis terror exploret. *L. 18. C. I. h. t. Iustinian.* — viles et forsitan redemptos testes. Ueber die Tortur s. noch *L. 13. rest. L. 15. rest. C. I. eod.*

17) Apostaten unbedingt. *L. 11. C. Th. h. t.* = *L. 3. C. I. de apostatis* (1, 7). *Val. Theod. et Arcad. a.* 391. Häretiker mit Unterschied. *L. 21. C. I. de haereticis* (1, 5). *Iustinian. Nov.* 45. c. 1.

18) *L. 13. rest. L. 14. L. 15. rest. C. I. h. t.*

19) *L. 3. pr. C. Th. h. t.* = *L. 9. pr. C. I. h. t.*

20) *Paul.* V. 15. § 4. nach Huschke's Emendation *Iur. anteiust. p.* 432. Note 8 und *L. 1.*

Zeugen und Urkunden gleiche Beweiskraft bei[21]). Justinian aber giebt überhaupt dem Urkundenbeweis den Vorzug, indem er zum Beweis der Erfüllung, wenn die Entstehung der Schuld durch Urkunden bewiesen ist, fünf Zeugen verlangt[22]), auch wie es scheint, für diese, wenn der Schuldner schreiben konnte, Zeugen allein nicht zuläßt[23]).

Jedermann ist jetzt auch in Civilsachen verpflichtet, Zeugniß abzulegen oder zu schwören, daß er nichts von der Sache weiß[24]), und zu diesem Behuf auf die Ladung des Richters zur persönlichen Erscheinung vor Gericht binnen vierzehn Tagen Bürgschaft oder eidliche Caution zu stellen[25]), jedoch auf Kosten des Producenten[26]). Befinden sich die Zeugen in einer anderen Provinz, so sollen sie auf Requisition des Richters der Hauptsache von einem dortigen Richter vernommen werden[27]). Befreit von der Zeugenpflicht sind nur Illustres, es sei denn, daß der Kaiser ihre Vernehmung befiehlt[28]), und Bischöfe, die jedoch nach Justinians späterer Vorschrift in ihrer Wohnung Zeugniß ablegen sollen[29]). Ferner werden, wie schon im alten Recht, nahe Verwandte und der Freigelassene und sein Patron nicht gezwungen, gegen einander Zeugniß abzulegen[30]). Noch immer ist es Regel, daß die Zeugen persönlich aussagen sollen über das, was sie mit ihren Augen gesehen, mit ihren Ohren gehört haben. Die protokollarische Zeugenvernehmung in einem früheren Prozeß wird als beweisend nur dann zugelassen, wenn die Zeugen verstorben sind[31]); das Zeugniß von Hörensagen

*rest. C. I. h. t.*, die *Cuiac. Obss.* XIII. 38. dem Caracalla zuschreibt.

21) *L. 15. C. I. de fide instr.* (4, 21). *a.* 317.

22) *L. 18. C. I. h. t. Nov. cit.* c. 2.

23) *Nov. cit. c.* 8. Der Ausdruck ist dunkel.

24) *L. 16. pr. rest. C. I. h. t. Iustinian.*

25) *L. 19. C. I. eod.*

26) *L. 11. L. 16. § 1. rest. C. I. eod.*

27) *L. 16. pr. C. I. h. t. L. 18. C. I. de fide instr.* (4, 21). *Nov. cit. c.* 5.

28) *L. 16. pr. cit.*

29) *L. 8. C. Th. h. t. = L. 7. C. I. de episc. et cler.* (1, 3). Justinians spätere Vorschrift ist *Nov.* 123. *c.* 7. Nicht befreit sind Presbyter. *L. 10. C. Th. h. t. = L. 8. C. I. de ep. et cler.* (1, 3).

30) *L. 4. L. 5. D. h. t. cf. Paul.* V. 15. § 3. *Coll.* IX. 2. 3.

31) *L. 20. C. I. h. t. Iustinian.* für die frühere schiedsrich-

nur in Bezug auf längst vergangene Thatsachen[32]). Zur Sicherung des Zeugenbeweises für einen künftigen Prozeß war es nach dem neuesten Recht gestattet, vor einer richterlichen oder sonst zur Aufnahme von Protokollen (acta, gesta) berechtigten Behörde in Gegenwart beider Partheien die Aussagen der Zeugen protokolliren zu lassen; und Justinian hat verordnet, daß wenn der Gegner dieß durch willkührliche Abwesenheit verhindern will, die Vernehmung, wie im Prozeß selbst, auch in seiner Abwesenheit erfolgen könne[33]).

Ueber das Zeugenbeweisverfahren im Prozeß giebt eine höchst fragmentarische Papyrusurkunde bei Marini, wenn sie wirklich das Protokoll eines Zeugenverhörs enthält, keinen Aufschluß[34]). Wichtiger ist die Erzählung eines Zeugenverhörs bei Symmachus[35]). Auf Befehl des Richters werden die Zeugen, deren Vernehmung er für nothwendig hält (der Vorschlag derselben durch den Kläger wird wenigstens nicht erwähnt), durch die Officialen im Gerichte sistirt. Nachdem die Partheien und ihre Vertreter über die streitige Thatsache sich gegenseitig erklärt, wird zur Vernehmung der Zeugen geschritten. Sie werden durch das Officium einzeln nach Namen und Stand aufgerufen und vom Richter über die Punkte befragt, die er zur Aufklärung der Sache dienlich findet. Dann werden die Fragen und Antworten im Vernehmungsprotokoll den Partheien mitgetheilt und ihnen erlaubt, die Verhandlung wieder aufzunehmen[36]).

terliche Verhandlung, was ebenso für die gerichtliche gelten muß. *cf. L. 5. §2. C. I. de receptis arbitris* (2, 56).

32) Die Regel enthält *Nov. cit. c. 2.* Ausnahmen *L. 28. D. de prob.* (23, 3). *L. 2. § 8. D. de aqua et aq. plur.* (39, 3).

33) *Nov.* 90. *c.* 9.

34) *Marini pap. dipl. Nr.* 140. *Spangenberg tab. neg. sol. Nr.* 66. Dessen Lehre von dem Urkundenbeweise II. Nr. 163. Was Spangenberg im Archiv für civ. Praxis VI. Nr. 11 daraus vorgebracht hat, beruht theils auf unrichtigem Abdruck, theils auf gewagter Ergänzung.

35) *Symm. Ep.* X. 48. S. unten Anhang II.

36) Auditis optimatum testimoniis, denuo defensores admitto iurgantes, könnte man auf eine Entfernung der Sachwalter während des Verhörs und ihre Wiederzulassung nach dessen Beendigung deuten, wie die Glossatoren sie nach der bekannten wun-

Justinians Compilation enthält folgende theils ergänzende, theils abändernde Bestimmungen über das Zeugenbeweisverfahren. Der Beweisführer introducirt oder producirt seine Zeugen in dem vom Richter angesetzten Termin, zu dem auch der Gegner geladen ist, um gegen die Zulassung einzelner Zeugen zu excipiren. Wird diese dennoch verfügt, so bleiben ihm seine Einreden gegen deren Glaubwürdigkeit vorbehalten [37]). Ebenso wenn er in diesem Termine ausbleibt und in Contumaciam mit der Production und Vernehmung der Zeugen verfahren wird [38]). Werden die Zeugen in einer andern Provinz durch Requisition des dortigen Richters vernommen, so verfügen sich die Partheien oder ihre Procuratoren zu dem bestimmten Termine dorthin [39]); denn die Gegenwart bei dem Verhör ist ihr Recht, ohne Zweifel nicht bloß um die Vernehmung des Richters zu controlliren [40]), sondern auch um an derselben Theil zu nehmen, den Zeugen bestimmte Fragen vorlegen zu lassen, wenn auch nicht, wie in den

derlichen Auslegung von *L. 14. C. I. h. t.* annehmen; allein da die Gegenwart der Partheien oder ihrer Procuratoren im Justinianischen Recht feststeht, so gehen jene Worte wohl nur auf die Unterbrechung der Verhandlung während des Zeugenverhörs.

37) ***L. 17. C. I. h. t. Iustinian. a.*** 528. Si quis testibus usus fuerit, iidemque testes adversus eum producantur, non licebit ei personas eorum excipere, nisi ostenderit inimicitias inter se et illos postea emersisse, ex quibus testes repelli leges praecipiunt; non adimenda scilicet ei licentia ex ipsis depositionibus testimonium eorum arguere. Sed et si liquidis probationibus datione vel promissione pecuniarum eos corruptos esse ostenderit, etiam eam allegationem integram ei servari praecipimus. *Nov.* 90. *c.* 6. 7. 8.

38) ***L. 19. C. I. h. t. Iustinian. a.*** 530. — quindecim dies, intra quos iudices provideant, quatenus cognitionem suscipiant, in qua testes necessarii visi fuerint, ut omnimodo licentia eis concedatur et alterutra parte cessante et minime eos observare volente, si per exsecutores admoniti venire noluerint, testes accipere et alterutra parte praesente, quae eos introducit, testimonia eorum capere. *Nov.* 90. *c.* 9. - *ὅσα δὲ ἂν ἁρμόσειεν αὐτῷ παραγράφεσθαι περὶ αὐτῶν ἐξεῖναι τούτοις χρῆσθαι* = quaecunque vero illi exceptiones contra ea competunt, illis uti liceat.

39) ***L. 16. rest. C. I. h. t. L. 18. C. I. de fide instr.*** (4, 21). *Nov.* 90. *c.* 5.

40) ***L. 19. cit.*** Note 38. — et minime eos (*sc.* iudices) observare volente.

alten Geschwornengerichten, das Verhör selbst in die Hand zu nehmen. Vor der Vernehmung werden nach Constantins Vorschrift die Zeugen vereidet [41]). Die Fragen und Antworten werden protokollirt [42]) und das Zeugenprotokoll den Partheien mitgetheilt [43]); wenn die Vernehmung durch einen requirirten Richter erfolgt ist, so wird es von diesem dem Richter der Hauptsache übersandt, und die Mittheilung an die Partheien erfolgt durch diesen [44]); worauf der Product seine Beweiseinreden (παραγραφαί) gegen die Glaubwürdigkeit der Zeugen und ihrer Aussagen vorbringt [45]). Früher konnte der Beweisführer zur Ergänzung seines mißlungenen Beweises wiederholt neue Zeugen produciren; Justinian hat ihm dieß nur, ehe er das Zeugenprotokoll empfangen und die Einwendungen des Producten gehört, und auch unter dieser Voraussetzung nur dreimal gestattet; das vierte Mal gegen einen Eid vor Gefährde [46]).

II. Urkunden (instrumenta) [47]) im engern Sinne, d. h. Beweise durch Schrift (scriptura) [48]), haben den Vorzug vor dem Zeugenbeweis, daß sie nicht von dem Lebensalter, der Erinnerung und der Gewissenhaftigkeit der Menschen abhängig sind, sondern als sichtbarer und bleibender Ausdruck einer Willenserklärung oder einer Aussage eben diese dem Richter vor das Auge bringen. Aber ihre Beweiskraft ist eigenthümlich bedingt, insofern die Schrift gefälscht sein und die Wahrheit des darin ausgedrückten Willens oder der Aussage angezweifelt werden kann [49]). Und hierauf beziehen sich die theils in der Natur der

41) *L. 9. pr. C. I. h. t.* = *L. 3. pr. C. Th. h. t. a.* 334.

42) *L. 20. C. I. h. t.*

43) *Nov.* 90. *c.* 4. *cf. Symm. cit.*

44) *Nov. cit. c.* 5.

45) *L. 17. L. 19. cit.* Note 37. 38. *Nov. cit. c.* 4. 7. 9. Die Vulgata nennt es disputatio; und daß der Producent auf die mündlich vorgebrachten Beweiseinreden des Producenten antworten konnte, versteht sich. *cf. Symm. cit.* Note 36.

46) *Nov. cit. c.* 4.

47) *Cod. Theod.* 11, 39. *Dig.* 22, 4. *Cod. Iust.* 4, 21. *de fide instrumentorum. Nov.* 73. Wetzell, Civilprozeß § 24.

48) *L. 4. D. h. t.* — fiunt enim de his scripturae, ut quod actum est per eas facilius probari possit.

49) *L. 5. C. Th. h. t.* Pars actorum habitorum apud Imperatorem Iulianum A. — Con-

Sache begründeten, theils willkührlichen Vorschriften der Gesetze dieser Zeit, die insbesondere der häufig vorkommenden Fälschung entgegentreten.

Hiernach hatten 1) die Protokolle, acta, gesta, ὑπομνήματα [50]), derjenigen Behörden, welche solche führen durften [51]), die höchste, ewig dauernde Beweiskraft [52]). Denn die Aechtheit derselben ist für den Richter, dem sie vorgelegt werden, aus ihrer Form erkennbar [53]), und das von der Behörde darin niedergelegte amtliche Zeugniß über den Vorgang hat als solches öffentlichen Glauben (publica fides) [54]). Der Beweis eines untergelaufenen Irrthums, überhaupt des Gegentheils, ist aber nicht ausgeschlossen [55]). Diese Beglaubigung war daher nicht bloß für alle Verhandlungen der streitigen Gerichtbarkeit, um ihres öffentlichen Charakters willen [56]), sondern auch für gewisse besonders wichtige Rechtsgeschäfte, Errichtung und Eröffnung der Testamente und große Schenkungen, vorgeschrieben, für andere gestattet, und bildete also einen wichtigen Zweig der freiwilligen Gerichtbarkeit [57]). Gleiche Glaubwürdigkeit haben natürlich als

stantinopoli in consistorio *a.* 362 erkennt eigentlich nur die Möglichkeit eines Gegenbeweises gegen Urkunden (γραμμάτια) im Allgemeinen an, ohne die verschiedenen Arten näher anzugeben.

50) *Dirksen Manuale v. acta* und *gesta. Nov.* 52. *c.* 2. *Nov.* 73. *c.* 7. πράξις ὑπομνημάτων.

51) Das ius actorum conficiendorum hatten nicht bloß alle richterlichen Behörden, kaiserliche und Municipalmagistrate und die Defensoren, sondern auch nichtrichterliche, z. B. der Magister Census und der Curator Civitatis. *L.* 2. *C. Th. de denunt.* (2, 4). *L.* 14. *§* 4. *C. I. de sacr. act.* (1, 2). *L.* 20. *C. Th.* 5, 13. = *L.* 2. *C. I. de mag. mun.* (1, 56). *L.* 3. *L.* 8. *C. Th. de donat.* (8, 12). *L.* 4. *C. I. de ep. et cler.* (1, 3). *L.* 5. *L.* 6. *C. Th. de rep. app.* (11, 31). Der Defensor Civitatis soll dafür ein Archiv haben und ein eigner Archivar dafür bestellt sein. *Nov.* 15. *praef. c.* 5. § 2.

52) *L.* 6. *C. I. de re iud.* (7, 52). = *L.* 55. *C. Th. de haeret.* (16, 5). *Hon. et Theod. a.* 414. Gesta, quae sunt translata in publica monumenta, habere volumus perpetuam firmitatem. — Neque enim morte cognitoris perire debet publica fides.

53) Zu dieser gehört die Zeitangabe in gesetzlicher Form. *Nov.* 47. *c.* 1.

54) *L.* 6. *cit.* Note 52. publica fides.

55) *L.* 6. *§* 1. *D. de off. Praesidis* (1, 18). Veritas rerum erroribus gestarum non vitiatur. l. gestorum. *cf. Mommsen h. l.*

56) S. oben § 148 Note 17 folg.

57) Savigny, Gesch. des R. R. im MA. I. §§ 27—29.

öffentliche Urkunden (instrumenta publica) die amtlichen Erlasse (commonitoria, praeceptiones)[58]) und Rechnungen (rationes, chartae publicae)[59]) der Verwaltungsbehörden.

Von diesen Protokollen über Privatacte bestimmt unterschieden, aber in Glaubwürdigkeit ihnen zunächststehend[60]), sind 2) die Notariatsinstrumente, instrumenta publice confecta[61]), *συμβόλαια ἐπ' ἀγορᾶς συντελούμενα*[62]), auch instrumenta publica[63]), *συμβόλαια ἀγοραία*[64]) genannt, weil sie von den auf öffentlichem Markte stationirten Tabellionen aufgenommen werden[65]). Da der Tabellio nicht eigentlich öffentlicher Beamter ist, sondern nur unter öffentlicher Aufsicht sein Gewerbe treibt, so haben die in gesetzlicher Weise von ihm ausgefertigten Urkunden nur dadurch vollkommene Beweiskraft, daß er ihre Aechtheit und die Wahrheit des Vorganges vor Gericht eidlich bezeugt[66]).

3) Bei Privaturkunden, cautiones[67]), chirogra-

58) *L. 10. § 1. C. I. de numerar.* (12, 50) *Zeno*, bestimmt die Form, Unterschrift u. s. w. der commonitoria vel praeceptiones aut evectiones seu quaelibet publica instrumenta. *§ 2.* — sine hac observatione — facti suspitione non careat, exceptis publicis instrumentis, quae e scrinio Ponticae dioeceseos emittuntur. *L. 2. rest. C. I. publ. laet.* (12, 64). — *δημόσια συμβόλαια.*

59) *L. 4. C. I. h. t. L. 23. C. I. ad leg. Corn. de fals.* (9, 22). *L. 1. C. I. de diversis off.* (12, 60). *L. 10. C. I. de tabular.* (10. 69). *L. 1. C. I. de praep. ag. in reb.* (12, 21). Nur soviel ist Wetzell cit. Note 47 und dem daselbst citirten Asverus zuzugeben.

60) *L. 14. §§ 3. 4. C. I. de sacr. eccl.* (1, 2). — tabellionum instrumenta — Iudicum gesta. *Nov. 52. c. 2.* — *οὐ δέονται πράξεως ὑπομνήματων — εἰ μόνον ταῖς ἀληθείαις γένοιντο ἐν ἀγορᾷ παρὰ συμβολαιογράφων συντελεσθεῖσαι.*

61) *L. 23. C. I. ad SC. Vell.* (4, 29). *L. 13. C. I arb. tut.* (5, 51). *L. 27. C. I. de episc. aud.* (1, 4). *L. 11. C. I. qui pot.* (8, 18).

62) *Nov. 73. c. 2. 5. 7. § 1.*

63) *L. 20. C. I. h. t.* — ex forensibus vel publicis instrumentis.

64) *Nov. 49. c. 2 Nov. 73. c. 7. Nov. 117. c. 2. Nov. 142. c. 2.*

65) S. oben § 144.

66) *L. 21. C. I. ad leg. Corn. de fals.* (9, 22). = *L. 1. C. Th. eod.* (9, 19). *Constantin. a.* 316. — tabellio — quoniam scripturae veritas, si res poposcerit, per ipsum debet probari auctorem. *L. 16. rest. C. I. h. t. Nov. 44. pr. c. 1. pr. Nov. 73. c. 7.*

67) Cautio heißt nicht bloß die Schuldurkunde, insbesondre über

pha[68]), *ἰδιόχειρα*[69]), kommt gleichfalls die Aechtheit, d. h. Unverfälschtheit der Schrift und der Unterschrift des Ausstellers, und sodann die Beweiskraft ihres Inhaltes in Betracht. — Um beides für die künftige Beweisführung sicher zu stellen, war es jetzt wie früher gebräuchlich, bei Errichtung der Urkunde Zeugen zuzuziehen und sie mit unterschreiben zu lassen[70]). Nach kaiserlichen Gesetzen sollten drei solcher Instrumentszeugen durch ihr eidlich vor Gericht abgelegtes Zeugniß der Urkunde die Beweiskraft eines von einem Tabellio ausgefertigten und recognoscirten Instruments verleihen. Nach K. Leo's Verordnung soll daher ein solches instrumentum quasi publice confectum nicht nur den vollständigen Beweis der Forderung, sondern auch den unbedingten Vorzug des Pfandrechts vor jedem andern begründen, dessen frühere Entstehung nur durch simple Privaturkunden oder sonst erweislich ist[71]). Justinian hat sodann die Beweiskraft von Schuldurkunden und Quittungen über mehr als fünfzig Pfund Gold[72]), und später selbst die aller Schuldurkunden von dem bestätigenden Zeugniß dreier Instrumentszeugen abhängig gemacht[73]), auch sonst solche Urkunden den von einem Tabellio ausgefertigten und recognoscirten gleich gestellt[74]). — Den Beweis der Aechtheit können ferner

eine Stipulation *L. 40. pr. D. de reb. cred.* (12, 1). *L. 25. § 4. D. de prob.* (22, 3), sondern jede zur Sicherung eines Andern (securitas) ausgestellte Handschrift, z. B. ein Constitutum *L. 24. D. de const. pec.* (13, 5), Quittungen *L. 32. § 1. D. de adm. tut.* (26, 7). *L. 2. C. I. de conv. fisci deb.* (10, 2). *L. 16. C. Th. de suscept.* (12, 26). S. die folg. Note.

68) *L. 103. D. de leg.* 1. (30). — domestica cautione vel chirographo. *L. 1. pr. C. Th. si certum pet.* (2, 27). Super chirographis — cautiones. *L. 20. C. I. h. t.* — ex chirographis et aliis instrumentis, quae non sunt publice confecta.

69) *L. 11. C. I. qui pot.* (8, 18). *Leo.* Scripturas, quae saepe assolent a quibusdam secrete fieri, — quae idiochira graece appellantur. *Nov.* 142. *c.* 2. *ἀγοραῖον ἢ ἰδιόχειρον.*

70) S. oben § 108 Note 80 — 82. Für die Unterschrift der Zeugen s. besonders *Nov.* 117. *c.* 2.

71) *L. 11. C. qui pot.* (8, 18). *a.* 469.

72) *L. 17. C. I. si certum petatur* (4, 2). *a.* 528.

73) *Nov.* 73. *c.* 1. 2. Die Gültigkeit des Geschäfts, wenn es durch Zeugen oder Eid bewiesen werden kann, ist nicht davon abhängig. c. 4.

74) Rücksichtlich der Aechtheit

die Partheien der Urkunde dadurch sichern, daß sie dieselbe ad acta einer Protokollbehörde deponiren und sich also zu ihrer Aechtheit und ihrem Inhalt bekennen [75]).

Die Beweisführung durch Urkunden geschieht in folgender Weise:

Damit 1) die Aechtheit der Urkunde geprüft werden könne, muß a) das Original dem Richter der Hauptsache vorgelegt werden, nicht eine bloße Copie [76]), noch weniger ein bloßes referens sine relato [77]), oder, wenn die Partheien es verlangen, so soll dieß in ihrer Gegenwart vor einem andern deshalb requirirten Richter geschehen, der über die Aechtheit der Urkunde erkennt und dann die Verhandlung dem Richter der Hauptsache einsendet [78]). Ueberall wird der Inhalt der producirten Urkunde, wie das Zeugenverhör, in das gerichtliche Protokoll aufgenommen [79]). Besitzt der Beweisführer die Urkunde nicht, so kann er deren Edition von dem Besitzer gerichtlich verlangen; und zwar ist nach neuestem Recht jeder Besitzer dazu verpflichtet [80]). Der Beweis des Untergangs der Urkunde ersetzt ihre Production nicht [81]), außer zur Strafe des Gegners, der sie in böser Absicht auf die Seite gebracht hat [82]).

Das Nächste ist dann b) die Erklärung des Producten über die Aechtheit, die dieser nur dann nicht bestreiten kann, wenn er selbst die Urkunde für sich producirt hat [83]). Gesteht er die Aechtheit zu, so wird diese vorläufig als feststehend angenommen; doch kann der Product gegen Eid vor Gefährde die nochmalige Production der Urkunde verlangen und die Fälschung beweisen [84]). Leugnet er sie, so thut er dieß entweder, indem er zugleich die

bei der Schriftvergleichung *L. 20. C. I. h. t.*, beim Beweise der Kindschaft *Nov.* 117. *c.* 2.

75) *Nov.* 73. *c.* 7. § 3. *cf. Nov.* 49. *c.* 2. § 2. *Nov.* 15. *praef. c.* 5. *pr.* Zu eng faßt die Sache Wetzell cit. S. 148 Note 69.

76) *L.* 2. *D. h. t.*

77) *Nov.* 119. *c.* 3.

78) *L.* 18. *C. I. h. t.*

79) *Edicta Pr. Pr. ed. Zachariae* 32, 3. *p.* 277. 33, 8. *p.* 278.

80) *L.* 22. § 4. *rest. C. I. h. t.*

81) *L.* 5. *L.* 13. *C. I. h. t.*

82) *L.* 20. *C. I. de prob.* (4, 19). *L.* 2. § 1. *D. de iure fisci* (49, 14).

83) *Nov.* 49. *c.* 2. § 1.

84) *L.* 21. *C. I. h. t.*

Anklage der Fälschung (accusatio falsi) gegen den Producenten erhebt, oder ohne diese [85]). Im ersten Fall wurde nach altem Recht, damit der Criminalsache kein Präjudiz entstehe, die Civilsache sistirt [86]). Constantin aber hat verordnet, die Civilsache solle ihren Lauf haben, der Criminalsache aber dadurch nicht präjudicirt, d. h. durch den Civilrichter nur über die Aechtheit der Urkunde, nicht über die Fälschung des Producenten erkannt werden [87]); und ebenso das neueste Recht [88]). In dem einen und andern Fall kann der Producent die Urkunde zurückziehen, indem er ihre Unächtheit, also ihre Beweisunfähigkeit für den Civilprozeß einräumt [89]), der Criminalanklage aber entgeht er dadurch nicht [90]). Besteht er auf ihrer Aechtheit, und diese steht für den Richter nicht wie bei Protokollen einer Behörde durch den Augenschein fest, so trifft ihn nach allgemeinen Grundsätzen die Beweislast [91]), und nur wenn er diesen Beweis geführt hat, kommt es auf den Gegenbeweis des Producten an [92]).

85) *L. 16. C. I. ad leg. Corn. de fals.* (9, 22). *Constantin. a.* 305. *L. 4. pr. C. Th. eod.* (9, 29). *Val. Grat. et Val. a.* 376. = *L. 23. init. C. I. eod.*

86) *L. 5. § 1. D. de her. pet.* (5, 3). *Ulp.* — sustinetur hereditatis petitionis iudicium, donec falsi causa agatur.

87) *L. 2. pr. § 1. C. Th. ad leg. Corn. de fals.* (9, 39). *a.* 326. *cf. Gothofr.* Anders legt Planck, Mehrheit der Rechtsstreitigkeiten S. 233 Note 14 die Stelle aus; die Urkunde soll vorläufig für ächt angenommen und darnach der Besitz (momentum) provisorisch regulirt, dann aber, wenn im Criminalprozeß das Factum bewiesen ist, jener Erfolg rückgängig werden. Allein quaestione civili per sententiam terminata macht diese Auslegung unmöglich.

88) *L. 23. C. I. eod.* = *L. 2. § 1. cit.* — Quodsi expetens vindictam falsi crimen intenderit, tunc, quaestione civili per sententiam terminata, criminis fiat indago. — Civilis autem inquisitionis inter utrasque partium confligentium lenior examinatio procedat *rel. cf. L. 31. eod.* (48, 10). Ueber die Aechtheit kann selbst ein Iudex pedaneus erkennen. *L. 11. C. I. eod. cf. L. un. C. Th. victum civiliter* (9, 20). = *L. un. C. I. quando civilis actio* (9, 31). Daß indeß die Criminalsache auch vor Entscheidung der Civilsache untersucht und entschieden werden kann, ergiebt sich aus *L. 21. C. I. h. t.*

89) *L. 3. C. I. h. t.*

90) *L. 8. C. I. ad leg. Corn. de fals.* (9, 22).

91) *L. un. § 1. C. Th. si certum petatur* (2, 27). *Hon. Theodos. et Const. a.* 421. — hoc enim toto iure cantatum est, ut scripturam prolator affirmet. *L. 4. C. Th. h. t. a.* 346 und

c) Als Beweismittel ist neben anderen diesem Fall eigenthümlich die **Schriftvergleichung** (manus collatio, comparatio litterarum), die jedoch das Theodosische Recht für bedenklich und nicht allein ausreichend erklärt [93]), und Justinian nur zuläßt, 1) wenn die Recognition der Urkunde durch einen Tabellio der sie ausgefertigt hat oder durch Instrumentszeugen nicht anwendbar ist [94]); 2) gegen einen Eid vor Gefährde dessen, der sie verlangt [95]), 3) unter Zuhülfenahme anderer Urkunden mit einer unzweifelhaft ächten Handschrift des Producten [96]) und 4) durch vereidete Sachverständige [97]). Daß der Producent dem Producten über die Aechtheit auch den Eid zuschieben kann, entspricht allgemeinen Grundsätzen [98]). Wird die Aechtheit erwiesen, so treffen den leugnenden Producten verschiedene Strafen [99]).

2) Die **innere Glaubwürdigkeit** wird a) bei **dispositiven** Urkunden, d. h. bei solchen, in denen eine Willenserklärung vorliegt [100]), nur abhängig gemacht von ihrer Auslegung und von der Ausschließung des Irrthums [101]) oder der

*L. 6. eod. a.* 369 legen wieder beiden Theilen den Beweis auf, wenn dieß nicht etwa wie *L. 2. § 1. C. Th. ad leg. Corn. de fals.* (9, 19) auf den Criminalprozeß geht.

92) *L. 24. C. I. ad leg. Corn. de fals.* (9, 22) = *L. 2. C. Th. de testamentis* (4, 4). *Theod. Val. et Arcad. a.* 389.

93) *L. un. §§ 1. 2. C. Th. cit.* Note 91. — quam tamen adstrui non sola manus collatione conveniet (quid enim aliud falsarius agit, quam ut similitudinem veritatis imitetur).

94) *Nov.* 73. *c.* 7. *pr.* Tunc quidem *rel.* c. 3. nicht gegen die Instrumentszeugen.

95) *L. 20. C. I. h. t. Nov.* 73. c. 3. *Nov.* 49. *c.* 2. § 2.

96) Vom Tabellio oder von den Instrumentszeugen recognoscirt *L. 20. cit. Nov.* 49. *c.* 2. § 2. oder vom Producten producirt. § 1.

97) *L. 20. cit.*

98) *Nov. 18. c.* 8. *cf. Nov.* 73. *c.* 4.

99) Nach einer verlorenen Constitution des K. Zeno *L. 16. rest. C. I. h. t.*, wenn durch Schriftvergleichung, 24 Aurei; wenn durch Recognition eines Tabellio oder der Instrumentszeugen, der Verlust der exc. non numeratae pecuniae; nach Justinians *Nov.* 18. c. 8. 9. außer durch Eid, die poena dupli.

100) Wetzell cit. S. 138. 153 bemerkt mit Recht, daß die Eigenthümlichkeit dieser Gattung häufig nicht besonders hervorgehoben werde; ich habe es in meinen Vorträgen stets gethan.

101) *L. 18. C. I. de probat.* (4, 19). *L. 8. § 15. D. quib. mod. pignus* (20, 6).

Simulation [102]), wobei dem Producten der Beweis gegen den einfachen Wortsinn obliegt [103]). b) Auf **Aussagen** über eine Thatsache werden, abgesehen von den oben erwähnten in den Protokollen enthaltenen Amtszeugnissen und dem bekräftigenden Zeugniß eines Tabellio oder dreier Instrumentszeugen, wovon aber die Aussage der Parthei selbst zu unterscheiden ist, die Grundsätze über die Glaubwürdigkeit unbeschworner Privatzeugnisse und der Geständnisse angewandt. Unbeschworne schriftliche Zeugnisse begründen in der Regel keinen vollständigen Beweis [104]), am wenigsten, wenn sie eine dem Aussteller der Urkunde günstige Thatsache aussagen [105]); wohl, wenn diese ein außergerichtliches, aber mit dem Bewußtsein der rechtlichen Folgen abgelegtes Geständniß enthält [106]). Daß dasselbe auch den Erben zur Anerkennung verpflichtet, wird in Justinians Gesetzgebung anerkannt [107]). Als allgemeiner Grundsatz spricht endlich ein Gesetz Constantins aus, daß verschiedene Urkunden widersprechenden Inhalts, die dieselbe Parthei producirt, sich gegenseitig alle Glaubwürdigkeit rauben [108]).

Dem Zeitablauf, der an sich der Beweiskraft einer Urkunde weder etwas hinzufügt, noch entzieht, ist dennoch in Folge daran sich knüpfender Präsumtionen eine solche Wirkung beigelegt worden. Sehr bekannt sind die Bestimmungen über non nu-

102) *Cod. Iust.* 4, 22. *plus valere quod actum est quam quod simulate concipitur.*

103) S. Bd. 2 S. 619 4).

104) *L. 3. § 3. D. de testib.* (22, 5). Divus Hadrianus — rescripsit: testibus se, non testimoniis crediturum. Eine Ausnahme enthält *Nov.* 117. *c.* 2. *cf. L. 29. § 1. D. de probat.* (22, 3).

105) *L. 26. § 2. D. depositi* (16, 3). *L. 5. L. 6. L. 2. C. I. de probat.* (4, 19). *L. 6. C. I. de testam.* (6, 23). *L. 3. C. Th. de fisci deb.* (10, 16) = *L. 5. C. I. de conv. fisci deb.* (10, 2). *Nov.* 48. *c.* 1. § 1. Die Antedatirung der Pfandurkunde ist zwar kein Falsum gegen diesen Pfandgläubiger, wohl aber gegen einen ältern. *L. 3. D. h. t. L. 28. D. de leg. Corn. de fals.* (48, 10). Für jenen bildet sie um so weniger einen vollständigen Beweis, weil er ein Interesse hat, sie zu veranlassen.

106) S. Bd. 2 S. 596.

107) *Nov.* 48 *c.* 1. *pr.* Mittelbar durch Anwendung der Grundsätze über non numerata pecunia auf die Erben, *L. 8. C. I. de non num. pec.* (4, 30), und selbst auf die Concursgläubiger. *L. 15. eod.*

108) *L. 2. C. Th. h. t.* = *L. 14. C. I. eod.*

merata pecunia, die deshalb hier nicht wiederholt werden sollen 109). Merkwürdiger, weil noch willkührlicher, ist eine Verordnung des K. Honorius v. 421, die in Justinians Compilation billiger Weise keine Aufnahme gefunden hat 110). Nach dieser soll 1) der Gläubiger nach dem Tode des Schuldners die von diesem ausgestellte Schuldurkunde binnen zwei Jahren inter praesentes, binnen fünf Jahren inter absentes bei dem competenten Richter publiciren oder die Erben daraus belangen, und wenn er dieß nicht gethan, diesen Beweis seiner Forderung verlieren (§ 1). 2) Bei Lebzeiten des Schuldners soll dieser innerhalb zwanzig Jahren inter praesentes, innerhalb dreißig Jahren inter absentes die Aechtheit der Urkunde nur gegen Zahlung der Schuld an einen Sequester bestreiten können; hat der Gläubiger diese Zeit ungenutzt verstreichen lassen, so muß er seine Forderung später durch andere Beweismittel darthun (§ 3). 3) Entzieht der Schuldner sich der Klage oder der außergerichtlichen Anerkennung durch Abwesenheit von Haus, so kann der Gläubiger durch eine gerichtliche Edictalladung sich diesen Beweis seiner Forderung sichern (§§ 5. 6).

III. Der Eid 111) kann, wie im älteren Recht, von einer Parthei der andern außergerichtlich oder vor der Einlassung zur Entscheidung des ganzen Rechtsstreits, oder nach derselben statt des Beweises über einzelne Thatsachen zugeschoben, endlich wegen Mangels entscheidender Beweisgründe vom Richter einer Parthei auferlegt werden, und die rechtlichen Grundsätze sind in allen diesen Fällen dieselben wie früher 112).

109) Vgl. *Cod. Hermog. tit.* 1. *L. un. C. Th. si cert. pet.* (2, 27). *Cod. Iust.* 4, 30. *de non numerata pecunia.* *Nov.* 100. c. 1. 2.

110) *L. un. C. Th. si cert. petatur* (2, 27). Jac. Gothofred freilich sagt von ihr: Est haec Honorii Imp. constitutio diligentissima simul et elegantissima, quaeque multa habet ad praxin utilissima, quam totam tamen repudiavit Tribonianus.

111) *Dig.* 12, 2. *de iureiurando.* *Cod. Iust.* 4, 1. *de rebus creditis et iureiurando.*

112) S. oben § 107 und 108 5). Abweichend ist die Vorschrift Justinians in *L. 13. C. I. h. l.*, die kein prozessualisches Interesse hat.

Auch das ist nichts Neues, daß in den beiden letzten Fällen die Ableistung des Eides im Endurtheil der betreffenden Parthei zuerkannt und der Erfolg der wirklichen Ableistung oder der Verweigerung bedingt ausgesprochen wird [113]). Neu hat dagegen Justinian vorgeschrieben [114]), daß die Eideszuschiebung vor der Litiscontestation bis zur wirklichen Ableistung des Eides, nachher bis zum rechtskräftigen Endurtheil zurückgenommen werden kann, die Erneuerung der Eideszuschiebung dann aber ausgeschlossen sein soll. Ferner, da die Ableistung erst, nachdem das Urtheil rechtskräftig geworden, geschah, so konnte sie, wenn appellirt wurde, sich sehr lange hinausziehen, ja, falls der Delat mittlerweile starb, ganz unmöglich werden. Diesem zu begegnen, verfügte Justinian [115]): 1) Bei jedem Eide, sei er zugeschoben oder vom Richter auferlegt, im Anfang des Prozesses, in der Mitte oder im Endurtheil, soll nicht die letzte Entscheidung oder die Appellation abgewartet werden (§ 1), sondern wenn der Delat es auf den Eid ankommen lassen will, so soll er ihn entweder sofort selbst leisten, oder dem Gegner zurückschieben [116]); dieser muß nun seinerseits schwören, oder es wird über diesen Punkt gerade so entschieden als wenn der Delat geschworen hätte, ohne daß jener deshalb appelliren kann, da er es ja selbst so gewollt hat [117]). 2) (§ 2) Will hingegen der Delat sich nicht auf den Eid einlassen, so kann er ihn recusiren. Glaubt dann der Richter, daß er ihn zu übernehmen verpflichtet sei, so soll er diesen Punkt so entscheiden, als habe jener den Eid willkührlich und ohne Grund verweigert, und mit der Untersuchung der übrigen Punkte ohne Aufenthalt fortfahren. Die Parthei aber kann ihre Recusation zu Protokoll erklären, oder wenn sie dieß auch nicht gethan, bei der Appellation gegen das Endurtheil darauf zurückkommen [118]). Entscheidet dann der Appellations-

113) S. § 107 Note 79, § 108 Note 89.

114) *L. 11. C. I. h. t.*

115) *L. 12. C. I. h. t.*

116) Natürlich nur wo dieß möglich ist, also nicht bei dem vom Richter auferlegten Eide.

117) Die transactähnliche Natur des zugeschobenen Eides schließt Appellation aus, insoweit das Urtheil auf denselben gegründet ist.

118) Denn jene interlocutori-

richter dahin, daß der Eid mit Recht zugeschoben und ohne Grund verweigert sei, so bleibt es bei dem Urtheil erster Instanz. Erkennt er auf das Gegentheil, so ist es ihm erlaubt, das erste Urtheil, welches auf die Verweigerung des Eides gebaut ist, abzuändern, so daß auf diese Weise weder den Partheien ein Nachtheil, noch der Sache ein Aufenthalt entsteht. 3) (§ 3) Es mag übrigens der Eid geleistet oder verweigert sein, so kann der Gegner, welcher ihn zugeschoben hat, und dessen Antrag der Richter gefolgt ist, deshalb nicht appelliren [119]). 4) (§ 4) Ist der Delat abwesend und führt den Prozeß durch einen Procurator, so muß ihm zur persönlichen Erscheinung Frist gegeben, oder gestattet werden, in seinem Wohnsitz zu gerichtlichem Protokoll in Gegenwart des andern Theils den Eid zu leisten oder zurückzuschieben oder zu recusiren [120]). Der Fortgang des Prozesses soll auch hierdurch nicht gehemmt, sondern mittlerweile Anderes untersucht werden, bis jene Verhandlung über den Eid dem Richter vorgelegt und darüber entschieden werden kann. 5) (§ 5) Die Ableistung des Eides geschieht regelmäßig im Gericht, ausnahmsweise wegen Krankheit, Stand, Geschlecht im eigenen Hause in Gegenwart von Officialen des Gerichts und des Gegners [121]), mit Berührung des Evangelienbuchs, oder selbst in der Kirche.

Die merkwürdigste und bedenklichste Neuerung war K. Zenos Gesetz [122]), welches den Civilanspruch und die Strafen gegen den Meineid falscher Zeugen zwar bestätigt, Bestrafung des Meineids einer Parthei in der eigenen Sache aber abschafft, also für weniger strafbar erklärt und hierdurch in einer Zeit tief gesunkener öffentlicher Sittlichkeit den Mißbrauch des Eides gefördert haben muß.

---

sche Entscheidung über den Ungrund der Recusation wird nicht rechtskräftig. *cf. L. 36. C. I. de appell.* (7, 62).

119) S. oben Note 117.

120) *Cf. L. 2. § 3. C. I. de iureiur. propt. cal.* (2, 59). *Nov.* 124. *c.* 1.

121) *L. 15. D. h. t. cf. L. 2. § 1. C. I. de iur. pr. cal.* (2, 59). *Nov.* 124. *c.* 1.

122) *L. 13. rest. C. I. de testibus* (4, 20). Vgl. § 107 Note 50.

### 4. Actenschluß und Urtheil.

§ 156. Durch Vorbringen neuer Thatsachen und Beweise kann die Reihe der Cognitionen sich ohne Schranke verlängern. Ja der Richter soll die Partheien auffordern, beizubringen was noch zur Sache dient, und sie darin nicht beschränken, damit die Sache vollständig instruirt von ihm entschieden oder dem Kaiser zur Entscheidung vorgelegt werde [1]). Weil es aber auf diese Weise einem Theile, insbesondere dem Beklagten, der bei der Verzögerung meist seinen Vortheil findet, möglich ist, die Sache durch Schikane hinauszuziehen, so hat Justinian verordnet [2]), daß, wenn der eine Theil auf weiteres Vorbringen verzichtet, der Richter dem Gegner dreimal eine Frist von einem Monat setzen und dann zum Urtheil oder zum Bericht an den Kaiser schreiten soll.

Von einer abgesonderten Schlußverhandlung, einem plaidoyer, worin beide Theile oder ihre Advokaten die Beweise und Rechtsgründe gegeneinander weiter ausführten, finde ich in den Quellen durchaus nichts. Denn was die Glossatoren darauf beziehen [3]), um der Sitte ihrer Zeit eine gesetzliche Grundlage zu geben, hat zwar in der alten lateinischen Uebersetzung der Novelle (Authenticum) einen Schein davon, ist aber nichts

1) *L. 9. C. I. de iudiciis* (3, 1). Vollständiger in *L. 1. C. Th. eod.* (2, 18). *Constantin. a.* 321. Iudicantem oportet cuncta rimari et ordinem rerum plena inquisitione discutere, interrogandi ac proponendi adiiciendique patientia praebita ab eo, ut, ubi actio partium limitata sit, contentiones non occursu iudicis, sed satietate altercantium metas compresserint, saepius requiratur et crebra interrogatione iudicis frequentetur, num quid novi resideat, quod annecti allegationibus in iudiciaria contentione conveniat: cum ad alterutrum hoc proficiat, sive definienda sit causa per iudicem, sive ad nostram scientiam referenda. Nec ad nos mittatur aliquid, quod plena instructione indigeat.

2) *Nov.* 115. *c.* 2.

3) *Nov.* 90. *c* 7. *τῷ δὲ καιρῷ τῶν παραγραφῶν. Vulg.* tempore disputationum. Vgl § 155 Note 43. Wieding, Libellprozeß S. 254 erneuert den Irrthum der Glossatoren unter Anführung meines Handbuchs, das ihn widerlegt.

anderes als eine Beweisanfechtung, die nur einen kleinen Theil der fortlaufenden Verhandlung bildet. Das Talent der Advokaten konnte sich daher, wie es scheint, weniger in größeren zusammenhängenden Reden zeigen als in der Gewandtheit, womit sie das einzelne vortrugen und die Angriffe oder Einwendungen des Gegners zu beseitigen wußten [4]).

Das **Urtheil**, sententia [5]), welches den ganzen Rechtsstreit entscheidet, das Endurtheil, definitiva sententia [6]), wird auch jetzt unterschieden von den im Lauf des Prozesses erlassenen prozeßleitenden oder einzelne Punkte entscheidenden Verfügungen des Richters, welche interlocutio, articulus [7]), praeiudicium [8]) heißen. Justinian aber hat diesen Unterschied dadurch schwankend gemacht, daß er dem Richter erlaubt, wenn die Sache in einzelne Punkte (*κεφάλαια*, capita) zerfällt, über einige derselben definitiv zu erkennen, über die andern aber die Untersuchung fortzusetzen und dann über diese ein Urtheil zu fällen, wie es ihm recht dünkt [9]). Das Endurtheil wird entweder von dem untersuchenden Richter selbst gesprochen, oder von einem höheren, an welchen er die Acten zum Rechtsspruch mit Bericht (relatio, consultatio) übersendet. Jenes ist natürlich die Regel und geschieht in folgender Weise.

Wenn die Partheien auf weiteres Vorbringen verzichtet haben, wird in feierlicher und öffentlicher Gerichtssitzung [10]),

4) So erscheinen sie auch in den mehr erwähnten Prozeßverhandlungen bei Symmachus.

5) *Cod. Theod.* 4, 16. *de re iudicata.* 17—19. *Dig.* 42, 1. *de re iudicata et de effectu sententiarum et interlocutionibus. Cod. Iust.* 7, 45. *de sententiis et interlocutionibus.*

6) S. z. B. *L. 3. L. 11. L. 16. C. I. h. t.*

7) *L. 5. C. I. quor. app. non recip.* (7, 65). *L. 23. L. 25. C. Th. eod.* (11, 36).

8) Nur im Theodosischen Codex, z. B. *L. 2. L. 25. L. 40. C. Th. de appell.* (11, 30). *L. 1. L. 2. L. 3. C. Th. quor. app.* (11, 36).

9) *L. 15. rest. C. I. h. t.* — *πολλῶν ὄντων ἐν τῇ δίκῃ κεφαλαίων, δύνασθαι τὸν δικαστὴν ἐπί τισιν αὐτῶν ἐξαγαγεῖν ἀπόφασιν τελείαν* (sententiam definitivam) *rel.* Natürlich muß dagegen auch Appellation möglich sein, welche Justinian von Interlocuten verboten hat, und dieß Urtheil muß, wenn sie nicht interponirt wird, rechtskräftig werden. Vgl. § 160.

10) *L. 6. C. I. h. t.*

wozu sie vorgeladen sind, ohne daß das Ausbleiben eines Theils die Sache hindert [11]), in Gegenwart des Officiums von dem Magistrate selbst [12]) nach vorgängiger Berathung mit seinem Beisitzer das schriftlich verfaßte Urtheil verlesen [13]). Nur Judices illustres dürfen es in ihrer Gegenwart durch ihr Officium verlesen lassen [14]). Außerdem wird es mit den in der Sache ergangenen Verhandlungen den Partheien in Abschrift mitgetheilt [15]).

Was seinen Inhalt betrifft, so soll es eine vollständige [16]) und unbedingte [17]) Entscheidung des Rechtsstreits durch Condemtion oder Absolution [18]) enthalten. Diese kann aber jetzt entweder eine Entbindung von dem Anspruch des Klägers für immer sein, oder eine sg. Absolutio ab Instantia, worunter noch zweierlei verstanden wird. Einmal das Urtheil in der Sache selbst, wodurch ausgesprochen wird, daß die Klage „zur Zeit" nicht statt habe [19]); sodann die Entbindung des Beklagten von der Verpflichtung, diesen Prozeß fortzusetzen (relaxatio ab observatione iudicii) [20]): zwei Fälle, die nur das mit einander gemein haben, daß die erneuerte Klage durch die exceptio rei iudicatae nicht ausgeschlossen ist; aber aus verschiedenen Gründen: im ersten Fall, weil es alia res ist, im zweiten, weil jenes Urtheil über die Sache gar nicht entschieden hat. — Die Condemnation

11) *Cod. Iust.* 7, 43. *quomodo et quando iudex sententiam proferre debeat praesentibus partibus vel una parte absente. L. 47. pr. L. 60. D. h. t.*

12) Er kann sich bei dieser Verhandlung nicht durch seinen Beisitzer vertreten lassen. *Nov.* 60. c. 2.

13) *Cod. Theod.* 4, 17. *Cod. Iust.* 7, 44. *de sententiis ex periculo recitandis. L. 40. C. Th. de appell.* (11, 30). *Nov.* 82. c. 5. Nur Sitte war es früher. S. § 82 Note 31.

14) *L. 2. C. I. de sentent. ex peric. recit.* (7, 44).

15) *Symm. Ep.* X. 48. *L. 12. § 1. C. I. de proxim. sacr. scrin.* (12. 19). *Lyd. de Mag.* III. 11.

16) *L. 27. D. fam. ercisc.* (10, 2). Justinians Erlaubniß in *L. 15. cit.* Note 9 begründet eine Ausnahme.

17) *L. 1. § 5. D. quando app.* (49, 4). Außer wenn ein Eid darin auferlegt wird. *L. 11. C. I. h. t.* S. § 155 Note 109.

18) *L. 3. C. I. eod.*

19) Z. B. weil die Schuld noch nicht fällig, oder durch ein pactum de non petendo temporale befristet sei. S. § 154 Note 18. 19.

20) S. § 153 Note 29, § 154 Note 3 folg. und § 157.

soll, so viel es möglich ist, wie im ältern Recht, auf ein bestimmtes Object gerichtet werden[21]). Darin aber ist der Grundsatz des Formularprozesses verlassen und die Regel des Cognitionsverfahrens angenommen, daß sie nicht bloß auf eine bestimmte Summe Geldes, sondern auch auf eine bestimmte Sache als das ursprüngliche Object der Klage gehen kann[22]); es mag dieß nun die Verschaffung des Eigenthums (dare) oder nur des Besitzes (tradere, restituere) oder nur Vorzeigung derselben (exhibere) sein[23]).

Bei actiones arbitrariae ergeht auch jetzt noch zunächst ein Ausspruch (arbitrium) auf Restitution oder Exhibition u. s. w. und wenn ihm nicht Folge geleistet wird, die höhere Geldcondemnation, falls der Kläger diese der Execution auf die Sache selbst vorzieht[24]). Nur bei Klagen auf ein Thun oder Nichtthun wird auch im neuesten Recht vorausgesetzt, daß die Klage und die Condemnation auf das Interesse gehe[25]), nicht sowohl

21) *Cod.* 7, 46. *de sententia, quae sine certa quantitate proferetur.* *§ 32. I. de act.* (4, 6) in der folgenden Note quantum possibile ei sit, nimmt die Fälle aus, wo auch früher im Cognitionsverfahren eine Liquidationsinstanz statt fand, s. § 122 Note 133. Diese soll möglichst vermieden. S. *Theophil. h. l.*

22) *§ 32. I. de act.* (4, 6). Curare autem debet iudex, ut omnimodo quantum possibile ei sit, certae pecuniae vel rei sententiam ferat, etiam si de incerta quantitate apud eum actum sit. *cf. Gai.* IV. § 52. Vgl. oben § 110 Note 17 und § 122 Note 128 folg.

23) *L. 17. C. I. de fid. lib.* (7, 4). *Iustinian.* — miramur, quare iudex, qui praepositus est in praedicta causa, non omnimodo condemnationem in servum, sed in aestimationem eius fecerit. Ziebarth, Realexecution, Halle 1866. 8. S. 160 sucht Justinian und seine Räthe von dem Vorwurf der Unkenntniß des alten Rechts zu retten und bezieht die condemnatio in servum auf die richterliche Freisprechung des Sklaven ex SC. Rubriano. Wäre aber durch diese die Schwierigkeit zu lösen, so träfe die veteris iuris interpretes ein noch härterer Vorwurf der Unwissenheit. Für das Justinianische Recht beweist die Stelle jeden Falls, daß die Condemnation auf die Sache gehen konnte, es mochte nun dare oder restituere gefordert werden, was nach *L. 1. C. I. comm. de legatis* (6, 43) bei Vermächtnissen überhaupt nicht mehr unterschieden wird.

24) *§ 31. I. de act.* (4, 6). *Theophil. h. l.* und die früher § 94 Note 96 citirten Stellen der Pandekten. Für die Execution die interpolirte *L. 68. D. de rei vind.* (6, 1). S. § 115 Note 45. *cf. L. 21. § 4. D. de op. n. n.* (39, 1).

25) *L. 13. § 1. D. h. t.* — si

weil man noch jetzt in dem indirecten Zwang zum Thun einen bedenklichen Eingriff in die Freiheit des Beklagten gefunden hätte, als weil dieß der kürzeste und sicherste Weg ist, dem Kläger zu dem Seinigen zu verhelfen, das erzwungene Thun dagegen selten für ihn Werth haben wird. — Das Interesse soll der Richter bei Klagen auf eine bestimmte Sache oder Quantität, wie Kauf, Miethe und allen Contracten nie über das Doppelte, bei andern auf ein Incertum gerichteten Klagen zum wahren Betrag des Schadens schätzen, eine Vorschrift Justinians, die durch Unklarheit des Gedankens zu seinen schlechtesten Gesetzen gehört [26]. — Rücksichtlich der Nebenpunkte gelten die Grundsätze des älteren Rechts; neu ist nur die Verpflichtung des Richters den Unterliegenden (also auch den Kläger) in der Regel zum Ersatz der Prozeßkosten zu verurtheilen, jedenfalls ausdrücklich darüber zu erkennen, widrigenfalls er sie selbst zahlen muß [27].

Ausnahmsweise spricht der untersuchende Richter nicht selbst, sondern sendet die Sache mit Bericht (**relatio**, **consultatio**) [28] dem Kaiser zur Entscheidung, in der spätesten Zeit auch dessen höchsten Reichsbeamten [29]. Dieß ist die consul-

minus, quia non facit quod promisit, in pecuniam numeratam condemnatur: sicut evenit in omnibus faciendi obligationibus. *§ 7. I. de verb. obl.* (3, 15). *Theophil. h. l.* — *ἐπεὶ δὴ γὰρ εἰς τὸ διαφέρον μέλλει καταδικάζεσθαι — ἐπάναγκές ἐστι τὸν ἄκτωρα ἀποδεικνύειν, τὶ αὐτῷ διαφέρει.* Deshalb spricht auch *§ 32. I. de act.* (4, 6) Note 22 nur von certa pecunia vel res. Zwar sagt Justinian in *L. 14. C. I. de iudic.* (3, 1). — liceat iudici vel contra actorem ferre sententiam et aliquid eum **daturum** vel **facturum** pronuntiare; allein es war hier gar nicht die Absicht, den Inhalt der Condemnation zu bestimmen, daher facere z. B. auf Restitution bezogen werden kann. Vgl. Wetzell, Civilpr. § 46 Note 23.

26) *L. un. C. I. de sententiis quae pro eo quod interest proferuntur* (7, 47). *a.* 531.

27) S. oben § 150 Note 24—26.

28) *Dig.* 48, 1. *de app. et relationibus. Cod. Theod.* 11, 29. *Cod. Iust.* 7, 61. *de relationibus. Cod. Theod.* 11, 30. *Cod. Iust.* 7, 62. *de app. et consultationibus.*

29) *Gothofr. ad L. 1. C. Th. de iudiciis* (2, 18). *cf. L. 9. C. I. de iudiciis* (3, 1). — ad maiorem potestatem referenda. *L. 16. C. I. de dign.* (12, 1). *Nov. Val.* 22. §§ 6. 7. *Nov. Maior.* 7. §§ 9. 10.

tatio ante sententiam, nicht zu verwechseln mit der post sententiam, einer Appellation an den Kaiser, welche Form und Namen von ihr entlehnt [30]). Diese Consultation findet, wie früher bemerkt worden [31]), nur dann statt, wenn der untersuchende Richter zweifelt, und in Sachen, die seine Competenz übersteigen. Das Verfahren ist dann folgendes. Nachdem die Sache vollständig verhandelt ist [32]), erklärt der Richter den Partheien, daß er berichten werde [33]), und theilt ihnen innerhalb zehn Tagen Abschrift seines Berichtes mit, wogegen sie dann binnen fünf Tagen ihre Einwendungen und Zusätze, jedoch ohne Nova [34]), in der Form an den Kaiser gerichteter Bittschriften (libelli refutatorii, preces refutatoriae) einreichen können [35]). Im neuesten Recht bestehen diese Fristen nicht mehr [36]). Der Bericht, der einen vollständigen Actenauszug enthalten soll [37]), die libelli refutatorii der Partheien, und die Acten des ganzen Prozesses [38]) müssen dann binnen zwanzig Tagen [39]) durch Boten aus dem

30) Beide werden genannt z. B. in *L. 5. C. Th. de relat.* (11, 29). *cf. Gothofr.* Von der letztern wird bei der Appellation die Rede sein. Mit ihr ist wieder nicht zu verwechseln die verbotene relatio post sententiam, wodurch der Richter die Partheien von der Appellation abzuhalten sucht. *L. 2. C. Th. de relat.* (11, 29). = *L. 1. C. I. eod.* (7, 61). *L. 13. C. Th. de appell.* (11, 30).

31) Oben § 137 Note 32.

32) *L. 6. C. Th. de relat.* (11, 29). Nunquam ad unius litigatoris querimoniam. *L. 1. C. Th. de appell.* (11, 30). — cognitis utriusque actionibus. *L. 1. C. Th. de iudiciis* (2 18). Nec ad nos mittatur aliquid, quod plena instructione indigeat. *L. 1. C. I. de relat.* (7, 61). Verschieden davon war daher ad Principem remissa cognitio. *L. 22. L. 26. D. de appell.* (49, 1).

33) *L. 1. § 2. D. de appell.* (49, 1). *L. 5. C. Th. de relat.* (11, 29). *L. 1. L. 5. L. 8. C. Th. de appell.* (11, 30). *L. 1. C. I. de relat.* (7, 61). *L. 13. C. I. de appell.* (7, 62).

34) *L. 11. C. Th. de relat.* (11, 29).

35) *L. 1. C. Th. de appell.* (11, 30). *Constantin. a.* 313. *L. 6. L. 8. L. 24. eod. L. 3. L. 5. C. Th. de relat.* (11, 29). *L. 2. C. I. eod.* (7, 61). *Symm. Ep.* II. 30. X. 39. 50. *cf.* 38. 53.

36) *L. 1. C. I. de relat.* (7, 61). Ueber das ältere Recht vgl. oben § 122 Note 122.

37) *L. 4. C. Th. de relat.* (11, 29). *L. 3. C. I. eod.* (7, 61).

38) *L. 1. L. 9.* (= *L. 15. C. I.*). *L. 11. L. 35. C. Th. de appell.* (11, 30). *L. 4.* (= *L. 3. C. I.*). *L. 5. C. Th. de relat.* (11, 29) *Symm. l. c.*

39) *L. 8. C. Th. de appell.* (11, 30). *L. 5. C. Th. de relat.* (11, 29).

Officium des Gerichts [40]) an den Kaiser abgesandt werden. Der Richter hat sich nun alles Verfahrens in der Sache zu enthalten [41]), und den Partheien ist bei Verlust des halben Streitgegenstandes verboten, zur Betreibung derselben am kaiserlichen Hofe zu erscheinen, es sei denn, daß nach Ablauf eines Jahres noch keine Entscheidung erfolgt wäre [42]), eine Bestimmung, die sich in Justinians Compilation nicht mehr findet [43]). Die Entscheidung ergeht in Form eines kaiserlichen Rescriptes, und kann, wenn gesetzlich verfahren ist, durch kein Rechtsmittel, weder Appellation [44]) noch Supplication [45]) angefochten werden [46]).

Die Wirkung des Urtheils, durch welches der Rechtsstreit entschieden ist [47]), insofern es nicht mehr durch Appellation angefochten werden kann, also rechtskräftig (res iudicata) geworden ist, bestimmt Justinians Gesetzgebung wesentlich so wie die classische Jurisprudenz, deren Zeugnisse er seiner Compilation einverleibt hat [48]). Ueberdieß hat er in einem von ihm selbst erlassenen neuen Gesetz die jener Jurisprudenz eigenthümliche Central-Vorstellung, daß, wie durch die Litiscontestation, so auch durch die Condemnation, eine Novation bewirkt werde, ausdrücklich sich angeeignet, und daraus praktische Folgerungen gezogen [49]). Den Nachweis unsrer allgemeinen Behauptung und die Beschränkung derselben mit Rücksicht auf abweichende neuere Gesetze knüpfen wir unmittelbar an die beiden, zur Geltendmachung der

40) *L. 31. L. 39. C. Th. de appell.* (11, 30).

41) *L. 5. C. Th. eod.*

42) *Cf. L. 34. L. 47. L. 54. L. 66. C. Th. de appell.* (11,30).

43) *L. 34. C. I. de appell.* (7, 62) — sive praesentibus partibus sive absentibus.

44) *L. 1. § 1. D. de app.* (49, 1). *L. 2. L. 34. C. I. eod.* (7, 62). *L. 3. D. quando appellandum* (49, 4).

45) *L. 6. L. 11. C. Th. de appell.* (11, 30). *Symm. Ep.* X. 69. Allgemein spricht *L. 9. C. Th. de appell.* (11, 30).

46) *L. 2. C. I. de legibus* (1, 14).

47) Ausgeschlossen wird hierdurch die relaxatio ab observatione iudicii wegen einer den Prozeß betreffenden dilatorischen Einrede oder wegen Contumacia des Gegners.

48) S. oben § 111.

49) *L. 3. pr. C. I. de usuris rei iud.* (7, 54). *a.* 531. Si enim novatur iudicati actione prior contractus *rel.* Vgl. § 111 Note 11.

Res judicata bestimmten Rechtsmittel, die actio iudicati und die exceptio rei iudicatae.

1) Die obligatio und actio iudicati entspringt aus dem condemnatorischen Urtheil, und kann jetzt, da alle an die Formula sich knüpfenden Unterschiede weggefallen sind, als das Rechtsmittel bezeichnet werden, durch welches der Kläger die gerichtliche Vollstreckung des Urtheils (exsecutio sententiae) gegen den Beklagten oder wer sonst zur Leistung des Judicats verpflichtet ist, z. B. den Bürgen [50]), verlangt [51]). Verzögert wird diese durch ein rechtliches Verfahren nur dann, wenn ausnahmsweise das Object der Leistung noch durch eine Liquidation näher bestimmt werden muß [52]), oder wenn der Beklagte aus factischen oder rechtlichen Gründen seine Verpflichtung zur Zahlung des Judicats leugnet, was ihm jetzt nicht mehr, wie früher, durch satisdatio iudicatum solvi und die poena dupli erschwert ist [53]). Das Hauptobject derselben wie der Condemnation ist entweder eine Sache oder eine Summe Geldes [54]). Im ersten Fall bestimmt der Richter die etwa dem Beklagten noch zu gewährende Frist [55]); im zweiten ist sie von Justinian gesetzlich auf vier Monate von der Rechtskraft des Urtheils ab festgesetzt (tempus iudicati), nach deren Ablauf zwölf Prozent Zinsen von der Capitalschuld gezahlt werden sollen [56]).

2) Die exceptio rei iudicatae [57]), welche sowohl durch das absolutorische als durch das condemnatorische Urtheil begründet wird, hat wie früher eine negative und eine positive Function, d. h. dient einem doppelten Zweck, einmal die Erneuerung des rechtskräftig entschiedenen Rechtsstreits abzuschneiden,

50) *L. 3. § 1. C. I. de usur. rei iud.* (7, 51).

51) *Interpr. Visigoth. Paul.* I. 2. § 4. nennt sie deshalb actio de exsecutione rerum iudicatarum.

52) S. oben Note 21.

53) S. oben § 111 Note 30. 31. Nur Spuren davon enthalten die angeführten Pandektenstellen.

54) S. oben Note 22. 24.

55) *§§ 2. 3. I. de off. iud.* (4, 17).

56) *L. 2. L. 3. C. I. de usuris rei iud.* (7, 54).

57) *Dig.* 44, 2. *de exceptione rei iudicatae. § 5. I. de except.* (4, 13).

sodann die förmliche Wahrheit des richterlichen Urtheils in jeder Beziehung geltend zu machen[58]). Daß beides nicht zusammenfällt, daß insbesondere die Consumtion des Klagrechts noch fortbesteht, welche nur nicht mehr durch die exceptio rei in iudicium deductae, sondern stets durch die exc. rei iudicatae geltend gemacht wird[59]), beweist nicht nur im Allgemeinen die Institutionenstelle[60]), sondern die Aufnahme zahlreicher Pandektenstellen, deren rechtliche Entscheidungen nur daraus zu erklären sind[61]). Auch wird dieß weniger auffallen, wenn man erwägt, daß diese zwiefache Wirkung des richterlichen Urtheils nicht bloß auf dem Formalismus des älteren Rechts, sondern auf allgemein gültigen praktischen Motiven beruht. Unbestritten verlangt ein allgemeines praktisches Interesse der Rechtspflege, daß die Erneuerung eines einmal anhängig gemachten und gerichtlich entschiedenen Rechtsstreits unmöglich sei; die Berufung auf den Inhalt des früheren Urtheils reicht aber dazu keineswegs überall aus, z. B. nicht, wenn ein Gläubiger die ihm gebührenden Zinsen, oder sonst Nebenpunkte geltend zu machen versäumt hat und nun deshalb eine neue Klage anstellen wollte. Es kann ihm nicht entgegen gehalten werden, daß ihm aberkannt sei was er gar nicht gefordert hat; ebensowenig daß er darauf verzichtet habe; ja umgekehrt müßte er, wenn es ihm gestattet wäre, sich auf den Inhalt des Urtheils zu berufen, daraus ein günstiges Präjudiz für seine Nachforderung ableiten können. Allein es kann ihm opponirt werden, daß die Ordnung der Rechtspflege

58) Für das Justinianische Recht leugnet den Fortbestand der negativen Function Savigny, System VI. S. 277 folg. Ebenso Buchka, Einfluß II. § 13. für das absolutorische Urtheil, behauptet ihn aber für das condemnatorische, inconsequent. Wetzell, Civilpr. § 47 Note 14 behauptet ihn für beide.

59) Den Grund dafür s. oben § 153 Note 31.

60) *Cit. § 5. I. de except.* (4, 13). Item si iudicio tecum actum fuerit, sive in rem sive in personam, nihilominus obligatio durat et ideo ipso iure de eadem re postea adversus te agi potest; sed debes per exceptionem rei iudicatae adiuvari. *cf. Gai.* III. § 181. IV. §§ 106. 107. *Theophil. h. l.* setzt freilich ein absolutorisches Urtheil voraus.

61) Sie sind oben § 103 und § 111 angeführt worden.

es nicht zulasse, aus Einem entschiedenen Prozeß nacheinander stets neue entstehen zu lassen. Gerade in einem solchen Fall wird auch das Consumtionsprincip in Justinians Compilation auf das Bestimmteste anerkannt [62]). Dagegen wird allerdings in andern Fällen aus Billigkeitsgründen der Berufung auf den Inhalt des Urtheils vor dem formalen Consumtionsprincip der Vorzug gegeben [63]). Allein hier handelt es sich um die Hauptsache, rücksichtlich deren durch Festhaltung dieses Princips dem Zweck des Urtheils geradezu entgegen gehandelt würde. Und abgesehen von diesem Unterschied ist freilich zuzugestehen, daß schon die spätere classische Jurisprudenz durch Replicatio Doli, in Integrum Restitutio und sonst, wo es billig schien, dem wirklichen Recht gegen jenes Formalprincip zu Hülfe kam [64]), was im Justinianischen Recht um so zulässiger war, als die Fassung der Formula überhaupt nicht mehr entschied [65]). Aus demselben Grunde ist auch Justinians Vorschrift, daß durch die Klage gegen den Hauptschuldner die gegen den Bürgen nicht consumirt sein soll, gerechtfertigt [66]), und zwar nach dem neuesten Recht um so mehr, als nach diesem der Gläubiger den Hauptschuldner ausklagen muß, ehe er die Bürgen angreift [67]). Abgesehen von solchen positiven Entscheidungen des Gesetzbuches [68]), konnte der Richter

62) *L. 4. C. I. depositi* (4, 34). *L. 13. C. I. de usuris* (4, 32). Die Nachforderung des Kapitals wird zugegeben *L. 23. D. h. t.* S. oben § 111 Note 75. 76.

63) *L. 9. § 1. D. h. t. L. 16. § 5. D. de pign.* (20, 1). S. oben § 111 Note 52. 55. 56.

64) S. § 103 Note 105 107.

65) Hierauf beruht z. B. die interpolirte *L. 30. § 4. D. de peculio* (18, 1). Is, qui semel de peculio egit, rursus aucto peculio de residuo debiti agere potest. Denn wenngleich Ulpian in *L. 30. pr. eod.* sagt: intenditur enim recte, etiamsi nihil sit in peculio, und damit auf die Fassung der Formula anspielt, welche zu einer Zeit über die Consumtion entschied, so gilt im Justinianischen Recht auch in dieser Beziehung die Analogie der in rem actio, auf welche der Verlauf der Stelle hinweist. *cf. L. 9. pr. L. 17. L. 18. D. h. t.*

66) *L. 28. C. I. de fideiuss.* (8, 41). Jeder Bürge ist hiernach, ohne daß es der Clausel bedarf, ein fideiussor indemnitatis.

67) *Nov. 4. c. 1.* Es war dieß eine Consequenz der ersten Vorschrift.

68) Dahin gehört auch die Beschränkung der Klage auf eine bestimmte causa remota, wenn diese nicht vor dem Urtheil verändert oder erweitert wurde. *L. 11. § 2. L. 14. § 2. D. h. t.*

also nach freier Beurtheilung der Billigkeit Ausnahmen von der Consumtion zulassen.

Für die positive Function der exceptio rei iudicatae, d. h. die Geltendmachung der formellen Wahrheit des Inhalts der Res judicata, gelten die früheren Grundsätze ohne Einschränkung [69]).

---

## D. **Contumacialverfahren.**

§ 157. Der Fall, da der Beklagte seine Vertheidigung verweigert, um den Rechtsstreit von vorn herein unmöglich zu machen (indefensus § 106), und der andere, da nach constituirtem Judicium einer von beiden Theilen sich demselben entzieht (eremodicium § 108. 9), diese zwei verschiedenen Fälle des widerrechtlichen Nichtthuns, deren Behandlung auch im alten Formularprozeß eine durchaus verschiedene war, können jetzt unter dem gemeinsamen Namen der Contumacia zusammengefaßt, und die alsdann eintretende Prozedur überhaupt Contumacialverfahren genannt werden, weil im Cognitionsprozeß überall der Richter gebietend einschreitet, jenes Nichtthun daher nicht bloß Unrecht in Bezug auf den Gegner, sondern auch Ungehorsam gegen den Richter (contumacia) ist [1]). Dabei sind die allgemeinen Gesichtspunkte freilich mit Rücksicht auf die verschiedene Stellung der Partheien noch immer dieselben. Der Beklagte ist es vorzugsweise, der sich der Klage zu entziehen sucht [2]) und, da er ein negatives Ziel anstrebt, schon in der

69) S. Bd. 2 S. 638 folg.

1) *L. 53. pr. D. de re iud.* (42, 1) Contumacia eorum, qui ius dicenti non obtemperant *rel.* *§ 3.* Contumaces non videntur, nisi qui cum obedire deberent, non obsequuntur. *L. 28. § 1. D. de appell.* (49, 1). Iussus a iudice exhibere — per contumaciam non exhibuerat *rel.* *L. 13. § 2. C. I. de iudiciis* (3, 1). absentiae contumacia u. s. w. Vgl. Bd. 2 S. 775 folg.

2) Die Justinianische Jurisprudenz entlehnt für ihn aus dem Griechischen den Namen pars fu-

Hemmung des Prozesses seinen Vortheil findet, welche zu überwinden daher die Hauptaufgabe der Gesetzgebung ist. Der Kläger dagegen, der die Condemnation des Beklagten wünscht, wird durch seinen Vortheil wie zur Erhebung der Klage, so zu deren weiterer Verfolgung getrieben. Nur der billige Wunsch des Beklagten, baldmöglichst und für immer der gerichtlichen Vexation los zu werden, und der allgemeine Zweck der Prozeßbeschleunigung mußte um so mehr nach erhobener Klage auch gegen den säumigen Kläger zwingende Maßregeln hervorrufen, als die alte Prozeßverjährung nicht mehr bestand.

Den Uebergang des älteren Rechts in das der spätesten Zeit können wir wegen mangelnder Quellenzeugnisse im Einzelnen nicht nachweisen. Denn die Rescripte Diocletians im Justinianischen Codex sind der Interpolation verdächtig, und der Theodosische enthält das Contumacialverfahren in Folge der Denuntiatio nur unvollständig [3]). Das neueste Recht ist aus den Grundsätzen des alten Ordo und der extraordinaria Cognitio zusammengesetzt, ohne daß diese widerstreitenden Elemente überall zu einer wahren Einheit verbunden wären. Wir betrachten zunächst die Contumacia des Beklagten, dann die des Klägers, beide sowohl vor, als nach der Litiscontestation.

I) Contumacia des Beklagten A) rücksichtlich der Einlassung.

Die Einleitung des Prozesses erfolgt jetzt nicht mehr, wie im alten Ordo, durch die in Jus Vocatio, das freiwillige Vadimonium oder die Litis Denuntiatio, bei welchen der Kläger als Privatmann dem Beklagten gegenüberstand und um so mehr des nachdrücklichsten Schutzes der Gesetze bedürftig war, sondern wie bei der Cognitio durch eine Ladung des Richters, welcher

giens. *L. 13. § 2. C. I. de iudiciis* (3, 1). *L. 2. pr. C. I. de iureiur. propter cal.* (2, 59). *L. 8. pr. § 3. C. I. de bonis quae lib.* (6, 61) vel agenti vel fugienti. *Nov.* 53. *c.* 2. *c.* 3. § 2. *ὁ ἐνάγων* und *ὁ ἐναγόμενος* oder *ὁ φεύγων.*

3) Den Uebergang von dieser zu dem spätern Recht bildet *Nov. Val.* 34. §§ 14. 15. S. oben § 151 Note 41.

dieser gegen den, der sich ihr entzog, als einen gegen seine Obrigkeit Ungehorsamen (contumax) vermöge seines Imperiums den nöthigen Nachdruck geben konnte. Andererseits aber hatte der Richter jetzt auch die Mittel sich zu vergewissern, daß der Beklagte wirklich contumax sei; den Unschuldigen konnte nicht mehr, wie früher, die Härte des Gesetzes treffen. Zwei Fälle sind dabei zu unterscheiden.

1) Der Beklagte hat die richterliche Ladung empfangen, auch durch Bürgschaft oder Eid die gesetzliche Caution gegeben, daß er in dem bestimmten Termin vor Gericht erscheinen wolle, und ist in diesem nicht erschienen. Der Kläger kann im ersten Fall gegen den Bürgen auf sein Interesse, welches dem Betrag der Klage gleich kommt, oder auf die versprochene Pöna, welche dieses ausdrückt, klagen [4]), und also entweder das Aequivalent des Klagobjects erhalten, oder aber bewirken, daß der Beklagte selbst auf Andringen seines Bürgen sich noch stelle, wozu Justinian eine Frist von sechs Monaten bewilligt hat, oder daß der Bürge, wenn er es vorzieht, die Defensio des abwesenden Beklagten übernehme [5]). Ist nur Cautio juratoria bestellt, und der Beklagte wird auch nicht durch Ordnungsstrafe (multa), die der Richter über ihn verhängen kann, zum Gehorsam gebracht [6]), so kann der Richter auf Antrag des Klägers die Realcitation (exhibitio), d. h. die gewaltsame Vorführung des Beklagten durch einen Executor verfügen [7]).

2) Der Beklagte hält sich verborgen oder hat sich entfernt,

4) *L. 2. § 5. D. qui satisdare* (2, 8). In fideiussorem, qui aliquem iudicio sisti promiserit, tanti quanti ea res erit actionem dat Praetor — in veram quantitatem, nisi pro certa quantitate accepit

5) *L. 26. C. l. de fideiuss.* (8, 11). *a.* 530. *L. 27. eod. a.* 531 bestimmt die Form der Bürgschaft.

6) *L. 2. § 1. D. si quis in ius voc. non ierit* (2, 5). Si quis in ius vocatus non ierit, ex causa a competenti iudice multa pro iurisdictione damnabitur.

7) *Nov.* 53. *c.* 4. *pr.* Ist der Richter nur ein pedaneus iudex, so erfolgt die Exhibition auf seinen Antrag durch den Magistrat, der ihn bestellt hat. Vgl. § 152 Note 49. 50. Ueber die *παραστάσεις* (exhibitiones) und *ἀπαγωγαί* (abductiones) überhaupt vgl. *Edict. Pf. Pr.* 3. § 4. — 4. § 1. *Zach. p.* 267. *sq.*

um der Klage zu entgehen (fraudationis causa latitat), oder ist sonst von Hause abwesend und nicht vertreten (absens non defenditur)[8], so daß der Executor ihm die Ladung nicht insinuiren oder doch die Realcitation nicht vollstrecken kann[9]), so tritt dann das alte Contumacialverfahren in Cognitionssachen ein. Um die Contumacia des Beklagten vollständig zu constatiren, ergeht eine dreimalige Aufforderung zu erscheinen; wenn er zu erreichen ist, durch den Executor mündlich (denuntiationes) oder schriftlich (litterae) insinuirt[10]); im entgegengesetzten Fall durch drei öffentliche Edicte oder eins für alle (edictum peremptorium)[11]). Erscheint der Beklagte auch hierauf nicht in dem bestimmten Termin, und dieß ist durch den Aufruf des Gerichtsdieners (citatio praeconis) festgestellt[12]), so wird einseitig gegen ihn mit der Sache verfahren[13]), d. h. der gegenwärtige Kläger wird mit seinen Ausführungen und Beweisen gehört[14]), und ein Urtheil in der Sache gefällt; condemnatorisch gegen den abwesenden Beklagten[15]), wenn der Richter sich von dem Grund

8) S. oben § 106 Note 17. 18.

9) Im eigenen Hause s. § 152 Note 53 oder in dem Asyl einer Kirche *L. 6. §§ 3. 4. C. I. de his qui ad eccl.* (1, 12).

10) *L. 9. C. I. quomodo et quando iudex* (7, 43). *Diocl. et Max.* Tres denuntiationes ad peremptorii edicti vicem convalescere, salubriter statutum est. *L. 8. C. I. eod. Iidem.* — trinis litteris vel uno pro omnibus peremptorio edicto. Wie im Text, glaube ich, sind diese Ausdrücke nun umzudeuten. Vgl. § 122 Note 89 folg. Ueber die schriftliche Ladung s. § 152 Note 39.

11) *L. 2. C. I. ubi in rem actio* (3, 19). *Constantin.* — edictis legitimis proponendis eum citare curabit. *L. 23. C. Th. de decur.* (12, 1). *Constantius.* — tertio edicto vocati. *Nov. Val.* 34. § 15. evocatus secundum ordinem iuris. *L. 6. § 4. C. I. de his qui ad eccl.* (1, 12). — iudiciorum legumque solitus ordo servetur — post edictorum solemnium citationem. *L. 1. § 2. C. I. de adsert. toll.* (7, 17). — edictis citati. Vgl. oben § 122 Note 99.

12) S. § 122 Note 100. *Symm. Ep.* V. 43, — semel atque iterum praeconis vocibus advocatur.

13) *Nov.* 53. *c.* 4. § 1. *κατὰ μίαν μοῖραν ἐξεταζέτω τὴν ὑπόθεσιν.* *Nov.* 69. *c.* 3. *pr. κατὰ τὸ καλούμενον τῶν ἐρημοδικίων σχῆμα.* Die einseitige Verhandlung vor der Litiscontestation, also vor constituirtem Iudicium, kann nur uneigentlich Eremodicium genannt werden; auch ist das Verfahren diesem nur ähnlich.

14) *L. 8. C. I. cit.* Note 10. si in eadem contumacia perseveravit, praesentis allegationes audire.

15) *Nov.* 69. *c.* 3. *pr. καταδικαζέσθω καὶ ἀπών.* *cf. Nov.*

der Klage überzeugt [16]), oder auch absolutorisch, wenn dieß nicht der Fall ist [17]). Der abwesende und nicht vertheidigte Beklagte (indefensus) wird also nicht mehr wie früher nach dem Ordo Judiciorum privatorum sachfällig (pro damnato), sondern verliert, wie im Cognitionsprozeß, zur Strafe seiner Contumacia nur seine sämmtlichen Einreden und seinen Gegenbeweis, er wird ungehört verurtheilt, jedoch nicht allemal definitiv, denn die Sache ist noch nicht vollständig aufgeklärt [18]).

Der weitere Verlauf aber ist ein anderer bei persönlichen Klagen, ein anderer bei dinglichen. Bei persönlichen wird dem Gläubiger, wie im alten Ordo Executionis gegen Indefensi, die Missio in Bona des Schuldners ertheilt [19]); jedoch mit dem Unterschied, daß der einzelne Gläubiger nicht mehr in den Besitz aller Güter eingewiesen wird, sondern nur so vieler Sachen, als

*Val.* 34. § 15. sententiam accipiat contumacis.

16) *L. 9. C. I. de bon. auct. iud.* (7, 7). *Diocl. et Max.* — et eum tuum esse debitorem constat. *Nov.* 53. *c.* 4. § 1. *τοῦ διαφαινομένου χρέους.*

17) *L. 1. C. I. quomodo et quando iudex* (7, 43). — ut etiam absentem damnare possit, non ut omnimodo necesse habeat. Vgl. die Stellen oben § 122 Note 101. 102 und *Nov. Val.* 8. § 2. *a.* 341 (von einer Interdictssache ohne Litis Denuntiatio) — vel adversus praesentem vel in contumacem definitiva sententia.

18) *L. 1. C. I. quor. app. non recip.* (7, 65). Eius qui per contumaciam absens, cum ad agendam causam vocatus esset, condemnatus est, negotio prius summatim perscrutato *rel.* Jede vollständige Cognitio ist zweiseitig, die einseitige Untersuchung als solche unvollständig, auf Wahrscheinlichkeit gegründet, in diesem Sinne summarisch. Vgl. Briegleb, Summarische Prozesse § 63, dessen zweite Auslegung ich für die richtige halte. — So versagte ja der Prätor auch nach dem alten Ordo Executionis die Missio, wenn er sich überzeugte, daß der Kläger keinen Anspruch habe. S. § 106 Note 30. 31.

19) *L. 9. C. I. de bon. auct. iud.* (7, 72). *Diocl. et Max.* — nam si ad circumscriptionem tui iuris latitat nec defenditur, et eum tuum esse debitorem constat, ad exemplum edicti bonorum eius possessionem poteris impetrare. *Nov.* 53. *c.* 4. § 1. *cit.* Note 16 *καὶ ἐπὶ νομῆς πεμπέτω τὸν διώκοντα τῶν αὐτοῦ πραγμάτων. cf. Dig.* 42, 4. 5. In den Edicts- und Pandektenstellen, die nirgends ein vorausgehendes Ladungs- und Contumacialverfahren erwähnen, ist dieß nun in Justinians Sinn hinzuzudenken. Diese Verbindung der beiderlei Verfahrungsweisen im Justinianischen Recht hat Hartmann, Contumacialverfahren, Gött. 1851. §§ 16 folg. verführt, sie auch im alten Recht als zusammengehörig zu betrachten. Der in-

verkauft werden müssen, um ihn zu befriedigen[20]). Nur wenn mehrere oder alle Gläubiger gegen den Schuldner andrängen, also im Concursprozeß, wird dessen ganzes Vermögen ihnen zum Besitz und Verkauf übergeben[21]). Daß aber nicht die gewöhnliche Execution durch Pignoris Capio, sondern nur die Missio in Possessionem rei servandae causa eintritt[22]), hat seinen Grund darin, daß der Schuldner noch nicht definitiv verurtheilt ist. Der Verkauf der in Beschlag genommenen Güter erfolgt erst nach einer längeren gesetzlichen Frist[23]), und bis zu deren Ablauf wird der Schuldner gegen Ersatz der Kosten und Stellung von Bürgschaft wieder in den Besitz gesetzt und zur Defensio zugelassen[24]), d. h. zu Vorbringung und Beweis seiner Einreden und zum Gegenbeweis in Bezug auf den Klaggrund, wodurch er die Aufhebung jenes früheren nur provisorischen richterlichen Ausspruches bewirken kann. Nur wenn der Schuldner sich nicht also zur Defensio meldet, kommt es zum Verkauf der in Beschlag genommenen Güter und zur Befriedigung des Gläu-

nere Widerspruch beider, der mich zuerst veranlaßte, die eine dem Ordo, die andre der Cognitio zuzuweisen, muß aber jedem, der die Quellen unbefangen liest, auffallen.

20) *Nov.* 53. *c.* 4. § 1. *cit.* Note 19. *πρὸς τὸ μέτρον τοῦ διαφαινομένου χρέους.* *L. 6. § 4. C. I. de his qui ad eccl.* (1, 12). *Leo.* — post edictorum sollemnium citationem ex sententia iudicantis usque ad modum debiti bonorum eius sive praediorum traditio sive venditio celebretur. Quodsi res mobiles habet, — sententia iudicantis et exsecutoris sollicitudine perquisitae, — pro aequitatis tramite modoque debiti publicis rationibus privatisque proficiant.

21) *L. 10. C. I. de bon. auct. iud.* (7, 72). Vgl. § 159.

22) *Nov.* 53. *c.* 4. § 1. — *ὥστε αὐτὸν εἰς νομὴν πεμφθέντα ἔχειν τὰ πράγματα χρέους ἕνεκεν φυλακτέου* = ita ut ille in possessionem missus debiti servandi causa res habeat.

23) *L. 9. C. I. eod.* (7, 72). Tempore autem transacto etiam venditionem eorum a competente iudice postulare non prohiberis. *L. 10. § 1. eod.* — post definitum a nobis tempus. Die Länge der Frist ist unbekannt. *cf. Glossa h. l.*

24) *Nov.* 53. *c.* 4. § 1. — *καὶ τηνικαῦτα εἴπερ ἐκεῖνος ἀπαντήσειε, πᾶσαν αὐτῷ πρότερον θεραπεύειν τὴν ζημίαν, οὕτω τε ἀπολαμβάνοντα τὰ πράγματα καὶ ἐγγυητὴν παρασχόμενον ἀγωνίζεσθαι τὴν ὑπόθεσιν* = et tunc si ille compareat, prius omne damnum huic resarciat, atque ita res recipiat, et fideiussore dato causam agat. *cf. L. 33. § 1. D. de reb. auct. iud.* (42, 5).

bigers, die, wenn anders ordnungsmäßig verfahren ist, nicht rückgängig gemacht werden kann [25]).

Bei dinglichen Klagen ist dem Kläger, wenn der Beklagte auf die dreimalige Ladung nicht erscheint [26]), ein doppelter Weg eröffnet [27]). Entweder, um den Besitzer zum Erscheinen vor Gericht zu bewegen, läßt er gegen Bescheinigung seines Rechts sich in den Besitz der streitigen Sache einweisen [28]), worauf der Beklagte binnen Jahresfrist gegen Bürgschaft den Besitz und die Defensio wiedererlangen [29]), nach Ablauf dieser Frist aber nur als Kläger auftreten kann [30]). Oder aber der Kläger trägt nach Art der alten Cognitio auf einseitige Unter-

25) *L. 7. § 4. D. quib. ex caus. in poss.* (42, 4). *L. 30. D. de reb. auct. iud.* (42, 5).

26) *L. 8. cit.* Note 27. *L. 2. C. I. ubi in rem actio* (3, 19). *Constantin.* — edictis legitimis eum citare curabit. *L. rest. 8. § 8. C. I. de delat.* (10, 11).

27) *L. 8. C. I. quomodo et quando iudex* (7, 43). *Diocl. et Max.* — a quo ter citatus si contumaciter praesentiam suam facere neglexerit, non abs re erit, vel ad cogendum eum, ut sese repraesentet, possessionem bonorum, cui incumbit, ad te transferre et adversarium petitorem constituere, vel auditis defensionibus tuis id, quod iuris ratio exegerit, iudicare. Vgl. oben § 122 Note 103.

28) *L. 8. cit.* vel ad cogendum eum ut sese repraesentet *rel. L. rest. 8. §§ 5. 7. C. I. de delator.* (10, 11). Auch sonst wurde die missio in possessionem rei petitae zur Ueberwindung der Contumacia ertheilt. S. *Symmach. Ep.* X. 39. Anhang I. Für die Bescheinigung s. *L. 2. C. I. ubi in rem actio* (3, 19). *Constantin.* — negotium summatim discutiens possessionem rerum in actorem mitti non differet, omni allegatione absenti de principali quaestione servata. Briegleb, Summarische Prozesse § 64 verlangt vollständigen Beweis des Eigenthums, aber mit Ausschluß des Gegenbeweises, was am Ende auf einen Wortstreit hinausläuft. Denn wenn der Kläger z. B. seinen Kaufcontract vorlegt, ohne daß, weil der Beklagte nicht gehört ist, dessen Gültigkeit vollständig festgestellt werden kann, so ist dieß eben nur eine Bescheinigung.

29) *L. 8. § 3. C. I. de praescr. 30.* (7, 39). *Iustinian.* — si quis — per sententiam iudicis eam (*sc.* rem) detinuit, ea tantum occasione, quod absens prior possessor ad litem vocatus minime responderit, licebit ei ad similitudinem ceterorum, qui rei dominium habent, intra annum se offerenti, cautionemque suscipiendae litis danti, eandem rem recipere, superque ea cognitionalia subire certamina.

30) *L. 8. cit.* Note 26. et adversarium petitorem constituere. *L. 2. cit.* Note 27. omni allegatione *rel.* Vgl. oben § 106 Note 70, § 122 Note 103.

suchung und definitive Entscheidung der Sache an [31]), wo alsdann das Urtheil je nach der gewonnenen Ueberzeugung des Richters für ihn oder auch für den abwesenden Beklagten ausfallen kann [32]).

B) Nach der Litiscontestation war sowohl im alten Formular- als im Cognitionsprozeß, wenn der Beklagte seine Vertheidigung fallen ließ, die einseitige Fortsetzung der Sache durch den Kläger (eremodicium) möglich, welche je nach dem Erfolg des Beweises zur Condemnation oder auch zur Absolution des Beklagten führte [33]). Justinian hat in dem Gesetz, welches die Beendigung aller Civilprozesse binnen drei Jahren vorschreibt [34]), folgende Bestimmungen getroffen. Zunächst sollen gegen den abwesenden Beklagten dieselben Zwangsmittel eintreten, wie bei seiner Contumacia in Bezug auf die Einlassung [35]). Ist aber der Ablauf des dritten Jahres nach der Litiscontestation bis auf sechs Monate herangekommen, und der Beklagte erscheint auf die dreimalige, von zehn zu zehn Tagen ergangene Ladung nicht, so wird auf Antrag des Klägers das Eremodicium contrahirt [36]), d. h. die Sache wird in Abwesenheit des Beklagten vollständig untersucht und definitiv entschieden [37]). Kann der Kläger den Beweis seiner Klage selbst in dieser günstigeren Lage nicht führen, so muß der abwesende Beklagte in der Hauptsache absolvirt werden [38]); nur die Prozeßkosten soll er zur Strafe seiner Contumacia dem Kläger ersetzen [39]). Wird

31) *L. 8. cit.* Note 26. vel auditis defensionibus tuis *rel.*

32) S. oben Note 17 und § 122 Note 102.

33) S. oben § 108 Note 96 und § 122 Note 101 folg.

34) *L. 13. pr. § 1. C. I. de iudiciis* (3, 1).

35) *L. 13. § 5. cit.* Si enim in anteriore tempore *rel.*

36) *L. 13. § 3. cit.* Sin autem reus abfuerit, et similis eius processerit requisitio, quemadmodum in persona actoris eximus (*cf. § 2.*), etiam absente eo eremodicium contrahatur *rel.*

37) *L. 13. § 3. cit.* — et iudex, secundum quod veteribus legibus cautum est, ex una parte cum omni subtilitate causam requirat *rel.*

38) *L. 1. cit.* Note 17. Vgl. Note 40: si obnoxius fuerit inventus.

39) *L. 13. § 5. C. I. de iudiciis* (3, 1).

dagegen der Beklagte schuldig befunden, so wird er condemnirt und das condemnatorische Urtheil vollstreckt [40]). Bei der dinglichen Klage oder wo sonst auf eine Sache erkannt ist, kann diese Execution natürlich nur in der Uebergabe der streitigen Sache bestehen. Bei Schuldklagen auf Geld aber soll sie auch in diesem Fall zur Strafe der Contumacia nicht durch gerichtliche Pfändung, sondern durch Einweisung des Gläubigers in den Besitz der Güter des Schuldners mit Verkaufsrecht, versteht sich nach dem Maße seiner Forderung, erfolgen [41]). Ueberall ist dem Beklagten in diesem Fall die Vertheidigung definitiv verloren; auch gegen Bürgschaft kann weder er noch ein Dritter für ihn den Besitz und die Vertheidigung wieder erlangen [42]).

II) Contumacia des Klägers.

Im alten Formularprozeß hing die weitere Verfolgung der Klage vor dem Prätor, wie ihre erste Erhebung, durchaus von der Willkühr des Klägers ab und die Nichtverfolgung derselben war ohne rechtlichen Nachtheil für ihn [43]). Im Judicium dagegen hatte er entweder auf den Antrag des Beklagten dessen Absolution, oder wenn auch dieser seine Vertheidigung fallen ließ, das Erlöschen des Judiciums durch Zeitablauf zu fürchten [44]). Im Cognitionsprozeß wurde, wenn der Kläger in einem von ihm veranlaßten Termine nicht erschien, dieser aufgehoben, ohne daß die Wiederaufnahme der Klage ihm verloren war. Nur wenn auch der Beklagte als Kläger auftrat, konnte dieser die

40) *L. 13. § 3. cit.* — et si obnoxius fuerit inventus, etiam contra absentem promere condemnationem non cesset, quae ad effectum perducatur et per res et facultates fugientis victori satisfiat *rel.*

41) *L. 13. § 3. cit.* cum in possessionem ex huiusmodi causa actor mittitur. Vgl. oben Note 20.

42) *L. 13. § 3. cit.* — nulla licentia ei vel alii personam eius solum praetendentis concedenda contradicendi, cum in possessionem ex huiusmodi causa actor mittitur; nec si reversus fuerit, et voluerit fideiussores dare, et possessionem recuperare, audiatur; in huiusmodi etenim casibus omnem ei contradictionem excludimus.

43) S. oben § 106 Note 76 folg.

44) S. § 108 Note 97. 99.

45) S. § 122 Note 104 folg.

einseitige Untersuchung und ein Urtheil in der Sache selbst verlangen [45]).

Nach dem Recht des Theodosischen Codex wurde der Kläger, wenn er in dem Termin der Litis Denuntiatio ausblieb, sachfällig [46]). Wo diese nicht statt fand, galt ohne Zweifel der Grundsatz des Cognitionsverfahrens, und Valentinian III. hat diesen allgemein gemacht; nehmlich, wenn der Kläger in dem Termin, zu welchem der Beklagte gerichtlich vorgeladen ist, nicht erscheint, so soll dieser von der Instanz entbunden und der Kläger nur in die Kosten verurtheilt werden [47]).

Nach Justinians Gesetzgebung ist zwar die Erhebung der Klage, wie es die Natur der Sache mit sich bringt, durchaus von der Willkühr des Klägers abhängig [48]); mit der Einreichung der Klagschrift aber übernimmt er eine doppelte Verpflichtung: 1) binnen längstens zwei Monaten Litem zu contestiren; 2) die Sache bis zum Endurtheil gehörig fortzusetzen [49]). — Die Nichterfüllung der einen und andern Verpflichtung hatte ursprünglich verschiedene Folgen. 1) Erscheint der Kläger in dem ersten Termin der Litiscontestation nicht, so soll der Beklagte noch fernere zehn Tage warten, dann aber unter Verurtheilung des Klägers in die Kosten ab Instantia absolvirt werden [50]). 2) Vernachlässigt der Kläger nach der Litiscontestation die Fortsetzung des Prozesses, und der Ablauf des dritten Jahres steht bis auf sechs Monate bevor, so soll er dreimal von zehn zu zehn Tagen vorgeladen, und wenn er auch dann nicht erscheint, so soll in seiner Abwesenheit das Urtheil gesprochen werden. Hat der Richter aus den ihm vorliegenden Acten eine bestimmte Ueberzeugung gewonnen, so soll er in der Sache selbst erkennen, und zwar entweder den gegenwärtigen Beklagten von der Klage absolviren, oder ihn zu Gunsten des abwesenden Klägers con-

46) S. § 151 Note 19.

47) *Nov. Val.* 34. § 14. *a.* 452. Vgl. § 151 Note 41.

48) *Cod. Iust.* 3, 7. *ut nemo invitus agere — cogatur.* *Nov.* 112. *c.* 3. *pr.*

49) S. § 152 Note 28. 29.

50) *Nov.* 53. *c.* 1. *Nov.* 69. *c.* 3. *pr.* Vgl. die Pandektenstellen oben § 122 Note 104.

demniren, so jedoch, daß dieser ihm allemal zur Strafe seiner Contumacia die Prozeßkosten ersetzen muß. Kann dagegen der Richter keine bestimmte Ueberzeugung in der Sache gewinnen, so soll er den Beklagten unter Verurtheilung des Klägers in die Kosten nur ab Instantia absolviren [51]). Merkwürdiger Weise wird hierbei auf den Grundsatz der Beweislast, wonach der Richter immer im Stande ist, ein bestimmtes Urtheil in der Sache selbst zu fällen, keine Rücksicht genommen und der Richter angewiesen, ein non liquet auszusprechen, wodurch die Erneuerung des Prozesses nicht ausgeschlossen ist. — In einem späteren Gesetz aber hat Justinian für die Contumacia des Klägers vor und nach der Litiscontestation folgendes Verfahren vorgeschrieben [52]). Der Kläger soll dreimal mit Zwischenräumen von dreißig Tagen edictaliter citirt, es soll dann noch ein Jahr gewartet und, wenn er auch dann nicht erscheint, nach gründlicher Untersuchung definitiv in der Sache selbst erkannt werden. Stellt sich der Kläger innerhalb jenes Jahres, so muß er vor Allem dem Beklagten die Kosten ersetzen; und läßt er die Sache dann abermals liegen und nimmt sie nach dreimaliger Edictalladung innerhalb eines Jahres nicht wieder auf, so wird er ohne Weiteres sachfällig. — Auch in diesen Schwankungen der Gesetzgebung wird der Mangel fester prozessualischer Grundsätze, wie sie dem Formularprozeß eigen waren, sichtbar.

Allgemeine Folgen der Contumacia des einen wie des andern Theiles sind: 1) die Verurtheilung in die Kosten des ganzen Prozesses, selbst wenn der Ungehorsame in der Sache obsiegt [53]); so wie auch in Bezug auf einzelne Theile des Prozesses die Parthei, welche durch ihre Contumacia sie nutzlos gemacht hat, der anderen die ihr daraus erwachsenen Kosten ersetzen muß [54]); 2) Verlust des Rechts der Appellation, indem die ungehorsame Parthei auch in der höheren Instanz die Verthei-

51) *L. 13. § 2. C. I. de iudiciis* (3, 1).

52) *Nov.* 112. *c.* 3. *pr.* §§ 1. 2.

53) *L. 13. §§ 2. 5. cit. cf. Nov.* 49. *c.* 1. *pr.*

54) *L. 15. C. I. de iudiciis* (3, 1). *Nov.* 53. *c.* 1. *Nov.* 69. *c.* 3. *pr.* *Nov.* 112. *c.* 3. § 2.

digung der Sache nicht wieder erlangen soll, mit der sie in der unteren zur Strafe präcludirt wurde. Daß sie mit Unrecht als Contumax behandelt worden, kann sie natürlich auch durch Appellation geltend machen [55]).

---

## E. Execution.

### 1. Specialexecution.

§ 158. Die Ausführung des condemnatorischen Urtheils (exsecutio sententiae) [1]) liegt jetzt nach dem Princip des Cognitionsprozesses ganz in der Hand des Richters, bei welchem der Kläger sie beantragen muß, und ist nicht mehr als ein Aeußerstes auf Vernichtung des persönlichen und Vermögensstandes des Beklagten, der sich seiner gerichtlich anerkannten Verpflichtung entzieht, sondern auf Verschaffung des speciellen Objectes berechnet, welches dem Kläger zugesprochen worden, also Specialexecution, oder das Verfahren, welches wir schon in der früheren Kaiserzeit als exsecutio extra ordinem kennen gelernt haben (§ 115). Von dem alten ordo exsecutionis (§§ 113. 114) dagegen finden sich nur Ueberbleibsel in dem Concursprozeß (§ 159). Die Grundsätze sind einfach und enthalten wenig Positives [2]).

Bedingung der Execution ist regelmäßig ein gültiges und rechtskräftiges, also nicht mehr durch ordentliche Rechts-

55) *Paul. Visig.* V. 5a. § 7. *L.* 23. *§ 3. D. de appell.* (49, 1). *L. 73. § 3. D. de iudiciis* (5, 1). *L. 1. C. I. quor. app.* (7, 65). *L. 13. § 4. C. I. de iudic.* (3, 1). *Nov.* 82. *c.* 5. Dritte Interessenten können dagegen appelliren, ja das Urtheil bindet sie ipso iure nicht. *L. 14. § 1. D. de appell.* (49, 1). *L. 50. § 1. D. de leg.* 1. *L. 17. § 1. D. de inoff. test.* (5, 2).

1) *Dig.* 42, 1. *de re iudicata et de effectu sententiarum. Cod. Iust.* 7, 53. *de exsecutione rei iudicatae.*

2) Die Beweisstellen für diese allgemeinen Sätze aus der frühern Zeit sind oben §§ 112—115 nachzusehen.

mittel umzustoßendes Endurtheil (sententia definitiva, res iudicata), durch welches das Recht des Klägers anerkannt und dem Beklagten die entsprechende Leistung auferlegt ist (condemnatio)[3]). Diesem steht aber auch jetzt die Confessio gleich, d. h. auch an die unbedingte gerichtliche Anerkennung des klägerischen Rechts kann sich, ohne daß es eines Urtheils bedarf, die Execution anschließen. Dagegen ist der Indefensus nicht mehr pro Damnato, sondern auch gegen den Reus contumax muß erst ein Contumacialverfahren und Contumacialurtheil ergehen, damit die Execution gegen ihn eintreten könne (§ 157).

Gegenstand der Execution ist die in dem Urtheil dem Beklagten auferlegte Leistung. Nach classischem Recht war dieß im Formularprozeß, abgesehen von Präjudicialklagen, stets Zahlung einer bestimmten Summe Geldes. Zu einer bestimmten Leistung soll der Richter auch jetzt den Beklagten, so viel möglich, condemniren; nur ausnahmsweise, wo dieß nicht möglich ist, soll das Recht des Klägers im Allgemeinen anerkannt und ein die Execution vorbereitendes Liquidationsverfahren noch vorbehalten werden. Aber neben der bestimmten Summe Geldes (pecunia) wird auch eine bestimmte Sache (res) als möglicher Gegenstand der Condemnation, folglich auch der Execution, genannt[4]), ohne daß näher bestimmt würde, welche Leistung in Bezug auf diese Sache gemeint sei, daher wir berechtigt sind, das dare, tradere, restituere und exhibere darunter zu begreifen[5]). Die beiden letzteren Leistungen werden zwar bei actiones arbitrariae auch in Justinians Compilation als Gegenstand eines der Condemnation vorausgehenden Arbitrium Judicis bezeichnet, welches, wenn es der Kläger wünscht, exequirt wird[6]). Allein wenn auch beide Aussprüche des Richters

3) Nach dem *Edict. Pf. Pr.* 32. § 2. *Zachariae p.* 277. soll dem Urtheil das Executionsmandat gleich eingerückt werden.

4) *§ 32. I. de act.* (4, 6). Curare autem debet iudex, ut omnimodo quantum possibile ei sit, certae pecuniae vel rei sententiam ferat, etiamsi de incerta quantitate apud eum actum est. Vgl. § 56 Note 21.

5) S. § 156 Note 23.

6) S. § 156 Note 23.

jetzt noch, wie früher, der Zeit nach auseinander fielen, was dahin steht, so bildeten sie doch rechtlich zusammen das Endurtheil, so daß hierin keine Abweichung von dem allgemeinen Grundsatz liegt. Daß hingegen jetzt ein Thun (facere) oder Leisten (praestare) Gegenstand der Execution gewesen, also etwa durch Vermögens- oder Freiheitsstrafen erzwungen worden sei, ist nicht anzunehmen, weil auch Justinians Compilation einen solchen Zwang nur bei gewissen öffentlichen Functionen eintreten läßt [7]); bei Civilansprüchen dagegen den Richter allgemein anweist, im Fall der Nichtleistung zum Interesse zu condemniren [8]). Daß der rein praktische Gesichtspunkt und nicht mehr eine zarte Rücksicht auf die Privatfreiheit des Verpflichteten dabei leitend war, ist früher bemerkt worden.

Die Executionsmittel sind 1) bei einer speciellen Sache (res) deren gewaltsame Wegnahme und Vorzeigung oder Uebergabe an den Kläger durch die Officialen des Richters [9]). Der rechtliche Erfolg der Uebergabe bestimmt sich nach dem im Urtheil anerkannten Recht des Klägers; also z. B. dem Usufructuar oder Miether zum Gebrauch [10]), dem Käufer zum Eigenthum [11]). Daß in diesem letzteren Fall dem Richter damit eine ganz neue Befugniß gegeben ist, nehmlich das Eigenthum des Beklagten auf den Kläger zu übertragen, gewissermaßen zu adjudiciren, ist

7) S. oben § 112 Note 13. So auch Wetzell, Civilpr. § 50 Note 92.

8) S. § 156 Note 24.

9) *L. 68. D. de re vind.* (6, 1). — manu militari.

10) Ziebarth, Realexecution S. 163 folg. schließt diesen Fall aus und bereitet sich selbst dadurch eine unnöthige Schwierigkeit, wie denn überhaupt diese kleine Schrift aus richtigen Prämissen falsche Consequenzen zieht. S. Note 16.

11) *L. 25. C. Th. quor. app.* (11, 36). *Val. Grat. et Val. a.* 378. — si res mobilis ad quam restituendam executoris opera fuerit indulta — reddenda ei parti, pro qua sacer cognitor iudicaverit. Quodsi de possessione vel fundis exsecutio concessa fuerit *rel.* Ich stehe nicht an restituere nach der allgemeineren Bedeutung auch von dare zu verstehen. Ausdrücklich spricht davon *Edict. Pf. Pr.* in *Nov.* 167. *καὶ τοῖς μέλλουσι δὲ ἐκ συναλλαγμάτων τινῶν πράγμα λαμβάνειν καὶ νομὴν τοιαύτην ἢ δεσποτείαν ὑπὸ τὴν ἑαυτῶν ποιεῖσθαι κατοχήν*, welches zugleich vorschreibt, daß die Uebergabe (*παράδοσις*) durch den Defensor des Ortes oder den Provinzialstatthalter protocollirt werden soll.

freilich den Verfassern von Justinians Compilation so wenig als unsern ältern Prozessualisten, zum Bewußtsein gekommen, weshalb sie es nirgends als etwas Besonderes anmerken [12]. 2) Bei Geldzahlungen ist die Pignoris Capio nach den Grundsätzen der früheren Kaiserzeit das ordentliche Executionsmittel. Nur die Verurtheilung des Reus contumax wird immer durch Missio in Possessionem vollstreckt, und zwar entweder nur provisorisch, so daß der Beklagte noch vor dem Verkauf der Sachen seine Vertheidigung aufnehmen und den Besitz wieder erlangen kann, oder definitiv, ohne diese Möglichkeit [13]. Da diese Missio in Possessionem nur in einzelne Sachen des Schuldners bis zum Betrag der Schuld erfolgt, so besteht im letztern Fall der Unterschied von der Pignoris Capio nur darin, daß nicht das Gericht, sondern der Gläubiger den Besitz und Verkauf in die Hand bekommt, jedoch natürlich unter Aufsicht des Richters [14]. Schuldhaft trifft, abgesehen von Insolvenz, nur den fiscalischen Schuldner, und soll nicht durch Gefängniß, sondern nur durch Bewachung (custodia militaris) vollstreckt werden [15].

Was die Behörden betrifft, bei welchen die Execution gesucht werden muß, — denn daß der Sieger im Prozeß sie nicht eigenmächtig vornehmen darf, versteht sich von selbst [16],

12) So nun auch Wetzell, Civilpr. S. 480 folg. Das Gegentheil behauptet Ziebarth cit. S. 159 folg.

13) S. § 157 Note 24 folg. 42. Bei der Pignoris Capio kann der Schuldner binnen zwei Monaten durch Zahlung den Verkauf der Pfänder abwenden. S. § 115 Note 29.

14) Vgl. was in § 159 über die Missio in Bona und Bonorum Venditio des neuesten Rechts gesagt werden wird.

15) *L. 2. L. 5. L. 7. C. Th. de exact.* (11, 7). = *L. 2. L. 3. C. I. eod.* (10, 19). *L. 9. § 6. D. ad leg. Iul. pec.* (48, 13).

16) *L. 6. § 2. D. de re iud.* (42, 1). Qui iudicati bona sua auctoritate distraxit, furti actione et vi bonorum raptorum ei tenetur. Daß auch die Besitzübertragung der dem Kläger zugesprochenen Sache nach Justinianischem Recht nur durch den Richter geschah, giebt Ziebarth cit. S. 158 zu, behauptet aber S. 57 folg. nach dem classischen Recht die Möglichkeit eigenmächtiger Ergreifung, wobei er übersieht, daß selbst der Sieger im Vindicationsprozeß durch diese den juristischen Besitz des Beklagten verletzen würde.

— so ist dieß allemal ein Civilgericht; die Execution durch Militärbehörden (exsecutio militaris) ist verboten [17]), und jenes soll sich dabei nur seiner Officialen bedienen [18]). Regelmäßig ist es das Gericht, welches das Urtheil selbst gesprochen, oder durch einen Judex pedaneus hat sprechen lassen [19]). Nöthigen Falls erfolgt sie durch Requisition des Richters, dem die Objecte der Execution unterworfen sind [20]), oder durch committirte Municipaluntergerichte [21]).

---

## 2. Concursprozeß [1]).

§ 159. Im älteren Recht war die ordentliche Vermögens- und die regelmäßig damit verbundene Personalexecution auf die Insolvenz des Schuldners und die verhältnißmäßige Befriedigung aller seiner Gläubiger berechnet (§ 112). Jetzt, wo der einzelne Gläubiger seine Befriedigung durch Specialexecution suchen kann, und wo nach Einleitung jenes auf Insolvenz und Befriedigung sämmtlicher Gläubiger berechneten Verfahrens außer anderen Modificationen, die es erfahren hat, auch die Verhandlung über Liquidität und Priorität der einzelnen Forderungen in dasselbe

Selbst im ältesten Recht war er dazu nicht ohne richterliche Autorisation befugt. S. Bd. 1 S. 191 folg.

17) *L. un. C. Th. de off. iud. mil.* (1, 21). = *L. 1. C. I. eod.* (1, 46). Eine Ausnahme enthält *L. 1. C. I. de off. Pr. aug.* (1, 37). *cf. L. 1. C. Th. eod.* (1, 14).

18) Nicht der Präfectiani, Palatini, Milites oder der entlassenen Officialen *L. 8. C. I. de off. Rect. prov.* (1, 40). Vgl. oben § 142 Note 184.

19) *L. 15. pr. D. de re iud.* (42, 1).

20) *L. 15. § 1. D. eod.* S. oben § 72 Note 14.

21) *L. 1. L. 4. pr. §§ 2—4. D. de damno inf.* (39, 2).

1) *Cod. Theod.* 4, 20. *qui bonis ex lege Iulia cedere possunt. Paul. Visig.* V. 5b. *Dig.* 42, 3. *de cessione bonorum.* 5. *de rebus auctoritate iudicis possidendis seu vendendis.* 4. 6—8. *Cod. Iust.* 7, 71. *qui bonis cedere possunt.* 72. *de bonis auctoritate iudicis possidendis seu venumdandis et de separationibus.* 73—75. *Theophil. Paraphr. Inst.* 3, 12. *pr. Nov.* 135. — Zimmern, Rechtsg. III. § 86. Heffter, System §§ 525 folg. Puchta, Instit. § 188.

hereingezogen wird, ist dieses ein eigentlicher Concursprozeß im Sinne unseres gemeinen deutschen Rechts geworden, und bildet auch dessen gesetzliche Grundlage, wenngleich der Gerichtsgebrauch des Mittelalters und der neueren Zeit manches daran geändert und hinzugefügt hat. Die Quellen des Justinianischen Rechts sind auch hier sehr unvollständig, daher Vieles dunkel bleibt [2]).

Die Eröffnung dieses Concursprozesses erfolgt entweder auf Antrag mehrerer Gläubiger, die von dem competenten Richter des Schuldners die Einweisung in dessen Güter (missio in possessionem bonorum) verlangen, oder durch die Erklärung des Schuldners, nehmlich die freiwillige Abtretung seiner Güter an die Gläubiger (cessio bonorum); nicht aber, wie heutzutage, auch durch den Richter von Amtswegen. Bedingung derselben ist also von der einen Seite, daß eine Mehrzahl von Gläubigern vorhanden ist [3]). Denn der einzelne Gläubiger wird entweder vorziehen, durch Specialexecution seine Befriedigung vorwegzunehmen, oder wenn ihm auch zu diesem Behuf das ganze Vermögen überwiesen werden müßte, nicht in Concurrenz und Gemeinschaft mit andern treten: es wird also insofern dieß eigenthümliche Verfahren nicht statt finden. Dagegen wird nirgends die Insolvenz des Schuldners, welche die Voraussetzung ist, als rechtliche Bedingung derselben erwähnt, weil sie niemals eigentlich in Frage kommt. Denn bei der Cessio Bonorum erklärt der Schuldner selbst seine Insolvenz, und bei der Missio in Bona steht sie durch deren eigenthümliche Bedingungen fest, nehmlich dadurch, daß entweder der Schuldner factisch nicht zahlt oder durch die Flucht sich den Ansprüchen seiner

2) Da die aus dem ältern Recht entlehnten Stücke von Justinians Compilation im Sinn derselben gedeutet werden müssen, so geben über diesen eigentlich nur Justinians Verordnungen *L. 8. C. I. qui bonis cedere possunt* (7, 71). *L. 10. C. I. de bonis auct. iud.* (7, 72) und die angeführten Stellen des Theophilus durch das, was er absichtlich oder unabsichtlich von dem Verfahren seiner Zeit beibringt, sichern Aufschluß.

3) *Theophil. cit.* § 114 Note 26. 27. *L. 10. cit.* folg. Note.

Gläubiger und der Schuldhaft entzieht, ein Fall, der im Gegensatz der Cessio Bonorum als der gewöhnliche bezeichnet wird [4]). Es finden also in dieser Beziehung noch die Grundsätze des alten Rechts rücksichtlich des Indefensus statt [5]), daher z. B. auch gegen den Verstorbenen, wenn Niemand die Erbschaft antritt, der Concurs durch Missio in Bona eröffnet wird [6]).

Das Verhältniß jener beiden Einleitungsweisen des Concursprozesses zu einander ist aber jetzt folgendes. Neben der Missio in Bona können die Gläubiger noch immer die Verhaftung des insolventen Schuldners verlangen; die Cessio Bonorum aber befreit diesen von derselben. Der Zweck ihrer Einführung durch die Lex Julia war, den Schuldner zur freiwilligen Erklärung seiner Insolvenz zu bewegen und jenes gehässige Executionsmittel möglichst zu beseitigen, so daß dieses nur den noch traf, der dieß Beneficium nicht rechtzeitig gebraucht, sondern sich bis zum letzten Augenblick seinen Verpflichtungen zu entziehen gesucht hatte [7]). In der nachconstantinischen Zeit veranlaßte die allgemeine Zerrüttung der Vermögensverhältnisse zahlreiche Concurse und die gesunkene Moralität den Mißbrauch jener Rechtswohlthat, dem durch die Gesetzgebung gesteuert wurde. K. Gratian verordnete a. 379 zunächst im Interesse der fiscalischen Ansprüche, dann aber auch der Privatgläubiger, daß nur ein durch Unglücksfälle insolvent gewordener Schuldner durch Cessio Bonorum von der Schuldhaft befreit sein soll [8]). Diese neue gesetzliche Bestimmung hatte zur Folge, daß fortan, wenn ein

4) *L. 10. C. I. cit.* — 'dum is (*sc.* debitor) severiores creditores formidans sese celaverit, et illi de rebus ad eum pertinentibus competentia ingrediantur iudicia, postulentque in possessionem rerum sese transmitti. Es ist dieß der Fall, den das Edict durch fraudationis causa latitare bezeichnete.

5) S. oben § 114 Note 22—24.

6) S. § 106 Note 47. 48.

7) S. oben § 114 Note 124.

8) *L. 1. C. Th. qui bonis ex lege Iulia cedere possunt* (4, 20). *Gratian. Val. et Theodos. Romae a.* 379. Der Sinn des Gesetzes ist unzweifelhaft und scheint mir die oben § 114 Note 123 aufgestellte Ansicht zu bestätigen, indem dieß Gesetz nicht etwa älteres Recht einschärft, sondern neues vorschreibt. Für dieses trete ich also nunmehr Puchta's Ansicht, Instit. II. S. 245, bei.

Schuldner Bonis cediren wollte, und die Gläubiger auf Missio in Bona und Schuldhaft antrugen, gerichtlich entschieden werden mußte, ob der Schuldner zur Cession zuzulassen sei oder nicht [9]), ja daß man sich an den Kaiser wandte, um dieß Beneficium zu erlangen [10]).

In der einen oder andern Weise erlangen also die Gläubiger den gemeinschaftlichen Besitz aller Güter des Schuldners und das Recht zum Verkauf derselben, vorausgesetzt, daß ihre Forderungen feststehen. Denn zur Cessio Bonorum wird der Schuldner nur zugelassen, der entweder verurtheilt ist oder seine Schuld anerkannt hat [11]); und, im Fall er sich verborgen hält oder flüchtig ist, wird nach den Grundsätzen des Contumacialverfahrens die Missio in Bona auch nur demjenigen Gläubiger durch Richterspruch ertheilt [12]), der einseitig seine Forderung erwiesen und deren Anerkennung von Seiten des Richters erlangt hat [13]). Hierin unterscheidet sich also der Concursprozeß des neuesten Rechts wesentlich von dem des älteren, wo die Gläubiger ohne Beweis ihrer Forderungen zur Missio in Bona und Bonorum Venditio zugelassen wurden, diesen aber später bei der Klage gegen den Bonorum Emptor zu führen hatten. Jetzt, wo diese Form

9) Diesen Rechtszustand, wonach nicht Jeder zur Cessio Bonorum zugelassen wurde, deuten auch die Rubriken in beiden Codices: qui bonis cedere possunt, an, während der Pandektentitel im Anschluß an das Edict: de cessione bonorum, überschrieben ist. Vgl. *L. 10. cit.* Note 4 severiores creditores formidans, d. h. fürchtend, daß die Gläubiger auf Schuldhaft dringen, ihn also zur Cessio Bonorum nicht zulassen würden; auch *Nov.* 135. unten Note 42. — Daß aber die Cessio Bonorum nothwendig vor Gericht erklärt worden, ist nicht anzunehmen. *L. 2. L. 3. C. Th. qui bonis* (4, 20) = *L. 6. C. I. eod. L. 9. D. de cessione bon.* (42, 3). Anders *Gothofr. l. c.* und Zimmern cit. Note 12.

10) *L. 8. C. I. qui bonis cedere poss.* (7, 71). *Iustinian.* cum solito more a nostra maiestate petitur, ut ad miserabile cessionis bonorum homines veniant auxilium, et electio detur creditoribus vel quinquennale spatium eis indulgere vel bonorum accipere cessionem *rel.*

11) *L. 8. D. de cessione bon.* (42, 3).

12) *L. 10. pr. C. I. cit.* — si non omnes huiusmodi debita praetendentes, sed ex his certi ab iudiciali sententia in possessionem rerum mittantur — in rebus de quibus prolata fuerit sententia.

13) S. § 157 Note 14–16.

der Bonorum Venditio durch Universalsuccession weggefallen ist, und die Gläubiger ihre Befriedigung unmittelbar aus der Masse erhalten, muß die Liquidation ihrer Forderungen nothwendig ihrer Zulassung zum Besitz derselben vorausgehen. Eine Verzögerung der zur Sicherung der Masse etwa nöthigen Maßregeln entsteht hieraus nicht; denn regelmäßig werden einige Gläubiger auf dem Grund ihrer bereits anerkannten Forderungen sofort in den Besitz gelangen und das Nöthige im Interesse Aller besorgen; auch ist jener Beweis um so leichter zu erbringen, als die Vertheidigung des Schuldners wegfällt [14]).

Rücksichtlich des gemeinschaftlichen Besitzes der Gläubiger und der daraus fließenden Rechte gelten die Grundsätze des älteren Rechts [15]). Da aber dieser Besitz jetzt regelmäßig von längerer Dauer ist, so war es wohl nicht mehr Ausnahme, sondern Regel, daß zum Behuf der Verwaltung der Masse, d. h. ihrer Erhaltung, Vermehrung und Nutzung, auf den Antrag der Majorität der immittirten Gläubiger vom Richter ein Curator Bonorum bestellt wurde [16]). Denn da die Cessio Bonorum und die Missio in Bona im Interesse aller Gläubiger erfolgt ist, so können auch die übrigen, die zunächst an derselben keinen Theil genommen, mit gleichem Recht eintreten [17]). Von einer gerichtlichen Aufforderung dazu ist freilich nirgends die Rede; und die Proscriptio Bonorum von Seiten der immittirten Gläubiger, wodurch die Sache die nöthige Oeffentlichkeit erlangte, scheint nicht mehr statt gefunden

14) Nach dem Gerichtsgebrauch des Mittelalters, den die Glossatoren verzeichnen, wird den Gläubigern auf bloße Anmeldung ihrer Forderungen die Missio in Bona ertheilt, dann wird liquidirt und in dem Decret, welches den Verkauf gestattet, über ihre Forderungen erkannt.

15) S. § 114 Note 24—49. 55. 56.

16) *Dig.* 42, 7. *de curatore bonis dando.* Von der Willkühr der Gläubiger hing es noch immer ab. Vgl. § 114 Note 50—54.

17) *L. 12. pr. D. de reb. auct. iud.* (42, 5). *L. 10. pr. C. l. cit.* Note 12. — non solum hi, sed etiam alii omnes talia debita praetendentes eadem commoditate potiantur, et possint cum prioribus rerum detentatoribus communionem habere in rebus, de quibus (sicut superius declaratur) prolata fuerit sententia.

zu haben [18]). Allein wenn der Schuldner sich verborgen hielt oder flüchtig war, so brachte die dreimalige Edictalladung desselben die Sache zur öffentlichen Kunde, und bei der Cessio Bonorum ergab sich diese, wenigstens am Ort, von selbst [19]). Zur Nachmeldung der übrigen Gläubiger hat Justinian innerhalb derselben Provinz (inter praesentes) eine Frist von zwei Jahren, für die in einer anderen Provinz wohnenden (inter absentes) vier Jahre festgesetzt, nach deren Ablauf, wer seine Forderung nicht angemeldet und erwiesen hat, gegen die besitzenden Gläubiger keinen Anspruch mehr haben soll, während seine Forderung gegen den Gemeinschuldner fortbesteht. Die Liquidation dieser sich nachmeldenden Gläubiger aber erfolgt contradictorisch zwischen ihnen und den besitzenden, welche in dieser Hinsicht die Rechte des Gemeinschuldners im eigenen Interesse geltend machen; doch müssen jene ihren nach dem Betrag der Forderungen bemessenen Antheil an den Prozeßkosten den besitzenden zuvörderst erstatten [20]).

18) *Theophil. cit.* erwähnt diese προγραφή nicht. S. § 114 Note 57.

19) *Cf. L. 24. fin. D. quae in fraud. cred.* (42, 48). Ius civile vigilantibus scriptum est. Doch bleibt dieß einer der aus unsern Quellen nicht völlig aufzuklärenden Punkte.

20) *L. 10. § 1. C. I. cit.* Ut autem non in perpetuum aliorum negligentia illi, qui pro suis debitis alacriores creditoribus aliis ostenduntur fuisse, praegraventur, rectum nobis esse videtur, tunc communionem habere, in possessione rerum alios creditores, qui non hoc peregisse noscuntur, cum praesentes quidem in una eademque provincia, in qua et possessores rerum commorantur, intra duorum annorum spatia, absentes autem intra quadriennium creditoribus antelato modo detinentibus suum debitum certum faciant, et expensas secundum quantitatem debitorum persolvant eis, qui sententias consecuti sunt —: post completum autem memoratum tempus nullam eis esse licentiam, eos qui possessionem adepti sunt, molestare vel aliquibus damnis afficere: actiones autem, quas ex legibus sibi competere putaverint, contra suos exercere debitores. Nach *L. 15. C. I. de non num. pec.* (4, 30). *Justinian.* sollen die besitzenden Gläubiger den sich Nachmeldenden z. B. die exceptio non numeratae pecuniae im Namen des Gemeinschuldners entgegensetzen können, wenngleich dieser selbst sie nicht geltend gemacht hat. — Daß der Curator Bonorum als Contradictor fungirte, ist nicht erweislich. Vgl. Puchta cit.

Der Verkauf des Vermögens (bonorum venditio) kann natürlich erst erfolgen, nachdem jene längere Frist von vier Jahren, innerhalb welcher auswärtige Gläubiger noch zugelassen werden, abgelaufen ist[21]), und er wird alsdann durch einen Rechtsspruch des Gerichts angeordnet[22]). Dieser Verkauf ist aber nicht mehr die alte Bonorum Venditio, der Zuschlag der ganzen Masse gegen ein Gebot von Prozenten mit der Wirkung einer prätorischen Universalsuccession[23]), sondern, wie früher nur ausnahmsweise bei Personen senatorischen Standes, eine distractio bonorum, d. h. eine Versilberung der zur Masse gehörigen Vermögensstücke durch den Curator Bonorum[24]). Doch ist dieß Geschäft nicht ganz seiner oder der besitzenden Gläubiger Willkühr überlassen: es soll ein Protokoll vor einer dazu befugten Behörde darüber aufgenommen und von ihm beschworen werden, daß er bestmöglichst verkauft habe[25]). Den Erlös vertheilt alsdann der Concursrichter unter die Gläubiger nach Ver-

21) *L. 10. § 2. C. I. cit.* — post definitum a nobis tempus, kann keine andre als diese in § 1. festgesetzte sein.

22) *L. 10. § 2. cit.* Sin autem hi, qui detinent possessiones, ex sententia iudicis res vendiderint *rel.*

23) *Pr. Inst. de success. subl.* (3, 12). *Theophil. h. l.*

24) *L. 10. § 2. C. I. cit.* Sin autem hi, qui detinent possessiones, vel — res vendiderint, vel alio quocunque legitimo modo ius, quod in iisdem rebus habere noscuntur, in alias personas — transtulerint, et certas pecunias acceperint *rel.* Was Justinian unter dem alio legitimo modo versteht, ist nicht klar; entscheidend aber, daß auch in diesem Fall Geld für die Güter gezahlt, und daß nicht per universitatem in dieselben succedirt wird.

25) *L. 10. § 3. cit.* Ut autem non liceat creditori (*sc.* et curatori *L. 2. § 4. D. de curatore bonis* 42, 7.) in venditione vel translatione rerum dolum vel aliquam machinationem vel circumscriptionem facere, iubemus, attestationem super hoc celebrandam apud defensorem locorum, gestis intervenientibus, insinuari, — et praesentibus non tantum — Tabulariis, sed etiam reverendissimo Cimeliarcha — iusiurandum sacrosanctis evangeliis propositis venditorem vel translatorem praestare, quod neque per gratiam emptoris vel eius, ad quem res iure cessionis transferuntur, nec aliquo dolo interveniente minorem iusto rerum pretio quantitatem acceperit, sed eam, quam re vera cum omni studio potuerit invenire. Oeffentliche Subhastation ist also nicht vorgeschrieben, ebensowenig eine Mitwirkung des Concursgerichts.

hältniß des Betrages ihrer Forderungen [26]) und unter Berücksichtigung ihrer gesetzlichen Vorzugsrechte [27]), welche ohne Zweifel in dem Liquidationsverfahren mit untersucht wurden und jedenfalls vor dieser Vertheilung durch rechtskräftige Urtheile festgestellt sein mußten. Der etwa verbleibende Ueberschuß wird öffentlich deponirt, um daraus die Gläubiger, die sich später melden und ihre Forderungen gerichtlich erweisen, zu befriedigen [28]).

Was die dinglichen Rechte betrifft, so konnte der Eigenthümer einer in der Masse befindlichen Sache diese, wie im alten Recht, vindiciren, d. h. aus der Masse vorweg nehmen, ohne sich irgendwie an dem Concursverfahren zu betheiligen [29]). Auch die Pfandgläubiger sind nicht genöthigt eine Missio in Bona nachzusuchen oder innerhalb der von Justinian bestimmten

26) *L. 10. § 1. C. l. h. t.* — quia et secundum debita eis satisfieri, explorati iuris est. *L. 6. C. I. eod.* (7, 72). *Diocl. et Max.* — possessione bonorum itemque venditione aequali portione pro rata debiti quantitate omnibus creditoribus consuli potest. *L. 6. § 7. D. quae in fr. cred.* (42, 5). — hunc in portionem vocandum exaequandumque ceteris creditoribus.

27) *L. 8. fin. C. l. qui bonis* (7, 71). *Iustinian.* — in rebus — officio Iudicis partiendis suam vim singulis creditoribus habentibus, quam eis legum praestabit regula.

28) *L. 10. § 2. C. l. cit.* — quidquid superfluum inventum fuerit vel amplius quam eis debetur, hoc modis omnibus necesse est eos praesentibus Tabulariis signare et in cimeliarchio sanctae ecclesiae illius civitatis, in qua huiusmodi contractus celebratur, deponere, attestatione prius per memoratos Tabularios conscribenda, praesente etiam eo, qui 'res eas vendiderit vel in alias personas transtulerit, ut per eam manifestetur tam quantitas pecuniarum, quae pro venditione rerum vel translatione praestitae sunt, quam earum, quae superfluae post dissolutum debitum inveniantur, ut, si quis postea creditor apparuerit et debiti cautionem ostenderit, possit ex his satis sibi facere, prius scilicet Rectore provinciae sine aliquo damno causae faciente examinationem, et non concedente, nec reverendissimos Oeconomos vel Cimeliarchas sanctae ecclesiae, in qua pecuniae deponuntur, aliquod detrimentum vel dispendium sustinere, per suam autem interlocutionem creditorem praecipiente secundum modum debiti ex depositis pecuniis suum accipere debitum.

29) *L. 24. § 2. D. de reb. auct. iud.* (42, 5). *L. 1. C. I. de privilegio fisci* (7, 73).

Fristen sich zur Theilnahme an derselben zu melden [30]); denn sie können vermöge ihres durch Vertrag oder Gesetz früher begründeten Pfandrechts den Vorzug vor dem durch die Missio entstandenen Pignus prätorium, also vor allen bloß chirographarischen Gläubigern, verlangen [31]). Dieser Vorzug wurde aber jetzt nicht mehr durch Herausgabe und Separatverkauf der verpfändeten Sache, sondern durch Befriedigung vor den übrigen bei der schließlichen Vertheilung des Erlöses von der verkauften Masse anerkannt [32]). Durch den Verkauf der Masse erlosch ihr Recht, insofern dieser durch den Fiscus öffentlich bewirkt [33]) oder sonst zu ihrer Kenntniß gekommen war, ohne daß sie Einspruch erhoben hatten [34]). Die Häufung gesetzlicher und privilegirter Hypotheken in dem spätesten Recht, überhaupt die complicirte Gesetzgebung über das Rangverhältniß der Gläubiger, welches wie die Liquidität jetzt vor dem Verkauf und der Ausschüttung der Masse rechtskräftig, also im Fall der Appellation durch mehrere Instanzen, festzustellen war, mußte, selbst abgesehen von den ausgedehnten gesetzlichen Fristen, den Concursprozeß zu einem höchst langwierigen Verfahren machen, während früher der kurze Zeitraum von zwei Monaten regelmäßig zur Regulirung der Sache hingereicht hatte. Bei dem raschen Wechsel der Glücks- und Vermögensverhältnisse in dem sinkenden römischen Reich gewiß sehr häufige und lang hingeschleppte Concurse gehören auch ganz in das Bild einer Zeit allgemeiner socialer Auflösung.

30) *L. 10. pr. C. I. cit.* — super pecuniis debitis, pro quibus hypothecae non sunt constitutae.

31) *Arg. L. 2. C. I. qui pot.* (8, 18). *L. 5. § 4. D. ut in poss.* (36, 4).

32) *L. 8. fin. C. I. qui bonis* (7, 71). *Iustinian.* Nulla quidem differentia inter hypothecarios et alios creditores, quantum ad hanc electionem (nehmlich zwischen dem fünfjährigen Moratorium und der Cessio Bonorum, s. Note 10) observanda, in rebus autem officio iudicis partiendis suam vim singulis creditoribus habentibus, quam eis legum praestabit regula.

33) *L. 5. C. I. de fide et iure hastae fisc.* (10, 3) = *L. 1. C. Th. eod.* (10, 17).

34) *L. 6. C. I. de remiss. pign.* (8, 26).

Die Wirkungen des Concurses für den Schuldner sind wesentlich dieselben wie im alten Recht, nehmlich 1) rücksichtlich seines Vermögens, daß er durch die Cessio Bonorum und Missio in Bona factisch die Verfügung über dasselbe verliert. Doch kann er bis zum Verkauf, im ersten Fall durch Zahlung oder einfache Defensio, im zweiten gegen Bürgschaft, dieselbe wieder erhalten [35]). Nach dem Verkauf ist er gegen Klagen aus früherer Zeit (ex ante gesto), bis er wieder zu Vermögen kommt, durch eine Einrede geschützt [36]); im Fall der Cessio Bonorum muß ihm selbst der nothdürftige Unterhalt gelassen werden [37]). 2) Rücksichtlich seiner Person ist die Folge der Missio in Bona a) Infamia [38]), b) Schuldhaft, und zwar Schuldgefängniß (carcer) [39]), worunter jedoch nur ein öffentliches Gefängniß verstanden werden kann, weil überhaupt die Einrichtung von Privatgefängnissen und insbesondere die Einsperrung des Schuldners in solche verboten und als Majestätsverbrechen mit Todesstrafe bedroht war [40]). Wer zur Cessio Bonorum zugelassen wurde, war von Schuldhaft und Infamia befreit [41]).

35) *L. 3. L. 5. D. de cessione bon.* (42, 3). *L. 2. C. I. qui bonis* (7, 71). *L. 33. § 1. D. de rebus auct. iud.* (42, 5).

36) *L. 3. C. I. de bon. auct. iud.* (7, 72). *L. 4. D. de cur. bon.* (42, 7). Ausgenommen die actio Pauliana. *L. 25. § 7. D. quae in fraud. cred.* (42, 8).

37) *L. 4. pr. § 1. L. 6. L. 7. D. de cessione bon.* (42, 3). *§ 40. I. de act.* (4, 6).

38) *Arg. L. 11. C. I. ex quib. caus. inf.* (2, 12). Hiernach scheint jetzt die Infamia erst an die vollzogene Bonorum Venditio geknüpft.

39) *Arg. L. 1. C. I. qui bonis* (7, 71). Eben darauf, nicht auf anderweite Mißhandlung des Schuldners gehen die Ausdrücke *L. 1. C. Th. eod.* (4, 20) suppliciorum acerbitate. *L. 7. C. I. eod.* (7, 71) iniuriae und ähnliche.

40) *L. 1. C. Th. de privati carceris custodia* (9, 11). *Val. Theod. et Arcad. a.* 388. Si quis posthac reum privato carceri destinarit, reus maiestatis habeatur. Dieß auf einen nicht verurtheilten oder solventen Schuldner zu beschränken, ist willkührlich. *L. 1. C. I. de privatis carceribus inhibendis* (9, 5). *Leo a.* 486. Iubemus nemini penitus licere — in agris suis aut ubicunque domi privati carceris exercere custodiam *rel. L. 23. C. I. de episc. aud.* (1, 4). *Iustinian.* Ἰδιωτικὰς φυλακὰς πᾶσι τρόποις ἐν πόλεσιν ἢ ἐν κώμαις ἀπαγορεύομεν καθίστασθαι. Dagegen erwähnen weder *L. 34. D. de re iud.* (42, 1) noch *L. 13. § 2. D. de iniur.* (47, 10) den carcer privatus, und *L. 26. pr. D. ex quib. caus. mai.* (4, 6) sagt nicht, daß die vincula privata, welche

Nach dem Abschluß seiner Compilation hat Justinian aus Anlaß eines einzelnen Falls eine Verordnung erlassen [42]), der man eine größere Bedeutung beigelegt hat, als ihr gebührt [43]). So viel die schlechte Fassung derselben erkennen läßt, ist nur das Recht der Cessio Bonorum dadurch theils bestätigt, theils erweitert.

Der Fall war folgender. Zosarius aus Mysien, durch Unglücksfälle verarmt, dem Fiscus und Privatgläubigern verschuldet, beschwerte sich beim Kaiser über zwiefaches vom Statthalter erlittenes Unrecht: 1) persönliche Mißhandlungen, um ihn zur Güterabtretung zu zwingen, 2) Verweigerung der Klagen zur Verfolgung seiner Vermögensansprüche gegen Dritte. Wahrscheinlich verweigerte er die Herausgabe eines später ihm zugefallenen Erwerbes, und sollte durch die genannten Mittel dazu genöthigt werden. Der Kaiser verfügt nun (1) gegen den Statthalter: Wer Bonis cedirt, soll nicht auch noch persönliche Mißhandlung und Infamia erleiden. (2) Gegen den Bittsteller): er soll aber a) schwören, daß er alles, was er besaß, herausgegeben habe (iuramentum manifestationis). b) Die Gläubiger können zufolge der Cessio Bonorum auch die erst später dem Schuldner zugefallenen Erbschaften, Schenkungen u. s. w. in Anspruch nehmen, ohne daß es von seiner Seite einer Annahme derselben und einer neuen Abtretung bedarf.

---

## F. Rechtsmittel.

### 1. Appellation [1]).

§ 150. Die Appellation, als das ordentliche Rechtsmittel,

die Klage unmöglich machten, eine gesetzlich erlaubte Freiheitsberaubung gewesen. Anders Wetzell, Civilpr. § 50 Note 50 folg. Schwankend Heffter cit. § 512 Note 29.

41) *L. 11. cit.* Note 38. *L. 1. cit.* Note 39.

42) *Nov.* 135. nicht glossirt.

43) Dabelow, vom Concurse der Gläubiger S. 135 folg. Vgl Zimmern cit. § 86 Note 22.

1) *Cod. Theod.* 11, 30. *de*

wodurch das richterliche Urtheil in höherer Instanz einer nochmaligen Prüfung unterzogen und entweder bestätigt oder abgeändert wird, hatte schon in der ersten Kaiserzeit durch das Jus extraordinarium eine so vollständige Ausbildung erfahren, daß es ohne wesentliche Aenderung in die durch Constantin begründete, durch die spätern Kaiser weiter geführte Reform der Gerichtsverfassung und des gerichtlichen Verfahrens aufgenommen werden konnte. Unter Verweisung auf die frühere Darstellung (§ 116) beschränken wir uns daher hier auf den Nachweis der ausdrücklichen Bestätigung oder der einzelnen Abänderungen in der Theodosischen und Justinianischen Gesetzgebung.

Was die Möglichkeit der Appellation betrifft, so ist die wichtigste Bestimmung des Theodosischen Codex, daß sie von den im Lauf des Prozesses erlassenen Interlocuten (a praeiudicio s. articulo s. interlocutione) bei namhafter Geldstrafe verboten ist [2]), mit Ausnahme weniger bestimmter Fälle. Nehmlich 1) wegen Incompetenz des Richters; 2) wenn die Zulassung der Klage, 3) eine peremptorische Einrede, 4) die erbetene Frist zur Anschaffung von Beweismitteln von dem Richter versagt wird, weil in diesen Fällen das Interlocut mehr oder weniger dem Endurtheil präjudicirt [3]). Justinian hat jede

*appellationibus et poenis earum et consultationibus.* 31—38. *Paul. Visig.* V. 32—37. *Dig.* 49, 1. *de appellationibus et relationibus.* 2—7. 9—13. *Cod. Iust.* 7, 62. *de appellationibus et consultationibus.* 63. 65—70. *Nov. Iust.* 23. 49. 82. 126.

2) *Constantin. L. 2. C. Th. h. t. L. 1. L. 2. L. 3. C. Th. quor. app.* (11, 36). *Constantius. L. 25. C. Th. h. t. L. 5. L. 11. C. Th. quor. app.* (11, 36). *Valentinian. I. L. 15. L. 16. L. 18. C. Th. quor. app.* (11, 36). *L. 2. C. I. de episc. aud.* (1, 4). *Valentin. II. L. 37. C. Th. h. t. L. 23. L. 24. L. 25. C. Th. quor. app.* (11, 36). *L. 40. L. 44. C. Th. h. t. L. 30. C. Th. quor. app.* (11, 36). *Theodos. I. Symm. Ep.* X. 36. 52. *L. 50. Honor. L. 65. C. Th. h. t. L. 33. C. Th. quor. app.* (11, 36).

3) *L. 18. C. Th. quor. app.* (11, 36). *a.* 365. Nullum audiri provocantem ante definitivam sententiam volumus, (1) si tamen in iudicio competenti negotium fuerit inchoatum, salva scilicet iuris antiqui moderatione atque sententia, cum (2) vel exceptio opponitur, (3) vel ad agendum locus poscitur, (4) vel dilatio instrumentorum causa aut testium postulatur, atque haec impatientia vel iniquitate Iudicum denegantur. *L. 23. C.*

Appellation vor dem Endurtheil ohne Ausnahme bei Strafe von fünfzig Pfund Silber verboten [4]), jedoch nicht alle Stellen seiner Compilation damit in Uebereinstimmung gebracht [5]), und durch Zulassung definitiver Entscheidung einzelner Punkte der Sache (capita) die Anwendung des Grundsatzes schwankend gemacht [6]).

Von der Appellation ausgenommene Sachen sind nach dem Theodosischen Codex das interdictum quorum bonorum [7]) und de vi [8]), was jedoch in Justinians Compilation keine Aufnahme gefunden hat.

In fiscalischen Prozessen war die Appellation ursprünglich ohne Einschränkung zulässig [9]); dann wurde sie verboten [10]), später nur für klare fiscalische Forderungen [11]), in anderen Fällen dagegen bis in die späteste Zeit zugelassen [12]). — In Criminalsachen [13]) ist sie nicht ohne Ausnahmen zulässig [14]).

*Th. eod. a.* 378. Exceptis praescriptionibus peremptoriis, si quis ab articulo appellare tentaverit, non audiatur. *L. 37. C. Th. h. t. a.* 378. Cum de praescriptionibus peremptoriis agitatur examen, si eas praescriptiones Iudex ut leves putaverit improbandas, et ab eius interlocutione fuerit appellatum, provocatio huiusmodi recipiatur, cum peremptoria praescriptio et definitiva sententia eadem vi vel consumptae causae vel non admittendae videantur operari *rel.*

4) Das Gesetz selbst ist verloren. *L. 36. rest. C. I. h. t.* Beiläufige Erwähnung des Satzes in *L. 16. C. I. de sent. et int.* (7, 45). *L. 16. C. I. de iudiciis* (3, 1). *L. 5. L. 7. C. I. quor. app.* (7, 65). *L. 2. C. I. de ep. aud.* (1, 4).

5) *L. 39. pr. D. de min.* (4, 4). *L. 2. D. de app. recip.* (49, 5). *L. 20. D. de quaest.* (48, 18).

6) *L. 15. rest. C. I. de sent. et int.* (7, 45).

7) *L. 22. C. Th. quor. app.* (11, 36).

8) *Symm. Ep.* X. 48. 53. *cf.* 58.

9) *L. 14. L. 18. L. 21. C. Th. h. t.*

10) *L. 6. L. 8. L. 9. L. 10. L. 12. L. 13. C. Th. quor. app.* (11, 36). *L. 6. C. Th. de iure fisci* (10, 1). *cf. L. 26. C. Th. h. t.*

11) *L. 18. L. 19. L. 21. L. 27. L. 30. L. 32. C. Th. quor. app.* (11, 36). *L. 4. L. 8. C. I. eod.* (7, 65).

12) *L. 39. L. 41. L. 45. L. 46. L. 49. L. 64. L. 68. C. Th. h. t. L. 18. L. 26. C. I. eod. Nov.* 20. c. 2.

13) *L. 2. L. 20. L. 57. L. 58. L. 61. C. Th. h. t. L. 12. L. 29. C. I. eod.*

14) *L. 1. L. 4. L. 7. L. 14. L. 18. § 2. L. 31. L. 33. C. Th. quor. app.* (11, 36). *L. 1. C. Th. ad leg. Iul. de vi* (9, 10). *L. 1. § 3. C. Th. de raptu virg.* (9, 24). — *L. 2. C. I. quor. app.* (7, 65).

Durch die Instanzeneinrichtung ist die Appellation ausgeschlossen, wenn gleich das erste Urtheil von dem höchsten Richter, d. h. von dem Kaiser oder einem inappellablen Vertreter desselben gesprochen ist [15]), oder wenn die gesetzlichen Instanzen durchlaufen sind. Das neueste Recht erlaubt wegen derselben Sache nur zweimal zu appelliren [16]). Eine Summa appellabilis, von welcher früher die Appellation an den Kaiser abhängig war [17]), kennt Justinians Rechtssammlung nicht [18]); nach deren Abschluß aber hat er eine solche für einige Fälle wieder vorgeschrieben [19]).

Das Verfahren ist jetzt folgendes. 1) Die Einwendung der Appellation geschieht wie früher entweder sofort mündlich [20]) oder schriftlich binnen einer gesetzlichen Frist. Nach den Pandekten und dem Codex beträgt diese zwei oder drei Tage utiliter berechnet [21]); eine Novelle hat dafür zehn dies continui festgesetzt [22]). Diese Einwendung hat auch jetzt den Suspensiveffect, d. h. der Unterrichter darf in der Sache nichts mehr vornehmen, insbesondere das Urtheil nicht vollstrecken [23]). Ausgenommen wurde das interdictum de vi, nachdem man die Appellation selbst dabei wieder zuließ [24]).

15) Von einem kaiserlichen Urtheil *L. 1. § 1. D. a quib. app.* (49, 2). Rescript *L. 1. § 1. D. h. t. L. 3. D. quando app.* (49, 3). *L. 2. C. I. h. t.*, vom Präfectus Prätorio *L. un. § 1. D. de off. Pr. Pr.* (1, 11). *L. 17. D. de minor.* (4, 4). *L. 16. C. Th. h. t. L. 19. C. I. eod.*, von einem andern inappellabeln Delegirten des Kaisers *L. 1. § 4. D. a quib. app.* (49, 2). *L. 24. C. I. h. t.*

16) *L. un. C. I. ne liceat in una eademque causa tertio provocare* (7, 70) *Iustinian. Nov.* 82. *c.* 5. *cf. C. Th.* 11, 38. *de possessione ab eo qui bis provocaverit transferenda.*

17) S. oben § 62 Note 31. *Nov. Val.* 34. § 17.

18) *L. 20. C. I. h. t.*

19) *Nov.* 23. *c.* 3.

20) *L. 2. L. 5. § 4. D. h. t. L. 14. C. I. eod. Constantin.* Litigatoribus copia est etiam non scriptis libellis illico appellare voce.

21) *L. 5. § 4. L. 20. pr. § 1. D. h. t. L. 1. §§ 5—15. L. 2. D. quando app.* (49, 3). *L. 6. § 5. C. I. h. t.*

22) *Nov.* 23. *pr. c.* 1. Die *Lex Rom. Burg.* 33. giebt fünf Tage.

23) S. § 116 Note 55. *L. 5. L. 13. C. Th. h. t.* — cuius (*sc.* quaestionis) iudices esse desierunt. *L. 23. C. I. eod.* Ueber Criminalsachen s. *L. 2. C. Th. h. t.* = *L. 12. C. I. eod.*

24) *L. un. C. Th. si de momento fuerit appellatum* (11, 37) = *L. un. C. I. si de momentaria possessione fuerit appellatum* (7, 69). *Val. Theod. et Arcad. a.* 386.

2) Die Annahme der Appellation darf der Unterrichter nicht versagen, wenn sie nicht offenbar ungesetzlich ist [25]), noch weniger die Partheien durch Zwangsmaßregeln davon zurückschrecken [26]). Nimmt er sie nicht an, so kann der Appellant dennoch binnen einer Frist von einem Jahre, sechs oder vier Monaten eben darüber beim Appellationsrichter Beschwerde führen, wogegen jener sich in einem Berichte rechtfertigt [27]). Wird sie hier zugelassen, so trifft den Unterrichter [28]), wird sie verworfen, den Appellanten eine Geldstrafe [29]). Das Sicherste für jenen ist daher sie anzunehmen und dem Appellationsrichter die Entscheidung über ihre Zulässigkeit anheim zu geben, ja dieß wird gern gesehen [30]).

3) Die Ertheilung der litterae dimissoriae oder apostoli, durch welche der Unterrichter die Einwendung der Appellation bescheinigt und die Sache dem höheren Richter überweist, erfolgt wie früher [31]). Nur brauchen die Partheien sie nicht mehr binnen fünf Tagen bei Strafe der Desertion zu erbitten; denn der Richter soll sie unaufgefordert binnen dreißig Tagen nebst Abschrift der verhandelten Acten dem Appellanten einhändigen, widrigenfalls den Schaden ersetzen und Strafe zahlen [32]).

4) Dem Appellanten wird es auch jetzt überlassen, die Apo-

25) *Dig.* 49, 5. *de appellationibus recipiendis vel non. Cod. Theod.* 11, 36. *Cod. Iust.* 7, 65. *quorum appellationes non recipiuntur.* Vgl. oben Note 2 folg.

26) *L. 25. D. h. t. L. 2. L. 4. L. 15. L. 22. L. 30. L. 58. C. Th. eod. L. 12. L. 39. C. I. eod. Cod. Theod.* 11, 34. *Cod. Iust.* 7, 67. *de his qui per metum Iudicis non appellarunt.*

27) *L. 16. L. 30. L. 67. C. Th. h. t. L. 19. L. 31. C. I. eod. L. 2. C. I. de his qui per met.* (7, 67).

28) *L. 22. L. 25. L. 32. L. 33. L. 51. L. 59. L. 60. C. Th. h. t. L. 21. L. 24. C. I. eod.*

29) *L. 16. C. Th. L. 19. C. I. eod.* Vgl. oben Note 2 folg. *L. 43. L. 44. C. Th. h. t. Symm. Ep.* X. 58.

30) *L. 42. C. Th. h. t. a.* 384. Probamus verecundiam iudicantis, si superfluam quoque recipiat provocationem. *Symm. Ep.* X. 36. 48. 53. 58. Vgl. jedoch *L. 26. C. Th. h. t.* und *Symm. Ep.* II. 30.

31) *L. un. D. de libellis dimiss.* (49, 6). *L. 106. D. de verb. sign.* (50, 16). *Paul. Visig.* V. 34. § 1.

32) *L. 6. § 6. L. 24. L. 31. C. I. de appell.* 7, 62. *L. 67. L. 61. C. Th. eod. Nov. Iust.* 126. c. 3.

stel dem höheren Richter in gesetzlich bestimmter Zeit zu überbringen und hiermit die Appellation bei ihm einzuführen. Nach dem Theodosischen Codex beträgt die Frist regelmäßig sechs Monate, bei Municipalmagistraten und delegirten Richtern zwei, an deren letzten Tage (dies temporalis, fatalis, *κυρία ἡμέρα*) die Einführung im Appellationsgericht statt finden, und die Verhandlung beginnen soll [33]), ohne daß es deshalb einer Ladung des Appellaten bedürfte, der diesen gesetzlichen Termin kennt, also, wenn er will, darin erscheinen kann. Das Versäumniß dieses Tages durch den Appellanten hat den Verlust des Rechtsmittels zur Folge; doch kann wegen triftiger Entschuldigungsgründe Wiederherstellung der Appellation (reparatio appellationis), gegen kaiserliche Beamte binnen drei oder vier Monaten, gegen Municipalmagistrate und Judices pedanei binnen dreißig Tagen, erlangt werden, wovon dann auch dem Gegner Kenntniß gegeben werden muß [34]). Gegen das Versäumniß des tempus reparationis (a secundo lapsu) kann nur beim Kaiser binnen drei oder vier Monaten Hülfe gesucht, und eine dritte Reparation soll unter keiner Bedingung gegeben werden [35]). Ein späteres Gesetz Theodos II. hat, wahrscheinlich an der Stelle der regelmäßig gewährten reparatio, der Introductionsfrist und ihres dies fatalis, noch drei monatliche Fristen mit je einem dies fatalis hinzugefügt, und nachher noch reparatio binnen drei Monaten beim Kaiser zu suchen erlaubt [36]). Justinian endlich,

33) *L. 63. C. Th. h. t. L. 3. C. Th. de repar. app.* (11, 31). *L. 10. L. 19. C. Th. h. t. L. 2. C. Th. de decurion.* (12, 1). In fiscalischen Prozessen sind andre Fristen angeordnet. *L. 13. C. Th.* de iure fisci (10, 1). *L. 21. L. 28. L. 41. L. 45. L. 46. L. 64. C. Th. h. t.*

34) *Cod. Theod.* 11, 31. *de reparationibus appellationum. cf. L. 5. C. I. h. t.*

35) *L. 2. L. 9. C. Th. de repar. app.* (11, 31). *L. 7. eod.* scheint in Einem Fall dem Appellationsrichter selbst die zweite Reparation zu gestatten, und *L. un. C. Th. de secundo lapsu* (11, 32), ein älteres Gesetz, sie gar nicht zuzulassen, sondern nur eine Schadensklage gegen den Richter, der an dem Versäumniß Schuld ist.

36) *L. 2. C. I. de temporib. et repar. app.* (7, 63). Die Anzeige an den Gegner wird erlassen, und dem dies fatalis, der auf einen Festtag fällt, der vorhergehende substituirt. *cf. Nov. Val.* 18. § 12.

obschon er im Allgemeinen diese Bestimmungen bestätigt, verkürzt die Introductionsfrist für Appellationen aus den zunächst gelegenen Provinzen auf drei Monate, und ordnet statt je Eines dies fatalis, der so leicht versäumt wird, durch Hinzufügung der vier vorhergehenden und der fünf folgenden am Schlusse jeder Frist, deren je zehn an [37]).

5) Die Rechtfertigung der Appellation (causas appellationis reddere) [38]) auch durch früher noch nicht vorgebrachte Thatsachen und Beweise (sg. beneficium novorum) [39]) beginnt regelmäßig [40]) am Tage der Einführung selbst [41]). Ist auch der Appellat erschienen, so wird er jetzt nicht nur mit seinem Widerspruch gehört, sondern ihm auch erlaubt, seine Beschwerden gegen das Urtheil vorzubringen (accessorische Adhäsion) [42]). Seine Gegenwart ist aber nicht wesentlich, bleibt er aus, so wird die Sache ohne eigentliches Contumacialverfahren einseitig fortgesetzt [43]); der Richter soll aber dann von

37) *L. 5. C. I. de temporib. app.* (7, 63). Vgl. noch *L. 1. eod. Nov.* 82. *c.* 6. *L. 12. § 7. C. I. de aedific. priv.* (8, 10). In Bausachen soll die Appellation sofort introducirt werden.

38) *Paul. Visig.* V. 35. *L. 4. § 1. L. 5. § 2. L. 7. D. h. t. L. 8. C. I. eod. L. 1. C. I. si pend. app. mors* (7, 66).

39) *L. 6. §§ 1. 2. L. 36. C. I. h. t. L. 2. C. I. sent. rescindi non posse* (7, 50). Eine ganz neue Streitfrage kann nicht hereingezogen werden. *L. 52. C. Th. h. t. cf. L. 4. C. I. de temp. app.* (7, 63).

40) Nicht nothwendig. *Nov.* 119. *c.* 4

41) *L. 32. pr. § 4. C. I. h. t.* spricht selbst von Beendigung und Fällung des Urtheils am dies fatalis.

42) *L. 39. pr. C. I. h. t. Iustinian.* Ampliorem providentiam subiectis conferentes, quam forsitan ipsi vigilantes inveniunt, antiquam observationem emendamus, cum in appellationum auditoriis is solus post sententiam iudicis emendationem meruerat, qui ad provocationis convolasset auxilium, altera parte, quae hoc non fecisset, sententiam sequi (qualiscunque fuisset) compellenda. Sancimus itaque, si appellator semel in iudicium venerit et causas appellationis suae proposuerit, habere licentiam et adversarium eius, si quid iudicatis opponere maluerit, si praesto fuerit, hoc facere et iudiciale mereri praesidium. Bloß der Kosten wegen ist ihm selbst die Principaladhäsion verboten. *L. 10. C. I. quando provocare* (7, 64).

43) *L. 81. D. ad SC. Trebell.* (36, 1). *Scaevola.* — appellatione facta cum solus Phoebus egisset μονομερῶς, id est altera parte absente, victus est. *L. 5. § 4. C. I. de temp. app.* (7, 63). — si quis fatali die apud ap-

Amtswegen des Abwesenden Interesse wahrnehmen und etwa auch zu seinen Gunsten reformiren (sg. communio remedii [44]).

6) Für die Fortsetzung und Beendigung des Appellationsverfahrens fand sich im älteren Recht keine Zeitbestimmung. Erst Justinian hat dafür den Zeitraum Eines Jahres, längstens zweier Jahre festgesetzt, ursprünglich bei Strafe der Desertion des Rechtsmittels [45]). Später hat er aber verordnet, daß gegen das Ende dieses Zeitraums der Gegner die Contumacia des Appellanten anklagen und auf ein Urtheil antragen soll, welches, nach dem Erfolg der Untersuchung, für ihn oder auch für den Appellanten günstig ausfallen kann [46]). Ja er hat in einer späteren Novelle dasselbe für den Fall vorgeschrieben, wenn der Appellant die Appellation am dies fatalis nicht introducirt und auch das tempus reparationis ungenutzt läßt, wodurch die Introductionsfrist aufgehört hat ein Fatale zu sein [47]).

Die bisher beschriebene Verfahrungsweise mit Aposteln, Introduction und Verhandlung in der höheren Instanz galt bis ins dritte Jahrhundert für alle Appellationen, auch die an den Kaiser [48]). Seit Constantin [49]) und im ganzen Theodosischen Codex haben die letztern eine wesentlich veränderte Form; sie werden in der untern Instanz verhandelt und dem Kaiser mit Bericht (consultatio) übersandt, daher ihr Name per

pellationis iudicem introductus sive ex parte una, sive cognitionaliter causae appellationis imponat exordium —. *Nov.* 126. *c.* 2.

44) Abweisen. *L.* 2. *fin. C. I. de temp. app.* (7, 63). Quodsi — hoc — vel a praesente adversario, vel etiam a iudice, si solus litigat appellator, fuerit oppositum. In peius reformiren. *L.* 39. *pr. C. I. h. t.* (s. Note 40). Sin autem absens fuerit, nihilominus iudicem per suum vigorem eius partes adimplere.

45) *L.* 5. *§ 4. C. I. de temp. app.* (7, 63).

46) *Nov.* 49. *pr. c.* 1.

47) *Nov.* 126. *c.* 2. Cujacius bezieht zwar auch dieß auf die Fortsetzung der Appellation, aber mit Unrecht.

48) Apostoli *L. un. pr. D. de litt. dimiss.* (49, 6). Verhandlung der Partheien vor dem Kaiser *L.* 74. *L.* 81. *D. ad SC. Trebell.* (36, 1). *L.* 97. *D. de leg.* 3. (32).

49) Nur in Criminalsachen, wo früher der Angeschuldigte den Bericht an den Kaiser begleitete, *Acta Apost. cap.* 25. *sqq.*, wird schon unter Diocletian nur Bericht gesandt. *L.* 6. *§ 3. C. I. h. t. cf. L.* 57. *C. Th. eod.*

consultationem oder more consultationis[50]). Die Veranlassung hierzu lag theils in dem Zurückziehen der Kaiser von persönlicher Theilnahme an gerichtlichen Verhandlungen überhaupt, theils in der Bequemlichkeit der Partheien, für welche zwar schon durch Errichtung kaiserlicher Appellationsgerichte in den einzelnen Diöcesen gesorgt war, welche aber wegen jeder Appellation gegen eben diese kaiserlichen Richter (Iudices illustres, spectabiles, vice sacra)[51]) die beschwerliche und kostbare Reise in die Hauptstadt antreten oder einem Bevollmächtigten ihre Sache überlassen mußten, also aus demselben Grunde, der in der preußischen Gesetzgebung die Verhandlung der Appellation in der untern Instanz veranlaßt hat. Das Verfahren ist folgendes[52]).

Nachdem die Appellation in der gewöhnlichen Weise interponirt ist[53]), entwirft der Unterrichter einen vollständigen Bericht an den Kaiser (consultatio, relatio, opinio), welchen er den Partheien binnen kurzer Frist mittheilt. Diese reichen dagegen ihre schriftlichen Bemerkungen (libelli refutatorii), welche von Seiten des Appellanten die gesammte Rechtfertigung des Rechtsmittels, jedoch ohne Nova[54]), und des Appellaten Anfechtung enthalten, gleichfalls binnen weniger Tage ein[55]). Beides, Bericht und libelli refutatorii, sammt allen Acten des Pro-

50) *Cod. Theod.* 11, 30. *Cod. Iust.* 7, 62. *de appellationibus et consultationibus.* Ueber das Verhältniß zur consultatio oder relatio ante sententiam s. oben § 156 Note 29. Den Gegensatz mit der gewöhnlichen Appellation enthalten sehr deutlich *L. 18. L. 61. C. Th. h. t.*

51) Von Iudices inferioris gradus soll nicht an den Kaiser appellirt werden. *L. 13. C. Th. h. t.* Sonst hat jede Appellation an den Kaiser, z. B. auch in fiscalischen Sachen vom Rationalis, diese Form. *L. 8. L. 14. L. 18. C. Th. h. t.*

52) Vgl. *L. 5. L. 6. L. 8. L. 11. L. 14. L. 16. L. 18. L. 29. L. 32. L. 34. L. 47. L. 54. L. 61. L. 65. L. 66. C. Th. h. t. L. 5. C. Th. de relat.* (11, 29). *Symm. Ep.* X. 36. 48. 52. 53. 62. II. 30.

53) Auch der Suspensiveffect ist hiermit verknüpft. *L. 5. C. Th. h. t.*

54) *L. 11. pr. C. Th. h. t.*

55) Für die Beobachtung dieser Fristen, deren Länge uns unbekannt ist, *L. 8. C. Th. h. t.*, haben die Partheien bei Strafe der Desertion zu sorgen. *L. 14. C. Th. eod.*

zesses [56]), sendet dann der Richter binnen zwanzig [57]), später binnen dreißig Tagen [58]), durch Boten aus seinem Officium [59]) an das betreffende kaiserliche Büreau (scrinium epistolarum) [60]). Die Partheien dagegen bleiben in der Provinz, ja sie dürfen erst nach Ablauf eines Jahres am Hofe des Kaisers erscheinen, um die Beschleunigung ihrer Sache zu sollicitiren [61]). Die Entscheidung erfolgt nach der Berathung im Consistorium Principis [62]) in Form eines kaiserlichen Rescripts.

Eine abermalige Aenderung bewirkte das wichtige Gesetz Theodos II., welches alle Appellationen von Judices spectabiles an den Kaiser einer aus dem Präfectus Prätorio Orientis und dem Quästor sacri Palatii bestehenden Commission überwies [63]). Das Verfahren ist wieder das der gemeinen Appellation, mit Aposteln, Introduction am dies fatalis und Verhandlung der Partheien in der höheren Instanz [64]). Nur von Judices illustres, die nicht inappellabel sind, geht die Appellation noch an den Kaiser selbst, und hat die Form der Consultatio [65]).

56) *L. 11. pr. L. 9. C. Th. h. t. Symm. l. c.*

57) *L. 8. C. Th. h. t.*

58) *L. 29. L. 32. L. 34. L. 65. C. Th. eod.*

59) *L. 29. coll. L. 31. C. Th. eod.*

60) *L. 32. L. 65. C. Th. eod.* Vgl. oben § 137 Note 104.

61) *L. 34. L. 47. L. 54. L. 66. C. Th. eod.*

62) *L. 2. C. I. de legib.* (1, 14). *Theod. et Val. a.* 425. Quae ex relationibus vel suggestionibus iudicantium, vel consultatione in commune florentissimorum sacri nostri palatii procerum auditorium introducto negotio statuimus —.

63) *L. 32. C. I. h. t.* Das Jahr dieses Gesetzes ist unbekannt, jedenfalls ist es nach Vollendung des Theodosischen Codex erlassen.

64) *L. 32. cit. pr.* Praecipimus ex appellationibus spectabilium Iudicum, quae per consultationes nostri numinis disceptationem implorant, non nostram ulterius audientiam exspectari —. Sed — virum illustrem Praefectum praetorio, qui in nostro est comitatu, virum etiam illustrem Quaestorem nostri palatii, sacris iudiciis praesidentes, disceptationem iubemus arripere eo ordine, ea observatione, iisdemque temporibus, quibus ceterae quoque lites fatali die post appellationem in sacris auditoriis terminantur. § 2. In his autem omnibus iudiciis, quae consultationum introduximus loco, vel apostolos vel ea, quae apud eum gesta sunt, contra cuius sententiam dicitur appellatum, suscipere ab appellatoribus et cognitiones inducere apud viros illustres praedictos Iudices *rel.*

65) *L. 32. cit. § 5.* Sane si illustrium ac magnificorum Iudi-

Justinian hat nicht nur durch Aufnahme dieses Gesetzes in seine Sammlung, sondern auch in seinen eigenen Gesetzen diese Einrichtung vielfach anerkannt.

Die Appellationen von Judices spectabiles gehen an den Präfectus Prätorio und Quästor sacri Palatii und haben die gewöhnliche Form [66]). Widersprechend scheint, daß dennoch von einem Verfahren per consultationem, more consultationis die Rede ist [67]). Der Widerspruch löst sich durch Folgendes: in allen wesentlichen Stücken fand der gewöhnliche Appellationsprozeß statt; von der Consultatio hatte sich nur das Ceremoniell kaiserlicher Gerichtssitzungen erhalten, wozu theils die Protokollführung durch das Kanzleipersonal der kaiserlichen Büreaus [68]), theils ein eigenes Costüm und gewisse feierliche Redeformen der Partheien und des Richters [69]) gehörten.

Die Appellationen von Judices Illustres an den Kaiser selbst hingegen hatten vollständig die Form der Consultatio, wenngleich die geringeren Sachen regelmäßig zwei Delegirten überwiesen [70]), und nur die wichtigern im Geheimenrath des Kaisers verhandelt wurden [71]), auch das Verfahren in einzelnen

cum sententiae fuerint appellatione suspensae, eorum videlicet, quorum sententias licet appellatione suspendi, per consultationem nostram volumus audientiam exspectari.

66) *L. 5. pr. C. I. de temp. app.* (7, 63). — si — causa fuerit more appellationum transmissa — in hanc regiam urbem —. *cf. § 2. Nov.* 20.

67) *Nov.* 24—31. *Nov.* 126. *pr. c.* 1. *cf. L.* 38. *C. I. h. t. Nov.* 82. *c.* 4.

68) So schon Theodos II. *L.* 32. *§ 2. C. I. h. t.* — et ea quae geruntur, excipere, scribere, scriptaque litigatoribus edere nostros Epistolares praecipimus. *cf. § 4.* Ebenso Justinian *L.* 38. *C. eod.* — in sacro auditorio more consultationum viris devotis Epistolaribus excipientibus —. *cf. L. 3. pr. C. I. ubi Senatores* (3, 24). *Zeno.* — ita tamen, ut apud talem Iudicem nullius officii vel scholae intercedente ministerio, more atque habitu sacrarum consultationum, — viris devotissimis sacri nostri scrinii Libellensibus sollemnia implentibus audiantur. *cf. Nov.* 20.

69) *Nov.* 126. *pr. c.* 1. *cf. Lyd. de Mag.* II. 16.

70) *L. 37. L. 39. § 2. C. I. h. t. cf. L. 34. eod. L. 10. C. I. quando provoc.* (7, 64). *Iustinian.* Iudicibus, sive florentissimis proceribus sacri nostri palatii, sive his, quibus pro minore litium aestimatione consultationes delegantur. *cf. Nov.* 104.

71) *L. 37. cit. L. 10. cit. L. 5. § 2. C. I. de temp. app.* (7, 63). *Nov.* 23. *c.* 2. *Nov.* 62.

wesentlichen Stücken dem gewöhnlichen Appellationsprozeß wieder ähnlicher geworden war.

Die Stelle der Apostel vertritt zwar noch immer ein vollständiger Bericht des Unterrichters, der dies fatalis introducendae appellationis findet nicht statt [72]), und die Rechtfertigung und Anfechtung der Appellation ist in den libellis refutatoriis enthalten. Allein diese nebst dem Berichte und den Acten erster Instanz übergeben die Partheien selbst [73]) in den kaiserlichen Büreaus und introduciren auf diese Weise die Consultatio im Gericht des Kaisers binnen eines oder zweier Jahre [74]) ohne reparatio temporis [75]). Auch Nova darin beizubringen ist wie bei der gemeinen Appellation jetzt erlaubt [76]). In dem Consistorium Principis werden dann nicht nur die libelli refutatorii, sondern auch Actenauszüge (breves), welche die Magistri Scriniorum verfaßt, verlesen [77]). Ob den Partheien

72) *Lyd. de Mag.* II. 15. *cf. L. 3. pr. C. I. ubi Senatores* (3, 24). — more atque habitu sacrarum consultationum, absque ulla videlicet observatione dierum fatalium introductae causae.

73) Ob die interpolirte *L. 24. C. I. h. t.* (*cf. L. 32. C. Th. eod.*) hierauf geht, oder durch relatio die Apostel bezeichnet, ist mir zweifelhaft.

74) *L. 5. § 2. C. I. de temp. app.* (7, 63). *a.* 526. In his autem casibus, in quibus biennium constitutum est, quatenus more consultationum in regia urbe sub communi audientia florentissimorum sacri nostri palatii procerum ventilentur, biennii metas unius anni termino coartamus, ut intra eum et gesta colligere, et ea viris devotis Epistolaribus tradere et refutatorios libellos (si voluerint) offerre et litem in sacrum nostrum auditorium introducere cogantur. Nulli licentia deneganda victrici parti, si voluerit, secundum quod iam constitutum est, etiam praemature causam inducere, neque annali spatio exspectato. *L. 37. C. I. h. t. a.* 529. *cf. L. 10. fin. C. I. quando prov.* (7, 64).

75) *L. 3. C. I. de temp. app.* (7, 63).

76) *L. 4. C. I. eod. L. 37. fin. C. I. h. t.*

77) *L. 39. § 1. C. I. h. t.* In refutatoriis autem libellis, qui solent maxime (auch vor den delegirten Richtern. *cf. § 2. L. 37. eod.*) in sacro auditorio prudentissimorum nostrorum procerum recitari, caveant tam litigatores quam libellorum dictatores verbosis uti adsertionibus, et ea, quae iam perorata sunt, iterum resuscitare: sed haec sola eis inscribere, quae compendiosa narratione causas provocationis possunt explanare, vel aliquid novi continent, vel addere quod derelictum est: scituri quod si hoc fuerit prae-

und ihren Advokaten gestattet war zu erscheinen und durch mündliche Vorträge die schriftliche Verhandlung zu ergänzen, ist aus den Quellen nicht zu ersehen.

Allgemein geht das Urtheil des Appellationsrichters dahin: daß die Appellation begründet, oder daß sie nicht begründet (iusta vel iniusta) sei, wobei er zwar auch auf die neu vorgebrachten Thatsachen und Beweise, aber nur auf die zur Zeit des ersten Urtheils vorhandenen Gesetze sieht [78]).

Für den Fall der Verwerfung der Appellationsgründe sind die Strafen des classischen Rechts weggefallen. Constantin, in seinem Eifer gegen die Mißbräuche der Justiz, hat dafür eine äußerst harte Strafe gedroht, nehmlich dem reichen Appellanten Relegation auf zwei Jahre und Confiscation seines halben Vermögens, dem armen zweijährige Bergwerksarbeit [79]). Statt derselben erwähnt Justinians Rechtssammlung eine arbiträre Strafe [80]). Außerdem muß der unterliegende Appellant dem Gegner die Prozeßkosten ersetzen, ja wegen Nichtfortsetzung der Appellation, selbst wenn für ihn gesprochen wird [81]). Wegen unzulässiger Appellation treten Geldstrafen (praeiudicialis multa) ein [82]).

Zur Sicherheit wegen des Streitgegenstandes sollen nach dem Theodosischen Codex, wenn der Beklagte gegen die Execution appellirt, bewegliche Sachen und von Grundstücken die Früchte sequestrirt [83]), bei der zweiten Appellation aber der Besitz sofort auf den Kläger übertragen werden [84]). Justinian hat jene Bestimmung aufgenommen [85]), und läßt außerdem Se-

termissum, non deerit adversus libellorum conditores amplissimi iudicii competens indignatio, quod sufficiant gestorum volumina introducta et virorum spectabilium Magistrorum scriniorum breves omnia apertissime ostendere.

78) *Nov.* 115. *c.* 1.

79) *L.* 3. *C. Th. de off. Praet.* (1, 5).

80) *L.* 6. § 4. *C. I. h. t.*

81) *Nov.* 49. *c.* 1. *pr.*

82) S. oben Note 2 folg. und Note 27.

83) *L.* 25. *C. Th. quor. app.* (11, 36). *a.* 378. *Symm. Ep.* X. 53.

84) *L.* 1. *C. Th. de poss. ab eo qui bis provocavit transferenda* (11, 38). *a.* 391.

85) *L.* 5. *C. I. quor. app.* (7, 65).

questration der Früchte eintreten, wenn der Besitzer das Grundstück verwüstet [86]).

Außerordentliche Behinderung der Appellation tritt ein: 1) durch Desertion der Fatalien, wo das erste Urtheil rückwärts die Rechtskraft beschreitet [87]) und sofort vollstreckt wird [88]); 2) durch Zurücknahme, welche zwar der Theodosische Codex verbietet [89]), Justinian aber erlaubt [90]); 3) durch den Tod des Appellanten nur insofern, als er ohne Erben stirbt oder der Erbe bei der Sache gar kein Interesse hat; sonst muß dieser die Appellation fortsetzen, wozu ihm eine neue Frist bewilligt wird, oder das Urtheil anerkennen [91]).

---

### 2. Supplication*).

§ 161. Supplicationes, preces Imperatori oblatae heißen überhaupt alle Bittschriften, welche Privatpersonen zu den verschiedensten Zwecken dem Kaiser überreichen. Auch im Civilprozesse kamen solche vor; vor dessen Anfang, als Bitte an den Kaiser, die Untersuchung und Entscheidung extra ordinem selbst zu übernehmen [1]), oder einem außerordentlichen Commissarius zu übertragen [2]). In der einmal rechtshängigen Sache aber, während ihrer Verhandlung oder nach ihrer Beendigung,

86) *L. 21. § 3. D. h. t.*

87) *L. 6. § 1. D. de his qui not. inf.* (3, 2). *L. 2. fin. L. 5. § 4. C. I. de temp. app.* (7, 65).

88) *L. 8. C. I. h. t.*

89) *L. 48. C. Th. h. t.* Innerhalb dreier Tage nach der Interposition erlaubt sie *L. 65. eod.*

90) *L. 28. C. I. h. t.*

91) *Dig.* 49, 13. *Cod. Theod.* 11, 35. *Cod. Iust.* 7, 66. *si pendente appellatione mors intervenerit.*

*) *Cod. Iust.* 1, 19. *de precibus Imperatori offerendis et de quibus rebus supplicare liceat vel non. Nov. Theod.* 13. *contra sententias Praefectorum praetorio iniustas post successionem intra biennium supplicandum. Cod. Iust.* 7. 42. *de sententiis Praefectorum praetorio. Nov. Iust.* 119. *c.* 5.

1) *L. 92. D. de her. inst.* (28, 5).

2) *L. 10. C. I. de iudiciis* (3, 1). *L. 1. C. I. si contra ius* (1, 22). *L. 1. C. I. de precibus Imp. off.* (1, 19). Vgl. unten § 164.

waren Supplicationen, welche Eingriffe in den ordentlichen Rechtsgang bezweckten, verboten [3]). Wegen Ungesetzlichkeiten des Richters konnten die Partheien suppliciren, z. B. wenn er ihnen die Mittheilung der Acten und des Urtheils [4]), desgleichen wenn er die Annahme der Appellation und was sonst zu deren Einleitung gehört, verweigerte [5]). Ist hingegen die Einwendung der Appellation nicht zu rechter Zeit erfolgt, so soll gegen das rechtskräftige Urtheil auch Supplication nicht zugelassen werden [6]). In Integrum Restitutio war freilich noch möglich, und auf diese ist es wohl zu beziehen, wenn von einer Erneuerung des rechtskräftig entschiedenen Prozesses durch kaiserliches Rescript die Rede ist [7]).

Als ein ordentliches Rechtsmittel, welches die Stelle der Appellation vertritt, erscheint die Supplication in der Mitte des vierten Jahrhunderts in dem Gerichte der Praefecti praetorio. Diese waren, seit Constantin wenigstens, als unmittelbare Vertreter des Kaisers, inappellabel [8]). Statt dessen sollte man gegen ihre Urtheile bei dem Kaiser suppliciren können, jedoch nur Einmal [9]). Später wurde diese Supplication beschränkt;

3) *Cod. Iust.* 1, 21. *ut lite pendente vel post provocationem aut definitivam sententiam nulli liceat Imperatori supplicare. L. 4. D. de appell. recip.* (49, 5).

4) *L. 2. C. I. ut lite pendente* (1, 21). *cf. L. 6. C. Th. de appell.* (11, 30).

5) *L. 5. § 1. D. de appell. recip.* (49, 5). S. oben § 160 Note 25.

6) *L. 17. C. Th. de appell.* (11, 30) = *L. 3. C. I. ut lite pendente* (1, 21). *Constantin. a.* 331. *L. 1. C. Th. de re iud.* (4, 16) = *L. 3. C. I. sent. rescindi non posse* (7, 50). *Idem a.* 319.

7) *L. 3. C. Th. de off. Praef. praet.* (1, 5). *Constantin. a.* 331. — quam legem (die Strafverordnung gegen muthwillige Appellanten) in annotationibus quoque nostris de iterando post sententiam iudicio custodire debebis. Eben dieß ist wohl die retractatio causae, weil die Parthei durch Drohung des Richters von der Appellation abgehalten worden, in *L. 1. L. 2. C. Th. de his qui per metum* (11, 34). — *Consultatio* 7. *Lex Rom. Burg.* 33.

8) *L. un. § 1. D. de off. Praef. pr.* (1, 11). *Arcad. Charis. L. 17. D. de minorib.* (4, 4). *Hermog. L. 16. C. Th. de appell.* (11, 30) = *L. 19 C. I. eod.* (7, 62). *Constantin.*

9) *L. 5. C. I. de precib. Imp. off.* (1, 19). *Valentinian. et Valens. a.* 356. Si quis adversus Praefectorum praetorio sententias duxerit supplicandum, victusque defuerit, nullam habebit licentiam iterum super eadem causa supplicandi.

Theodos II. stellte sie im vollen Umfange wieder her, und bestimmte zugleich, daß sie nur binnen zweier Jahre nach dem Abgang des Präfecten, der das Urtheil gefällt, und dem Eintritt seines Nachfolgers, zuzulassen sei [10]). Dieß giebt uns einigen Aufschluß über die Natur dieses sonst so dunklen Rechtsmittels. Offenbar wird es regelmäßig erst nach dem Abgange des Präfecten vom Amte gebraucht, und zwar deshalb, weil der Kaiser dem Präfecten selbst die nochmalige Verhandlung und Entscheidung überträgt, eine unpartheiische Beurtheilung aber erst von dem Nachfolger im Amte zu erwarten ist [11]). Die Remission der Sache an den Präfecten aber hatte ihren Grund theils darin, daß der Kaiser überhaupt lieber delegirte als selbst untersuchte, theils in dem hohen Ansehen dieses den Kaiser repräsentirenden Beamten, dessen Urtheile nicht fremder, sondern nur seiner eigenen nochmaligen Prüfung unterworfen werden sollten [12]), wie auch bei uns wohl beim Fürsten angebrachte Sachen der höchsten betreffenden Behörde zur Begutachtung oder Entscheidung remittirt zu werden pflegen. In diesem Sinne ist wenigstens unter Justinian die Supplication ein nichtdevolutives Rechtsmittel und heißt deshalb retractatio, ἀναψηλάφησις [13]). Wird die nochmalige Untersuchung demselben Präfecten, der auch das

10) *Nov. Theod.* 13. Impp. Theod. et Valent. A. A. Thalassio Pf. Pr. Illyrici. Suggestio sublimitatis tuae et nobis non probatae legis abrogandae materiam ministravit —. § 1. Ideo hac lege perpetuo valitura litigantibus in amplissimo praetorianae Praefecturae iudicio, si contra ius se laesos affirment, supplicandi licentiam ministramus, licet pro curia vel alia qualibet publica utilitate dicatur prolata sententia —. § 2. Illustris itaque et magnifica auctoritas tua, constitutione, quae adversus sententiam pro curia latam supplicare prohibuit, omni parte cassata, sciat, preces intra biennium tantum nostro numini contra cognitionales sedis tuae sententias offerendas, post successionem scilicet iudicis numerandum. Zusammengezogen in *L. un. C. l. de sent. Praef. pr.* (7, 42).

11) So prüft ja auch der Präfectus Urbi in Gemeinschaft mit dem Vicarius Urbis die Verwaltung seines Vorgängers, und nimmt die Beschwerden gegen diesen an. *Symm. Ep.* X. 43.

12) Auch durch in Integrum Restitutio. S. § 117 Note 48.

13) *L. 5. § 5. C. l. de temp. app.* (7, 63). *L. un. C. l. ne lic. tert. prov.* (7, 70). *Nov.* 82. *c.* 12. *Nov.* 115. *c.* 1.

Urtheil gefällt, übertragen, so soll er zur Verhütung von Partheilichkeit den Quästor sacri Palatii zuziehen[14]). Als Surrogat der Appellation ist sie wie diese durch drei gleichlautende Urtheile ausgeschlossen[15]). Auch gelten für die Fortsetzung und Beendigung die Fristen dieses Rechtsmittels[16]).

Da sie meist erst nach längerer Zeit gebraucht wurde, so diente sie nicht die Vollstreckung des Urtheils zu hemmen. Justinian hat ihr in einer Novelle auch diese Kraft beigelegt[17]). Der Supplicant kann, wenn er will, binnen zehn Tagen nach Fällung des Urtheils, indem er dem Präfecten, dessen Assessoren oder Officialen seinen Libell überreicht, das Rechtsmittel interponiren und dadurch die Execution suspendiren, es sei denn, daß der Gegner sie verlangt und Bürgen stellt wegen der Rückgabe des Empfangenen für den Fall, daß das Urtheil reformirt wird. Hat der Supplicant das Rechtsmittel nicht auf diese Weise interponirt, so ist es ihm zwar zwei Jahre nach dem Abgang des jetzigen Präfecten noch zugänglich, das Urtheil wird aber auch ohne jene Caution vollstreckt.

### 3. Außerordentliche Rechtsmittel.

§ 162. Unter diesem Namen begreifen wir heutzutage die Rescission eines gültigen und rechtskräftigen Urtheils durch in Integrum Restitutio und die Behauptung der Nullität des Urtheils.

Die Grundsätze des älteren Rechts über die in Integrum Restitutio gegen das Urtheil, und die ihr verwandte Anfechtung desselben wegen Metus und Dolus, wie sie früher vorgetragen worden (§ 117), sind durchaus unverändert in Justinians Compilation aufgenommen worden.

14) *L.* 35. *rest. C. I. de appell.* (7, 62). § 4. *Zach. p.* 269.

15) *L. un. C. I. ne lic. tert. prov.* (7, 70). *Edict. Pf. Pr.* 5.

16) *L.* 5. § 5. *C. I. de temp. app.* (7, 63).

17) *Nov.* 119. *c.* 5.

Auch die Gründe der Nullität sind dieselben (§ 118), und deren Geltendmachung ist überall möglich, wo der Gegner sich auf das Urtheil beruft; also gegen die exceptio rei iudicatae und gegen die actio iudicati. In letzterer Beziehung besteht auch noch der Grundsatz, daß das im Irrthum gezahlte Judicat mit der condictio indebiti nicht zurückgefordert werden kann [1]). Dagegen ist das Surrogat dieser Condictio, die revocatio in duplum, verschwunden, und die andere Beschränkung, daß der rechtskräftig condemnirte Beklagte die Zahlung des Judicats nur gegen satisdatio iudicatum solvi und sub poena dupli ablehnen kann [2]), besteht eben so wenig.

---

## G. Außerordentliche Prozeßarten.

### 1. Summarischer Prozeß.

§ 163. Wir verstehen unter summarischem Prozeß [1]) jedes beschleunigte Verfahren, sei es nur durch Vereinfachung der Formen und Abkürzung der Fristen, oder selbst durch Nachlaß am Beweise, so daß der Ausspruch des Richters, um ihn nur schnell herbeizuführen, auch auf bloße Wahrscheinlichkeit hin ergehen soll. Eine bestimmt ausgeprägte Prozeßform der einen oder andern Art, welcher jener Name beigelegt werden könnte, kennt das spätere römische Recht so wenig als das ältere. Allein es kommen darin eigenthümliche Verfahrungsweisen vor, welche in der einen oder andern Beziehung unserm summarischen Prozeß verglichen werden können, und deshalb hier zusammengestellt werden sollen. Sie sind von dreifacher Art.

1) S. § 118 Note 32.

2) S. § 111 Note 30. 31.

1) Der Begriff desselben wird angefochten von Briegleb, Einleitung in die Theorie der summarischen Prozesse §§ 1—4, was uns hier nicht interessirt, da wir an die gangbare Vorstellung anknüpfen.

I) Summarische Cognition.

Summatim cognoscere wurde schon im ältern Recht vom Magistrat oder vom Judex gesagt, wenn er nicht vollen Beweis fordern, sondern auf bloße Wahrscheinlichkeit hin [2]) einen Ausspruch thun oder eine Anordnung treffen sollte, wodurch jedoch niemals ein Rechtsstreit definitiv entschieden, sondern stets nur eine provisorische Maßregel getroffen oder ein vorübergehender Erfolg erzielt wird. Meist verschafft sich der Richter durch die summarische Cognition nur Gewähr gegen die Calumnia einer Parthei. Die Fälle, welche auch in Justinians Compilation Aufnahme gefunden haben, sind folgende [3]):

1) Die Bonorum Possessiones decretales ertheilt der Prätor nach einer summarischen Cognition über das Erbrecht, weil der muthmaßliche unmündige Erbe oder die Mutter des noch nicht Gebornen nur vorläufig in den Besitz und Genuß der Erbschaft gesetzt werden soll, ohne dem künftigen Rechtsstreit zu präjudiciren [4]).

2) Bei allen prätorischen Stipulationen soll der Prätor, wenn Calumnia behauptet wird, eine summarische Cognition anstellen [5]).

2) Briegleb, Summarische Prozesse §§ 42 folg., irregeführt durch den Ausdruck *Gai.* IV. §§ 126—129. prima facie, bezieht summatim nur auf die Ausschließung der Exceptionen oder der Vertheidigung überhaupt, wie es in *L. 1. C. I. quor. app.* (7, 65) und *L. 2. C. I. ubi in rem actio* (3, 19), s. oben § 157 Note 18. 28, allerdings zu nehmen ist. Allein er übersieht dabei, daß durch Ausschließung des Gegenbeweises auch für den Klaggrund nur Wahrscheinlichkeit gewonnen wird, und daß bei allen diesen summarischen Cognitionen eine zweiseitige Verhandlung stattfindet, der Gegner also auch mit seinen Einwendungen gehört wird. Auch der Wortsinn von summatim cognoscere besagt nur, daß der Richter seine Ueberzeugung auf die Hauptmomente gründen, Nebenpunkte unbeachtet lassen soll, welche sowohl die Bedingungen des klägerischen Rechts als die Einreden des Beklagten betreffen können.

3) Vgl. Savigny, Zeitschr. für gesch. RW. VI. S. 231. Briegleb cit. §§ 53—62.

4) *L. 3. § 4. D. de Carb. ed.* (37, 10). Causae cognitio in eo vertitur, ut si manifesta calumnia appareret *rel.* An expediat pupillo, untersucht der Prätor diligentissime. § 5. *L. 1. L 14. D. de ventre in poss.* (37, 9). — si manifesta calumnia videbitur *rel.* Vgl. § 120 Note 20. Nicht gehört hierher die missio ex edicto divi Hadriani. Daselbst Note 26.

5) *L. 1. § 9. D. de stip. praet.*

3) Ebenso bei der Interrogatio in Jure, wenn sie auf einen im Edict nicht vorgesehenen Punkt gerichtet wird [6]).

4) Die Suspension der liberalia Judicia wegen Anfechtung des Testaments im Erbschaftsprozeß erfolgt nach summarischer Untersuchung, ob dieser nicht bloß aus Calumnia angestrengt wird [7]).

5) Die Exhibition einer beweglichen Sache zur Vorbereitung der Vindication oder einer andern Klage wird zwar in einem eigentlichen Judicium, mit der ad exhibendum actio, gefordert, aber auf bloße Bescheinigung des zweiten Klagrechts, auf welchem das Interesse der Exhibition beruht [8]); denn ein vollständiger Beweis würde dieses nicht vorbereiten, sondern überflüssig machen. Ebenso sollen nur sofort evident zu machende Einreden zugelassen werden [9]). Die Exhibition auf Kosten des Klägers hat für den Beklagten keinen Verlust zur Folge; die summarische Cognition aber soll die Abwesenheit der Calumnia von der einen und andern Seite constatiren.

6) Die Schadensklage (actio legis Aquiliae) wegen Zerstörung der Beweisurkunde über eine bedingte Schuld soll schon jetzt zugelassen und der Beklagte bedingt verurtheilt werden, wenn der Kläger es dem Richter wahrscheinlich macht, daß später die Beweise, z. B. Zeugen, ihm nicht mehr zu Gebote stehen würden [10]); eine in jeder Beziehung anomale Bestimmung.

7) Bei der Execution durch Pignoris Capio soll über das Eigenthum der gepfändeten Sache, wenn ein Dritter es in Anspruch nimmt, damit die Execution nicht aufgehalten werde,

(46, 5). Quodsi sit aliqua controversia, utputa si dicatur per calumniam desiderari *rel. L. 3. § 1. D. ut si poss. leg.* (36, 4).

6) *L. 9. § 6. D. de interrog. in iure* (11, 1), nehmlich quo iure heres sit.

7) *L. 7. § 1. D. de her. pet.* (5, 3).

8) *L. 3. § 9. D. ad exhib.* (10, 4).

9) *L. 3. § 13. eod.* Vgl. § 94 Note n7.

10) *L. 40. D. ad leg. Aquil.* (9, 2). So legen diese Stelle auch Savigny cit. und Briegleb cit. aus.

summarisch untersucht und entschieden werden, womit dem Eigenthumsstreit nicht präjudicirt wird[11]).

8) Bei der Alimentenklage wird der Klaggrund, das verwandtschaftliche Verhältniß, nur summarisch untersucht und der Status Quästio durch die Entscheidung nicht präjudicirt[12]). Offenbar soll der Alimentandus nicht während eines langwierigen Prozesses darben, selbst auf die Gefahr hin, daß er, wenn er in der Status Quästio unterliegt, das indebite Empfangene nicht erstatten könnte.

II) Beschleunigter Prozeß.

Nach dem Theodosischen Codex sollten gewisse Rechtssachen theils ihrer Dringlichkeit oder Einfachheit wegen, theils aus Begünstigung des Klägers, ohne die sonst vorgeschriebene Litis Denuntiatio und die damit verbundene bedeutende Frist sofort auf die gerichtlich angebrachte Klage eingeleitet und dadurch ihre Beschleunigung bewirkt werden[13]). Ob auch bei ihrer Durchführung jeder Aufschub vermieden und das Endurtheil in möglichst kurzer Zeit herbeigeführt wurde, wird nicht gesagt; doch ist es an sich wahrscheinlich, und für die Beendigung der zu diesen eximirten Sachen gehörigen fiscalischen Prozesse wird ausdrücklich nur ein ungewöhnlich kurzer Zeitraum gestattet[14]). Im Justinianischen Recht ist die Litis Denuntiatio überall, also auch diese Auszeichnung jener Sachen, weggefallen; die Dauer der fiscalischen und auf öffentliche Verpflichtungen sich beziehenden Prozesse ist aber noch beschränkt[15]).

Zu jenen von der Litis Denuntiatio eximirten Sachen gehörten auch die Interdicte, und von diesen ist noch besonders zu sprechen. Daß der Interdictsprozeß im älteren Recht kein summarischer, aber durch seine Strenge geeignet war, die Sache durch die Verfügung des Prätors, das Interdict, zu Ende zu bringen, also das längere Zeit in Anspruch nehmende Judi-

11) *L. 15. § 4. D. de re iud.* (42, 1).

12) *L. 5. §§ 8. 9. D. de agnosc. lib.* (25, 3).

13) S. § 151 Note 33—40.

14) S. § 147 Note 44—46.

15) Daselbst Note 49.

cium zu vermeiden, ist früher bemerkt worden [16]). Justinian berichtet uns, daß, nachdem alle Judicia extraordinaria geworden, auch die Interdictssachen durch ein eigenthümliches Verfahren nicht mehr ausgezeichnet seien, sondern ohne Ertheilung des förmlichen Interdicts wie andere Klagen eingeleitet und nur nach den materiellen Grundsätzen, welche das ältere Recht darüber aufgestellt, entschieden würden [17]). Ja es erscheint dieß als die nothwendige Folge der Aufhebung des Ordo Judiciorum privatorum, d. i. der regelmäßigen Judicis Datio zu Ende des dritten Jahrhunderts; denn das Interdict war ja nicht irgend ein Gebot des Prätors, sondern ein förmlicher Ausspruch desselben, wodurch das Judicium normirt wurde [18]). In der That aber ist, wie die Actionis Impetratio noch geraume Zeit als leere Förmlichkeit im extraordinären Prozeß fortbestand [19]), auch das Interdict noch später regelmäßig impetrirt und erlassen worden [20]),

16) S. § 98 Note 170 folg.

17) *§ 8. I. de interdictis* (4, 15). De ordine et vetere exitu interdictorum supervacuum est hodie dicere. nam quotiens extra ordinem ius dicitur (qualia sunt hodie omnia iudicia) non est necesse reddi interdictum, sed perinde iudicatur sine interdictis, atque si utilis actio ex causa interdicti reddita fuisset. *cf. pr. Inst. eod.* — erant autem interdicta *rel. Rubr. Dig.* 43, 1 de interdictis sive extraordinariis actionibus, quae pro his competunt. *L. 3. C. I. eod.* (8, 1). *Diocl. et Max.* (interpolirt). — Interdicta autem licet in extraordinariis iudiciis proprie locum non habent, tamen ad exemplum eorum res agitur. *L. 2. C. I. unde vi* (8, 4). *Iidem.* — interdicti exemplo. *L. 4. eod. Iidem.* — ad instar interdicti unde vi. *L. 17. C. I. de act. empt.* (4, 49). *Iidem.* — ad instar interdicti seu actionis promissae.

18) *Theophil. cit.* § 98 Note 5. ὁμιλία πραίτωρος — ῥυθμίζουσα τὸν δικαστήν.

19) Die erst Theodos II. in *L. un. C. Th. de omissa actionis impetratione* (2, 3) = *L. 2. C. I. de formulis* (2, 58). *a.* 428 abgeschafft hat.

20) Vom interdictum unde vi *Symm. Ep.* X. 48. Nam Scirtius V. P. ereptam sibi partem Caesarianae massae crebra aditione conquestus, cum integrationem status, quem amiserat, impetrasset, heredes Thesei, qui reluctarentur, obiecti sunt. Da der Prozeß erst beginnt, so kann das Urtheil nicht gemeint sein; ebensowenig reparatio temporis, da bei Interdicten die Litis Denuntiatio nicht statt fand; noch auch in integrum restitutio gegen Verjährung, denn die Gewalt war erst vor wenigen Monaten verübt. Ebenso *L. I. C. Th. unde vi* (4, 22). *Constantin. a.* 326. — sed reformato

ohne Zweifel mit den früher daran geknüpften Wirkungen der Litiscontestation, vielleicht selbst verstärkt durch die Pönalsponsion, welche von dem schließlich Unterliegenden als Succumbenzgeld gezahlt werden mußte, bis dann im fünften Jahrhundert auch dieß Ueberbleibsel des alten Ordo außer Gebrauch kam.

Da indeß alle Interdicte ursprünglich auf schleunige Abstellung eines nicht lange zu duldenden Unrechts berechnet waren [21]), so lag es nahe, diesen Zweck jetzt durch schnellere Herbeiführung des Endurtheils und seiner Vollstreckung zu fördern. Deshalb wurden alle Interdicte von der Nothwendigkeit der Litis Denuntiatio und der damit verbundenen Frist befreit [22]), und auch sonst dem Richter die möglichste Beschleunigung der Sache zur Pflicht gemacht [23]). Jenes ist in Justinians Compilation mit der Litis Denuntiatio verschwunden, dieses geblieben [24]). Auf einzelne Interdicte geht die Ausschließung der Appellation beim Interdictum quorum bonorum [25]) und unde

statu, qui per iniuriam sublatus est, omnia quae superer unt, ad disceptationem litigii immutilata permaneant. Die Leute des abwesenden Besitzers sollen das Interdict impetriren und dadurch die Verjährung unterbrechen können; die weitere Verhandlung bleibt diesem vorbehalten. Das gerichtlich impetrirte Interdict erwähnt unter den Thatsachen aus der Zeit der Usurpation, welche nicht annullirt sein sollen, *L. 9. C. Th. de infirm. his quae sub tyr.* (15, 14). *Arcad. et Hon. a.* 395. — interdicti beneficia tempora infausta non mutilent. Das vorhergehende et interdicti beneficium non amittat, bezieht sich auf die Agnition der Bonorum Possessio. S. Note 25.

21) *L. 22. C. Th. quorum app.* (11, 36). *cit.* Note 25. — beneficio celeritatis inventum.

22) *L. 5. L. 6. C. Th. de denunt.* (2, 4). *L. un. § 2. C. Th. quorum bon.* (4, 21). *L. un. C. Th. utrubi* (4, 23).

23) *L. 8. § 1. C. Th. de iurisdict.* (2, 1). — mox audiri. *L. un. § 2. C. Th. quorum bon.* (4, 21). — frustrationibus amputatis. *L. 2. C. Th. unde vi* (4, 22). — ilico — possessio reddatur. *L. 4. eod.* celeri redhibitione consulere, nec iudicium dilatione suspendi.

24) *L. 4 C. I. de interdictis* (8, 1). *L. 3. C. I. quorum bonorum* (8, 2). *L. 8. C. I. unde vi* (8, 4). *L. 1. C. I. si per vim* (8, 5). *L. 14. C. I. de agricolis* (11, 47). Die Aufnahme dieser Stellen in die Compilation hätte überhaupt keinen Sinn, wenn nicht diesen.

25) *L. 22. C. Th. quorum app.* (11, 36). *Valent. Val. et Grat. a.* 374. In interdicto quorum bonorum cessat licentia provocandi, ne quod beneficio celeritatis inventum est, subdetur iniuriis tarditatis. Dieses be-

vi[26]). Sehr bald aber wurde sie wieder zugelassen und ihr nur bei letzterem der Suspensiveffect entzogen[27]); so auch im Justinianischen Recht[28]). Bei demselben dient auch die Erleichterung des Klägers rücksichtlich seiner Legitimation[29]) und die Zulassung des Forum Delicti commissi[30]) der schleunigen Aufhebung der Gewaltthat in ihren Folgen. In diesem Sinne glaube ich nach Justinianischem Recht ein mehr oder weniger beschleunigtes Verfahren in Interdictssachen annehmen zu müssen[31]). Zur Ausbildung einer bestimmteren Form fehlte es in dieser Zeit an productiver Kraft; auch war der gesammte Prozeß so charakterlos und von der Willkühr des Richters so abhän-

schleunigte Verfahren erklärt es, wie das Interdict noch jetzt als ein Vortheil des prätorischen Erben angesehen werden konnte. *L. 9. C. Th. de infirm. his quae sub tyr.* (15, 14). — bonorum admissa possessio — obtineat et interdicti beneficium non amittat.

26) *Symm. Ep.* X. 48. In causis etenim, quibus momenti reformatio postulatur, appellationes recipi non oportet. — Tunc Scirtius protulit sanctiones, quibus doceret, in reformatione momenti nullum esse appellationis locum. *Ep.* 53. In causis appellationum malo ius potestatis infringere, quam interpretationum dubia sustinere. — Tuli igitur Constantium Suarium temere provocantem, cum ex rescripto numinis vestri statum, quem Theodosio absenti ademerat, reformassem. Wohl zu merken! in diesen Fällen ist von Appellation gegen das Endurtheil, nicht gegen das impetrirte Interdict die Rede. Vgl. § 116 Note 21. Symmachus war Präfectus Urbi a. 384—386. *cf. Ep.* 58.

27) *L. un. C. Th. si de momento fuerit appellatum.* (11, 37). *Val. Theod. et Arcad. a.* 386. Cum de possessione et momento causa dicitur, etsi appellatio interposita fuerit, tamen lata sententia sortiatur effectum, atque ita demum ad nostram scientiam referatur. Ita tamen possessionis reformationem fieri oportet, ut integra omnis proprietatis causa servetur.

28) *L. un. C. I. si de momentaria possessione fuerit appellatum* (7, 69) = *L. un. cit.* Note 27.

29) *L. 1. L. 4. C. Th. unde vi* (4, 22). *L. 1. C. I. si per vim* (8, 5) = *L. 3. C. I. qui legitimam personam* (3, 6).

30) *L. un. C. I. ubi de poss.* (3, 16). *Valent. et Val. a.* 366. *cf. L. 2. C. I. de interdictis* (8, 1).

31) K. A. Schmidt, Interdictenverfahren der Römer S. 348 folg. leugnet dieß, ja die Veranlassung dazu, weil die Einführung der Interdicte ursprünglich „lediglich in zufälligen Lücken des Civilrechts" ihren Grund gehabt habe, wogegen ich mich in § 98 Note 14 principiell erklären mußte. Doch giebt er zu, daß „eine bedeutende Zahl von Interdicten" die Beschleunigung bezweckten.

gig, daß zu seiner Abkürzung in formeller Hinsicht nicht viel mehr als durch jene allgemeinen Anweisungen geschehen konnte. Durch Bevorzugung der Interdictssachen, durch näheres Aneinanderrücken der Termine, Beschränkung der Beweisfristen, der Verhandlungen selbst und Anderes, worüber der Gerichtsgebrauch nähere Belehrung gab, wurde jenen Anweisungen genügt, wie ja auch der unbestimmt summarische Prozeß unseres heutigen gemeinen Rechts dem Richter nicht viel mehr feste Anhaltspunkte gewährt [32]).

III) Verfahren ohne Schrift.

Der Gebrauch der Schrift war in dem Prozeß des späteren römischen Rechts ein sehr ausgedehnter und gehörte wesentlich zu dessen solenner Form. Das Kanzleipersonal der Gerichte bezog für die Ausfertigung der verschiedenen gerichtlichen Urkunden sehr bedeutende Sporteln [33]). Hauptsächlich um diese den Partheien zu ersparen, wurde im spätesten Recht für gewisse Fälle ein Verfahren ohne Schrift (sine scriptis, *ἀγράφως*) vorgeschrieben [34]). Die schriftliche Klage und Ladung [35]) und die förmlichen Protokolle [36]) fielen dabei weg; doch sollte eine kurze schriftliche Aufzeichnung der Verhandlung (*παρασημείωσις*, adnotatio) [37]) und des Urtheils [38]) gemacht werden. Dieß Verfahren ohne Schrift oder eigentlich mit weniger Schrift tritt ein in geringfügigen Sachen, wenn die Partheien es wünschen [39]), und in Streitigkeiten der Geistlichen vor dem Bischof [40]).

---

32) Briegleb, Summarische Prozesse Kap. 3 bestreitet deshalb überhaupt die Existenz dieses unbestimmten summarischen Prozesses, was hier dahin gestellt bleiben mag.

33) S. § 148 Note 32 folg.

34) *L. 3. § 4. C. I. de privil. schol.* (12, 30). *Zeno.* — sine scriptis cognosci. *Nov.* 28. *c.* 3. *ἀγράφως* und *ἐγγράφως*. *Nov.* 17. *c.* 3. *Nov.* 28. *c.* 3. *ἀγράφως τε καὶ προῖκα* (gratis). *Nov.* 83. *praef. pr. Nov.* 113. *c.* 1. § 1.

35) *L. 3. § 4. cit. L. 12. § 3. L. 14. C. I. de proximis sacr. scrin. Nov.* 123. *c.* 8. *Lydus de Mag.* III. 15. Vgl. § 152 Note 5.

36) Ueber diese vgl. § 142 Note 181.

37) *Nov.* 82. *c.* 5. *Nov.* 86. *c.* 2. *cf. Cuiac. h. l.* und zu *L. 2. C. I. de pet. bon. subl.* (10, 12).

38) *Nov.* 82. *c.* 3. *cit.*

39) *L. 3. § 4. C. I. de privil. schol.* (12, 30). — si talis sit

### 2. Rescriptsprozeß*).

§ 164. Sich mit der Klage unmittelbar an den Kaiser zu wenden, war in dieser wie in der früheren Kaiserzeit etwas sehr Gewöhnliches und Erlaubtes, nur in der schon rechtshängigen Sache sollte nicht supplicirt werden. Selten untersuchte aber der Kaiser die Sache selbst, sondern er wies den Supplicanten an den ordentlichen Richter oder bestellte einen außerordentlichen Commissarius, und sprach in dem Rescript diejenigen Rechtsgrundsätze aus, welche der Parthei zur Belehrung und dem Richter zur Instruction dienen sollten [1]). Man kann das hierbei eintretende Verfahren, welches in einigen Beziehungen abweichend ist, den Rescriptsprozeß nennen.

Die dem Kaiser überreichte Bittschrift (libellus Principi datus, preces, supplicatio) vertritt die Stelle der Klage, und soll deshalb eine vollständige Darstellung des Sachverhältnisses enthalten. Beweise, z. B. Urkunden, beizufügen, ist nicht nöthig [2]), da der Kaiser nicht selbst untersucht und nicht eigentlich entscheidet.

Das kaiserliche Rescript, in der gewöhnlichen Weise unter Mitwirkung des Quästor sacri Palatii in den kaiserlichen Büreaus ausgefertigt [3]), und von des Kaisers Hand unterzeichnet [4]), enthält eine Anweisung, nach welcher der Richter, sei es nun

negotii vilitas, ut etiam sine scriptis, consentientibus scilicet partibus, super eo possit cognosci —. Si vero causae qualitas habendam in scriptis cognitionem flagitaverit. *Nov.* 17. c. 2. *Nov.* 28. c. 3. *Nov.* 82. c. 5. bis zu 300 Solidi.

40) *Nov.* 83. *pr. pr.*

*) *Cod. Theod.* 1, 2. *de diversis rescriptis.* 2, 4. *de denuntiatione vel editione rescripti. Cod. Iust.* 4, 19. *de precibus Imperatori offerendis rel.* 20. *quando libellus Principi datus litis contestationem faciat.* 22. *si contra ius vel utilitatem publicam vel per mendacium fuerit aliquid postulatum vel impetratum.* 23. *de diversis rescriptis.*

1) Zahlreiche Rescripte der Art enthält der Justinianische Codex.

2) *L.* 8. *C. I. de precib. Imp. offer.* (1, 19).

3) *L.* 7. *pr. C. I. de divers. rescript.* (1, 23).

4) *L.* 6. *C. I. eod.*

der Judex ordinarius oder ein darin ernannter Judex delegatus, zu verfahren hat [5]). Allgemeinen Gesetzen soll es nie widersprechen, widrigenfalls für erschlichen gehalten und nicht beachtet werden [6]). Formalien können wohl erlassen, in die Sache selbst aber darf zum Nachtheil einer Parthei nicht eingegriffen werden [7]). Das Rescript wird an den Kläger gerichtet und von diesem nebst der Bittschrift dem Richter insinuirt [8]), sodann nach dem Recht des Theodosischen Codex bei der Litis Denuntiatio [9]), nach dem Justinianischen bei der Ladung des Gegners diesem mitgetheilt [10]). Erst hierdurch soll die längere Klagenverjährung unterbrochen sein [11]), wenngleich schon die Uebergabe des Libells an den Kaiser oder die Erlassung des Rescriptes die jährigen Klagen perpetuirt [12]), und überhaupt die Wirkungen der Litiscontestation hat [13]).

Die Verhandlung selbst hatte die gewöhnliche Form, außer wenn der Kaiser in dem Rescript ein besonderes Verfahren vor-

5) *L. 7. C. Th. de divers. rescript.* (1, 2). Multabuntur iudices, qui rescripta contempserint aut distulerint.

6) *L. 2. L. 3. C. Th. eod. L. 6. C. I. si contra ius* (1, 22).

7) *L. 5. C. Th. de divers. rescript.* (1, 2).

8) Vulgato rescripto *L. 2. C. Th. unde vi* (4, 22). *L. 6. C. I. eod.* (8, 4). Iudiciis — allegato sacro rescripto *L. un. § 1. C. Th. de act. certo temp.* (4, 14). Note 11.

9) S. § 151 Note 29 folg. *L. 2. C. Th. cit.* neque adversario sollenniter intimato *rel.*

10) *Nov.* 112. *c.* 3. *pr.* — *τοὺς κατά τινος τὰς οἰκείας ἐναγωγὰς προτιθέντας, εἴτε δι' ἀρχικῆς μεθοδίας, εἴτε διὰ δεήσεων βασιλεῖ προσφερομένων καὶ τῷ δικαστῇ ἐμφανιζομένων καὶ δι' αὐτοῦ εἰς γνῶσιν τοῦ ἀντιδίκου φερομένων* (qui actiones suas contra aliquem intendunt, sive per conventionem apud Magistratum [besser iudicialem], sive per preces Imperatori oblatas et iudici insinuatas atque per eum ad notitiam adversarii delatas) —. Vgl. die folg. Note.

11) *L. un. § 1. C. Th. de act. certo temp. fin.* (4, 14). Nec sufficiat precibus oblatis speciale quoddam licet per annotationem meruisse responsum vel etiam iudiciis allegasse, nisi allegato sacro rescripto, aut in iudicio postulatione deposita. fuerit subsecuta conventio. In der *L. 3. C. I. de praescr. trig. ann.* (7, 39) lauten die Schlußworte: subsecuta per exsecutorem conventio.

12) *L. 2. C. I. quando libellus Princ. dat.* (1, 20). *Iustinian.*

13) *L. 10. C. Th. de divers. rescript.* (1, 2). *Cod. Iust.* 1, 20. *quando libellus Principi datus litis contestationem faciat. L. 33. C. I. de donat.* (8, 54).

schrieb [14]). Einen eigenthümlichen Inhalt gab ihr die Einrede des Beklagten, das Rescript sei auf unwahre Anführungen des Klägers gegründet (praescriptio mendaciorum), also erschlichen (subreptio, obreptio). Auf diesen Einwand einzugehen und die Wahrheit und Vollständigkeit jener Anführungen zu untersuchen, sollte der Richter nie verweigern [15]), ja eine ausdrückliche Hinweisung darauf regelmäßig dem Rescript eingerückt werden [16]). Zur Vorbringung dieser Einrede und Beschaffung der nöthigen Beweise wurde dem Beklagten die gesetzliche Frist (dilatio instrumentorum causa) bewilligt [17]).

14) In dem Fall bei *Symm.* X. 39. (s. Anhang I.) hatte der Kaiser dem Besitzer der Erbschaft deren Schätzung binnen vier Monaten aufgegeben und im Weigerungsfall die Translatio Possessionis vorgeschrieben.

15) *L. 6. C. Th. de divers. rescript.* (1, 2). *L. 1.—L. 5. C. I. si contra ius — vel per mendacium fuerit aliquid postulatum vel impetratum* (1, 22). *Symm. Ep.* X. 39. 53. 59. *cf. Brisson. v. obreptio, subreptio.*

16) *L. 7. C. I. de divers. rescript.* (1, 2).

17) *L. 1. C. Th. de dilat.* (2, 7) = *L. 2. C. I. eod.* (3, 11).

# Anhang.

## Berichte des Q. Aurelius Symmachus über zwei vor ihm als Stadtpräfecten verhandelte Rechtssachen.

### I.

*Symmachi lib. X. ep. 39* [1]).

D. Theodosio semper Aug. Symmachus Praef. urb.

Difficilis est exitus veterum iurgiorum. Res enim multis agitata iudiciis et actionum varietate et cognoscentium motu et personarum mutationibus implicatur, D. Imperator. Ut mihi nunc venit usus, cum inter Gauden- § 1 tium curatorem Martianae clarissimae feminae itemque Liberium procuratorem amitae eius eodem nomine dum viveret nuncupatae annosum luctamen audirem. Nam in ipso limine quaestionis cum procuratio, quam clarissima § 2 femina senior Martiana mandaverat, invalida diceretur, quod ante cuidam Principi esset iniuncta: ubi refusas in dominam comperimus actiones, atque actis praetoriis in Liberium denuo iura translata, obiecta cassae praescri-

1) Ich folge im Ganzen der Ausgabe des *Scioppius*, *Mogunt.* 1608. 4., mit welcher ich die Ausgabe von *Pareus*, *Neap. Nemet.* 1617. 8. vergleichen konnte. Der des *Iuretus Paris.* 1604. 4. fehlen in *lib.* X. *ep.* 8—11. 16. 20. 21; daher dieser Brief *ep.* 32. ist.

§ 3. ptionis[2]) amovimus[3]). Tunc defensio partis adversae negavit stare personam, cuius procurationem superioris gesta iudicii non tenerent. Contra, neque[4]) exactam prius mandati recitationem, et inter partes tributum procuratori beneficium reparationis aiebant. Huic parti longius quam oportuit immorata contentio est. Sed quia prior cognitor ut iusto defensori restituerat temporum cursum, qui per actores non poterat impetrari, et procuratio legebatur Praetoris allegata[5]) iudicio, haec quoque praescriptio con-
§ 4. quievit. Successit aliud, ut obitu Martianae clarissimae feminae mandatum diceretur extinctum. Sed contra venerabilis Iuliani sanctio stare procuratorum iussit officia causarum dominis viventibus inchoata. Ergo cum et reparationem superstite Martiana et conventionem partis adversae super aestimandis bonis Liberius impetrasset,
§ 5. pronuntiavimus non perisse mandatum. Dehinc petitore properante, ut ex constitutione numinis vestri servandi debiti causa in materna corpora mitteretur, quod adversaria aestimationem bonorum conventa facere noluisset, responsum est, de supplicationis fide prius esse tractandum.
§ 6. Id, quod probabile videbatur, admisi. Facto igitur aditu de precibus disputandi defensor clarissimae feminae Martianae notare sibi visus est mendacium supplicantis, quod, cum Priscae matris suae testamento neptes[6]) eius ex Placidiano genitas hereditatem cepisse[7]) dixisset, non omnes neptes ab ea scriptas probaret heredes. Responsum est, de his tantum, quas avia heredes instituit, supplicatum, nec unquam factam omnium mentionem, sed earum, qui-

2) *Iuretus* setzt procurationis; *Scioppius* und *Pareus* folgen ihm. Ich halte die ältere Lesart für richtiger, weil hiermit nicht die exceptio invalidae procurationis, sondern nur ein diese begründender faktischer Einwand beseitigt wurde. Vgl. *ep.* § 3. *fin.* — haec quoque praescriptio.

3) Unrichtig hat *Pareus* agnovimus.

4) *Iuretus*: aeque. *Lectius, Pareus*: contra haec, exactam.

5) *Mercerus, Scioppius, Pareus, Iuretus*: alligata.

6) *Lectius, Pareus. Scioppius* und *Iuretus* haben neptes nicht.

7) *Scioppius, Pareus, Iuretus*: coepisse.

bus fuerat delata successio. His deiectum curatoris patrocinium coepit exigere, ut petitor ediceret, ex quibus nominibus propositae descenderent actiones. Tunc e diverso veniens, ex Placidiani clarissimi viri nomine, qui pater adultae fuit, immodicarum donationum causa manasse respondit; supplementum vero unciarum ab herede Placidiae, cui soror Martiana successit, asseruit postulari. Haec adversarius eatenus refellebat, ut diceret, clarissimam feminam iuniorem Martianam non Placidiani tantum patris successionem, sed etiam Placidiae germanae suae pro certis unciis consecutam, nec tamen ullam Placidiae mentionem precum serie contineri. Sed cum allegatio diversae partis astrueret, rem se obnoxiam persequi designatis titulis actionum, et id quod in litem venit pro certa parte Martianam clarissimam feminam possidere, eiusque nomen cum designatione causarum doceret precibus comprehensum, stetit iudicii mei deliberatio: hoc asserente, personam Placidiae supplicationi adiici debuisse, illo negante, post designationem rei et eius personae, quae hodie corporum possessione defruitur, quidquam esse quaerendum. Accessit cunctationi meae causa vehementior, quod, iubente lege, ut intra quatuor menses ad aestimationem bonorum possessor petitori [8]) teneatur, nunc, ut gesta monstrabunt, angustum nimis ex conventione tempus fuisse visum est peregrinis corporibus aestimandis. Et ideo motus ambiguis, oraculo numinis vestri discingenda [9]) cuncta servavi. Nam in rebus dubiis una est salubritatis via, ut divina quaeque vel deo proxima consulantur. Coniunctae paginae allegationes partium et supplementa sumpserunt: quae cum maiestatis vestrae iustitia perpenderit, precor ut metas curiosae [10]) liti absoluta definitione ponatis.

§ 7. § 8. § 9. § 10.

8) *Mercerus, Pareus. Iuretus*: a petitore.

9) *Sic Iuretus. Scioppius*: distinguenda. *Froben.* distingenda.

10) So alle Hdschr. *Iuretus*: cariosae.

Dieser Bericht (relatio) des Symmachus als Stadtpräfecten (a. 384–386) an K. Theodos I. erbittet dessen Entscheidung in einer Rechtssache, über welche er selbst zweifelhaft war. Die wichtigsten darin berührten Materien sind querela inofficiosae donationis und inofficiosi testamenti, exceptio invalidae procurationis, reparatio temporis, Schätzung der Güter zur Bestimmung des Pflichttheils, missio in possessionem rei petitae, praescriptio mendaciorum.

## A. Species facti.

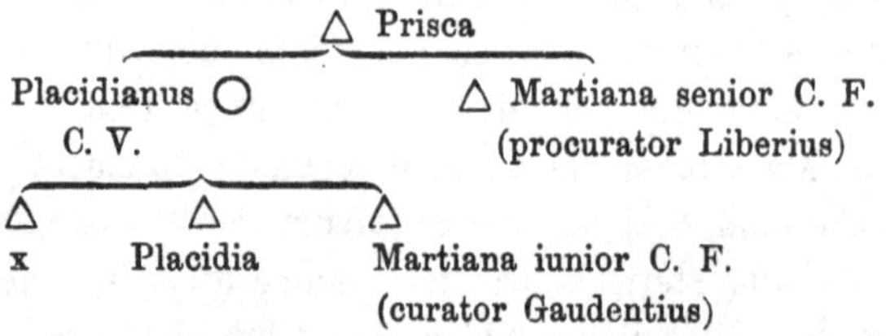


Die Prisca hatte ihre Tochter Martiana senior im Pflichttheil verletzt und ihr Vermögen größtentheils ihrem Sohne Placidian und dessen Stamme zugewendet, theils durch übermäßige Schenkungen an ihn selbst, theils indem sie nach seinem Tode einige seiner Töchter, darunter wahrscheinlich auch die Placidia, zu Erben einsetzte: nicht auch die Martiana junior; diese aber war dennoch, indem sie als Erbin ihres Vaters jene Schenkungen ganz oder theilweise überkommen und ihre Schwester Placidia zu einer gewissen Quote beerbt hatte, in den Besitz eines bedeutenden Theils des großmütterlichen Vermögens gelangt. So wenigstens stellt die Klägerin die Sache dar.

## B. Prozeßgeschichte.

§ 1. Gegen diese Martiana junior, die als Minderjährige durch ihren Curator Gaudentius vertreten wurde, trat ihre

Tante, die Martiana senior, durch den Procurator Princeps, später durch den Procurator Liberius, mit der querela inofficiosae donationis und inofficiosi testamenti [11]) klagend auf, so jedoch, daß sie dieselbe nicht in eigenem Namen, sondern als Erbin ihres Vaters Placidian und ihrer Schwester Placidia, auf Herausgabe des ihr gebührenden Antheils an der Erbschaft ihrer Mutter Prisca belangte [12]). Und zwar wandte sie sich supplicirend an den Kaiser, welcher durch Rescript die Rechtsgrundsätze feststellte, nach welchen die Sache zu behandeln sei. Ob er sie auch einem außerordentlichen Commissarius delegirte oder an die competente Behörde zurückwies, ist nicht klar. Denn der Stadtpräfect war ohnedies der ordentliche Richter senatorischer Personen [13]), als welche die streitenden Theile durch ihre Titulatur bezeichnet werden. Jedenfalls war die Sache viele Jahre verschleppt und durch die Hände verschiedener Richter gegangen, bis zuletzt Symmachus sie überkam. Während des Prozesses war auch die Klägerin, Martiana senior, gestorben [14]), so daß ihr Procurator die Klage im Namen ihrer Erben, die nicht genannt werden, fortsetzt.

Gleich anfangs bei Wiedereröffnung der Verhandlung vor Symmachus setzte der Vormund der minderjährigen Beklagten dem klägerischen Anwalt die Einrede mangelnder Bevollmächtigung (invalidae procurationis) entgegen [15]), und suchte sie auf dreifache Weise zu begründen: § 2.

1) dadurch, daß die Führung des Prozesses früher einem

11) Die erste Klage nennt ausdrücklich § 7. immodicarum donationum causa. Die zweite ist damit cumulirt zu denken, weil auch die Erbeseinsetzung der Enkelinnen vom Placidian als Grund der Beschwerde in der Supplication angeführt wird. S. *ep.* § 6.

12) Unmittelbar war zu Gunsten der Beklagten keine die Klägerin beschwerende Verfügung getroffen, sie war nicht beschenkt und nicht zur Erbin eingesetzt worden. Deshalb konnte sie nur im Namen ihres Vaters, von dem sie die übermäßige Schenkung, und ihrer Schwester, von der sie einen Theil der großmütterlichen Erbschaft überkommen, belangt werden. Vgl. *ep.* §§ 6. 7.

13) S. oben § 133 Note 17.

14) S. *ep.* §§ 1. 4.

15) Vgl. oben § 154 Note 11.

gewissen **Princeps** übertragen worden. Allein da Symmachus fand, daß jenes frühere Mandat erloschen, mithin die Klagen zur Machtgeberin zurückgekehrt und dann von Neuem durch protokollarische Verhandlung vor dem Prätor [16]) auf den **Liberius** übertragen worden seien, so wies er diesen leeren Einwand zurück.

§ 3. 2) Die Vollmacht des Liberius sei den Acten des Judiciums, vor welchem die Sache früher verhandelt worden, nicht einverleibt. Dagegen wurde replicirt: die Production der Vollmacht sei nicht früher verlangt und der Bevollmächtigte stillschweigend anerkannt, indem ihm die Erneuerung der versäumten Denuntiationsfrist [17]) ertheilt worden. Hierüber wurde länger als billig gestritten. Endlich verwarf Symmachus auch diesen Einwand, a) weil der frühere Richter die Erneuerung der Frist, welche durch simple Actoren nicht erlangt werden kann [18]), dem Liberius gewährt und ihn hierdurch als gesetzlichen Vertreter anerkannt hatte; b) weil die Vollmacht im Gerichte des Prätors zu Protokoll erklärt [19]) und aus diesem jetzt producirt worden sei.

§ 4. 3) Durch den Tod der Machtgeberin, Martiana senior, sei die Vollmacht erloschen. Dagegen sprach aber das Gesetz des K. Julian, welches verordnet, daß die bei Lebzeiten der Machtgeber bereits begonnene Vertretung auch nach ihrem Tode bestehen soll [20]). Da nun Liberius bei Lebzeiten der Martiana

16) Nicht als Richter in dieser Sache, sondern als beglaubigende Behörde. Vgl. *L. un. C. I. de satisdando* (2, 57). *§ 3. Inst. de satisd.* (4, 11). *Theoph. h. l.* und unten Note 19.

17) Diese, von der editio rescripti an gerechnet, nicht das tempus appellationis, ist anzunehmen, weil die Sache offenbar noch in erster Instanz schwebt. Erst *L. 6. C. Th. de denuntiat.* (2, 4). *a.* 406 hat die litis denuntiatio und ihre Frist bei der querela inofficiosi erlassen.

18) Der actor, als ein Vertreter untergeordneter Art, wird dem förmlich bestellten Procurator auch sonst entgegengesetzt, z. B. in *L. 11. C. I. de procur.* (2, 13).

19) Der Prätor wird hier offenbar dem frühern Richter in dieser Sache entgegengesetzt. Vgl. oben Note 16.

20) *L. 1. C. Th. de cognitor. et procur.* (2, 12) = *L. 23. C. I. de procur.* (2, 3). *Iulian. a.* 363.

senior die Erneuerung der Denuntiationsfrist und die gerichtliche Aufforderung zur Schätzung des Nachlasses gegen die Beklagte erwirkt, also den Prozeß bereits eröffnet hatte, so entschied Symmachus, das Mandat sei nicht erloschen.

Nun bat der klägerische Anwalt um Einweisung in den § 5. Besitz des mütterlichen Nachlasses nach Vorschrift des Gesetzes K. Theodos I., weil die Gegnerin nicht die Schätzung der Güter der Aufforderung gemäß vornehmen wollte[21]). Es wurde entgegnet, zuvörderst müsse über die Wahrheit der in der Supplication angeführten Thatsachen (praescriptio mendaciorum)[22]) verhandelt werden; und da dieß billig schien, ließ es Symmachus zu.

Der Vormund der Beklagten suchte nun eine zwiefache Un- § 6. richtigkeit in der Supplication nachzuweisen:

1) Die Klägerin habe darin gesagt, die Enkelinnen ihrer Mutter Prisca vom Placidian (also auch die Beklagte, Martiana junior) hätten aus deren Testamente die Erbschaft erworben; sie könne aber nicht beweisen, daß alle diese Enkelinnen (insbesondere die Beklagte) von ihrer Großmutter zu Erben eingesetzt seien.

Dagegen wurde erwiedert, es sei in der Supplication nicht aller Enkelinnen Erwähnung geschehen, sondern nur derjenigen, welchen die Erbschaft der Großmutter deferirt worden.

Da hierdurch der Vormund der Beklagten widerlegt war, § 7. so verlangte er,

2) daß der klägerische Anwalt erklären sollte, aus wessen Person er die Minderjährige belange[23])?

21) Savigny vermuthete, daß die constitutio numinis vestri das diese Sache normirende Rescript sei. Allein *ep.* § 9. beruft sich auf die allgemeine Vorschrift einer lex, die sonst unbekannt ist. Vgl. § 164 Note 13 und *L. 5. § 1. D. ut leg. serv.* (36, 3).

22) Vgl. oben § 164 Note 14.

23) Der Zusammenhang seiner Vertheidigung ist dieser. 1) Die Klägerin habe in ihrer Supplication behauptet, alle Enkelinnen vom Placidian, also auch die Beklagte, seien von der Großmutter zu Erben eingesetzt und dadurch ihr Pflichttheil verletzt; sie belange also die Beklagte aus ihrer eignen Per-

Hierauf antwortete dieser: Eines Theils als Erbin ihres Vaters Placidian wegen der übermäßigen Schenkungen, die er von seiner Mutter Prisca empfangen; und andern Theils als Erbin ihrer Schwester Placidia [24]).

Dagegen erwiederte der Vormund der Beklagten: die Martiana junior, seine Mündel, sei allerdings nicht bloß Erbin ihres Vaters Placidian, sondern zu einem gewissen Theil auch Erbin ihrer Schwester Placidia geworden; aber eben deshalb habe die Placidia in der Supplication erwähnt werden müssen, und dieß sei nicht geschehen.

§ 8. Der klägerische Anwalt führte dagegen an, er verfolge ein seiner Parthei gehöriges Gut aus gehörig bezeichnetem Klaggrunde, auch besitze die Beklagte den Gegenstand des Streits; und bewies, daß ihr Name mit dem Klaggrunde in der Supplication angegeben sei.

Hier wußte Symmachus nicht zu entscheiden, indem der Beklagte behauptete, die Placidia hätte in der Supplication genannt werden müssen, der Kläger aber leugnete, daß außer der Bezeichnung der streitigen Sache und ihres gegenwärtigen Besitzers noch etwas verlangt werden könne.

§ 9. Ein noch stärkerer Grund des Zweifels kam hinzu. Das kaiserliche Gesetz verlangte, der Besitzer solle innerhalb vier

son. Da nun diese wirklich nicht zur Erbin eingesetzt sei, so sei die Klage unbegründet. Der klägerische Anwalt weist nach, daß die Erbeseinsetzung der Beklagten nicht behauptet worden, sondern nur die ihrer Schwestern, die sie, die Beklagte, dann beerbt habe, daß also die Klage nicht aus ihrer Person abgeleitet werde. Daher nun 2) der Vormund fragt, aus wessen Person?

24) Die Worte des § 7., supplementum vero unciarum ab herede Placidiae, cui soror Martiana successit, asseruit postulari, heißen: das Uebrige aber werde von der Erbin der Placidia, d. i. von ihrer Schwester Martiana, welche sie beerbt habe, gefordert, und zwar im Verhältniß der unciae, des Theils, zu welchem diese ihre Schwester beerbt habe. Vgl. das folgende successionem — Placidiae germanae pro certis unciis consecutam. *Gothofr. ad L. un. C. Th. de inoff. don.* (2, 20) versteht das supplementum unciarum von der Ergänzung des Pflichttheils der Klägerin, und beweist daraus, daß die querela inoff. donationis gegen Descendenten nur eine actio suppletoria gewesen.

Monaten die Schätzung der Güter beibringen. Nach Ausweis der Acten war diese Frist von der Aufforderung an gerechnet zur Schätzung der auswärts belegenen Güter zu kurz. § 10.

In dieser Verlegenheit wendet er sich nun an den Kaiser, übersendet ihm mit diesem Berichte die Acten des Prozesses und die Ergänzungsschriften (libelli refutatorii) der Partheien [25]), und bittet um Entscheidung.

## C. Anmerkungen.

Da das Einzelne schon durch Anmerkungen erläutert ist, so bleibt nur noch einiges Allgemeine zu bemerken.

Die Beschreibung der gerichtlichen Verhandlung, die, wie es scheint, nur Einen Termin ausfüllte, giebt uns ein anschauliches Bild des formlosen Verfahrens dieser Zeit. Es ist zusammengesetzt aus wechselnden Vorträgen der Partheien oder ihrer Vertreter, und über die einzelnen Incidentfragen entscheidet der Richter sofort durch Interlocute. Die Ordnung der Verhandlung leitet der Richter, doch ist sie nur durch den inneren Zusammenhang bedingt. Die dilatorische Einrede mangelnder Vollmacht des klägerischen Anwalts wird zwar nach längst begonnenem Prozeß, doch zu Anfang seiner Wiedereröffnung vorgeschützt, und mit der Hauptsache nicht fortgefahren, bis sie erledigt ist.

Sodann verlangt der Kläger, daß nach Vorschrift des kaiserlichen Rescriptes der Besitz der streitigen Güter auf ihn übertragen werde, weil der Beklagte nicht gethan habe, was dieses vorgeschrieben hatte. Ohne Zweifel würde er den Besitz und damit auch die Beklagtenrolle bekommen haben, wenn nicht die vorgeschützte praescriptio mendaciorum zuvörderst zu verhandeln gewesen wäre und der Richter gezweifelt hätte, ob der Beklagte zur Erfüllung seiner Verpflichtung eine hinreichende Frist gehabt habe.

25) Vgl. oben § 160 Note 54 folg.

Sehr merkwürdig ist die Verhandlung über die praescriptio mendaciorum. Offenbar wird unter dieser Form ein bedeutender Theil der Sache selbst besprochen. Denn die Supplication an den Kaiser muß alle die Klage begründenden Thatsachen enthalten. Das kaiserliche Rescript entscheidet dann die Sache, jedoch nur durch Aufstellung allgemeiner Rechtssätze oder trifft provisorische Anordnungen, aber unter Voraussetzung der Wahrheit jener Anführungen, also bedingt, und der Kläger hat dann diese zu erweisen. Das Rescript nimmt also eine ähnliche Stelle ein, wie die alte Formula.

Für die Lehre von der Repräsentation im Prozeß ist merkwürdig, daß noch jetzt die Bevollmächtigung als eine Uebertragung der Klage betrachtet [26]) und der Repräsentant, Anwalt oder Vormund, während des Prozesses als dominus litis behandelt, daher er auch häufig mit dem Partheinamen, Kläger und Beklagter (petitor, adversarius) [27]), bezeichnet wird.

26) S. § 2. — ubi refusas in dominam comperimus actiones, atque actis praetoriis in Liberium denuo iura translata. Vgl. § 100 Note 100 folg.

27) Z. B. § 5. — petitore properante. § 7. ut petitor ediceret —. Haec adversarius eatenus refellebat u. s. w.

## II.

## *Symmachi lib. X. ep. 48*[28].

D. Theodosio semper Aug. Symmachus Praef. urb.

Quid possint iusti Principes culpare, praesentio. In causis etenim, quibus momenti reformatio postulatur, appellationes recipi non oportet. Sed consulto nunc obiectum provocationis admisi, ut in examen clementiae vestrae et invasionis indignitas et modus iudicii perveniret, D. Imperator. Nam Scirtius vir perfectissimus ereptam sibi § 1.
partem Caesarianae massae crebra aditione conquestus, cum integrationem status quem amiserat impetrasset, heredes Thesei qui reluctarentur obiecti sunt. Tum vero Artemisius, Olibrii clarissimi atque illustris viri actor, executori, ut ipse professus est, obviavit. Et cum ad per- § 2.
noscendum possessionis statum loci habitatores adesse iussissem, in iniuriam legum Ruffino Officiali iussa curanti, qui deducebantur, abrepti sunt. Gesta indicabunt facti incivilis auctores. Interea distuli vindictam iudiciorum et rursus Officio negotium dedi, ut necessarios evocaret. Tunc § 3.
cessantibus actoribus[29]) clarissimae domus ceterisque subtractis, ad contradicendum Thesei subrogantur heredes, uno tantum exhibito, qui se assereret libertum esse defuncti. Is interrogatus, quo abissent incolae praediorum, delituisse nonnullos, Scirtii vero mancipia ad urbanam

28) *Ed. Iureti Paris.* 1604. X. *ep.* 41. Abweichende Lesarten finde ich hier nicht angegeben. Der Text oder die Interpunction der Ausgaben, die keinen Sinn gaben, waren aber einigemal zu verbessern.

29) *Iuretus. Scioppius, Pareus:* auctoribus.

villam, quae est clarissimi et illustris viri Olibrii, translata respondit. Cetera ut a liberto Thesei dicta praeteream, licet in eum praescriptio ista non competat, cum a patre
§ 4. minorum beneficium libertatis acceperit. His ita positis Praenestini, in quorum finibus Caesariana possessio iacet, missis apparitoribus exhibentur. Tunc demum viri clarissimi et spectabilis Olibrii procurator emergit. Adest etiam defensor minorum tandem cogentibus iudiciis postulatus. Scirtio[30]) adversum duos pugna proponitur, quamvis patrocinia clarissimae domus et successorum Thesei
§ 5 quadam specie dissiderent. Itur in quaestionem possessionis, quae partium variis agitata conflictibus, ad interrogationem testium iure transivit. Admoneri singulatim, ut mos est, iubeo Curiales nominum et dignitatis. Ab unoquoque posco responsa: tum locorum iustos possessores requiro: dehinc percunctor, quis annuas functiones aut indicta persolverit. Cum secundum Scirtium testimonia cuncta procederent, atque eam possessionem cum Theseo tenuisse constaret, quando aut per quos deiectus esset, examino. Secundum fere vel tertium mensem manare consentiunt, ut eum clarissimae atque illustris domus ho-
§ 6. mines expulerint. Auditis optimatum testimoniis, denuo defensores admitto iurgantes: quaesita et responsa partibus intimantur. Ibi Tarpeius vir clarissimus, procurator illustris viri Olibrii, asseruit, ei sex uncias praediorum Thesei morte quaesitas. Contra Scirtius de sex unciis, quas minores etiam se consentiente retinebant, non ibat inficias, nec sua interesse dicebat, actores clarissimae do-
§ 7. mus, an heredes Thesei eadem parte fruerentur. Tunc actionibus copulatis Scirtium urgere coeperunt, quod secundum mandatum clarissimae feminae Facianae sex uncias Theseo per epistolam reddidisset, sex vero alias in

30) *Iuretus, Scioppius, Pareus*: minorum. Tandem — postulatus, Scirtio.

eius liberos contulisset spontanea largitate. Ad haec Scirtius, idem litteris familiaribus, quod donationibus in Theseum vel parvulos transfusum esse, dicebat, ipsius petitu, ut actorum fides beneficium roboraret. Et revera cum posteriora gesta pro indiviso sex uncias massae in eos collatos esse testentur, intelleximus partem donatoris exceptam. Cur enim pro indiviso daret, si nihil resideret quod retineret? Sed hoc cum ad proprietatis causam di- § 8.
cerem pertinere, recitata est a defensoribus constitutio, quae iudicibus tribuit copiam, non imponit necessitatem, ut quoties de possessione successionis iudicant, continuo, si casus tulerit, etiam de iure cognoscant. Qua actione confessi sunt, ad aliam causam se malle transire. Praeterea non solus Scirtius proprietatis quaestione videbatur urgendus, cum ipsi quoque inter se super hac parte quodammodo dissiderent. Quare de possessione secundum § 9.
documenta Scirtii et Principalium testimonia iudicavi, adversariis eius sex unciarum retentione et iure firmatis. Principalem vero causam salvis allegationibus partium futuro examini reservavi. Et mox sententiae exemplum § 10.
emisi, cum eius editionem procurator spectabilis viri continuo postulasset. Tunc Scirtius obtulit sanctiones, quibus doceret, in reformatione momenti nullum esse appellationis locum. Postridie procurator clarissimi et illustris viri Olibrii ac defensor minorum, qui putabantur[31]) in iudicio discrepare, concordiam suam iunctis provocationibus indicarunt. Haec est omnis summa luctaminis. Nunc oraculum § 11.
numinis vestri fortuna litis exspectat. Gesta et supplementa partis utriusque subieci, quibus instructa perennitas vestra exemplo unius causae securitati omnium dignabitur commodare.

---

31) *Iuretus*, *Scioppius*, *Pareus*: Postridie procurator clarissimus et illustris ac defensor minorum, qui putabatur.

Dieser zweite Brief ist ein die Appellation an den Kaiser begleitender Bericht (consultatio) des Stadtpräfecten Symmachus in einem Prozeß über das interdictum de vi, worin er als Richter erster Instanz das Urtheil gesprochen hatte. Es finden sich darin merkwürdige Aufschlüsse über den Interdictsprozeß dieser Zeit, das Zeugenbeweisverfahren, die Intervention, die Cumulation des Possessoriums und Petitoriums, und das Recht der Appellation.

## A. Species facti.

Ein gewisser Scirtius, seinem Rang nach Perfectissimus, besaß im Gebiet von Pränceste ein Landgut, die Caesariana massa [32]) oder possessio. Davon hatte er auf das Geheiß [33]) der Faciana, einer Frau senatorischen Standes, die Hälfte einem gewissen Theseus in einem Briefe geschenkt, und nach dessen Tode seinen minderjährigen Kindern und Erben die Schenkung durch förmliche protokollarische Verhandlung [34]) bestätigt. Aus dem Besitz der andern Hälfte wurde er wenige Monate vor dem Anfang dieses Prozesses von den Leuten eines römischen Großen, des Olibrius, mit dem Titel Illustris [35]), gewaltsam vertrieben. Auch hierbei bin ich der Kürze wegen den Angaben des Klägers gefolgt, obgleich sie nur zum Theil als erwiesen dargestellt werden.

32) Massa ist in der gesunkenen Latinität ein Ganzes von Grundstücken. *Du Cange h. v.*

33) Mandatum. *ep.* § 7. Ob dieß juristischer Natur war, und welcher? oder nur die faktische Veranlassung zur Schenkung, erhellt nicht.

34) Die gesetzliche Form für alle Schenkungen nach *L. 1. C. Th. de donat.* (7, 12) = *Fr. Vat.* § 249. *Constantin. a.* 323. *cf. L. 1. C. Th. de sponsal.* (3, 5).

35) Daneben werden ihm auch die geringeren Titel spectabilis und clarissimus gegeben. Vielleicht ist er derselbe, der im Jahr 395 mit seinem Bruder Anicius Probinus Consul war. Doch kommen auch andre dieses Namens in der Zeit vor. S. *Gothofr. Prosopographia Cod. Theod.* VI. 2. *p.* 70. *sq.*

B. Prozeßgeschichte.

Scirtius klagt wiederholt bei dem Stadtpräfecten Symmachus wegen der ihm entrissenen Hälfte des genannten Landgutes, und erwirkt das Mandat auf Wiedereinsetzung in den verlorenen Besitz [36]). Sein Gegner Olibrius war bis dahin nicht hervorgetreten, ja es gehörte zu seiner Taktik, einen andern Gegner vorzuschieben, um die Einleitung der Untersuchung gegen ihn selbst möglichst zu hindern. Daher treten zuerst die Erben des Theseus als Gegner auf, doch traf der wahrscheinlich nach dem Grundstück ausgesandte Executor [37]) auch den Artemisius, einen Verwalter des Olibrius, wie er selbst einräumt. § 1.

Symmachus hatte dem Officialen Ruffinus aufgetragen, die auf dem Grundstück wohnenden Leute ins Gericht zu bringen, um von ihnen den Besitzstand zu erkunden. Diese wurden dem Executor, als er sie abführen wollte, ohne Zweifel auf Veranstaltung des Olibrius, mit Gewalt entrissen. Symmachus ließ vorerst diese Verletzung des gerichtlichen Ansehens ungestraft, und beauftragte abermals sein Officium, Zeugen vorzuladen [38]). § 2.

Die Verwalter des erlauchten Hauses, d. i. des Olibrius, blieben aus, die andern Leute waren auf die Seite gebracht, und die Erben des Theseus wurden abermals vorgeschoben. Doch erschien für sie nur Einer, der sich für einen Freigelassenen des Theseus ausgab, und auf Befragen, wo die Bewohner des Grund- § 3.

36) Das Interdict: unde tu illum vi deiecisti id illi restituas, welches der Form wegen auch jetzt noch impetrirt wurde, jedoch nur zur Einleitung des Prozesses diente. Vgl. § 163 Note 8. Die Gegenwart des Beklagten war nicht mehr nothwendig.

37) Da im Interdictsprozeß keine litis denuntiatio statt fand, so mußte wohl eine richterliche Ladung ihn eröffnen. Vgl. oben § 151 Note 34.

38) Necessarios evocare. *cf. L. 13. C. Th. de fide testium* (11, 39) = *L. 11. C. I. de testib*, (4, 20). *Honor. et Theod. a.* 409. — in exhibitione necessariarum personarum, hoc est testium.

stücks hingegangen seien, aussagte, einige hätten sich verborgen, die Sklaven des Scirtius aber seien nach dem Landhaus des Olibrius gebracht worden. Seine übrigen Aussagen übergeht Symmachus in seinem Bericht mit Stillschweigen, weil er als Freigelassener einer Parthei keinen vollen Glauben verdiene, obgleich ihm, da er noch von dem Theseus selbst, dem Vater der jetzt im Prozeß befangenen Minderjährigen, die Freiheit empfangen, die bekannte Einrede nicht entgegenstehe[39]).

§ 4. In dieser Lage der Sache ließ Symmachus die Rathmänner von Präneste (Praenestini, Curiales, Principales), in deren Stadtgebiet das Grundstück lag, durch seine Gerichtsdiener als Zeugen sistiren. Jetzt erst trat ein Procurator des Olibrius hervor, Tarpejus, senatorischen Standes. Auch erschien endlich, nach vielen gerichtlichen Aufforderungen, der Vormund der minderjährigen Kinder des Theseus. Scirtius hatte es also jetzt mit zwei Gegnern zu thun, obgleich diese auch unter sich nicht völlig einig waren.

§ 5. Nun wird zur Untersuchung der Besitzfrage geschritten, zuerst durch Verhandlung unter den Partheien, dann durch das Verhör der Zeugen.

Die Curialen von Präneste werden in herkömmlicher Weise nach Namen und Würde einzeln aufgerufen[40]), und von Symmachus befragt, über die rechtmäßigen Besitzer der Grundstücke, und wer die Grundsteuer davon entrichtet habe. Alle Zeugnisse fallen für Scirtius aus, und es wird klar, daß er das Landgut mit Theseus gemeinschaftlich besessen habe. Symmachus fragt weiter, wann und durch wen er aus dem Besitz vertrieben worden? Sie stimmen alle darin überein, es sei jetzt der zweite

39) Der Freigelassene wird, selbst wenn er wollte, nicht als Zeuge gegen seinen Patron zugelassen. *Paul.* V. 15. § 3. *Coll.* IX. 2. 3. *cf. L. 4. D. de testibus* (22, 5). Erst später scheint dieß Verbot auf die Kinder und Erben des Patrons ausgedehnt worden zu sein. *L. 2. C. Th. de libertis* (4, 11). *a.* 423. *L. 4. C. Th. ne praeter crim. maiest.* (9, 6).

40) Daß sie auch einzeln, d. h. unter Entfernung der übrigen, vernommen worden, wie die Praxis des Mittelalters es einführte, folgt hieraus nicht.

oder dritte Monat, seitdem die Leute des erlauchten Hauses, d. i. des Olibrius, ihn gewaltsam des Besitzes entsetzt hätten.

Nach Beendigung des Zeugenverhörs läßt Symmachus die § 6.
Vertreter der Partheien wieder zur Verhandlung, und theilt ihnen Abschrift des Zeugenverhörprotokolls mit [41]).

Tarpejus, der Procurator des Olibrius, behauptet nun, die Hälfte des Grundstücks sei seinem Principal durch den Tod des Theseus zugefallen.

Scirtius erwiedert, wegen der Hälfte, welche die minderjährigen Kinder des Theseus mit seiner Genehmigung inne hätten, streite er nicht, und es sei ihm gleichgültig, ob die Erben des Theseus oder ob die Verwalter des erlauchten Hauses diesen Theil besäßen.

Nun vereinigten der Procurator des Olibrius und der § 7.
Vormund der Minderjährigen sich zu gemeinsamer Vertheidigung und machten gegen Scirtius geltend, daß er auf das Geheiß der Faciana die eine Hälfte des Grundstücks durch einen Brief dem Theseus übergeben, und die andere als freies Geschenk dessen Kindern zugewandt habe.

Scirtius dagegen behauptete, es sei dasselbe, was er brieflich dem Theseus und durch förmliche Schenkung dessen Kindern gegeben, und zwar sei letzteres auf dessen Bitte geschehen, damit das Geschenk durch protokollarische Beglaubigung bekräftigt werden möchte.

Und in der That, da das Schenkungsprotokoll, welches neuer war, bezeugte, daß sechs Unzen oder die Hälfte des Ganzen auf die Kinder des Theseus übertragen worden, so überzeugte sich Symmachus, daß der Schenkende seinen Theil davon ausgenom-

41) Wüßten wir sonst vom Zeugenverhör nichts, so würde nach dieser Stelle gewiß angenommen werden, die Partheien und ihre Vertreter seien bei dem Verhör entfernt und nachher erst wieder im Secretarium zugelassen worden. Allein da die Gegenwart der Partheien sonst als ihr Recht bezeichnet wird, und unsre Stelle auch einen allgemeineren Sinn zuläßt, so ist dieser vorzuziehen. Vgl. § 155 Note 34.

men. Denn warum hätte er einen ideellen Theil gegeben, wenn er nichts zurückbehalten wollte?

§ 8. Da aber Symmachus erklärte, dieß gehöre nicht mehr ins Possessorium, sondern zum Petitorium, so führten die Vertreter der Beklagten eine Constitution an, welche den Richtern die Befugniß giebt, nicht aber die Verpflichtung auflegt, wenn sie über den Besitz erkennen, und es sich so schickt, sofort auch über das Eigenthum zu sprechen; womit sie erklärten, zum Petitorium übergehen zu wollen. Uebrigens schienen die Beklagten nicht bloß mit dem Scirtius, sondern auch unter sich rücksichtlich des Eigenthums im Streit, indem jeder von ihnen die Hälfte des Grundstücks sich zuschrieb, ohne daß es klar war, ob dieß dieselbe sei, oder ob sie verschiedene Hälften, also zusammen die ganze Sache in Anspruch nähmen.

§ 9. Daher fällte Symmachus im Possessorium ein Urtheil, den Beweisen des Scirtius und den Zeugenaussagen der Principalen von Präneste gemäß (d. h. verurtheilte die Beklagten [42]) zur Restitution des gewaltsam entrissenen Besitzes der einen Hälfte des Grundstücks an den Kläger Scirtius), während die andere Hälfte (die der Kläger gar nicht in Anspruch genommen hatte) den Gegnern (ohne zu entscheiden, ob dem Olibrius oder den Kindern des Theseus) nach Besitz und Recht gesichert blieb. Die Hauptsache aber, d. h. das Petitorium, behielt er, ohne über die darauf gerichteten Anführungen der Partheien zu urtheilen, einer späteren Untersuchung vor.

§ 10. Sofort ertheilte er auch Abschrift des Urtheils, da der Procurator des Olibrius (zum Behuf der Appellation) darum bat. Dagegen berief sich Scirtius auf die Gesetze, welche bei dem interdictum de vi die Appellation verbieten. Am folgenden Tage appellirten jedoch der Procurator des Olibrius und der Vormund der Kinder des Theseus gemeinschaftlich, und

42) Die Gewaltthat war zwar nur von Olibrius ausgegangen, allein da auch die Erben des Theseus als Beklagte aufgetreten waren und den Kläger in den Mitbesitz des Grundstücks zuzulassen verweigerten, so mußten sie auch wenigstens hierzu verurtheilt werden.

erklärten damit ihre Einstimmigkeit, während sie im Lauf des Prozesses auch unter sich im Streit zu sein schienen.

Obgleich nun die gesetzlich unerlaubte Appellation gar nicht hätte angenommen werden müssen, so ließ sie Symmachus doch zu, damit, wie er im Eingang entschuldigend sagt, der Kaiser selbst über die verwerfliche Gewaltthat entscheiden und an diesem Beispiel die allgemeine Sicherheit schützen möchte. Seinem Berichte, der eine Uebersicht der Prozeßgeschichte enthält, fügt er die vollständigen Acten und die Ergänzungsschriften (libelli refutatorii) der Partheien bei.

## C. Anmerkungen.

Schon der Rechtsfall selbst ist für die Sittengeschichte der Zeit ganz merkwürdig. Wie gegen das Ende der Republik, so treten auch in dem sinkenden Reiche Gewaltthaten der römischen Großen hervor [43]). Olibrius, dem Symmachus seine hohen Titel zu geben nie versäumt, vielleicht der Eine von jenem durch Claudian besungenen Consulnbrüderpaar, hält es nicht unter seiner Würde, ganz in der Nähe von Rom den rechtmäßigen Besitzer eines Grundstücks durch seine Leute gewaltsam des Besitzes zu entsetzen. Um der gerichtlichen Verfolgung zu entgehen, hält er sich anfangs ganz zurück und schiebt die minderjährigen Erben des Theseus vor, deren Mitbesitz der Kläger durchaus anerkennt. Die Zeugen seiner Schuld weiß er dem Gericht zu entziehen, und erst als die angesehensten Bürger von Präneste sie zu bekunden drohen, tritt er hervor, jedoch immer noch in Verbindung mit den vielleicht gewonnenen Erben des Theseus, mit denen der Kläger gar nicht im Streit ist, offenbar nur um die Sache zu verwirren. Ebenso zieht er, nachdem die Zeugenaussagen seine Gewaltthat außer Zweifel gestellt, das Petitorium herein. Endlich verurtheilt erhebt er Appellation, wo

43) Vgl. § 150 Note 1.

sie die Gesetze nicht zulassen, und verbindet sich jetzt offen mit seinen Mitbeklagten, während er bis dahin den Schein erregt hatte, als sei er auch mit diesen im Streit.

Im Prozeßgang selbst ist zuvörderst merkwürdig die vor aller Untersuchung auf einseitigen Antrag des Klägers gerichtlich ausgesprochene reformatio status, welche nichts anderes sein kann, als das der Form wegen auch jetzt noch impetrirte Interdict; sodann das Zeugenbeweisverfahren. Von beidem ist oben Gebrauch gemacht worden.

Ganz eigenthümlich und meines Wissens sonst noch nicht bemerkt ist die im canonischen Recht so gewöhnliche Hereinziehung oder Cumulation des Petitoriums und Possessoriums 44).

Endlich verdient Beachtung die Streitgenossenschaft oder Intervention, zumal da sie ein Fall jener vielbestrittenen gemischten Intervention ist. Scirtius ist Kläger, Olibrius der wahre Beklagte, die minderjährigen Kinder des Theseus sind mit beiden im Streit, also insofern Principalintervenienten; zugleich aber accessorische, indem sie sich mit Olibrius zur gemeinschaftlichen Vertheidigung gegen Scirtius verbinden. Allein wenn auch das äußerst formlose Verfahren dieser Zeit eine gleichzeitige Rechtsverfolgung in jener doppelten Richtung zugelassen haben mag, so fand sie doch im vorliegenden Fall nicht statt, indem Olibrius und die Erben des Theseus sich zunächst zur Streitgenossenschaft verbinden, die Erörterung ihres Streites unter sich aber noch aussetzen, ja zuletzt sich darüber völlig verständigen. In unserm auf einem geregelten Schriftwechsel beruhenden Verfahren aber wird es entweder eben so gehalten, oder die Form der Principalintervention gewählt werden müssen, wobei der Intervenient nur in seinen Behauptungen sich theilweise an die eine Parthei anschließt.

44) In meinem Grundriß des Civilprozesses 3. Ausg. § 211 habe ich darauf aufmerksam gemacht. Im Justinianischen Recht war sie nicht mehr erlaubt.

# Register

## über Band I—III.

Die lateinischen Ziffern bezeichnen den Band, die arabischen die Seite.

Bonn, Druck von Carl Georgi.

FSC
www.fsc.org
MIX
Papier | Fördert gute Waldnutzung
FSC® C083411

Kolibri 360 GmbH
Ferdinand-Jühlke-Straße 7
99095 Erfurt, Deutschland
produktsicherheit@kolibri360.de